FINANCIAL
ACCOUNTING
THEORY AND
PRACTICE

# 财务会计
# 理论与实务

主编　聂顺江　周晓惠

副主编　罗云芳　赵馨燕　肖永慧

中国财经出版传媒集团

经济科学出版社
Economic Science Press

**图书在版编目（CIP）数据**

财务会计理论与实务/聂顺江，周晓惠主编；罗云芳，赵馨燕，肖永慧副主编 . -- 北京：经济科学出版社，2022.12

ISBN 978 - 7 - 5218 - 4376 - 7

Ⅰ. ①财… Ⅱ. ①聂…②周…③罗…④赵…⑤肖… Ⅲ. ①财务会计 - 高等学校 - 教材 Ⅳ. ①F234.4

中国版本图书馆 CIP 数据核字（2022）第 223972 号

责任编辑：周国强
责任校对：郑淑艳
责任印制：张佳裕

财务会计理论与实务
主　编　聂顺江　周晓惠
副主编　罗云芳　赵馨燕　肖永慧
经济科学出版社出版、发行　新华书店经销
社址：北京市海淀区阜成路甲 28 号　邮编：100142
总编部电话：010 - 88191217　发行部电话：010 - 88191522
网址：www. esp. com. cn
电子邮箱：esp@ esp. com. cn
天猫网店：经济科学出版社旗舰店
网址：http：//jjkxcbs. tmall. com
固安华明印业有限公司印装
787 × 1092　16 开　17.75 印张　400000 字
2022 年 12 月第 1 版　2022 年 12 月第 1 次印刷
ISBN 978 - 7 - 5218 - 4376 - 7　定价：56.00 元
（图书出现印装问题，本社负责调换。电话：010 - 88191545）
（版权所有　侵权必究　打击盗版　举报热线：010 - 88191661
QQ：2242791300　营销中心电话：010 - 88191537
电子邮箱：dbts@ esp. com. cn）

# 前言

　　本书是在中级财务会计的基础上，为适应高级财务会计课程教学的需要，特别是满足会计专业硕士（MPAcc）研究生财务会计理论与实务核心课程的教学需要而编写的。由于全书涵盖了高级财务会计的主要内容，因而也可以供财会类学术硕士研究生、财会类专业本科高年级学生和其他会计工作者学习高级财务会计之用。为了高质量完成本书的编写工作，我们先后申请并获准了财务会计理论与实务省级优质研究生课程、高级财务会计理论与实务校级精品课程、高级财务会计理论与实务校级精品教材等建设项目，因而本书也属于这三个教学建设项目的阶段性建设成果，充分体现了高级财务会计的高级性、新颖性和复杂性。

　　本书在中级财务会计的基础上较为详尽地分析和介绍了单个企业复杂的会计问题和企业集团相关的会计问题，包括了 6 个部分共计 10 章的内容，能够较好满足了全国会计硕士教育指导委员会规定的财务会计理论与实务课程教学大纲的要求。

　　第一部分为会计理论与财务会计实务的基础，包括第一章的内容。本部分详细介绍了会计实务及其演进、会计理论及其作用、会计准则及其制定，并就公允价值计量属性进行了较为详尽的分析。

　　第二部分为公司间债权投资和非控制性权益投资，包括第二章的内容。本部分根据公司间投资管理业务模式的不同、合同现金流量的特征以及会计准则允许的特殊指定，从资产的角度对以摊余成本计量的公司间投资、以公允价值计量的公司间投资、以权益法计量的公司间投资，以及以成本法计量的公司间投资进行了较为全面的分析，介绍了会计处理方法。其中关于非控制性权益投资的有关内容，为进一步学习多次交易取得公司控制权原理和会计处理方法提供了基础。

　　第三部分为企业合并和控制性权益，包括第三章和第四章的内容。本部分详细介绍和分析了企业并购及其会计处理方法、不同并购方式下的会计确认与计量、企业并购中商誉及廉价收购利得的会计处理等问题，并就买壳上市与借壳上市等特殊交易的会计处理进行了较为详细的分析和介绍。其中控股合并，即获得公司控制权的有关内容，为进一步学习企业合并的原理和会计处理方法提供了基础。

　　第四部分为合并财务报表及其会计处理，包括第五章、第六章和第七章的内容。本部分基于控股合并形成的企业集团，详细介绍财务报表合并理论、不同报表合并理论下的财务报表合并、财务报表合并中的内部交易及递延所得税等内容。本部分首先假设除了母子公司之间的投资及与之相关的利润分配形成的债权债务之外没有其他内部交易，探讨了合并财务报表编制的原理和方法，然后再将内部交易的有关内容补充进案例，进一步探讨了现实中的合并财务报表编制问题。

第五部分衍生工具及其会计处理，包括第八章和第九章的内容。本部分首先基于会计准则介绍了衍生金融工具及套期交易的会计处理，并在理论分析的基础上就衍生金融工具其他交易的会计处理问题进行了分析和探讨。

第六部分为外币业务会计及其会计处理，包括第十章的内容。本部分较为详尽地介绍了外币财务报表折算的不同方法及我国财务报表的折算问题，并在此基础上详细分析了我国财务报表折算的实践，同时介绍了境外中资企业应对会计准则国家间差异的选择。

本书由聂顺江教授（博士）和周晓惠副教授（博士）担任主编，罗云芳教授、赵馨燕副教授（博士）和肖永慧讲师（博士）担任副主编，其中聂顺江教授撰写第一章、第三章、第五章、第六章和第八章，周晓惠副教授撰写第七章和第十章，罗云芳教授撰写第二章、赵馨燕副教授撰写第四章，肖永慧讲师撰写第九章。由聂顺江教授负责统稿、审阅并定稿。田训浩、张峰、子若飞、吴涛、李伟琼和丁婧楠等研究生参与了课程建设和相关资料的收集工作。

由于我们对会计理论的最新发展及会计准则新的最新变化跟踪研究不够，对会计准则的教材化处理也还有待深入，因而缺陷和不足之处在所难免，希望读者批评指正，以帮助我们对本书进行修改和完善。

2022 年 10 月 26 日

# 目录

# 第一章
# 导 论

## 第一节　财务会计实务及其趋势

### 一、财务会计实务及其演进

#### （一）财务会计实务概念

关于财务会计实务的含义，在不同的会计历史发展阶段或针对不同的会计实务可以有不同的理解。在自由放任的会计发展阶段或对于无具体会计准则规范会计事项的情形来说，会计实务就是一般的会计实践（accounting practice），即根据经济管理的需要对经济活动进行记录、计算和报告的活动，也就是俗称的记账、算账和报账活动，其会计实务的具体内容因经济管理对会计的不同要求而存在差异；在规则管制的会计发展阶段，虽然财务会计实务也需要对经济业务进行记录、计算和报告，但更多地体现为会计准则的实施活动（enforcement of accounting standards），会计实务的具体内容则由会计准则来确定。

当今，财务会计早已脱离自由放任的发展阶段而进入了规则管制的发展轨道，为了对财务会计实务进行科学的规范，出现了大量浩若烟海的会计准则，而且日趋复杂。针对 800 多页的 FASB133 号公告《衍生金融工具与套利活动》，曾经担任美国联邦储备委员会主席的保罗·沃尔克（Paul Volker，2001）就说过，"根本就没有一个活人能搞懂它"①。但由于会计准则存在固有的不完善性，难以涵盖所有事项的会计处理，因此财务会计实务除了实施会计准则的活动之外，还存在会计理论指导下的会计实践活动。因此，本书所指的财务会计实务就是对会计事项进行确认、计量、记录和报告的活动，而且除了特别指明，财务会计与财务会计实务不做明确的区分。

#### （二）财务会计的起源与发展

作为记录经济活动状况，揭示经济活动成果，为经济活动的推动或参与者提供数据的一种实践活动，会计是随着经济的发展、管理的需要和技术的进步而出现和演变的。在会计发展的早期历史阶段，财务会计并没有成为一个独立的会计分支，而是与会计的其他内容共同作为一个整体发展和演变的。

1. 会计实务的起源

会计具有悠久的发展历史，但其发展经历了一个较长的渐变过程，索科洛夫

---

① 谷祺，等. 会计信息复杂性与财务估价修正 [J]. 会计研究，2002（6）：17-23.

（Sokolov，1985）在其 1985 年出版的《会计发展史》一书中就认为，会计的起源或萌芽状态对我们来说，将永远是个谜。我们只能确信核算不是一下子产生的。① 在会计发展的早期历史阶段，经济活动相对简单，信息量也不大，仅仅凭借人的大脑就可以计算和容纳所有的经济信息，不存在具有独立会计意义的会计实务。具有独立会计意义的会计实务只有在经济发展到一定程度的基础上才可能产生。会计史研究发现，虽然在旧石器时代的中、晚期就出现了会计的萌芽，但直到原始公社制末期，具有独立意义的会计特征才真正得以体现出来。因为人类的会计思想和会计行为的出现决定于社会生产的发展水平。只有出现剩余物品，人类也才有可能将生产、分配、储备问题联系起来加以考虑，从而产生会计计量和记录的思想。

但会计史的相关研究发现，剩余产品的出现仅仅只是引发了人类对财务会计的内在需要，还不足以促成财务会计实务的产生。因为没有计量、计算和反映经济活动及其成果的方法和手段，依靠头脑进行经济计算和记忆的情形仍然难以得到改变，财务会计仍然难以成为一项独立的人类活动。根据苏联著名会计学家索科洛夫（Sokolov，1985）的研究，经济发展应该达到相当广泛的程度，而且出现数学和文字是财务会计产生的基本条件，只有同时具备这三个条件，会计才得以产生。② 但美国会计学家利特尔顿（Littleton）在其 1933 年出版的《20 世纪之前的会计发展》一书中认为，会计要得到进一步的发展，书写艺术（arts of writing）、算术（arithmetic）、私有财产（private property）、货币（money）、信用（credit）、商业（commerce）和资本（capital）这七个条件缺一不可。③ 因为早期的会计主要体现为簿记，而且簿记首先就是记录，也离不开计算，更为重要的是簿记只关注财产及其权利的事实，也只有能够将不同财产和交易转换为货币这一共同单位，簿记才是有价值的。另外，如果不存在信用，所有的交易当场结清，交易记录的必要性就会大为降低；如果不存在商业和资本，各种不同的思想就不会综合成一个系统，商业也只可能是小宗买卖，难以促成会计实务的产生。

### 2. 会计实务的发展

在意大利数学家卢卡·帕乔利（Luca Pacioli）1494 年出版的划时代著作《算术、几何、比及比例概要》以前漫长的中世纪时期，是欧洲历史上社会经济发展相对缓慢的时代。但由于意大利具有良好的地理位置、完善的法律制度和强大的武力，而且原有社会形态相对先进，因而其社会经济发展在欧洲独树一帜，以贸易为主的经济得到了极大的发展，因而出现了以商品买卖为主要服务对象的财务会计实务。与此同时，会计也经历了原始计量与记录向单式簿记体系的转变，以及单式记账到复式记账的转变，而且会计也逐渐从生产活动中分离出来，成为一项独立的职能，并出现了会计职业。《算术、几何、比及比例概要》的出版标志着会计进入了一个崭新的发展阶段。其中的"簿记论"全面系统介绍了当时威尼斯的复式记账法，极大地推动了复式簿记在全球范围内的广泛传播。经过荷兰数学家西蒙·斯蒂文（Simon Stevin）的发展，在其1605 年出版的《数学惯例法》一书中揭示了复式簿记所固有的平衡机制，并确立了资

---

①② 邱宜干. 人类早期会计行为的起源时间及产生条件［J］. 会计之友，2009（6）：109－110.

③ 葛家澍，等. 会计大典（第一卷）：会计理论［M］. 北京：中国财政经济出版社，1998.

产负债表和损益表为基础的财务报表的体系结构。

18世纪60年代英国工业革命及其相关产业的出现，极大地改变了会计的发展环境，原有的会计实务已经难以满足经济发展的要求，新型产业组织形式的出现也为会计实务的发展提供了基础。首先是机器大工业的出现。机器大工业代替了手工工场，不仅改变了工业革命之前投资活动结束立即进行清算的生产组织方式，具有一定规模，具有连续生产特点的企业诞生了，而且生产过程也变得日趋复杂，企业同时拥有了消耗周期不同的各种资产，为了满足企业盈利的计算，逐渐形成了较为复杂的成本计算方法。其次是铁路产业的发展。铁路投资大、回收期限长，铁路行业的兴起和发展，使得资本和收益的区分成为会计实务中的一个大问题。在折旧观念形成以前，对于耐用资产的处理，要么不计提折旧，将资本与收益混淆，从初期资本中直接支付股利，要么将耐用资产的购置支出作为当期费用处理。两种处理方法都有欠合理。前者危害了企业持续经营能力，也损害了债权人的利益，后者不能满足耐用资产的更新，对长期股东也会造成利益损害。为了克服这些弊端，合理区分资本和收益，形成了耐用资产的折旧观念。最后是股份公司的出现。经过长期的发展及演变，经过多次的开禁，1855年英国《有限责任法》的颁布，具有现代意义的股份公司才得以确立，不仅明确了区分收益和资本的要求，而且限定了股利分配的来源，并就如何确定收益建立了一系列的会计处理方法。到19世纪末，会计的主要方法及实务已经基本确立，而且股份公司自此成了财务会计发展的主要推动力量。

在19世纪及之前，会计实务仍然处于自由放任的发展阶段。随着经济的发展和复杂经济业务的大量出现，同一经济活动普遍出现了不同的会计处理方法，而且不同的会计处理方法导致了不同的经济后果，从而影响经济利益的分配格局。面对这种情况，对会计实务进行规范已经成为必然。1906年美国联邦政府通过《赫普本法》（*Hepburn Act*）授权美国州际商务委员会就特定行业建立统一的会计规范，用以确定恰当的铁路费率；1917年美国联邦储备委员会又颁布了《统一会计》（*Uniform Accounting*）小册子，为上市公司财务报表审计确立了官方标准，也间接对会计实务提出了规范的要求，但会计规范的实质性启动是20世纪30年代经济危机之后的事情。

20世纪二三十年代的经济危机对美国经济影响巨大。经济危机之后会计实务备受指责，认为统一会计惯例的缺乏给公司董事和会计师们在有限的范围内任意组合数字提供了机会，进而在一定程度上导致了行业权力和财富向少数人集中，给经济的发展带来了隐患。可以看出，这一次经济危机加重了会计规范的紧迫感。另外，为了让投资者重拾信心，美国国会分别于1933年和1934年通过了《证券法》和《证券交易法》，并根据1934年的《证券交易法》成立了证券交易委员会（SEC）来监管1934年的《证券交易法》及其他几个法规的实施。与此同时，美国会计师协会（AIA）于1936年为此成立了会计程序委员会（CAP），但成效甚微。直到1938年证券交易委员会将会计准则制定权交由职业界，会计程序委员会的工作才有所起色。截至1959年共计发布了51个研究公报，构成了当时可供选择的会计实务规范，使会计实务开始走上了规范发展的轨道。然而，美国会计的规范工作并不顺利，会计规范的主体也多次更迭。由于会计程序委员会工作并未得到广泛认可，1959年又成立了会计原则委员会

（APB）来取代会计程序委员会。该委员会共计发布了 31 份会计原则委员意见书，但面临了与会计程序委员会相同的结局。1973 年会计原则委员会又被新成立的财务会计准则委员会（FASB）所取代，该委员会发布了 8 个财务会计概念公告（SFAC）、若干财务会计准则说明（SFAS）及其他各种解释。

会计实务在全球范围内早已结束了自由放任的发展状态，走上了具有规范管制的发展道路，而且会计的经济后果已被广泛认知。财务会计实务的本质在很大程度上成了会计准则的实施活动。

## 二、财务会计实务的全球化趋势

### （一）财务会计实务的趋同化

随着经济全球化的进一步发展和投资国际化的进一步推进，世界各国之间的经济联系日益紧密，会计信息的国际可比性受到了格外关注。早在 20 世纪 70 年代，国际社会就开始了会计准则的国际比较和协调工作。

1973 年澳大利亚、加拿大、法国、联邦德国、日本、墨西哥、荷兰、英国、美国 9 个国家的 16 个会计职业团体在伦敦发起成立了国际会计准则委员会（IASC），其目的就是与国际会计师联合会（IFAC）等机构合作，协调各国已有的会计准则，并制定和发布了一系列国际会计准则（IAS）。2001 年初国际会计准则委员会（IASC）改组为国际会计准则理事会（IASB），进一步推动了会计准则的国际协调，一方面对原有的国际会计准则进行修订，另一方面发布新的国际财务报告准则（IFRS）。国际会计准则（IAS）和国际财务报告准则（IFRS）共同构成了最具权威性的国际会计协调成果。根据传统习惯，国际会计准则和国际财务报告准则统称为国际会计准则。[①]

由于不同国家政治制度、社会经济体制和经济发展水平不同，会计环境存在较大差异，还有很多国家尚未宣布接受或尚未完全采用这一成果。但自 2002 年欧盟通过法律要求欧洲上市公司自 2005 年 1 月 1 日起采用国际财务报告准则，到 2020 年已有 144 个国家或地区要求强制采用国际财务报告准则，22 个国家或者地区允许采用国际财务报告准则或者采取与国际财务报告准则相趋同的策略。[②] 目前，"一带一路"倡议涉及三大洲 65 个国家，也已有 48 个国家采用了国际会计准则。[③] 我国财政部 2010 年发布了《中国企业会计准则与国际财务报告准则持续趋同路线图》之前，我国企业会计准则的国际趋同已经取得了显著的成效，与国际会计准则实现了大同小异[④]，为促进中国经济的国际交往、持续推进中国的改革开放作出了重要贡献[⑤]。

### （二）财务会计实务的高级化

由于新的经济业务和高级经济交易不断出现，原有的财务会计实务已经成为常规的会计工作，与新经济业务和高级经济交易相联系，财务会计实务也呈现出现了一定

---

① 本书所指的会计准则包括国际会计准则委员会（IASC）制定的国际会计准则（IAS）及后来的国际会计准则理事会（IASB）制定的国际财务报告准则（IFRS）。
② 陆建桥. 国际财务报告准则发展当前的形势、挑战与未来趋势 [J]. 会计研究, 2020 (10): 3 – 12.
③ 管亚梅, 等. "一带一路"倡议下的会计自信 [J]. 会计之友, 2020 (18): 143 – 145.
④ 盖地. 大同小异：中国企业会计标准与国际会计准则 [J]. 会计研究, 2001 (7): 34 – 41.
⑤ 戴德明. 会计准则国际趋同：回顾与展望 [J]. 会计研究, 2020 (23): 3 – 6.

程度的高级化倾向，使财务会计实务具有了新颖性、复杂性和多维性等特征。

1. 财务会计实务的新颖性

所谓新颖性，就是原有成熟会计体系没有涵盖的经济交易或事项大量出现，对这些交易或事项的会计处理构成了财务会计实务的核心内容，原有的财务会计实务大多随着会计环境的变化而成了历史。20 世纪以来，随着经济组织形式及交易方式的复杂化，特别是 20 世纪六七十年代以来国际金融市场的形成，金融创新层出不穷，给财务会计实务带来了新的问题。企业合并会计、财务报表合并、外币业务会计、融资租赁会计、衍生金融工具会计、物价变动会计一度成为财务会计实务的热点，其中部分内容至今也还没有形成统一的会计处理方法。

2. 财务会计实务的复杂性

所谓复杂性，就是财务会计实务早已超越了以往所有阶段的会计确认及计量问题，而且复杂的财务会计问题仍不断涌现。在会计实务的四个环节中，会计确认与计量是关键的环节，其中会计确认是会计经济后果的源泉，会计计量是会计发展程度的主要标志。随着经济组织形式及交易的复杂化，特别是经济组织利益相关者构成的复杂化，财务会计实务不仅要为经济组织利益分配关系的恰当处理提供服务，还要面对变化中的不确定的会计环境，对经济活动或经济交易进行科学的计量，这些问题都具有相当的复杂性。我国会计学家常勋教授在其《现代会计的四大难题》一书中曾集中归纳了企业合并和合并财务报表、物价变动会计与财务报告、外币交易和外币报表的折算、衍生金融工具会计等"四大难题"。

3. 财务会计实务的多维性

现行企业财务会计面对的经济交易或事项早已超出了简单商品买卖活动的范围。财务会计面临的经济交易或事项不仅较为广泛地涉及了金融、财务、数学，甚至财政等方面的深层次问题，而且面对具体的经济交易或事项还存在不同的会计处理方法。实际上，构成现代财务会计实务的大部分内容，大多存在不同理论的论争和方法的比较。

**（三）财务会计实务的信息化**

随着科技的进步及其在会计中的应用，特别是计算机技术及人工智能的发展，财务会计处理软件的深度开发，越来越多的原来由人工完成的财务会计工作逐渐被计算机程序所代替，不仅提高了财务会计工作的效率，也使财务会计信息与其他信息的集成化融合成为可能，财务会计实务也由会计信息的收集、处理和传递逐步转换为具有一定管理控制功能的综合性工作，在一定程度实现了会计信息与其他信息的融合、会计信息的处理与应用的融合、财务会计信息与管理会计信息的融合。

实际上，技术进步对财务会计的影响从来就没有停止过。会计学家郭道扬教授在研究会计发展的历史过程中，就会计技术对会计的影响作了形象的描述，"在 17 世纪和 18 世纪，记账员是用鹅毛笔写字的，当时的账是记在手工制作的账页上。19 世纪初期，会计的记账技术发展仍较缓慢，但是已有了铅笔和复写用笔，到了 19 世纪中叶至 20 世纪初，打字机的出现导致了记账效率的大幅度提高，因为只需要简单的操作，便可以打出几倍之多的簿记资料，其后，加数器的出现，使会计记账技术又有了更快的发展，对提高账务处理效率帮助很大"①。虽然这里指的是账务处理效率的提升，但也在客观上减少了人工支出。

# 第二节　财务会计理论及其作用

任何理论都来源于实践，会计理论也不例外。虽然会计的产生可以追溯到人类文明的早期历史阶段，但关于会计的理论研究则是近代的事情。在经济活动日益复杂的情况下，会计准则的制定需要会计理论的指导，而且会计准则制定中也难以对需要规范的未来经济活动作出全面的预测和估计，会计准则也就不可能涵盖未来可能发生的所有经济活动，因而会计实务仍然离不开会计理论的直接指导。

## 一、财务会计理论的概念

关于财务会计理论的含义，不仅中西方学术界有不尽相同的解释，国内会计界不同的学者或组织机构也有不同的理解。

### （一）国外会计理论概念

美国会计学会（AAA）1966 年发表的《基本会计理论说明》（*A Statement of Basic Accounting Theory*）将会计理论定义为一整套用来解释和指导会计人员确认、计量和传递会计信息的行为概念体系；美国会计学家莫斯特 1986 年出版的《会计理论》将会计理论定义为由与实务相区别的原则和方法的系统描述所组成的体系；美国会计学家亨得里克森 1992 年出版的《会计理论》将会计理论定义为一套逻辑严密的原则，这些原则的作用首先是使会计实务工作者、投资人、经理和学生更好地了解当前的会计实务，其次是提供评估当前会计实务的概念框架，最后是指导新的实务和程序的建立。也就是说，会计理论是具有特定功能的一套逻辑严密的原则。

### （二）国内会计理论概念

我国知名会计学家也对会计理论做过不尽相同的表述。阎达五（1984）在分析会计理论方法体系时认为，会计理论是"人类积累起来的关于会计实践的知识体系"②。葛家澍（2000）认为，会计理论是把人们对会计这一实践活动的认识加以系统化和条理化，形成一整套会计知识体系，"会计理论同一切其他理论一样，来自实践，又应再回到实践。来自实践意味着我们在观察大量会计现象之后，从中发现某些带有共性的特征，研究工作中通过理性认识，把它上升为'概念'。概念就属于理论范畴"③。娄尔行等（1989）认为，会计理论是"人们对会计实践的经验总结，是在理性的高度上对会计实践规律的认识，它一经形成，便反过来指导和影响会计实践"④。

此外，还可以列举很多其他关于会计理论的定义，葛家澍（1995）甚至认为"财

---

① 郭道扬. 会计大典（会计史）[M]. 北京：中国财政经济出版社，1999（12）：656.
② 阎达五. 建立中国式会计理论方法体系之我见 [J]. 会计研究，1984（3）：34-36.
③ 葛家澍. 什么是会计理论——规范会计理论的一种观点 [J]. 会计研究，2000（10）：2-7.
④ 娄尔行，等. 研究我国会计理论和会计准则促进会计实践 [J]. 会计研究，1989（2）：34-36.

务会计概念结构是财务会计理论的一个组成部分，或者应该说是财务会计理论中有用的部分，因为它是直接用来评估现有的会计准则、发展未来的会计准则的"[1]。确实，财务会计理论偏重评价、分析与发展会计准则的理论，而由美国财务会计准则委员会（FASB）首创的财务会计概念框架的目的就是要充当评价已有会计准则、对未来会计准则的发展提供指导的理论依据，并为此构建了会计目标、会计假设、会计对象、会计要素、会计信息质量特征、会计确认、会计计量、会计记录和会计报告等一整套会计理论运行所需要的前后逻辑一贯的概念体系。

实际上，其他许多不同的观点在我国各种不同的会计文献中也并不罕见，还有将讲解会计准则的内容，或讲解会计实务专题的内容作为会计理论的情况，甚至将基础会计或会计原理作为会计理论的情况。

### （三）国内外会计理论概念分析

中西方会计学界所指的会计理论均为财务会计理论，但西方会计界对会计的定义强调了会计理论的表现形式及其作用，即会计理论的"外在形态"及"实际用途"，认为会计理论是一系列有特定用途的概念和原则，这一观点体现了西方实用主义的价值观。

我国会计界对会计的定义则强调了会计理论的形成过程，即会计理论的"来源途径"，认为会计理论是一种来源于会计实践的知识体系，这一观点体现了我国学术界强调对事物本源进行考察的学术传统。

中西方关于会计理论认识的这种差异体现出了中西方会计学术界在会计理论研究方面的价值差异及隐含的哲学思想，但随着会计国际化的日益推进，我国会计理论界也结合自己的研究，逐步吸收了部分西方会计学家对会计理论的理解。

根据以上分析，结合会计理论研究的现状，本书认为，财务会计理论就是基于会计实务而构建的用于指导会计实践，提升会计实务效率，改进会计实务效果的概念体系。

## 二、财务会计理论的基本要素

理论界不仅对财务会计理论的概念还没有形成一致的表述，对财务会计的内容构成也没有形成一致意见，不仅不同时代的会计理论教科书讲述的会计理论不尽相同，就是同一时期不同作者编著的会计理论教科书也在讲述不完全一样的会计理论。客观地说，作为一套完整的理论体系，不仅应当具有明确而具体的研究对象，以及明确而有意义的研究目标，还要具备前后逻辑一贯的概念体系，以及与研究对象和目标相适应的研究方法等，会计理论也不例外。

### （一）会计理论的研究对象

研究对象是区分不同学科理论的主要标志，不同的理论体系具有不同的研究对象。研究对象也是理论体系成熟的主要标志，成熟的理论体系应当具备明确而有意义的研究对象。一般情况下，理论研究的对象首先应当明确而具体，便于识别和描述；其次

---

[1]　葛家澍. 关于市场经济条件下会计理论与方法的若干基本观点（Ⅰ）[J]. 财会月刊，1995（2）：3-6.

应当具有研究的价值，其存在或变化会对人类目标的实现产生影响，或会对人类活动的空间自由产生影响，或蕴含着对增进人类福利有用的规律。有时也不排除出因好奇而确定研究对象，进而构建理论体系的情况，但这应当不是理论构建的主流，事实上也没有基于这种情况产生过有生命力的理论。

离开实践的理论是不存在的，无论如何界定理论的内涵和外延，也不管理论的来源如何，任何理论落脚点都是实践，会计理论也不例外。从会计实务的总结、批判和提炼，到会计实务的拓展、创新和改进，会计理论研究始终未能脱离会计实务这一基本对象。可以说，会计实务基本上构成了会计研究的对象。虽然在具体的会计理论研究中，许多研究者将研究的视角置于会计规范及其制定、会计监督，甚至会计理论本身，但共同的指向应该都是会计实务。

会计实务对经济社会的影响是一个客观存在的事实。为了描述这种影响，20世纪70年代美国会计学家泽夫（Stephen A. Zeff, 1978）提出了会计的经济后果的概念，他认为，会计是有经济后果的，所谓经济后果（economic conseauences）就是会计报告对企业、政府、工会、投资者和债权人决策行为的影响。① 在此之后的理论探索中，会计理论界又深化了这种认识，加拿大著名会计学家斯科特（Scott, 1997）进一步指出，尽管存在有效市场假设理论，但会计政策的选择会影响公司价值。② 由于会计政策的选择和执行是会计实务的重要体现，而且会计报告就是会计实务的重要成果，因此可以说会计实务是存在经济后果的。

今天看来，会计实务对经济的影响并不需要复杂的证明，通过简单的推理就可以发现。因为不同的会计实务将产生不同的会计数据，在会计数据普遍作为决策依据的情况下，会计实务将不可避免地对决策行为产生影响，进而影响与决策有关的经济活动，最终影响资源的配置效率和收益分配的公平性。③ 正因为会计存在经济后果，会计实务已经广为社会各界所关注。

**（二）会计理论的研究目标**

理论研究的目标通常与研究的对象及研究者个人的动机密切相关，但抛开研究者个人的具体动机，理论的研究目标应当是解释和描述研究对象存在的状态及其运行的规律，有助于对研究的对象及其运行的理解及把握，为充分利用研究对象及其蕴含的规律提供指导。

会计界已经就现代会计理论的目标进行了较多的探讨，有的认为是"创造和积累知识，这些知识能够对经济社会中的会计实践产生影响"④，有的认为是"解释和预测会计实务"⑤。但不管哪种观点，会计理论的最终目标都是改进会计实务，提高会计实务的效率和效果，并最终促进会计目标的有效实现。从传统的簿记理论到现代会计理论，从规范会计理论到实证会计理论，从基础会计理论到应用会计理论，不管是提炼

---

① Stephen A. Zeff. The Rise of Economies Consequences [J]. Journal of Accountancy, 1978: 56 – 63.
② William R. Scott. 财务会计理论 [M]. 陈汉文，等译. 北京：中国人民大学出版社，2018.
③ 聂顺江. 上市公司会计目标及其保证机制 [M]. 北京：中国社会科学出版社，2007.
④ 田志心，等. 会计研究前沿述评与展望 [J]. 会计研究，2015（11）：11 – 19.
⑤ 罗斯·L. 瓦茨，杰罗尔德·L. 齐默尔曼. 实证会计理论 [M]. 陈少华，等译. 大连：东北财经大学出版社，2016.

良好的会计实务，还是剔除落后的会计实务，甚至是检验已有会计实务的有效性，都没有脱离改进会计实务这一总目标。

### （三）会计理论的概念体系

在理论研究过程中，通常需要用特定的概念来对研究对象、研究过程和研究目标进行描述，这些概念的含义必须明确，而且不同的概念之间还应具有逻辑上的内在一致性，否则，研究人员将难以把握研究对象的特征，从而引起研究过程和研究思路的混乱。尽管美国早期的会计规范和相关的会计理论都还缺乏逻辑一贯的概念体系，但自从美国财务会计概念公告发布，不管是会计准则的制定，还是相关的会计理论研究，都有了一套逻辑一贯的概念体系，这些概念已基本上可以较为全面地对会计实务及与之相关的活动加以合理的描述。

#### 1. 会计目标

会计目标（accounting objective）是会计存在和运行的目的，也是会计工作期望达到的目标，其作用是引导会计系统的运行。早在 1938 年美国会计师协会出版的《会计原则说明书》（A Statement of Accounting Principles）就对会计目标进行了研究，之后会计目标逐渐成了会计理论的重要观念。1966 年美国会计协会发布的《会计基本理论说明》（A Statement of Basic Accounting Theory）、1970 年美国会计原则委员会发布的《会计原则委员会第 4 号意见书》（APB Opinion 4）、1973 年的特鲁布拉德委员会报告（Trueblood Report）都是会计理论历史发展过程中重点论述和研究会计目标的权威会计文献。其中，《会计基本理论说明》的出版，逐渐确立了会计目标在会计理论中的重要地位。1978 年 12 月美国财务会计准则委员会基于特鲁布拉德委员会报告发布了第 1 号财务会计概念公告《企业财务报告的目标》（SFAC No. 1），就会计信息使用人、会计信息的内容等与财务会计目标相关的若干问题进行了全面的论述。

会计目标的界定与对会计本质的认识密切相关，我国会计理论界曾经认为会计是一种管理活动，因而会计的目标就是提高经济效益，理论界甚至将这种观点及与之相关的思想体系称为管理活动论。随着社会经济的发展及经济体制改革的深入，会计实践也有了新的变化，对会计的本质也有了新的认识，将会计作为收集、处理和提供会计信息的一个人造信息系统，其目标就是提供会计信息。理论界也将这种观点及与之相关的思想体系称为信息系统论。两种观点之间曾经存在争论，信息系统论目前在会计准则制定和会计实践中已经居于支配地位。另外，即便是信息系统论，对会计信息用途也有不同的观点，一种观点认为会计信息的用途是评价受托责任的履行情况，理论界称之为受托责任观，另一种观点认为会计信息的用途是作出相关经济决策，理论界称之为决策有用观。

我国企业会计准则体现了信息系统论的基本思想，但由于两种观点对会计确认与计量存在不同的标准和方向要求，我国企业会计准则同时包容了受托责任观和决策有用观的观点，同时平衡了不同观点的具体要求①。美国一般公认会计原则（GAAP）及国际会计准则也体现了信息系统论学派的基本思想，但主要接受了决策有

---

① 见我国《企业会计准则——基本准则》（2014 修改）第四条。

用观的观点①。

2. 会计假设

假设有不同的含义，有时是指科学上待检验或证明的命题，有时是指构建理论体系的基础条件，也称理论前提。会计假设（accounting postulates）的含义应当是后者，所以也称会计前提。其作用是为会计理论体系的建立设定基础条件，并限定财务会计系统特别是会计实务运行的条件，同时明确会计信息的生成条件及其局限性。

被誉为"美国现代会计理论之父"的佩顿在其 1922 年出版的《会计理论》一书中，最早提出了经营主体、持续经营、资产负债表恒等式、财务状况与资产负债表、成本与账面价值、应计成本与收益、期后影响等 7 项假设；此后的数十年间，会计假设一直是会计理论界关注的一个重要研究领域，形成了较为丰富的研究文献。1961 年美国注册会计师协会所属会计研究部出版了会计研究论文集第一集（ARS No. 1）《会计基本假设》（*The Basic Postulates of Accounting*），提出了 14 条基本假设；到了 20 世纪 70 年代，关于会计假设在会计理论体系中的作用已经得到了理论界的普遍认可，但表述上存在较大的差异。

虽然后来会计假设的研究逐渐被会计目标的研究所取代，但会计理论的构建和财务会计的运行都是有前提和条件的。没有这些条件，现行的会计准则将无法实施。目前，会计主体、持续经营、会计分期和货币计量这四项会计假设已经得到普遍认可。当然，经济组织和经济交易日趋复杂，会计信息使用人对会计信息质量的要求也越来越高，这四项会计假设也受到了越来越大的挑战。

3. 会计要素

会计要素（accounting element）也称会计对象要素或财务报表要素。根据一般的解释，会计要素是根据交易或事项的经济特征对财务会计对象所作的基本分类，实际上就是会计对象的基本构成项目。关于会计要素的正式提出最早可以追溯到美国注册会计师协会（AICPA）名词委员会 1953 年 8 月到 1957 年 1 月期间发布的 4 份《会计名词公告》。该系列公告试图对资产、负债、收入、成本、收益、利润等若干会计要素进行统一的界定。之后又有许多机构和学者对会计要素进行了研究，提出了不同的会计要素概念。1970 年美国会计原则委员会（APB）发布的第 4 号研究公报正式提出了资产、负债、业主权益、收入、费用和净收益 6 个会计要素；1980 年 2 月，美国财务会计准则委员会（FASB）发布了第 3 号财务会计概念公告《企业财务报表要素》（SFAC No. 3），该公告提出了资产、负债、业主权益、业主投资、派给业主款、综合收益、收入、费用、利得和损失等 10 个会计要素；1985 年 12 月美国财务会计准则委员会（FASB）发布第 6 号财务会计概念公告《财务报表要素》（SFAC No. 6），取代了第 3 号公告，将公告的适用范围扩大到非营利组织。但就营利组织来说，会计要素基本没有变化。

1989 年国际会计准则理事会（ISAB）发布的《编报财务报表的基本框架》明确了

---

① 本书所指会计准则包括国际会计准则委员会（IASC）制定的国际会计准则（IAS）及国际会计准则理事会（IASB）制定的国际财务报告准则（IFRS）。

资产、负债、权益、收益和费用等五个会计要素；1992 年 11 月，我国发布的《企业会计准则》明确了资产、负债、所有者权益、收入、费用和利润等 6 个会计要素。实际上，尽管国际会计准则理事会以及不同国家的会计要素都不完全相同，但并不会对各国间企业会计准则的趋同和各国间会计信息的可比性产生实质性的影响。因为这种差异的产生主要源于会计对象分类的不同，无论如何分类，会计对象都是相同的，特别是在企业会计实务中，会计要素并不是会计信息确认和计量的最基本单元，绝大多数会计要素都还需进行项目细分，不同会计准则体系下的会计要素细分后形成的项目之间并不存在实质性的差异。

4. 会计原则与会计信息质量要求

会计原则和会计信息质量要求的作用都是确保会计信息质量和会计目标实现的制度安排，但作用的机理各不相同。关于会计原则（accounting principles）的含义，不同的会计历史发展阶段有不尽相同的含义。在会计规范之前的历史发展阶段，会计原则相当于会计准则；在会计规范之后的历史发展阶段，会计原则是从过程上保证会计实务符合会计目标要求的行为准则，具体有两个方面的作用，一是指导具体会计准则的制定，二是指导会计实务。

20 世纪初会计理论界就开始了会计原则的探讨，1938 年美国会计师协会的《会计原则说明书》（*A Statement of Accounting Principles*）认为"会计实务中存在着一系列普遍适用的会计原则，虽然他们尚未被概括出来，但却已体现在会计和财务报表之中"。后来许多会计学者都在试图对会计原则进行概括；1962 年会计研究部发布的会计研究论文集第三集（ARS No. 3）《试论企业广泛适用的会计原则》提出了一系列广泛适用的会计原则；1970 年《会计原则委员会第 4 号意见书》（*APB Opinion 4*）对会计原则进行了较为充分的描述。研究文献较多，不同的研究者总结的内容和名称也不尽相同，最少的 3 条，最多的 40 条。

当前西方会计理论和会计准则关于会计原则的讨论已经较为成熟，理论上已经鲜有讨论。我国企业会计准则曾经于 1992 年 11 月提出了客观性、可比性、一贯性、相关性、及时性、明晰性、权责发生制、配比原则、历史成本、支出区分、谨慎性、重要性等 12 项会计基本准则，2000 年又提出了实质重于形式原则。但自从 2006 年之后，从规范的角度已经不再讨论会计原则问题，取而代之的是会计信息质量要求。

会计信息质量要求（quality requirements），在国外也称会计信息质量特征（qualitative characteristics），是指会计信息本来应当具备的条件，只有具备这些条件的经济信息才是符合条件的会计信息。与会计原则的作用相似，其作用都是为了确保会计目标的实现，只不过会计原则更注重过程，而会计现象质量特征更注重结果。

早在 1966 年，美国会计学会（AAA）发布的《会计基本理论说明书》就论述了会计信息质量特征与会计目标的关系，但关于会计信息质量特征的权威研究是由美国杰出会计学家特鲁布拉德（Trueblood）领导的一个研究小组进行的，该小组 1973 年提交的《特鲁布拉德委员会报告》（*Trueblood Report*）充分论述了会计信息质量特征。1980 年 5 月，美国财务会计准则委员会（FASB）以特鲁布拉德委员会报告为基础，发布了第 2 号财务会计概念公告《会计信息的质量特征》（SFAC No. 2），对会计信息质量特征进行了全面深入的论述；1989 年当时的国际会计准则理事会（IASC）也提出了会计信息质量特征的概念。

我国 2006 年实施的企业会计准则也提出了与会计信息质量特征含义类似的可靠性、相关性、可理解性、可比性、实质重于形式、重要性、谨慎性和及时性等 8 项会计信息质量要求，这 8 项会计信息质量要求与原有的会计原则在确保会计目标实现方面具有相同的作用。

### 5. 会计确认

会计确认（accounting recognition）是指依据一定的标准，辨认哪些数据能否输入、何时输入会计信息系统以及如何进行报告的过程。会计确认事实上是会计工作的起点，但会计理论界直到 20 世纪 20 年代才开始关注会计确认问题。1938 年，佩顿（Paton）在其《会计的本质》（essentials of accounting）一书中较早论述了会计确认问题；1940年，佩顿和利特尔顿在合著的《公司财务会计准则绪论》（*An Introduction to Corporate Accounting Standards*）中以收入为例进一步论述了会计的确认问题；1970 年会计原则委员会第 4 号报告（APB Statements No. 4）《企业财务报告编报的基本概念和会计原则》（*Basic Concepts Accounting Principles Underlying Financial Statement Business Enterprises*）系统地论述了会计确认问题。

目前关于会计确认引用较多的是 1984 年美国财务会计准则委员会（FASB）公布的第 5 号财务会计概念公告（SFAC No. 5）《企业财务报表的确认与计量》（*Recognition and Measurement in Financial Statements of Business Enterprises*）中关于会计确认的论述，该公告认为会计确认"是将某一项目，作为一项资产、负债、营业收入、费用等正式记入或列入某一主体的财务报表的过程。它包括同时用文字和数字表达某一项目，其金额包括在财务报表的合计数中。对于一项资产或负债，确认不仅要记录该项目的取得或发生，而且要记录随后的变动，包括导致该项目从财务报表上予以剔除的变动"，同时提出了可定义性、可计量性、相关性和可靠性等四个会计确认的标准。总体上看，后续有关会计确认的研究尚未在此基础上有所突破。

### 6. 会计计量

会计计量（accounting measurement）就是采用一定的计量尺度对会计要素及其变化进行量化的过程。会计计量问题是会计的核心问题，实际上，会计计量水平的高低直接决定着会计学科的发展水平和满足会计信息使用人需要的程度。

虽然会计计量实践的产生可以追溯到会计发展的最早历史阶段，但关于会计计量理论的研究则要晚得多。1966 年美国会计学会（AAA）发布的《会计基本理论说明书》认为"会计就是要计量和传递一个经济主体活动中的数量方面"，之后的不少文献对会计计量问题进行了论述，其中对会计计量问题首次进行较为系统研究的是美国著名会计学家井尻雄士（Yuji Iriji），他在 1979 年出版的《会计计量理论》一书中指出，"会计计量是会计系统的核心职能"。

美国会计准则委员会（FASB）在其 1984 年 12 月发布的第 5 号概念公告（SFAC No. 5）《企业财务报表要素的确认和计量》中概括了历史成本、现行成本、现行市价、可变现净值、未来现金流量现值等 5 种普遍认可的计量属性。2000 年 2 月发布的第 7

号概念公告（SFAC No. 7）中又增加了公允价值与现值的概念。我国 2006 年开始实施的《企业会计准则——基本准则》规定了历史成本、重置成本、可变现净值、现值、公允价值等五种计量属性。

7. 其他会计概念

前已述及，会计概念的作用就是描述会计理论的研究对象、研究过程和研究目标。因此，除了前面几个传统的成熟会计概念之外，还有信息含量、经济后果、盈余反映系数等与会计现象密切相关的概念。

### （四）会计理论的研究方法

研究方法是为了达到研究目标所使用的一种手段，有效的研究方法可以减少研究成本，提高研究的效率，尽快达到研究的目标。从现状看，会计理论不仅有了自己的研究方法，其他许多科学研究方法正在被引入会计理论的研究之中。可以说，在任何需要的时候，会计研究都可以找到与研究对象和研究目标相适应的研究方法，已经形成了一个较为完整的会计研究方法体系。由于任何为了达成会计研究目标而作用于会计研究对象的手段都属于会计研究方法的范畴，因而可以从不同的角度进行归纳和总结。

根据研究思路的不同可将研究方法分为归纳法、演绎法和实证法。归纳法（inductive approach）也称归纳推理，就是从特殊到一般的方法。根据归纳法的一般原理，需要通过对大量的会计现象进行观察，并在基础上进行分析和归纳，从中概括出具有一般意义的结论；演绎法（deductive approach）也称演绎推理，是从一般到特殊的方法，演绎法的推理过程，首先要有推理的逻辑起点，然后基于逻辑起点推导出其他相关内容，从而达到希望的结果；实证法（positive approach）与归纳法接近，都是基于对客观事物和客观现象的观察进行研究的，强调研究结论的客观性，但在二者也存在明显的区别。归纳法强调从现象的观察中推导出结论，预先不需要假设，而实证法则是通过观察到的现象来证明假设的成立与否，进而得出结论，需要预先提出假设。

根据研究目的及视角的不同可将研究方法分为法规方法、伦理方法、社会学方法、经济学方法、事项方法等方法。法规方法（legal approach）将会计实务作为执行国家法律法规，特别是税法的工具，会计理论的发展主要在于满足特定法规执行的需要；伦理方法（ethical approach）强调公平对待所有利益相关者，会计程序关注的是协调不同利益相关者之间的关系，相关的会计理论体系也是在这个基础上建立起来的；社会学方法（sociological approach）认为会计信息应当反映组织活动的社会影响以及社会责任的履行情况，特别是组织的社会贡献，会计理论应当围绕这一目标来构建；经济学方法（economic approach）认为会计应当反映经济现实，并考虑会计的经济后果，解释不同会计程序对组织或个体的经济行为的影响；事项研究法（event approach）认为会计应提供与各种可能的决策相关的经济事项信息，由使用者从中选择和处理自己决策需要的事项信息，而不是提供会计人员加工过的会计信息。

虽然会计理论已经具备了作为成熟理论应当具有的基本条件，但会计理论还处于发展之中。因为会计理论建立的基础是已观察到的会计现象，由于所观察到的会计现象不可能是会计现象的全部，新出现的会计现象往往会超出基于已发生的会计现象而建立起来的会计理论的解释力。因此，会计理论是随会计实践的发展而不断完善的。

## 三、财务会计理论的作用

关于会计理论的作用，基本作用是解释及预测会计实务，但不同的理论有不尽相同的解释，归纳起来具体有解释会计实务、指导会计实务、检验会计实务和预测会计实务等几个方面。

### （一）解释会计实务

通过归纳、总结和介绍会计实务，并对会计实务进行必要的解释和归纳，以利于会计知识的传播是早期会计理论研究者的主要任务。1494 年帕乔利在其《算术、几何、比及比例概要》一书中，就归纳总结和介绍了借贷记账的方法；1907 年斯普拉格在其《账户原理》一书中，更是在介绍记账方法的同时，对资产、负债、所有者权益及资产负债表这些以往未受到重视的概念进行了充分的界定与论述。但没有涉及研究者的价值判断问题，更没有涉及会计实务的预先设计问题，重点是对会计实务进行客观的分析、描述和介绍。

关于会计理论描述会计实务的作用，通常只有在自由放任的会计发展阶段，会计理论的描述作用才得以发挥，现代会计理论的描述作用已经逐渐淡化。但随着科技的进步及其在会计中应用的普及，会计实务正在发生革命性的变化，如何对其进行描述和介绍成了会计理论工作者面临的新课题。

### （二）指导会计实务

在自由放任的会计历史发展阶段，由于没有具体的会计规范，会计实务通常是在会计理论的指导下进行的，会计理论在会计实务中具有十分重要的地位。

在有管制的现代会计发展阶段，会计理论对会计实务仍然具有较为重要的指导作用。因为会计准则的制定只可能考虑以往已经发生过，而且将来还将重复发生的会计实务，不可能对以往未曾发生过但将来可能发生的会计现象作出完全准确的预测，也就不可能对其进行相应的规范，因而会计规范在内容上是不充分的。另外，对于以往已经发生过，而且将来还将重复发生的会计实务，会计准则的制定不可能深入考虑具体的细节，只可能就正常情况下所体现出来的共性方面作出原则性的规定，因而会计规范在程度上是不充分的。现行会计实务中存在各种会计选择就需要会计理论的指导才能进行。

另外，会计理论还可以通过指导会计准则的制定来间接对会计实务发挥指导的作用。在会计准则的制定过程中，会计理论可以对会计规范的动因、目的、内容和程度提供指导，进而影响会计实务；在会计准则的执行过程中，对已有会计准则的有效性作出评价，并提出相应的修改建议进而对会计实务产生影响。通过对会计规范的历史考察就可以发现，大多数会计准则的制定、修改或完善都是在会计理论研究的基础上进行的。

### （三）检验会计实务

检验会计实务就是对会计报告的信息进行检验，以确定会计工作的质量，明确会计准则所蕴含的假设是否成立，进而判断会计准则的质量。会计理论对会计信息的检验有会计信息含量和会计经济后果两个方面的内容。

### 1. 会计信息含量的研究

研究会计数据的信息含量，通过研究确定会计数据是否被会计信息的目标使用人使用。如果被会计信息的目标使用人使用，就可以根据相关指标判断会计数据信息含量的高低，进而判断会计信息的质量状况。

在实际研究中，通常是通过检验某种会计数据的信息含量实现的，如果某种会计数据被其目标使用人使用，则会作出相关决策，决策实施后相关经济指标发生变动，通过测量这种变动就可以判断该会计数据的信息含量。当然，如果某会计信息未被目标使用人使用，则无相关决策作出，没有决策也就无所谓实施，相关经济指标也不会变动，因而会计数据就没有信息含量。

### 2. 会计经济后果的研究

最初研究会计信息对不同利益相关者的经济影响，是期望通过研究解释会计政策选择的行业差异，进而对会计管制进行分析。但实际上同样可以明确会计准则所隐含的假设是否成立，进而对会计准则进行修订或完善，特别是对会计准则价值分配功能予以足够的关注。

在会计经济后果研究中，学者们已经就分红计划、债务契约和政治成本等三大假设进行了检验。通过检验发现，若其他条件不变，在实施分红计划的公司中，经理人员更有可能选择将报告收益从未来期间转至当期的会计程序；若其他条件不变，公司越有可能违反以会计为基础的债务契约条款时，其经理人员就越有可能选择将未来期间报告收益转换到当期的会计程序；若其他条件不变，公司的政治成本越大，其经理人员就越可能选择将报告收益从当期递延至以后各期的会计程序。

### （四）预测会计实务

预测会计实务是实证会计理论研究的重要方面，其目的在于预设新的会计程序及会计处理方法，拓展会计新领域。运用会计理论预测会计实务可以了解会计信息披露是否足够，以及哪些会计信息尚未得到充分披露等问题。"实证会计理论是用于解释和预测会计实务的一套范式，重在陈述和归纳会计实务本身，以及基于现行实务状况对未来会计实务变化给予一定的预测"[①]。

## 第三节　会计准则及其制定

### 一、会计准则及其性质

根据会计主体的不同，会计准则可分为营利组织会计准则（我国包括企业会计准则小企业会计准则）和非营利组织会计准则（我国包括政府会计准则及民间非营利组织会计准则），本教材所指的会计准则为企业会计准则。

---

① 盖地，等．会计研究：理论与方法的思辨［J］．湖南财政经济学院学报，2014（2）：54－60.

### (一) 会计准则的概念

会计准则（accounting standards），是规范会计确认、会计计量与会计报告，确保会计目标实现的制度安排，与其他绝大多数国家不同，在美国通常被称为一般公认会计原则（GAAP）。会计准则有狭义和广义两种含义，狭义的会计准则是指会计人员对资产负债及其变化进行恰当的确认、计量和报告的会计工作规范，美国注册会计师协会（AICPA）会计术语委员会在其1953年公布的第1号《会计术语公报》中就指出，会计准则是所采纳的或宣称的一般法则，当作行动的指针、行为或实务的一个确定的基础。广义的会计准则不仅包括得到公认的处理会计实务的指导方针，还包括关于处理会计实务的具体方法和程序，美国学者沃尔金巴克等在《会计原理》一书即认为会计准则是"一种会计指导方针的广泛含义，从最基本的观念、准则直到详细的方法和程序，它包含财务会计和财务报告每一方面的原则"[①]。

我国会计理论界对会计准则也有不同的表述[②]。杨纪琬认为，会计准则是进行会计核算工作的规矩，处理会计业务的准绳；娄尔行等认为，会计准则是会计实践的经验总结，是指导会计工作的规范；葛家澍认为，企业财务会计准则是企业会计核算的规范；刘峰认为，会计准则是会计人员执行会计活动所遵循的规范和标准，也是对会计工作进行评价、鉴定的依据。尽管以上各位学者的观点表述不一，但我们不难从中可以看出，会计准则是一种指导原则和行为规范，这些原则和规范涉及会计确认、计量及报告行为。因而可以认为，会计准则是规范会计信息生产和传输的一般原则和具体标准，是对会计的确认、计量和报告方面的规范。而且不仅仅包括冠以"会计准则""财务报告准则"之名的一套文件，还包括规范会计实务的各种法规、制度以及解释说明等。

### (二) 会计准则的性质

关于会计准则的性质，会计理论界有不同的认识，有的认为是一种技术标准，有的认为是一种产权制度，还有的认为是一种分配机制。

#### 1. 技术标准观

技术标准观认为，会计是一种技术规范，其目的是使会计实务的处理达到科学、合理和内在一致。这是20世纪30年代西方国家的主流观点。因为当时过于自由的会计实务使得拥有特定控制权的经理为了谋求控制权收益，而任意决定会计信息生成规则，导致企业财务报表严重失实，资本市场上投机欺诈盛行等恶果[③]。在这种情况下，制定会计准则的目的就是要规范混乱的会计实务，会计准则具体表现为规范会计处理实务的一系列规则。佩顿和利特尔顿（Paton and Littleton, 1940）就认为，"会计准则应该是有序、系统、连贯的；它们应能与可观察的客观环境相协调；会计准则应是不带个人色彩的和不偏不倚的"[④]。显然，这种观点强调了会计准则的自然属性及客观性，认

---

① P. H. 沃尔金巴克. 会计原理：下册 [M]. 北京：中国财政经济出版社，1984.

② 杨纪琬，娄尔行，葛家澍. 关于会计准则的定义 [M]//罗勇. 会计准则理论研究. 上海：立信会计出版社，2007.

③ 刘浩，等. 会计准则的产生与制定权归属的经济学解释 [J]. 会计研究，2005（12）：3-8.

④ 佩顿，利特尔顿. 公司会计准则导论 [M]. 厦门大学会计系翻译组，译. 北京：中国财政经济出版社，2004.

为会计准则就是加工、生成会计信息的一种"工艺规程"。

技术观是建立在一套基本理论上的系统、完整、有序的方法体系，它必须通过制定会计准则来规范财务会计实务，使其达到科学、合理和内在一致。因此，会计准则的制定应首先研究财务会计的基本概念及其相互关系，确保会计实务中前后概念的一致性、规范性及逻辑性，并在此基础上制定会计准则，使其能够达到有序、系统和内在一致，并与可观察的客观现实相吻合。因此技术观要求在制定出一套完善的会计准则框架基础上，从理论出发演绎出会计准则。

2. 产权制度观

产权制度观认为，会计准则是一项产权制度，其目的在于明确产权、保护产权，进而降低交易费用，提高资源的配置效率。我国产权会计研究的开创者伍中信（1998）认为，"会计与产权有着密不可分的关系，作为反映和监督经济运行的会计，所揭示的内容也反映着同时代的产权关系的现状"①；周冰等（2008）也认为"任何一个时期的会计制度和形式都是建立在一定的产权关系之上，并且以维护产权主体的经济利益为目标"②。

产权是指财产所有权人依法对自己合法的财产享有占有、使用、收益和处分的权利，以及非财产所有人在所有人财产上享有占有、使用以及在一定程度上依法享有收益或处分的权利。只有合理界定了产权，有效保护了产权，市场交易才具备稳定的基础，也才能激发产权主体的积极性、主动性及创造性。正如伍中信（2019）认为的那样，产权理论的核心在于如何通过产权降低交易费用，而会计的核心在于计量，其在界定和保护产权方面具有天然优势，这就决定了其适用于解决交易费用配比的难题。会计对产权的贡献是与生俱来的，会计始终是产权的忠实随从，会计的产生、变更与发展的根本使命是体现产权结构，反映产权关系，维护产权意志。③

3. 分配机制观

分配机制观认为，由于会计具有经济后果，因而会计准则是一种影响利益分配格局的制度安排，不同的会计准则会导致不同的利益分配格局。会计经济后果的最早研究出现于20世纪70年代，按照泽夫（Zeff，1978）的解释，会计是有经济后果的，因为"会计报告将影响企业、政府、工会、投资人及债权人的决策行为，受影响的决策行为反过来又会损害其他相关方的利益"④。会计表面上看只是按照一定的规则提供数据，但深入数字的背后，它还代表了一定的经济利益，表现为会计信息体现并调整着利益相关者之间的利益关系，不同的会计信息将对利益相关者产生不同的影响。

由于会计信息是根据会计准则生产与提供的，不同的会计准则将会使会计信息的内容有所不同，基于不同的会计信息将作出不同的收益分配决策及其他经济决策，从而进一步影响到各利益相关者的利益分配格局，使一部分人受益，另一部分人受损。分配机制观还认为，技术上完美的会计准则，未必会得到社会各界的广泛认可而被执

① 伍中信. 产权与会计 [M]. 上海：立信会计出版社，1998：31-35.
② 周冰，等. 法律产权、经济产权与会计本质 [J]. 中南财经政法大学学报，2008（4）：70-74.
③ 伍中信，等. 产权中国进程中的会计与财务使命 [J]. 会计研究，2019（12）：3-11.
④ Zeff S A. The Rise of Economies Consequences [J]. Journal of Accountancy, 1978：56-63.

行，许多从理论上看似能够导致真实而公允披露的会计准则，往往在施行之前由于各方的强烈反对而不得不妥协或者夭折。所以在会计准则的制定上，应特别注意考虑有关各方的经济利益。实证会计研究也显示，企业选择一种、放弃另一种会计准则，同样是出于自身利益追求的考虑。由于会计准则具有经济后果，所以它的制定过程必然为各利益集团所关注并积极参与，从而使得会计准则的制定类似于国家的其他法规、政策的制定一样，成为一个政治过程。这样，最终颁布的会计准则既要遵循会计本身的基本原则，又要考虑经济后果，最终出台的会计准则将是各方力量博弈的结果。

## 二、我国会计准则的历史演进

我国现行企业会计准则源于企业会计制度，二者在我国都属于会计规范的内容。我国会计规范经历了从单一会计制度到会计制度与会计准则并行，再从会计制度与会计准则并行到单一会计准则的演变过程。但现行会计准则体系是改革开放之后逐渐形成的。根据曲晓辉等（1999）对1999年之前的研究，我国企业会计准则的发展大体可分为三个阶段。① 基于这一研究基础和之后的变化情况，我国会计准则的发展可以分为五个阶段。

### （一）引入学习阶段

本阶段从1979年到1992年。这一阶段的起点标志是财政部发布的《关于中外合资工业企业财务会计问题的若干规定》（1979年），基本特征表现为在中外合资经营企业实行适度借鉴国际惯例的《中外合资经营企业会计制度》（1985年）。这是新中国成立以来第一部借鉴国际会计惯例制定的全新的会计制度。在这一会计制度中，凡是与国际会计惯例相类似的会计程序与方法尽量采用了国际通行的方法和表达方式，这些改进在后来的财务会计实务规范中均有体现。《中外合资经营企业会计制度》的颁布和实施，对我国财务会计规范的全面改革具有重要的历史意义，也是我国会计国际化的一个重要开端。

### （二）吸收借鉴阶段

本阶段从1993年到1996年。这一阶段财政部发布和实施了一系列较为广泛借鉴国际惯例的会计制度和会计准则。包括《外商投资企业会计制度》（1992年）、《股份制试点企业会计制度》（1992年）和"两则两制"（1992年）②。根据当时的安排，外商投资企业执行《外商投资企业会计制度》，股份制试点企业执行《股份制试点企业会计制度》，股份制企业以外的内资企业执行以"两制两则"中分行业制定的《企业会计制度》（1992年）。这一阶段执行的是大量借鉴国际惯例的分行业会计制度。

### （三）初步接轨阶段

本阶段从1997年到2000年。本阶段构建了按经济业务统一规范的具体会计准则体系。在《企业会计准则》（1992年）和分行业会计制度实行以后，由于不同行业之间

---

① 曲晓辉，等. 会计准则研究借鉴与反思［M］. 厦门：厦门大学出版社，1999.
② "两则两制"是我国企业会计准则与国际接轨过程中于1992年11月颁布的财务和会计规范。两则包括《企业会计准则》和《企业财务通则》；两制是指分行业的《企业会计制度》和《企业财务制度》。其中《企业会计准则》相当于现在的基本准则，当时尚未制定具体准则。企业会计制度是分13个行业分别制定的。

财务报表项目有所不同，在信息列报方面存在着许多不便，也容易引起误解。为加强财务信息的可比性，规范财务信息揭示，制定一套适用于不同行业和所有制形式的企业会计准则体系十分必要。这一阶段的标志是《企业会计准则——关联方关系及其交易的披露》（1997年）具体会计准则的发布。为了适应形势的需要，财政部先后颁布了会计业务中急需的多项具体会计准则，实现了与国际会计准则的初步接轨。

**（四）统一规范阶段**

本阶段从2001年到2006年。这一阶段财政部发布了统一的《企业会计制度》（2000年）并于2001年开始施行。该《企业会计制度》不仅很大程度上补充、调整或重述了原有会计准则的内容，增加了部分原有会计准则没有的内容，实现了不同所有制和不同行业企业会计核算规范的统一。随后又颁布了《金融企业会计制度》（2001年）和《小企业会计制度》（2004年），进一步完善了会计规范体系，对于规范企业的会计核算行为起到了积极的作用。

**（五）全面趋同阶段**

本阶段从2007年开始。2007年实施了新的企业会计基本准则和38项新的企业会计具体准则，2011年又发布了《小企业会计准则》。符合中小企业划型标准及其他相关规定的企业可以选择执行《小企业会计准则》[①]，也可以执行《企业会计准则》，除此以外的其他企业执行《企业会计准则》。这两套会计准则的颁布和实施在事实上全面取代了之前颁布的相关会计制度和会计准则，并进一步缩小了我国企业会计规范与国际会计准则的差异，我国企业会计准则也步入了与国际会计准则全面趋同的轨道。

## 三、我国会计准则的构成

由于社会经济制度和经济管理体制存在差异，不同国家会计准则制定的机构、程序和目的都不完全相同，会计准则的性质及强制性也存在差异。我国企业会计准则是由财政部制定并由中央人民政府发布的，同时又有法规的性质。改革开放以来，我国会计准则的制定起始于1992年11月颁布的《企业会计准则》以及1997年5月开始颁布的《企业会计准则——关联方关系及其交易的披露》《企业会计准则——投资》等一系列具体会计准则。2006年2月开始制定了较为全面的会计准则体系，该准则体系包括了基本准则、具体准则、应用指南和准则解释等四个层面的内容。

**（一）基本准则**

我国《企业会计准则——基本准则》是在1992年的《企业会计准则》基础上，修订后于2006年2月颁布的，2014年又进行了再次修改。基本准则对财务会计报告的目标、会计前提、会计基础、会计信息质量要求、会计要素、会计计量属性和财务报告等内容进行了基本的规范。

（1）财务会计报告的目标。明确了企业财务会计报告的目标是向投资者、债权人、政府及其有关部门和社会公众等财务会计报告使用者提供与企业财务状况、经营成果

---

① 根据《小企业会计准则》的相关规定，小企业是指在中华人民共和国境内依法设立的、符合工信部《中小企业划型标准规定》的非金融类公司、非上市公司以及不属于企业集团的成员公司。

和现金流量等有关的会计信息，反映企业管理层受托责任履行情况，有助于财务会计报告使用者做出经济决策，体现了受托责任观和决策有用观的平衡。

（2）会计前提。也称会计假设，强调了会计主体，持续经营、会计分期和货币计量等假设。要求企业应当对其本身发生的交易或者事项进行会计确认、计量和报告；企业会计确认、计量和报告应当以持续经营为前提；企业应当划分会计期间，分期结算账目和编制财务会计报告；企业会计应当以货币计量。

（3）会计基础。也称会计确认的基础，要求企业会计确认、会计计量和会计报告应当以权责发生制为基础。

（4）会计信息质量要求。建立了企业会计信息质量标准体系，明确了会计信息应当满足可靠性、相关性、可理解性、可比性、实质重于形式、重要性、谨慎性和及时性等八个方面的质量要求。

（5）会计要素。明确了我国企业会计体系中的会计要素包括了资产、负债、所有者权益、收入、费用和利润六个，同时对各个会计要素进行了严格界定，规定了确认的标准。

（6）会计计量属性。明确了我国企业财务会计应当采用的计量属性是历史成本，在确定能够取得可靠金额的情况下，可以选用重置成本、可变现净值、现值和公允价值对会计要素进行计量。相关具体会计准则有规定的，应当按照具体会计准则执行。

（7）财务报告。明确财务会计报告应当包括财务报表及其附注和其他应当在财务会计报告中披露的相关信息和资料。其中，财务报表至少应当包括资产负债表、利润表、现金流量表等。

**（二）具体准则**

具体准则是在基本准则的指导下，对企业各项资产、负债、所有者权益、收入、费用、利润及相关交易事项的确认、计量和报告进行规范的会计准则。现行具体会计准则体系是以 2006 年 2 月颁布的 38 项具体会计准则为基础形成的，现有 42 项具体会计准则，其中 2014 年 3 月颁布了 3 项，2017 年 4 月颁布了 1 项。由于 2017 年修订《企业会计准则第 14 号——收入》，重新颁布的《企业会计准则第 14 号——收入》事实上涵盖了《企业会计准则第 15 号——建造合同》的内容，因而《企业会计准则第 15 号——建造合同》实际上应当已经被取代。

**（三）应用指南**

应用指南是对具体准则相关条款的细化和有关重点难点问题提供的操作性指南，以利于会计准则的贯彻落实和指导实务操作。通常情况下，每个具体会计准则均有相应的应用指南。

**（四）准则解释**

解释是对具体准则实施过程中出现的问题、具体准则条款规定不清楚或者尚未规定的问题作出的补充说明。截至 2021 年末，财政部共计已经制定并发布了 15 份企业会计准则解释。

2011 年 10 月发布的《小企业会计准则》规范了适用于小企业的资产、负债、所有者权益、收入、费用、利润及利润分配、外币业务、财政报告等会计处理及其报表列报等问题。与《企业会计准则》相比较，目标定位及相关的会计确认、计量、记录和报告均有所不同。

# 第四节 会计计量属性及公允价值计量

## 一、会计计量属性

### （一）会计计量属性及其类型

会计计量是为了将符合确认条件的会计要素登记入账并列报于财务报表而确定其金额的过程。企业应当按照规定的会计计量属性进行计量，确定相关金额。计量属性是指被计量对象可供计量的金额特征。根据我国企业会计准则，会计计量属性有历史成本、重置成本、可变现净值、现值和公允价值等类型。

**1. 历史成本**

历史成本，又称为实际成本。在历史成本计量下，资产按照其购置时支付的现金或者现金等价物的金额，或者按照购置资产时所付出的对价的公允价值计量。负债按照其因承担现时义务而实际收到的款项或者资产的金额，或者承担现时义务的合同金额，或者日常活动中为偿还负债预期需要支付的现金或者现金等价物的金额计量。

**2. 重置成本**

重置成本又称现行成本，是指按照当前市场条件，重新取得同样一项资产所需要支付的现金或现金等价物金额。在重置成本计量下，资产按照现在购买相同或者相似资产所需支付的现金或者现金等价物的金额计量。负债按照现在偿付该项债务所需支付的现金或者现金等价物的金额计量。

**3. 可变现净值**

可变现净值，是指在正常生产经营过程中，加工后资产的预计售价减去进一步加工成本和销售所必需的预计税金、费用后的净值。对于为了销售而持有的资产，则为资产正常对外销售所能收到现金或者现金等价物的金额扣减该资产估计的销售费用以及相关税金后的金额计量。

**4. 现值**

现值是指对未来现金流量以恰当的折现率进行折现后的价值，是考虑货币时间价值等因素的一种计量属性。在现值计量下，资产按照持续使用和最终处置中所产生的未来净现金流入量的折现金额计量。负债按照预计期限内需要偿还的未来净现金流出量的折现金额计量。

**5. 公允价值**

公允价值，是指市场参与者在计量日发生的有序交易中，出售一项资产所能收到或者转移一项负债所需支付的价格。

### （二）会计计量属性的特征

会计要素的不同计量属性具有不同的特征（见表1－1）。在我国企业会计准则允许的选用的五种计量属性中，历史成本是从投入的角度确定的过去实际的交易价格；重置成本是从投入的角度确定的假定交易价格；可实现净值是从产出的角度确定的假定交易价格做必要扣除后的余额；公允价值是从产出的角度确定的假定交易价格；现值是从产出的角度预期的未来交易价格产生的现金流量进行折现的结果。

**表1-1　　　　　　　　　　会计要素计量属性的特征**

| 计量属性 | 时间基础 | 交易基础 | 价值视角 | 会计信息质量 | | 可操作性 |
| --- | --- | --- | --- | --- | --- | --- |
| | | | | 相关性 | 可靠性 | |
| 历史成本 | 过去 | 实际 | 投入 | 弱 | 强 | 易 |
| 重置成本 | 现在 | 假定 | 投入 | | | |
| 可实现净值 | 现在 | 假定 | 产出 | ↓ | ↓ | ↓ |
| 公允价值 | 现在 | 假定 | 产出 | 强 | 弱 | 难 |
| 现值 | 未来 | 预期 | 产出 | | | |

通常情况下，会计要素计量属性的选择首先应当区分是初始计量还是后续计量，如果是初始计量还应当结合会计要素的取得方式。例如，支付资产、承担债务及发行权益性证券所获得且与企业合并无关的资产，一般应当按照公允价值计量。再如，通过企业合并方式所获得的应当进一步区分是否是同一控制下的合并，如果是，应当按照被合并企业原账面价值计量，否则应当按照公允价值计量。如果是后续计量也应当根据现行企业会计准则，结合会计要素的类别来选择，例如，交易性金融资产采用公允价值、外购固定资产采用历史成本等。

实际上，在后续计量的会计实务中，很多情况下并不直接采用某种计量属性对会计要素进行计量，而是基于某种计量属性计量的结果来计算相关会计要素的计量金额，如摊余成本、成本与可实现净值孰低等。

## 二、公允价值计量

### （一）公允价值取得条件

公允价值是最为重要的会计计量属性，在会计实务中应当成为会计计量的最优选择，除非公允价值难以可靠取得。根据前述 CAS No. 39 关于公允价值的定义，企业采用公允价值对相关资产或负债进行计量，应当具备一定的交易条件和市场条件。

#### 1. 交易条件

企业以公允价值计量相关资产或负债时，应当假定市场参与者在计量日出售资产或者转移负债的交易是有序交易。所谓有序交易，是指在计量日前一段时期内相关资产或负债存在正常而非被迫的交易。理论上看，最为理想的交易应当具备四个方面的条件。一是市场参与者数量足够多，任何交易者都难以单独影响市场交易的价格和条件；二是交易者均为经济人，交易的唯一目的都是追求经济利益最大化；三是交易对象高度同质化，交易对象之间不存在品质上的差异；四是信息充分畅通，市场参与者之间不存在信息不对称的情况。但这种交易条件实际上难以获取，企业在确定一项交易是否为有序交易时，应当全面理解交易环境和有关事实。

2. 市场条件

企业以公允价值计量相关资产或负债，应当假定出售资产或者转移负债的有序交易在该资产或负债的主要市场进行。不存在主要市场的，企业应当假定该交易在相关资产或负债的最有利市场进行。主要市场是指相关资产或负债交易量最大和交易活跃程度最高的市场；最有利市场，是指在考虑交易费用和运输费用后，能够以最高金额出售相关资产或者以最低金额转移相关负债的市场。

### （二）公允价值估值技术

由于现实中不存在真正理想的市场状态，因而交易活动的公允价值通常需要采用一定的估值技术（valuation technique）进行估计。根据 CAS No. 39，企业应当采用在当前情况下适用并且有足够可利用数据和其他信息支持的估值技术，确定市场参与者在有序交易中出售一项资产或者转移一项负债的价格。

估值技术主要包括市场法、收益法和成本法。市场法，是利用相同或类似的资产、负债或资产和负债组合的价格以及其他相关市场交易信息进行估值的技术；收益法，是将未来金额转换成单一现值的估值技术；成本法，是反映当前要求重置相关资产服务能力所需金额的估值技术。

### （三）公允价值的层次

不管采用何种估值技术，都需要取得有关信息输入（inputs）为前提，根据所取得的信息作为估值的基础。根据所需信息数值（输入值）类型的不同，公允价值计量可分为以下三个层次。

第一层次输入值。活跃市场中与被计量资产或负债相同的项目未经调整的报价。该层次输入值能够为公允价值计量提供最可靠的证据，企业在计量公允价值时可以直接使用该报价。

第二层次输入值。在第一层次中确定的可观察到的资产或负债报价以外的其他信息输入，企业在进行公允价值计量时，应当根据该资产或负债的特征，对该层次输入值进行调整。

第三层次输入值。当不可能使用第一层次和第二层次级输入值时，才使用的不可观察的输入值，如可合理取得的最佳信息。企业应最大限度地利用可观察输入，并尽量减少不可观察输入的使用。

## 三、公允价值的应用

### （一）在初始计量中的应用

公允价值在初始计量中应用广泛，几乎所有从外部获取的资产，其初始计量金额通常是基于公允价值进行初始计量的。

1. 资产的初始计量

实践中采用公允价值进行初始计量的资产较多。外购资产基于实际交易价格确定初始计量金额，但最优的实际交易价格一般就是交易时的公允价值；非货币资产交换获得的资产，如果换入或换出资产公允价值能够可靠计量，且具有商业实质的非货币资产交换，应当基于换出资产的公允价值为基础进行初始计量，如果有确凿证据表明换入资产公允价值更加可靠，也可以基于换入资产的公允价值进行初始计量；债务重组所获得的资产，一般也应当以放弃债权的公允价值为基础，加上相关费用进行初始计量，如果是修改其他债务条件实现重组的，获得的债权应当直接按照债权的公允价值进行计量；企业通过非同一控制下吸收合并取得的资产，通常情况下应当以合并日被合并企业资产的公允价值进行初始计量，企业通过非同一控制下控股合并取得资产，在合并财务报表中也应当以合并日被合并企业的公允价值进行初始计量。

另外，通过吸收投资、接受捐赠或非货币性政府补助等方式获得的资产，通常情况下也应当基于相关资产的公允价值进行初始计量。

### 2. 负债的初始计量

实践中对负债大多以未来应付金额或其现值进行初始计量，采用公允价值进行初始计量的负债相对较少。当然，也可以将以未来应付金额进行初始计量的负债理解为以公允价值进行的初始计量，后续计量采用历史成本进行计量。

我国会计实务中采用公允价值对负债进行初始计量的首先是企业通过借贷关系承担的负债，一般应当以公允价值进行初始计量；其次是企业通过非同一控制下吸收合并承担的负债，通常情况下应当以合并日被合并企业负债的公允价值进行初始计量，企业通过非同一控制下控股合并承担的负债，在合并财务报表中也应当以合并日被合并企业负债的公允价值进行初始计量；再次是修改其他债务条件实现重组的，新的债务应当直接按照公允价值进行计量；最后是企业存在的以现金结算的股份支付，企业应当按照模拟股票和现金股票增值权等工具的公允价值对承担的负债进行初始计量。

### 3. 权益工具的初始计量

如果企业存在以权益结算的股份支付，企业为了获得职工或其他方的服务授予的限制性股票和股票期权等股份等权益工具的，股票和股票期权应当按照公允价值进行初始计量。

#### （二）在后续计量中的应用

公允价值被认为是最具价值相关性的会计计量属性，在能够可靠取得公允价值的情况下，公允价值在后续计量实践中应是优先选择的计量属性。但由于后续计量不存在实际交易，公允价值的获取存在较大的困难，因而在我国当前会计实务中的实际应用受到较多的限制。

### 1. 资产的后续计量

根据资产的固有特征和持有的目的，我国会计实务中采用公允价值进行后续计量的资产较为有限。金融资产主要包括以公允价值计量且其变动计入当期损益的金融资产、以公允价值计量且其变动计入其他综合收益的金融资产，以及指定为以公允价值计量且其变动计入其他综合收益的非交易性权益工具投资；非金融资产主要有采用公允价值模式计量的投资性房地产，以及有确凿证据表明公允价值能够持续可靠取得的生物资产。

　　此外，在资产减值的确认与计量中也间接涉及了公允价值的后续计量问题。不管是 CAS No. 8 规范的资产减值，还是其他会计准则规范的资产减值，都或多或少涉及了公允价值的计量问题。根据 CAS No. 8 和 CAS No. 5，资产或生产性生物资产的后续计量均可能涉及资产可收回金额的计算问题。可收回金额为资产现值与资产净额中的较低者，净额就是公允价值减去处置费用后的余额；根据 CAS No. 1 和 CAS No. 5，存货或消耗性生物资产可实现净值的计算中，涉及了公允价值的计量问题，因为可实现净值预计售价减去进一步加工成本和销售所必需的预计税金、费用后的净值，预计售价实际上就是公允价值。

　　2. 负债的后续计量

　　由于几乎所有负债都涉及债权人，因此计量模式的选择余地较小，主要包括企业承担的交易性金融负债、指定为以公允价值计量且其变动计入当期损益的金融负债，以及衍生工具形成的负债。如果企业存在以现金结算的股份支付，企业为了获得职工或其他方的服务授予的模拟股票和现金股票增值权等权益工具的，相关的支付义务应当按照公允价值进行后续计量。

　　3. 权益工具的后续计量

　　如果企业存在以权益结算的股份支付，企业为了获得职工或其他方的服务而授予并确认的限制性股票和股票期权等股份等权益工具，相关的应当按照公允价值进行后续计量。

# 第二章
# 公司间投资：债权与非控制性权益

## 第一节　公司间投资及其类型

### 一、公司间投资概述

投资具有动态和静态两个方面的含义。从动态的角度看，投资指的是企业为了获得未来收益、参与一个主体的管理或控制一个主体而在当前进行的资产支出行为，包括购买债券、股票和其他股权；从静态的角度看，投资是指企业持有的，期望带来净现金流量并具有特定属性的资产，包括债券、股票以及其他权益工具。

本章所讲的投资属于静态含义的投资，既包括债权投资，也包括股权投资。相比较而言，公司间的债权投资涉及的收益和现金流量相对固定，因而相关会计问题比较简单。公司间的股权投资涉及的收益及现金流量具有极大的不确定性，因而相关的会计问题比较复杂。出于融资、资本运营和优化公司治理结构的需要，公司间投资已经成为一种普遍的经济现象，因而，公司间投资的会计处理问题已经成了财务会计的重要内容。

通常情况下，一个公司持有的投资就是另外一个主体的负债或所有者权益。当公司持有国库券时，形成的是国家的负债，也称国债。从投资方会计处理的角度来看，公司持有的国库券和公司持有的公司债券具有类似的特征，因此本章所讲的投资仅限于公司间投资。

### 二、公司间投资的分类

不同投资有不同特点，投资双方所享权益和所负义务也有所不同。对公司间投资进行分类，不仅是理解及把握各类投资特点的需要，也是会计确认、计量和信息披露的重要前提。只有深入了解及把握不同投资及其收益和现金流的特点，才能对公司间投资进行合理的会计确认、计量和报告。

#### （一）根据投资者权益特征的分类

根据持有投资主体在被投资单位享有权益的不同，公司间投资可以分为债权投资、股权投资和混合投资。

1. 债权投资

所谓债权性投资，是指投资方为了取得债权所作投资而获得的资产，如购买的国库券、公司债券等。债券是一种契约有价证券，它以契约的形式明确规定持有投资的公司与被投资单位的权利与义务，无论被投资企业有无利润，投资方均享有收回本金，并获取利息的权利。企业进行债权性投资，一般是为了取得高于银行存款利率的利息收益，并保证按期收回本息。根据现行企业会计准则，公司间的债权投资主要包括以摊余成本计量的金融资产、以公允价值计量且其变动计入其他综合收益的金融资产、以公允价值计量且其变动计入当期损益的债权性金融资产。

2. 股权投资

所谓股权投资，是指投资方为了获得股权进行投资而获得的资产。如通过投资获得的对其他企业的股票投资或其他股权投资。通常情况下，投资方可以根据持股比例或其他约定拥有相应的表决权、利润分配权和剩余财产处置权，通常情况下难以获得合同现金流。根据投资方持有被投资单位的股权份额是否能够对被投资单位形成控制，可以将股权投资分为非控制性权益和控制性权益。

（1）非控制性权益。非控制性权益即投资方持有被投资单位的股权份额不足以对被投资单位形成控制的权益性投资。根据现行企业会计准则，主要包括以公允价值计量且其变动计入当期损益的股权性金融资产、指定为以公允价值计量且其变动计入其他综合收益的金融资产、对联营企业的投资以及对合营企业的投资。

（2）控制性权益。控制性权益即投资方持有被投资单位的股权份额能够对被投资单位形成控制的权益性投资。根据现行企业会计准则，主要包括对子公司的投资。

3. 混合投资

所谓混合投资，就是投资方持有的同时具有债权和股权特征的投资。具体包括优先股股票、可转换公司债券及永续债。优先股股票指投资方在利润分配和剩余财产分配顺序方面先于普通股，但在股东大会上无表决权，也没有选举及被选举权的其他单位股票；可转换公司债券是投资方可按照发行时约定的价格将债券转换成公司普通股股票的债券；永续债券是不规定到期期限，投资方也不能要求收回本金，但可以按期取得利息的债券投资。不管是哪种投资，其收益及相关现金流特征因投资双方的不同约定而有所不同。

**（二）根据企业会计准则的分类**

涉及投资分类的我国现行企业会计准则有第 22 号企业会计准则《金融工具确认和计量》（CAS No. 22）和第 2 号企业会计准则《长期股权投资》（CAS No. 2）。尽管这两个会计准则并不直接规范投资，但涵盖了投资的全部内容。

1. 第 22 号会计准则的分类

我国第 22 号企业会计准则（CAS No. 22）是关于债权，以及不能对被投资企业实施控制、共同控制和重大影响的股权投资的会计准则。根据该准则，企业在初始确认时应当按照业务模式和合同现金流量特征对投资进行分类，且分类一经确定就不得随意变更。所谓业务模式，是指公司如何管理其投资以产生现金流量。管理现金流量的模式一般有收取合同现金流量、出售投资以获得现金流量、同时收取合同现金流量和出售投资收取现金流量等三种情况。出售投资以获得的现金流量通常是难以合理预期和计量的，但收取的合同现金流量能够合理预期和计量。所谓合同现金流量特征，是指针对投资约定的，反映该投资经济特征的现金流量属性。如果公司持有的债券，其合同现金流量的金额、时间等应当与基本借贷安排一致，即仅为对本金和以未偿付本金金额为基础的利息支付。根据业务模式和合同现金流量特征，可以将公司间投资划分为以摊余成本计量的金融资产、以公允价值计量且其变动计入其他综合收益的金融资产、以公允价值计量且其变动计入当期损益的金融资产，以及指定为以公允价值计量且其变动计入其他综合收益的非交易性权益工具投资。

（1）以摊余成本计量的金融资产。所谓以摊余成本计量的金融资产，是指公司管理该投资的业务模式是以收取合同现金流量为目标，而且投资的相关合同条款规定，在特定日期产生的现金流量，仅为支付本金和以未偿付本金金额为基础计算的利息。就以摊余成本计量的金融资产而言，未来现金流量是可以合理预计的金融资产内容广泛，包括了应收票据、应收账款、其他应收款及债权投资等，但就公司间投资而言，具有这种典型现金流特征的金融资产通常是指公司准备持有至到期的债权投资。

（2）以公允价值计量且其变动计入其他综合收益的金融资产。所谓以公允价值计量且其变动计入其他综合收益的金融资产，是指公司管理该投资的业务模式是同时以收取合同现金流量和出售该投资为目标。而且投资的相关合同条款规定，在特定日期产生的现金流量，仅仅为支付本金和以未偿付本金金额为基础的利息。就以公允价值计量且其变动计入其他综合收益的金融资产而言，已收取的合同现金流量可以合理预计，但出售该金融资产获取的现金流量难以合理预计。

（3）以公允价值计量且其变动计入当期损益的金融资产。所谓以公允价值计量且其变动计入当期损益的金融资产，是指公司持有的不符合本金加利息合同现金流量特征的交易性权益工具投资。所谓权益工具投资，就是公司持有的、享有其他企业所有者权益的合同，通常情况下为股权。如果公司取得相关权益工具投资的目的，主要是为了近期出售，或该项权益工具投资在初始确认时属于集中管理的可辨认金融工具组合的一部分，且有客观证据表明近期实际存在短期获利模式，即该项投资具有交易属性，那么，该金融工具投资就属于以公允价值计量且其变动计入当期损益的金融资产。根据现行企业会计准则的相关指南，公司持有的准备随时转让的短期债券也可以归为以公允价值计量且其变动计入当期损益的金融资产。

（4）指定为以公允价值计量且其变动计入其他综合收益的非交易性权益工具投资。这是现行企业会计准则的一种特殊规定。根据该规定，不具备交易属性的权益工具投资，其现金流量不符合一般的借贷安排，根据 CAS No. 22 应当指定为以公允价值计量且其变动计入其他综合收益的非交易性权益工具投资，而且一经制定就不得撤销。为了与其他类别表述一致，本部分称非交易性权益工具投资为金融资产。

如果公司改变管理金融资产投资的业务模式，应当对相关金融资产进行重新分类。以摊余成本计量的金融资产可以重新分类为以公允价值计量且其变动计入其他综合收益的金融资产或公允价值计量且其变动计入当期损益的金融资产；以公允价值计量且其变动计入其他综合收益的金融资产可以重分类为以摊余成本计量的金融资产或以公允价值计量且其变动计入当期损益的金融资产；以公允价值计量且其变动计入当期损益的金融资产可以重新分类为以摊余成本计量的金融资产或以公允价值计量且其变动计入其他综合收益的金融资产。一般而言，公司间投资的重分类在实践中并不常见。

2. 第 2 号企业会计准则的分类

我国第 2 号企业会计准则（CAS No. 2）是关于能够对被投资企业实施控制、共同控制或重大影响的公司间股权投资的会计准则。根据该准则的要求，基于公司依据股权投资对被投资单位的影响程度，应当将投资方是否能够对被投资单位实施控制、共同控制和重大影响作为分类的标准。所谓控制，依据 CAS No. 33 是指投资方拥有对被投资方的权力，通过参与被投资方的相关活动而享有可变回报，并且有能力运用对被投资方的权力影响其回报金额；所谓共同控制，依据 CAS No. 40 是指按照相关约定对某项安排所共有的控制，并且该安排的相关活动必须经过分享控制权的参与方一致同意后才能决策；所谓重大影响，是指投资方对被投资单位的财务和经营政策有参与决策的权力，但并不能够控制或者与其他方一起共同控制这些政策的制定。根据公司持有股权投资对被投资单位的影响程度，可以将公司间投资分为对子公司投资、对合营企业投资以及对联营企业投资。

（1）对联营企业投资。所谓对联营企业投资，是指持有股权投资的公司能够对被投资单位具有重大影响的权益性投资。重大影响，是指对一个企业的财务和经营政策有参与决策的权力，但并不能够控制或者与其他方一起共同控制这些政策的制定。

（2）对合营企业投资。所谓对合营企业投资，是指持有股权投资的公司能够与其他合营方一同对被投资单位实施共同控制，且对被投资单位净资产享有权利的权益性投资。共同控制是指按照相关约定对某项安排所共有的控制，并且该安排的相关活动必须经过分享控制权的参与方一致同意后才能决策。

（3）对子公司投资。所谓对子公司投资，是指持有股权投资的公司能够对被投资单位实施控制的权益性投资。控制是指投资方拥有对被投资单位的权力，通过参与被投资单位的相关活动而享有可变回报，并且有能力运用对被投资单位的权力影响其回报金额。

**（三）根据其他标准的分类**

1. 根据报告的价值属性分类

报告的价值属性是指相关投资在财务报表中显示价值属性，即投资的后续计量属性。结合现行会计准则的规定和会计计量实践，可将投资分为以摊余成本报告的投资、以公允价值报告的投资、以权益法报告的投资及以成本法报告的投资。

（1）以摊余成本报告的投资。以摊余成本报告的投资属于我国第 22 号企业会计准则（CAS No. 22）规范的以摊余成本计量的金融资产，但仅限于投资性的金融资产，不包含非投资性的其他债权。其特征是以收取合同现金流量为持有目标，而且投资的相关合同条款规定，在特定日期产生的现金流量，仅为支付本金和以未偿付本金金额为基础的计算利息。在资产负债表上应当以摊余成本列示。

（2）以公允价值报告的投资。以公允价值报告的投资属于我国第 22 号企业会计准则（CAS No. 22）规范的以公允价值计量且其变动计入当期损益的金融资产、以公允价值计量且其变动计入当期损益的金融资产，或指定为以公允价值计量且其变动计入其他综合收益的非交易性权益工具投资。属于这三种金融资产的投资在资产负债表上应当以公允价值列示。

（3）以权益法报告的投资。以权益法报告的投资属于我国第 2 号企业会计准则（CAS No. 2）规范的对联营企业的股权投资和对合营企业的股权投资。对于这两类投资，应当按照权益法进行后续计量，确保该两类投资的后续计量金额与投资方在被投资企业可辨认净资产公允价值中所占份额一致，并将其计量结果列示在资产负债表上。

（4）以成本法报告的投资。以成本法报告的投资属于我国第 2 号企业会计准则（CAS No. 2）规范的对子公司投资。对于这类投资，应当按照成本法进行后续计量，并将其计量结果列示在资产负债表上。当然，对于以成本法报告的投资，涉及了合并财务报表的编制问题，合并财务报表中应当用权益法对成本法计量的结果进行重新计量，并将计量的结果反映在合并财务报表中。

2. 根据交易市场活跃程度的分类

活跃市场通常是指交易对象同质，交易信息公开，交易活动频繁，交易双方能够随时达成买卖协议，且交易双方均能按各自期望报酬率获得相应报酬的市场。根据在活跃市场是否存在报价，可将公司间投资分为证券投资和其他投资。

（1）证券投资。证券投资是随着证券的出现而产生的。证券也称有价证券，是财产所有权、收益权以及债权的证明，有广义及狭义之分。广义的证券包括提货单等商品证券，支票、本票等货币证券，以及股票等资本证券；狭义的证券仅指股票和债券，属于资本证券的范畴。本章所指的证券是狭义的证券，证券投资就是公司持有的其他企业发行的股票和债券。通常情况下，股票和债券都存在活跃的市场，且在活跃的市场上有报价。

（2）其他投资。并不是所有投资均存在活跃市场，也并不是所有投资在活跃市场上均有报价。根据本部分内容的分类标准，任何在活跃市场上没有报价的投资都可以归为其他投资的范畴，内容较多，但本章所指的其他投资仅包括没有上市交易额的股权投资。

# 第二节　以摊余成本报告的公司间投资

## 一、概述

以摊余成本报告的投资就是按照摊余成本进行后续计量并报告的公司间投资，属于具有相同特征的金融资产的一部分。其他具有类似特征的金融资产还包括按约定收回的各种债权，如应收账款等，但从投资的角度来看，主要包括持有至到期的债权投资。企业准备持有至到期的投资应当于每个会计期末计算摊余成本，并计算相应会计期间的持有收益。

摊余成本是指企业持有债权投资的实际成本或机会成本。就某个会计期而言，有期初摊余成本和期末摊余成本之分。期初摊余成本，加上按照期初摊余成本和实际利率计算的应计利息，再扣除本期收回的本金和实际收取的利息，就等于期末摊余成本。

通常情况下某一会计期期末摊余成本等于下一会计期期初摊余成本。

如果债券附有提前赎回条款，应当估计赎回的可能性。如果预计债券将会提前赎回，公司应当调整赎回期所属会计期期初的摊余成本，将摊余成本调整额计入当期损益。可以按照上述程序计算，也可以按照未来现金流量的现值计算，即以赎回时所属会计期的期初为起点，按照最初确认的实际利率为折现率计算的未来现金流量现值，作为赎回期期初摊余成本，该摊余成本与未赎回情况下摊余成本之间的差额计入投资收益。

## 二、初始确认与计量的会计处理

按照我国现行企业会计准则及相关会计实务，以摊余成本计量的公司间投资应当在符合条件的情况下确认为债权投资，在"债权投资"科目进行核算。

从会计实务的层面来说，会计确认的核心问题是计量问题。作为以摊余成本计量的金融资产，债权投资应当以初始取得成本作为初始计量金额，取得的成本通常就是债权投资的公允价值。但取得该投资所支付对价的金额往往与取得成本不一致。虽然支付对价的金额是明确的，但与对价一同支付的可能还包括其他项目，如可以很快收回的垫付款等。因而投资的初始计量金额，应当以取得该投资所支付对价的金额为基础，进行必要的扣除。

债权投资的初始计量金额确定以后，还要将该金额与债权投资的面值进行比较，如果该金额与面值相等，则说明企业是按照面值购入的，如果大于面值则说明是溢价购入的，如果小于面值则说明是折价购入的。折价或溢价均应作为债权投资票面利息的调整项目。

由于公允价值是按会计准则的规定确定的，交易价格则是交易双方达成的，所以二者之间可能存在差异。如果公允价值是按照相同投资在活跃市场上的报价，或者仅使用可供观察市场数据的估计值技术确定的，二者之间的差额应当计入当期损益；公允价值是采用其他方法确定的，二者之间的差额应当递延，在以后会计期间根据相关因素的变化确认为利得或损失。

根据现行企业会计准则，公司购入准备持有至到期的债券投资，即以摊余成本计量的金融资产，交易费用应当计入初始计量金额，但如果购入的是分期支付利息，到期一次还本的公司债券，而且购入时包含了已经实现但暂未支付的利息，则该利息应当作为短期应收项目单独处理，不应计入投资的初始金额。

如果该类投资是以公允价值计量且其变动计入其他综合收益的金融资产，以及以公允价值计量且其变动计入当期损益的金融资产重分类形成的，则前者应当按其面值借记"债权投资——成本"，贷记"其他债权投资——成本"，按其重分类日累计公允价值变动借记或贷记"其他债权投资——公允价值变动"，按重分类日公允价值扣除账面价值借记或贷记"债权投资——利息调整"，同时将累计其他综合收益转为投资收益；后者应当按其面值借记"债权投资——成本"，贷记"交易性金融资产——成本"，按其重分类日累计公允价值变动借记或贷记"交易性金融资产——公允价值变动"，按重分类日公允价值扣除账面价值借记或贷记"债权投资——利息调整"。

【例 2 - 1】甲公司 2015 年 1 月 1 日支付 880.235 万元购入 A 公司同日发行的债券。债券面值 1 000 万元。甲公司购入债券的目的是获取合同现金流量，且在购买债券时预计 A 公司不会提前赎回债券。假定公允价值与交易价格一致。相关的会计计量及其结果如下：

首先，计算债权投资的初始计量金额。本例中，债券没有包含已实现尚未支付的利息，所以其初始计量金额即为 880.235 万元。

其次，区分债权投资初始计量金额的不同构成。根据现行企业会计准则，债券投资的面值及其与支付对价的差额，即折价或溢价要分开进行明细核算，面值记入"债券投资——成本"明细账，折价或溢价记入"债券投资——利息调整"明细账。本例中，面值为 1 000 万元，折价为 119.765 万元。即：2015 年 1 月 1 日的会计分录为：

借：债权投资——成本　　　　　　　　　　　　　　　　　10 000 000
　　贷：债权投资——利息调整　　　　　　　　　　　　　　1 197 650
　　　　银行存款　　　　　　　　　　　　　　　　　　　　8 802 350

## 三、后续计量的会计处理

企业持有以摊余成本计量的公司间投资期间，应当首先确定债权投资的实际利率，再根据实际利率来计算摊余成本、实际利息，并进行利息调整的分摊。

### （一）实际利率的确定

债权投资的实际利率就是债权投资的内含收益率，也就是使债权投资净现值（NPV）等于零的折现率。如果是分期付息到期还本的债权投资，即净现值的计算公式：

$$净现值（NPV）= \sum_{i=1}^{n} \left[ 面值 \times 票面利率 \times (1+r)^{-i} \right] + 面值(1+r)^{-n}$$
$$- 初始投资额 = 0$$

成立的 $r$ 值。

在实际计算中，可以首先采用逐次测试的方法，确定 $NPV_1$ 和 $NPV_2$ 一正一负两个净现值，以及与之对应的两个折现率 $r_1$ 和 $r_2$，然后再采用内插法近似求得 $r$ 值。两个净现值应当确保所对应的 $r_1$ 和 $r_2$ 在复利现值系数表上处于相邻位置。

$$r = r_2 + \left[ NPV_2 / (NPV_1 - NPV_2) \right](r_1 - r_2)$$

或

$$r = r_1 - \left[ NPV_1 / (NPV_1 - NPV_2) \right](r_1 - r_2)$$

### （二）相关计算

1. 摊余成本的计算

通常情况下，第一期期初摊余成本就是投资的初始计量金额，期末摊余成本就是初始计量金额，加上实际利息，扣除本期收回的本金和实际收到的利息。如果投资发生了减值，摊余成本还应当扣除减值准备。以后各期照此计算即可，即：

第一年：期初摊余成本 = 初始计量价值。

期末摊余成本 = 期初摊余成本 + 期初摊余成本 × 实际利率
－本期收到的金额（利息等）－减值准备

第二年：期初摊余成本＝第一年期末摊余价值。

$$期末摊余成本＝期初摊余成本＋期初摊余成本×实际利率$$
$$－本期收到的金额（利息等）－减值准备$$

以后年份依次类推。

2. 实际利息的计算

实际利息就是公司持有债权投资获得的投资收益，某一会计期的实际利息等于该期期初的摊余成本与实际利率的乘积。

3. 折价或溢价的摊销

从收益计算的角度来看，折价就是债券票面利率低于实际利率的情况下，债券发行方给予债券购买方的补偿，因此，实际利息等于票面利息加上折价的摊销；溢价则就是债券票面利率高于实际利率的情况下，债券发行方向债券购买方多收的款项，因此，实际利息等于票面利息扣除折价的摊销。

4. 票面利息的计算

票面利息等于债券面值乘以票面利率。在计算摊余成本时，票面利息并非必须计算的项目，但由于缺少票面利息，会计处理将无法进行。

5. 减值金额的测试

公司应当以预期信用损失为基础，对以摊余成本计量的金融资产进行减值测试，发生减值的，要确认相应的减值损失，并相应冲减相关资产的账面价值。

**（三）终止确认的会计处理**

终止确认的情形比较多，会计处理也不尽相同。一是到期收回，按实际收到金额或面值借记"银行存款"，贷记"债权投资——成本"；二是重分类为交易性金融资产，按照公允价值借记"交易性金融资产"，按照债权投资面值贷记"债权投资——成本"，按照尚未摊销的折价或溢价，借记或贷记"债权投资——利息调整"，差额记入"投资收益"；三是重分类为其他债权投资，按照债券面值借记"其他债权投资——成本"，贷记"债权投资——成本"，按照重分类日债权投资公允价值扣除面值，借记或贷记"其他债权投资——利息调整"，同时按照债权投资尚未摊销的折价或溢价，借记或贷记"债权投资——利息调整"，差额记入"投资收益"。

【例2-2】接〖例2-1〗假定A公司发行的债券期限为5年，票面利率为5%，每年年末支付本年度利息，第5年年末一次偿还本金；债券在甲公司持有期内没有发生减值，且不考虑其他税费。相关项目计算及会计处理如下：

①实际利率$r$的计算，令：

$$\sum_{i=1}^{5}\left[1\,000\times5\%\times(1+r)^{-i}\right]+1\,000\times(1+r)^{-5}-880.235=0$$

首先采用逐次测试，然后再根据逐次测试的结果采用内插法，计算出$r=8\%$。

②摊余成本相关项目的计算（见表2-1）。

表 2 - 1                                   摊余成本计算表                                        单位：元

| 年份 | 期初摊余成本 | 实际利息 | 现金流入 | 期末摊余成本 |
|------|-------------|---------|---------|-------------|
| 2015 | 8 802 350 | 704 188 | 500 000 | 9 006 538 |
| 2016 | 9 006 538 | 720 523 | 500 000 | 9 227 061 |
| 2017 | 9 227 061 | 738 165 | 500 000 | 9 465 226 |
| 2018 | 9 465 226 | 757 218 | 500 000 | 9 722 444 |
| 2019 | 9 722 444 | 777 556 | 10 500 000 | 0 |
| 合计 | 8 802 350 | 3 697 650 | 12 500 000 | 0 |

注：每步计算结果按四舍五入精确到元；2019 年实际利息为尾数调整：10 500 000 - 9 722 444 = 777 556（元）；实际利息 = 票面利息 + 折价 = 2 500 000 + 1 197 650 = 3 697 650（元）。

③会计处理。2015 年 12 月 31 日，确认甲公司债券实际利息收入，计入投资收益；根据实际利息与票面利息之差计算分摊的折价，冲减利息调整；收到债券利息。

　　借：应收利息                                                         500 000
　　　　债权投资——利息调整                                              204 188
　　　　贷：投资收益                                                              704 188

同时：

　　借：银行存款                                                         500 000
　　　　贷：应收利息                                                              500 000

2016 年 12 月 31 日，确认甲公司债券实际利息收入，计入投资收益；根据实际利息与票面利息之差计算分摊的折价，冲减利息调整；收到债券利息。

　　借：应收利息                                                         500 000
　　　　债权投资——利息调整                                              220 523
　　　　贷：投资收益                                                              720 523

同时：

　　借：银行存款                                                         500 000
　　　　贷：应收利息                                                              500 000

2017 年 12 月 31 日，确认甲公司债券实际利息收入，计入投资收益；根据实际利息与票面利息之差计算分摊的折价，冲减利息调整；收到债券利息。

　　借：应收利息                                                         500 000
　　　　债券投资——利息调整                                              238 165
　　　　贷：投资收益                                                              738 165

同时：

　　借：银行存款                                                         500 000
　　　　贷：应收利息                                                              500 000

2018 年 12 月 31 日，确认甲公司债券实际利息收入，计入投资收益；根据实际利息与票面利息之差计算分摊的折价，冲减利息调整；收到债券利息。

　　借：应收利息                                                         500 000

| | |
|---|---|
| 债券投资——利息调整 | 257 218 |
| 　　贷：投资收益 | 757 218 |

同时：

| | |
|---|---|
| 借：银行存款 | 500 000 |
| 　　贷：应收利息 | 500 000 |

2019年12月31日，确认甲公司债券实际利息收入，计入投资收益；根据实际利息与票面利息之差计算分摊的折价，冲减利息调整；收到债券利息。

| | |
|---|---|
| 借：应收利息 | 500 000 |
| 　　债券投资——利息调整 | 277 556 |
| 　　贷：投资收益 | 777 556 |

同时：

| | |
|---|---|
| 借：银行存款 | 500 000 |
| 　　贷：应收利息 | 500 000 |

期末按照面值1 000万元收回，超过880.235万元的部分119.765万元，属于尚未收回的投资收益，已在持有期间按照年度分摊与票面利息计入投资收益。

| | |
|---|---|
| 借：银行存款 | 10 000 000 |
| 　　贷：应收利息 | 10 000 000 |

当然，如果有部分债权投资在到期日之前将会被收回，则需要在悉知未来合同现金流将发生改变时重新计算摊余成本。

【例2-3】接〖例2-2〗如果2018年1月1日甲公司预计，A公司将有500万元本金会在年末收回，其余情况不变，则甲公司需要按照之后现金流入的现值，计算调整2018年1月1日摊余成本，之前的项目不变，则2018年初摊余成本需按未来现金流量的现值计量（见表2-2）。

表2-2　　　　　　　　　　摊余成本计算表　　　　　　　　　　单位：元

| 年份 | 期初摊余成本 | 实际利息 | 现金流入 | 期末摊余成本 |
|---|---|---|---|---|
| 2015 | 8 802 350 | 704 188 | 500 000 | 9 006 538 |
| 2016 | 9 006 538 | 720 523 | 500 000 | 9 227 061 |
| 2017 | 9 227 061 | 738 165 | 500 000 | 9 465 226 |
| 2018 | 9 593 275 | 767 462 | 5 500 000 | 4 860 737 |
| 2019 | 4 860 737 | 389 263 | 5 250 000 | 0 |

注：2018年初摊余成本为：$5\,500\,000 \times (1+8\%)^{-1} + 5\,250\,000 \times (1+8\%)^{-2} = 9\,593\,275$（元）；2019年实际利息为尾数调整：$5\,250\,000 - 4\,860\,737 = 389\,263$（元）。

2018年1月1日，通过调减折价来调整增加年初摊余成本128 049元，同时计入投资收益。

| | |
|---|---|
| 借：债券投资——利息调整 | 128 049 |
| 　　贷：投资收益 | 128 049 |

2018 年 12 月 31 日，确认甲公司债券实际利息收入，计入投资收益；根据实际利息与票面利息之差计算分摊的折价，冲减利息调整；收到债券利息。

借：应收利息                                         500 000

    债券投资——利息调整                   267 462

    贷：投资收益                                   767 462

同时：

借：银行存款                                      5 500 000

    贷：应收利息                                   5 500 000

2019 年 12 月 31 日，确认甲公司债券实际利息收入，计入投资收益；根据实际利息与票面利息之差计算分摊的折价，冲减利息调整；收到债券利息。

借：应收利息                                         250 000

    债券投资——利息调整                   139 263

    贷：投资收益                                   389 263

同时：

借：银行存款                                      5 250 000

    贷：应收利息                                   5 250 000

# 第三节　以公允价值报告的公司间投资

## 一、以公允价值报告的公司间投资概述

根据现行企业会计准则，以公允价值进行后续计量和报告的公司间投资包括较多内容，按照公允价值变动金额计算和处理方法的不同，可以分为以公允价值计量且其变动计入其他综合收益的金融资产、以公允价值计量且其变动计入当期损益的金融资产，以及指定为以公允价值计量且其变动计入其他综合收益的金融资产等三个部分的内容。其中包括了衍生金融工具投资，相关内容将在后续章节介绍。

## 二、以公允价值计量且其变动计入其他综合收益的金融资产

### （一）初始确认与计量的会计处理

以公允价值计量且其变动计入其他综合收益的金融资产也必须符合资产确认的相应条件，但正如前述，核心问题同样是投资的计量问题。

该类投资的初始计量及相关会计处理，与以摊余成本计量的金融资产基本相同，以初始确认时的交易价格或公允价值作为初始计量金额，交易费用应当计入初始计量金额；如果交易价格与公允价值存在差异的情况下，按相同的办法对差异进行处理；如购入的是分期支付利息，到期一次还本的公司债券，而且购入时包含了已经实现但暂未支付的利息，则该利息应当作为短期应收项目单独处理，不应计入投资的初始金额。

根据我国现行企业会计准则及相关会计实务，以公允价值计量且其变动计入其他

综合收益的公司间投资应当在"其他债权投资"科目核算。

如果是以摊余成本计量的金融资产重分类形成的，按以摊余成本计量的金融资产终止的会计处理方法进行处理；如果是以公允价值计量且其变动计入当期损益的金融资产重分类形成的，则应按债券面值借记"其他债权投资——成本"，贷记"交易性金融资产——成本"，按照重分类日累计公允价值变动借记或贷记"交易性金融资产——公允价值变动"，按重分类日公允价值扣除账面价值借记或贷记"其他债权投资——利息调整"，差额记入"投资收益"。

【例2-4】接〖例2-1〗假定甲公司购入债券的目的是获取合同现金流量和投资转让价款，且在购买债券时预计A公司不会提前赎回债券。假定公允价值与交易价格一致。相关的会计计量及其结果如下：

首先，计算债权投资的初始计量金额。本例中，债券没有包含已实现尚未支付的利息，所以其初始计量金额即为880.235万元。

其次，区分债权投资初始计量金额构成。根据现行企业会计准则，债券投资的面值及其与支付对价的差额，即折价或溢价要分开进行明细核算，面值记入"债券投资——成本"明细账，折价或溢价记入"债券投资——利息调整"明细账。本例中，面值为1 000万元，折价为119.765万元。即：2015年1月1日的会计分录为：

借：其他债权投资——成本            10 000 000

  贷：其他债权投资——利息调整        1 197 650

    银行存款             8 802 350

### （二）后续计量与会计处理

对以公允价值计量且其变动计入其他综合收益的金融资产进行后续计量涉及的内容主要有摊余成本和公允价值两个方面。只有确定了这两个方面的金额，才能够计算投资的公允价值变动金额。

#### 1. 摊余成本的计算

投资出售期期初之前摊余成本的计算涉及的实际利率、实际利息或持有投资收益、票面利率或现金流入、减值额等项目，计算方法与以摊余成本计量的金融资产基本相同。但投资出售期实际利息或投资收益应当按照投资出售获得的收入，扣除投资出售期期初的摊余成本来确定；票面利息或现金流入按照出售投资获得的收入确定。当然，如果投资出售期还有部分利息，也应当按照作为现金流入处理。

#### 2. 公允价值变动的计算

由于公允价值和摊余成本都是存量概念，而公允价值变动是流量概念。因此，某期公允价值与摊余成本之间的差额形成的公允价值变动，是截至本期期末的累计公允价值变动。只有本期累计公允价值变动减去上期累计公允价值变动才是归属于本期的公允价值变动，即：

本期末公允价值 - 本期末摊余成本 = 本期累计公允价值变动

本期公允价值变动 = 本期累计公允价值变动 - 上期累计公允价值变动

公允价值变动计入其他综合收益，待相关资产处置或重分类时，再转为当期损益。通常情况下，公司将持有的投资出售后，摊余成本为零，累计公允价值变动也为零。

【例2-5】接〖例2-4〗甲公司购入债券期限为5年，票面利率为5%，每年年末支付本年度利息，第5年年末一次偿还本金的公司债券。合同规定，A公司在遇到特定情况时，可以提前赎回债券，且不需要为提前赎回支付额外款项。甲公司购入债券的目的是获取合同现金流量和投资转让价款，且在购买债券时预计A公司不会提前赎回债券。债券在持有期内没有发生减值，且不考虑其他税费，折现率为8%。

2015年12月31日B公司债券的公允价值（不含利息）960万元；

2016年12月31日B公司债券的公允价值（不含利息）1 020万元；

2017年12月31日B公司债券的公允价值（不含利息）1 000万元；

2018年12月31日B公司债券的公允价值（不含利息）980万元。

首先，计算各期公允价值变动额（见表2-3）；其次，对各期公允价值变动进行会计处理2015年12月31日，确认甲公司债券实际利息收入，计入投资收益；根据实际利息与票面利息之差计算分摊的折价，冲减利息调整；收到债券利息；确认公允价值变动。

借：应收利息 500 000

　　其他债权投资——利息调整 204 188

　　贷：投资收益 704 188

表2-3　　　　　　　　　　　　　　公允价值变动计算表　　　　　　　　　　　　单位：元

| 时间 | 期初摊余成本 | 投资收益 | 现金流入 | 期末摊余成本 | 期末公允价值 | 累计公允价值变动 | 当期公允价值变动 |
|---|---|---|---|---|---|---|---|
| 2015 | 8 802 350 | 704 188 | 500 000 | 9 006 538 | 9 600 000 | 593 462 | 593 462 |
| 2016 | 9 006 538 | 720 523 | 500 000 | 9 227 061 | 10 200 000 | 972 939 | 379 477 |
| 2017 | 9 227 061 | 738 165 | 500 000 | 9 465 226 | 10 000 000 | 534 774 | -438 165 |
| 2018 | 9 465 226 | 757 218 | 500 000 | 9 722 444 | 9 800 000 | 77 556 | -457 218 |
| 2019年2月1日 | 9 722 444 | 355 112 | 10 000 000 | 0 | 0 | 0 | -77 556 |

注：截至某期末累计公允价值变动＝当期末公允价值－当期末摊余成本；某期末公允价值变动＝该期末累计公允价值变动－上期末累计公允价值变动；2019年2月1日投资收益（转让收益）合计：本期现金流入10 000 000元－（期初摊余成本9 722 444元－当期公允价值变动77 556元）＝355 112（元），其中来自未分摊利息调整277 556元。

同时：

借：银行存款 500 000

　　贷：应收利息 500 000

并且：

借：其他债权投资——公允价值变动 593 462

　　贷：其他综合收益——其他债权投资公允价值变动 593 462

2016年12月31日，确认甲公司债券实际利息收入，计入投资收益；根据实际利息与票面利息之差计算分摊的折价，冲减利息调整；收到债券利息；确认公允价值变动。

借：应收利息              500 000

  其他债权投资——利息调整       220 523

  贷：投资收益            720 523

同时：

 借：银行存款             500 000

  贷：应收利息            500 000

并且：

 借：其他债权投资——公允价值变动     379 477

  贷：其他综合收益——其他债权投资公允价值变动 379 477

2017 年 12 月 31 日，确认甲公司债券实际利息收入，计入投资收益；根据实际利息与票面利息之差计算分摊的折价，冲减利息调整；收到债券利息；确认公允价值变动。

 借：应收利息             500 000

  其他债权投资——利息调整       238 165

  贷：投资收益            738 165

同时：

 借：银行存款             500 000

  贷：应收利息            500 000

并且：

 借：其他综合收益——其他债权投资公允价值变动 438 165

  贷：其他债权投资——公允价值变动     438 165

2018 年 12 月 31 日，确认甲公司债券实际利息收入，计入投资收益；根据实际利息与票面利息之差计算分摊的折价，冲减利息调整；收到债券利息；确认公允价值变动。

 借：应收利息             500 000

  其他债权投资——利息调整       257 218

  贷：投资收益            757 218

同时：

 借：银行存款             500 000

  贷：应收利息            500 000

并且：

 借：其他综合收益——其他债权投资公允价值变动 457 218

  贷：其他债权投资——公允价值变动     457 218

**（三）终止确认的会计处理**

终止确认的情形比较多，会计处理也不尽相同。如果到期收回，按实际收到金额或面值借记"银行存款"，贷记"其他债权投资——成本"，借记或贷记"其他债权投资——公允价值变动"，同时将其他综合收益转为投资收益；如果是转为以摊余成本计量的金融资产，则应当按以摊余成本计量的金融资产初始确认的会计处理方法进行处理；如果是转为以公允价值计量且其变动计入当期损益的金融资产，则应当按重分类日的公允价值借记"交易性金融资产——成本"，按面值贷记"其他债权投资——成本"，按照尚未摊销的折价或溢价，借记或贷记"其他债权投资——利息调整"，差额计入投资收益，同时将其他综合收益转为投资收益。

【例 2-6】接〖例 2-5〗2019 年 2 月 1 日，甲公司通过证券机构出售该批债券，取得价款合计 1 000 万元，结转其他债权投资成本，累计公允价值变动及尚未摊销的利息调整，差额计入投资收益，并将之前形成的其他综合收益转为投资收益。

借：银行存款              10 000 000
  其他债权投资——利息调整     277 556
       ——公允价值变动    77 556
  贷：其他债权投资——成本     10 000 000
    投资收益          355 112

同时：

借：投资收益             77 556
  贷：其他综合收益——其他债权投资公允价值变动  77 556

本例中，甲公司持有甲公司的债券获得的投资收益合计为 3 275 206 元，其中来自票面利息的收入 2 000 000 元，来自债券折价的收入 1 197 650 元，来自公允价值变动损益 77 556 元。

## 三、以公允价值计量且其变动计入当期损益的金融资产

### （一）初始确认与计量

根据现行企业会计准则，凡是以交易为目的持有的公司间投资均可以确认为以公允价值计量且其变动计入当期损益的金融资产。但仍然需要满足资产确认的相应条件，才能加以确认。前已述及，初始确认的核心问题仍然是投资的初始计量问题。以公允价值计量且其变动计入当期损益的金融资产同样应当按照公允价值进行初始计量，以初始确认时的交易价格或公允价值作为初始计量金额。我国现行企业会计准则及相关会计实务规定，以公允价值计量且其变动计入其他综合收益的公司间投资应当在"交易性金融资产"科目核算。

如果是现金购入，交易价格与公允价值存在差异，需要按公允价值确定方法的不同分别进行处理。按照相同投资在活跃市场上的报价，或者仅仅使用可供观察市场数据的估值技术确定公允价值的，二者之间的差额应当计入当期损益；采用其他方法确定公允价值的，二者之间的差额应当进行递延，递延金额在以后会计期间根据相关因素的变化确认为利得或损失。如购入的是分期支付利息，到期一次还本的公司债券，而且购入时包含了已经实现但暂未支付的利息，应当作为短期应收项目单独处理，不应计入投资的初始金额；如购入的是股票，已经宣告发放但未实际支付的现金股利，作为短期应收项目单独处理，不应计入投资的初始金额。相关的交易费用应当直接计入当期损益。

如果是以摊余成本计量的金融资产及以公允价值计量且其变动计入其他综合收益的金融资产重分类形成的，按照前述相应金融资产终止确认的会计处理方法进行处理即可；如果以成本法计量的金融资产转来的，应当在记录出售部分后，按照剩余部分

的公允价值借记"交易性金融资产——成本"，按账面价值贷记"长期股权投资"，差额借记或贷记"投资收益"；如果以权益法计量的金融资产转来的，应当在记录出售部分后，按照剩余部分的公允价值借记"交易性金融资产——成本"，按账面价值贷记"长期股权投资"，差额借记或贷记"投资收益"，同时还需视情况将因被投资企业相关财务变动形成的其他综合收益和资本公积转为留存利润或投资收益。

【例2-7】甲公司于2018年1月1日以交易为目的从二级市场上购入公司发行的B企业债券。共计支付款项2 030 000元，其中已到付息期但B企业尚未支付的利息20 000元，交易费用10 000元，债券面值2 000 000元。相关的会计处理如下：

借：交易性金融资产——成本　　　　　　　　　　　　　　　　　2 000 000

　　应收利息　　　　　　　　　　　　　　　　　　　　　　　　　40 000

　　贷：银行存款　　　　　　　　　　　　　　　　　　　　　　　　2 030 000

　　　　投资收益　　　　　　　　　　　　　　　　　　　　　　　　　10 000

本例中，如果购买的债券属于一次还本付息的债券，应当将债券包含的已实现利息记入"交易性金融资产——应计利息"，而不是"应收利息"，待出售债券时连同其他款项一同回收。当然，出于简化会计核算的考虑，也可以对该部分利息不进行单独的明细核算，而是直接作为债券取得成本的一部分。

【例2-8】2018年4月6日，甲公司以交易为目的支付价款950 000元从二级市场购入C公司发行的股票100 000股，对C公司无重大影响。每股价格9.5元，购入该批股票前，C公司已经宣告发放现金股利，每股0.5元，但尚未实际支付。另支付交易费用1 000元。相关会计处理如下：

借：交易性金融资产——成本　　　　　　　　　　　　　　　　　　900 000

　　应收股利　　　　　　　　　　　　　　　　　　　　　　　　　50 000

　　投资收益　　　　　　　　　　　　　　　　　　　　　　　　　　1 000

　　贷：银行存款　　　　　　　　　　　　　　　　　　　　　　　　　951 000

**（二）后续计量与会计处理**

相比较而言，以公允价值计量且其变动计入当期损益的金融资产后续计量比较简单。由于该类投资可能包含股票投资，也可能包含债券投资，因此仍然要按照相关的确认标准，将持有期间实现的债券利息或现金股利确认为投资收益，并同时确认应收利息或应收股利，对于到期一次还本付息债券，要同时确认"交易性金融资产——应计利息"。

当然，如果预计持有时间较短，对于到期一次还本付息债券，其投资收益在持有期间也可以不分期确认，而是放到出售债券环节再去确认。

**（三）终止确认与会计处理**

终止确认时，如果是转让投资，应当按照收取的款项借记"银行存款"，按取得成本贷记"交易性金融资产——成本"，按照累计公允价值变动借记或贷记"交易性金融资产——公允价值变动"；如果是重分类转为以摊余成本计量的金融资产，应当按照前述以摊余成本计量的金融资产初始确认的相关规则进行处理；如果是重分类转为以公允价值计量且其变动计入其他综合收益的金融资产，应当按照前述以公允价值计量且其变动计入其他综合收益的金融资产初始确认的相关规则进行处理。

【例2-9】接〖例2-7〗甲公司持有债券的债券面值为2 000 000元，假设票面利率4%，每半年末计息一次，并于下个半年首月的5日支付，债券剩余期限为2年。假设2018年6月30日及2018年12月31日B公司债券的公允价值分别为2 150 000元和2 100 000元。2019年4月3日甲公司将该批债券出售，获得价款2 180 000元。

2018年1月5日，收取购入投资前已经实现，但出让方尚未领取的利息20 000元：

借：银行存款　　　　　　　　　　　　　　　　　　　　　40 000
　　贷：应收利息　　　　　　　　　　　　　　　　　　　　40 000

2018年6月30日，确认当年上半年的利息：

借：应收利息　　　　　　　　　　　　　　　　　　　　　40 000
　　贷：投资收益　　　　　　　　　　　　　　　　　　　　40 000

同时，确认公允价值变动：

借：交易性金融资产——公允价值变动　　　　　　　　　　150 000
　　贷：公允价值变动损益　　　　　　　　　　　　　　　150 000

2018年7月5日，收取上半年已确认的利息：

借：银行存款　　　　　　　　　　　　　　　　　　　　　40 000
　　贷：应收利息　　　　　　　　　　　　　　　　　　　　40 000

2018年12月31日，确认当年半年的利息：

借：应收利息　　　　　　　　　　　　　　　　　　　　　40 000
　　贷：投资收益　　　　　　　　　　　　　　　　　　　　40 000

同时，确认公允价值变动：

借：公允价值变动损益　　　　　　　　　　　　　　　　　50 000
　　贷：交易性金融资产——公允价值变动　　　　　　　　50 000

2019年1月5日，收取上年下半年已确认的利息：

借：银行存款　　　　　　　　　　　　　　　　　　　　　40 000
　　贷：应收利息　　　　　　　　　　　　　　　　　　　　40 000

2019年4月3日，甲公司将持有的B公司债券出售，确认相关项目，结转债券账面价值。

借：银行存款　　　　　　　　　　　　　　　　　　　2 180 000
　　贷：交易性金融资产——成本　　　　　　　　　　　2 000 000
　　　　　　　　　　　　——公允价值变动　　　　　　　100 000
　　　　投资收益　　　　　　　　　　　　　　　　　　　80 000

本例中，如果属于一次还本付息的债券，也要同时确认利息和投资收益，但相关利息记入"交易性金融资产——应计利息"项目，不作为"应收利息"处理，待出售债券时连同其他款项一同收回。当然，如果预计持有时间比较短，也可以不分期确认，而是将相关投资收益在出售环节与转让收益一同确认。

【例2-10】接〖例2-8〗，甲公司2018年4月6日购入股票后，于2018年4月18日收到C公司支付的现金股利50 000元。2018年6月30日，C公司股票价格涨到每股 12 元；2018 年 12 月 31 日，C 公司股票价格涨到每股 14 元；2019 年 3 月 25 日，C 公司宣告发放现金股利，每股 0.6 元，将于 4 月 10 日支付；2019 年 4 月 8 日，将持有的 C 公司股票全部售出，每股售价 15 元。

假设不考虑其他因素，甲公司后续计量及相关的会计处理如下：

2018 年 5 月 18 日收到 C 公司支付的现金股利：

借：银行存款　　　　　　　　　　　　　　　　　　　50 000
　　贷：应收股利　　　　　　　　　　　　　　　　　　　　　　50 000

2018 年 6 月 30 日，确认 C 公司股票公允价值变动，价格涨到每股 12 元，公允价值增加 300 000 元：

借：交易性金融资产——公允价值变动　　　　　　　　300 000
　　贷：公允价值变动损益　　　　　　　　　　　　　　　　　300 000

2018 年 12 月 31 日，确认 C 公司股票公允价值变动，价格涨到每股 14 元，公允价值在前一期基础上增加 200 000 元：

借：交易性金融资产——公允价值变动　　　　　　　　200 000
　　贷：公允价值变动损益　　　　　　　　　　　　　　　　　200 000

2019 年 3 月 25 日，C 公司宣告发放现金股利，每股 0.6 元；

借：应收股利　　　　　　　　　　　　　　　　　　　60 000
　　贷：投资收益　　　　　　　　　　　　　　　　　　　　　60 000

2019 年 4 月 8 日，将持有的 C 公司股票全部售出，获取款项 1 500 000 元，其中成本 900 000 元，应收股利 60 000 元，公允价值变动（上涨）500 000 元：每股售价 15 元。

借：银行存款　　　　　　　　　　　　　　　　　　1 500 000
　　贷：交易性金融资产——成本　　　　　　　　　　　　　　900 000
　　　　　　　　　　　　——公允价值变动　　　　　　　　　500 000
　　　　应收股利　　　　　　　　　　　　　　　　　　　　60 000
　　　　投资收益　　　　　　　　　　　　　　　　　　　　40 000

本例中，如果 C 公司宣告发放股利的时间与甲公司出售股票的时间相隔较短，甲公司 2019 年 3 月 25 日也可以不确认投资收益以及应收股利，而是将其直接体现在 2019 年 4 月 8 日的会计处理中。

如果是权益性投资，终止确认的原因可能比较多。对于追加投资转为长期股权投资的，成本法下应按转换日原持有资产公允价值与增加投资成本之和借记“长期股权投资”，按实际支付的款项贷记“银行存款”，按持有资产的购入成本贷记“交易性金融资产——成本”，按积累的公允价值变动借记或贷记“交易性金融资产——公允价值变动”，差额借记或贷记“投资收益”；权益法下同样应按转换日原持有资产公允价值与增加投资成本之和借记“长期股权投资”，按实际支付的款项贷记“银行存款”，按持有资产的购入成本贷记“交易性金融资产——成本”，按积累的公允价值变动借记或贷记“交易性金融资产——公允价值变动”，差额借记或贷记“投资收益”。如果涉及企业合并的，应当按照企业合并的处理方法进行处理。

## 四、指定为以公允价值计量且其变动计入其他综合收益的非交易性权益工具投资

### （一）初始确认与计量的会计处理

公司购入的任何不以交易为目的权益工具投资，且公司不会因为持有该投资而对被投资单位拥有控制权、共同控制权，或重大影响，都可以将其指定为以公允价值计量且其变动计入其他综合收益的非交易性权益工具投资，而且该指定一经作出，不得撤销。公司购入的符合上述特征的股票和其他形式的股权，都可以确认为以公允价值计量且其变动计入其他综合收益的非交易性权益工具投资。我国现行企业会计准则及相关会计实务要求，指定为以公允价值计量且其变动计入其他综合收益的金融资产应当在"其他权益工具投资"科目核算。

对于指定为以公允价值计量且其变动计入其他综合收益的非交易性权益工具投资，初始计量金额应当是该金融资产的公允价值，但公允价值与交易价格存在差异的应当按照前述投资的处理办法进行相同的处理。公司取得投资支付的价款中含有交易费用的，应当计入初始计量金额，但公司从二级市场取得投资支付的价款中含有已实现尚未领取的现金股利，应当单独确认为应收项目。

如果以成本法计量的金融资产转来的，应当在记录出售部分后，按照剩余部分的公允价值借记"其他权益工具投资——成本"，按账面价值贷记"长期股权投资"，差额借记或贷记"投资收益"；如果以权益法计量的金融资产转来的，应当在记录出售部分后，按照剩余部分的公允价值借记"其他权益工具投资——成本"，按账面价值贷记"长期股权投资"，差额借记或贷记"投资收益"。同时还需视情况将因被投资企业相关财务变动确认的其他综合收益和资本公积转为留存利润或投资收益。

【例 2-11】甲公司 2018 年 4 月 8 日支付价款 1 200 万元购入不准备随时出售的 D 公司股票 300 万股，占 D 公司有表决权股份的 0.2%。股票含有已经宣告但尚未发放的现金股利，每股 0.25 元。另外支付交易费用 1.5 万元。

显然，根据现行企业会计准则，该项投资应该指定为以公允价值计量且其变动计入其他综合收益的非交易性权益工具投资，会计处理如下：

借：其他权益工具投资——成本      11 265 000
       应收股利      750 000
     贷：银行存款      12 015 000

### （二）后续计量的会计处理

指定为以公允价值计量且其变动计入其他综合收益的非交易性权益工具投资在持有期间，获得的股利应当计入当期损益，根据应收股利借记"应收股利"，贷记"投资收益"；公允价值变动时借记或贷记"其他权益工具投资——公允价值变动"，贷记或借记"其他综合收益"。

### （三）终止确认的会计处理

当指定为以公允价值计量且其变动计入其他综合收益的非交易性权益工具投资终止确认时，应当根据终止确认的情形进行相应的会计处理。如果是出售，需按实际收

到款项借记"银行存款"，按照初始投资成本贷记"其他权益工具投资——成本"，按照累计公允价值变动借记或贷记"其他权益工具投资——公允价值变动"，按其差额贷记或借记留存收益相关会计科目，同时将累计其他综合收益转为留存收益。

【例2-12】接〖例2-11〗甲公司2018年4月8日支付价款1 200万元购入不准备随时出售的股票后，2018年4月10日收到D公司支付的现金股利；2018年6月30日股票价格为4.3元；2018年12月31日股票价格为4.1元；2019年4月5日D公司宣告发放股利，每股0.23元；2019年4月10日甲公司发放的股利；2019年4月20日D公司将该批股票以每股4.2元的价格全部转让。假设不考虑税收等其他因素，按照10%的比例提取法定盈余公积，相关计量及会计处理如下：

2018年4月10日收到D公司支付的现金股利：

借：银行存款 750 000

　　贷：应收股利 750 000

2018年6月30日，确认股票公允价值变动1 635 000元：

借：其他权益工具投资——公允价值变动 1 635 000

　　贷：其他综合收益 1 635 000

2018年12月31日，确认股票公允价值变动600 000元：

借：其他综合收益 600 000

　　贷：其他权益工具投资——公允价值变动 600 000

2019年4月5日，记录应收D公司宣告发放股利690 000元：

借：应收股利 690 000

　　贷：投资收益 690 000

2019年4月10日，收到D公司发放的股利690 000元：

借：银行存款 690 000

　　贷：应收股利 690 000

2019年4月20日，甲公司将该批股票以每股4.2元的价格全部转让，获得收入1 260万元，结转账面价值，同时将：

借：银行存款 12 600 000

　　贷：其他综合收益 300 000

　　　　其他权益工具投资——成本 11 265 000

　　　　　　　　　　　　——公允价值变动 1 035 000

同时，将其他综合收益转为所有者权益：

借：其他综合收益 1 335 000

　　贷：利润分配——未分配利润 1 201 500

　　　　盈余公积——法定盈余公积 133 500

如果是追加投资转为长期股权投资的，成本法下应按增加日原持有资产公允价值与增加投资成本之和借记"长期股权投资"，按实际支付的款项贷记"银行存款"，按持有资产的购入成本贷记"其他权益工具投资——成本"，按积累的公允价值变动借记或贷记"其他权益工具投资——公允价值变动"，差额计入留存收益；权益法下同样应按增加日原持有资产公允价值与增加投资成本之和借记"长期股权投资",按实际支付的款项贷记"银行存款",按持有资产的购入成本贷记"其他权益工具投资——成本",按积累的公允价值变动借记或贷记"其他权益工具投资——公允价值变动",差额计入留存收益。因公允价值变动而确认的其他综合收益也一并转为投资收益,具体会计处理时视企业盈余公积的计提情况,分别贷记或借记"盈余公积或利润分配——未分配利润"。如果涉及企业合并的,应当按照企业合并的处理方法进行处理。

# 第四节 权益法报告的投资

## 一、概述

### (一)投资的内容

以权益法进行后续计量和报告的公司间投资有两种情形:一是公司持有的能够对被投资企业产生重大影响的权益性投资,即对联营企业的投资;二是公司持有的能够与其他投资方一同对被投资企业实施共同控制,且对被投资单位净资产享有权利的权益性投资,即对合营企业投资。在我国现行企业会计准则中,合营企业与共同经营同属于合营安排,鉴于共同经营不属于企业的范畴,会计处理相对简单。

所谓重大影响,是指公司因为持有股权投资而对被投资企业的财务和经营政策有参与决策的权力,但并不能够单独或者与企业其他股东一起共同控制这些政策的制定。在确定公司能否对被投资企业施加重大影响时,不仅要考虑公司直接或间接持有被投资企业的有表决权股份,同时还要考虑公司及其他股东等持有的当期可执行的潜在表决权,再假定潜在表决权转换为对被投资企业股权后产生的影响,如被投资企业发行的当期可转换的认股权证、股份期权及可转换公司债券等的影响。通常情况下,公司在被投资企业董事会或类似权力机构中派有代表,在被投资企业的财务和经营决策中有发言权,可以认为公司对投资企业有重大影响。当公司直接或通过子公司间接持有被投资企业20%以上但低于50%的表决权时,一般认为公司对被投资企业具有重大影响,除非有明确的证据表明公司不能参与被投资企业的财务和生产经营决策。

所谓共同控制,是指按照相关的约定对被投资企业所共有的控制,并且被投资企业商品或劳务的销售和购买、金融资产的管理、资产的购买和处置、研究与开发活动以及融资活动相关活动,必须经过分享控制权的其他投资人一致同意后才能决策。在判断公司是否拥有共同控制权时,必须明确,只有两个或两个以上的股东联合起来才能形成控制,而且企业相关活动的决策必须经过两个或两个以上的股东一致同意。但如果企业存在两个或两个以上的股东组合能够对企业实施控制的,不构成共同控制。

按照我国现行企业会计准则及相关会计实务的要求,以权益法报告的公司间投资,不管是对联营企业投资,还是对合营企业投资,都在"长期股权投资"科目核算。

### (二)权益法的程序

权益法是对长期股权投资进行后续计量和报告的一种会计处理方法,也称长期股权投资核算的权益法。由于长期股权投资的后续计量直接关系到长期股权持有收益的计算，因此有时也称投资收益核算的权益法。权益法的最大特点是长期股权投资初始确认与计量以后，还要根据公司在被投资企业股权份额的变化对长期股权投资的账面价值进行适时调整。一般情况下要确保公司每个会计期末的长期股权投资的账户余额与公司在被投资企业股权份额相一致。

在权益法下，首先，要对初始投资成本按要求进行调整，一般要确保长期股权投资的账面价值与其在被投资方所有者权益中所享有的份额相等，除非初始投资成本超过所取得净资产公允价值的份额；其次，要站在公司的角度而非被投资企业的角度，基于公司的会计政策、会计期间、投资成本，在考虑固定股利支付和关联交易的基础上对被投资单位个别利润表中的净利润进行调整，据以计算应当享有的净利润或分担的净亏损；再次，要确认实现的投资收益，并记录收到的现金股利或利润；最后，要确认被投资企业其他综合收益和所有者权益其他变动对公司相关项目的影响。如果被投资单位出现超额亏损的要按规定进行处理。

## 二、初始确认与计量

公司可以通过不同的方式取得对联营企业或合营企业的投资，初始确认与计量可能因取得方式的不同而存在差别。但无论何种方式，被投资企业已经宣告但未实际发放的现金股利应当单独作为应收项目处理。

### （一）支付现金

支付现金取得的相关长期股权投资，应当按照实际支付的购买价款作为初始计量金额。初始投资成本包括与取得长期股权投资直接相关的费用、税金及其他必要支出。

### （二）发行权益性证券

发行权益性证券取得的长期股权投资，应当按照发行权益性证券的公允价值作为初始计量金额。但不包括与发行权益性证券直接相关的费用，这部分费用应当从权益性证券的溢价中扣除。如果权益性证券溢价不足冲减，则冲减盈余公积和未分配利润。

### （三）其他投资转换

除了以上几种方式之外，还有其他金融资产转来的情况（见表2-4）。其初始计量金额的确定涉及了后续计量方法的转换问题，因此初始计量金额的确定也应当与此一致。

表2-4 权益法报告的投资其他来源一览

| 序号 | 来源 | 原会计科目 | 方式 |
|---|---|---|---|
| 1 | 对子公司的投资 | 长期股权投资 | 减少投资或降低持股比例 |
| 2 | 以公允价值计量且其变动计入当期损益的金融资产 | 交易性金融资产 | 增加投资或提高持股比例 |
| 3 | 指定为以公允价值计量且其变动计入其他综合收益的非交易性权益工具投资 | 其他权益工具投资 | 增加投资或提高持股比例 |

减少对子公司的持股比例有不同的情况。如果出售部分股权，由控制变为共同控

制或重大影响的，首先记录出售部分股权取得的收入，并确认处置损益，按照实际收到的款项借记"银行存款"，按照转让部分的账面价值贷记"长期股权投资"，按其差额借记或贷记"投资收益"；其次对剩余部分股权改为权益法核算，补充确认成本法下没有确认的在被投资企业的所有者权益变动，并根据变动的原因借记或贷记"长期股权投资"及其所属的损益调整等明细科目，贷记或借记"盈余公积""利润分配——未分配利润""其他综合收益"等科目。

【例 2 - 13】甲公司 2020 年 1 月 25 日支付 1 000 万元取得 E 公司 80% 的股权。当日 E 公司可辨认净资产公允价值为 1 200 万元。2020 年 1 月 25 日 ~ 2021 年 12 月 31 日 E 公司取得按照并购日公允价值计算的净利润 100 万元，持有其他债权投资增加其他综合收益 20 万元。甲公司 2022 年 1 月 9 日将其持有股权的 50% 出售，取得价款 550 万元。甲公司近年均按照 10% 计提了盈余公积。则：

借：银行存款             5 500 000
  贷：长期股权投资——E 公司        5 000 000
    投资收益            500 000

同时：

借：长期股权投资——成本         5 000 000
       ——损益调整       400 000
       ——其他综合收益     80 000
  贷：长期股权投资——E 公司        5 000 000
    盈余公积            40 000
    利润分配——未分配利润      360 000
    其他综合收益          80 000

由于剩余长期股权投资账面价值 500 万元，小于按照剩余股权比例和 E 公司原可辨认净资产计算的股权份额 480 万元，因此，改按权益法时不调整长期股权投资的账面价值。

如果在持有以公允价值计量且其变动计入当期损益的金融资产，以及指定为以公允价值计量且其变动计入其他综合收益的非交易性权益工具投资的基础上增加投资而形成该资产的长期股权投资，应当按照这两种金融资产终止确认的有关处理方法进行处理。确认长期股权投资时，以原持有的相关投资的公允价值，加上新增投资支付对价的公允价值对长期股权投资进行初始计量。该金额小于所享有的被投资方可辨认净资产公允价值份额的部分，调整长期股权投资账面价值，同时确认营业外收入，反之不做处理。

【例 2 - 14】甲公司 2021 年 1 月 25 日支付 100 万元取得 F 公司 5% 的股权，被指定为以公允价值计量且其变动计入其他综合收益的非交易性权益工具投资，2021 年 12 月 31 日该投资账面价值 120 万元。2022 年 1 月 9 日另外支付 600 万元，再购入另外 30% 股权，使甲公司对 F 公司具有重大影响，当日原 5% 的投资公允价值 125 万元。甲公司近年均按照 10% 计提了盈余公积。则：

借：长期股权投资——E 公司——成本     7 250 000

| | | |
|---|---|---|
| 贷：其他权益工具投资——成本 | | 1 000 000 |
| ——公允价值变动 | | 200 000 |
| 银行存款 | | 6 000 000 |
| 其他综合收益 | | 50 000 |

同时：

| | | |
|---|---|---|
| 借：其他综合收益 | | 250 000 |
| 贷：盈余公积 | | 25 000 |
| 利润分配——未分配利润 | | 225 000 |

### （四）非货币性资产交换

通过非货币性资产交换取得的相关投资，其初始投资成本应当按照交换活动的商业实质及换入换出资产公允价值计量的可靠性。如果交换活动具有商业实质，而且换入资产或换出资产公允价值能够可靠地计量，应当以公允价值为基础确定长期股权投资的初始计量金额，如果二者的公允价值均能够可靠计量的，需以换出资产的公允价值为基础计量，但有确凿证据表明换入资产的公允价值更加可靠的除外。其他情形则应当以换出资产的账面价值为基础确定长期股权投资的初始计量金额。交换活动产生的相关税费及支付的补价，构成长期股权投资的初始计量金额。收到的补价冲减长期股权投资的初始计量金额。

### （五）债务重组

通过债务重组取得的长期股权投资，公司应当按照放弃债权的公允价值和可直接归属于该资产的税金等其他成本计量其初始投资成本。放弃债权的公允价值与账面价值之间的差额，应当计入当期损益。

## 三、后续计量与会计处理

### （一）调整初始投资成本

公司取得对联营企业或合营企业的长期股权投资后，应对初始投资成本进行调整。取得投资时初始投资成本与公司在被投资单位可辨认净资产公允价值中应享份额之间的差额应分不同的情况进行处理。

1. 初始投资成本小于所取得净资产公允价值的份额

调整增加长期股权投资的账面价值。按照一般的理解，该差额本质上是双方在交易作价过程中，企业对公司的让步，该部分经济利益流入应作为收益处理，计入取得投资当期的营业外收入，同时调整增加长期股权投资的账面价值。

2. 初始投资成本大于所取得净资产公允价值的份额

不做调整。因为该差额本质上是公司在取得投资过程中，同时购入了被投资企业的部分商誉以及因不符合确认条件而未确认的资产。由于没有发生企业合并，商誉在公司单独财务报表中不单独确认。被投资企业因不符合确认条件而未确认的资产产生的差额，理论上可以调整，但根据现行企业会计准则，也无须单独确认。

### （二）调整被投资企业利润

持有长期股权投资期间，公司应当按照应享有或应分担被投资企业实现净利润或发生净亏损的份额，调整长期股权投资的账面价值，并确认为当期投资损益。但投资企业实现净利润或发生净亏损并非就是投资企业账面净利润或净亏损，需要从公司的角度进行调整。

1. 统一会计政策和会计期间

被投资单位采用的会计政策及会计期间与投资企业不一致的，应按投资企业的会计政策及会计期间对被投资单位的财务报表进行调整。

2. 分摊公允价值与账面价值差额

公司取得投资时，支付的价款是按照被投资企业净资产的公允价值，即资产公允价值扣除负债公允价值为基础确定的，但被投资企业个别利润表中的净利润是以其持有的资产、负债账面价值为基础持续计算的。如果取得投资时被投资企业净资产的公允价值与账面价值不一致，就意味着公司与投资企业的成本费用计算口径就不一致。在公司计算投资收益时应当基于自身的投资成本，而不是被投资企业的账面价值。所以，如果取得投资时被投资企业净资产公允价值与其账面价值不一致，应当分摊相关资产、负债项目公允价值与账面价值之间的差额，基于公司的投资成本对于被投资企业个别利润表中的净利润进行调整，据以计算公司的投资收益。

3. 剔除潜在表决权份额的影响

在确定公司对被投资企业是否具有重大影响时，应当考虑潜在表决权的影响，但在确定应享有的被投资企业实现净损益、其他综合收益或其他所有者权益变动的份额时，潜在表决权所对应的权益份额不予考虑。

4. 扣除固定股利支付

在计算公司享有或应分担的被投资单位净利润（或亏损）额时，法规或章程规定不属于公司分配范围的净损益应当扣除，例如，被投资单位发行了分类为权益的可累计优先股等类似的权益工具，无论被投资单位是否宣告分配优先股股利，公司在计算应享有被投资单位的净利润时，均应将累计优先股股利予以扣除。

5. 抵销关联交易利润

根据现行企业会计准则要求，公司在计算投资收益时，应当抵销其与联营企业或合营企业之间发生的未实现关联交易损益（会计准则称内部交易损益，为了与企业集团的情况相区分，本处称为关联交易），据以确定公司投资收益。未实现的关联交易损益既包括顺流交易损益，也包括逆流交易损益。其中，顺流交易是指公司向其联营企业或合营企业出售资产，逆流交易是指联营企业或合营企业向公司出售资产。

**（三）确认投资企业投资损益**

按照权益法核算的长期股权投资，公司实现投资收益时应一方面记录增加长期股权投资的账面价值，另一方面记录增加的投资收益，借记"长期股权投资——损益调整"，贷记"投资收益"。如果被投资企业出现亏损，则应做相反的处理。公司收到被投资企业支付的现金股利或利润，应抵减长期股权投资的账面价值，在被投资单位宣告分派现金股利或利润时，借记"应收股利"，贷记"长期股权投资——损益调整"。

出现超额亏损的，应当确认超额亏损，并按相关要求进行处理。所谓超额亏损，是指公司分担的导致被投资企业资产低于负债的累计亏损，即导致公司长期股权投资账面价值为负的金额。由于会计没有负资产的概念，因而公司在确认应分担的被投资企业发生的亏损，应按照以下顺序处理。首先，冲减长期股权投资账面价值；其次，长期股权投资账面价值不足冲减的，冲减实质上构成对被投资单位净投资的其他长期权益项目。如果没有其他长期权益项目，或其他长期权益项目不够冲减的，则冲减长期应收项目等的账面价值；长期应收项目不足冲减的，如果存在合同或协议约定，公司需要承担额外损失弥补义务的，按预计将承担的义务金额确认预计负债。

### （四）确认其他综合收益

如果被投资企业确认了其他综合收益，也会影响被投资企业所有者权益总额，进而影响公司应享有的被投资单位所有者权益的份额。因此，当被投资企业其他综合收益发生变动，公司也应当按照归属于本公司的部分，相应调整长期股权投资的账面价值，同时记录其他综合收益。

### （五）确认所有者权益其他变动

除了前述被投资企业确认净损益、其他综合收益以及利润分配产生的所有者权益变动外，投资企业还可能发生其他的所有者权益变动，如接受其他股东的资本投入、发行可转换公司债券中包含的权益成分、以权益结算的股份支付等。对于这些变动，公司应按照持股比例与被投资单位所有者权益其他变动，计算归属于本企业的部分，相应调整长期股权投资的账面价值，同时增加或减少资本公积（其他资本公积）。

【例2-15】甲公司2021年1月9日支付560万元取得G公司35%的股份，当日G公司可辨认净资产公允价值1 500万元，商誉100万元。除了库存商品、固定资产和无形资产账面价值与公允价值不同以外（见表2-5），G公司其他项目账面价值与公允价值均相等。假设固定资产采用直线法计提折旧，无形资产采用直线法摊销进入销售费用。

表2-5　　　　　　　　　　　G公司资产负债账面价值与公允价值差异　　　　　　　　　　单位：万元

| 项目 | 账面价值 | 累计折旧/摊销 | 公允价值 | 原预计使用年限 | 剩余使用年限 |
|------|---------|-------------|---------|--------------|--------------|
| 库存商品 | 250 | | 300 | | |
| 固定资产 | 600 | 150 | 525 | 20 | 15 |
| 无形资产 | 100 | 30 | 80 | 10 | 5 |
| 合计 | 950 | 180 | 905 | | |

2021年，G公司库存商品有80%对非关联方销售；实现税后利润200万元，持有以公允价值计量且其变动计入其他综合收益的非交易性权益工具投资价值增加20万元；资本公积增加10万元。按照税后利润的10%计提了盈余公积。则：

首先，基于甲公司的计量基础对G公司实现利润进行调整：$200 - [(300 - 250) \times 80\% + (525/15 - 600/20) + (80/5 - 100/10)] = 149$（万元）。

其次，按照甲公司持股比例计算投资收益：$149 \times 35\% = 52.15$（万元）。

借：长期股权投资——损益调整　　　　　　　　　　　　　　　　521 500

贷：投资收益              521 500

最后，确认 E 公司增加的其他综合收益及资本公积属于 A 公司的部分：

借：长期股权投资——其他综合收益      70 000

     ——其他权益变动        35 000

  贷：其他综合收益           70 000

    资本公积            35 000

另外，对长期股权投资还要按规定进行减值测试，发生减值的，需要确认减值损失，并抵减长期股权投资的账面价值。如果被投资企业分派的股票股利，公司不作账务处理，但应于除权日注明所增加的股数，以反映股份的变化情况。

## 四、终止确认的会计处理

### （一）出售

公司因处置持有联营企业投资或合营企业投资而符合终止确认条件的，应当结转与终止确认的股权投资相对应的长期股权投资账面价值，将所得价款与账面价值之间的差额确认为投资收益。对于采用权益法核算的长期股权投资形成的其他综合收益、资本公积其他项目转为当期损益。如果部分处置投资，且处置后核算方法没有发生变化的，直接结转与处置部分相对应的部分金额。但如果其他综合收益的形成源于被投资单位持有的指定为以公允价值计量且其变动计入其他综合收益的非交易性权益工具投资，则应直接转入留存收益，借记或贷记"其他综合收益"，贷记或借记"盈余公积""利润分配——未分配利润"。

### （二）其他方式

理论上看，联营企业投资或合营企业投资终止确认的情形与初始确认的情形相联系，也有非货币性资产交换中换出、债务重组中用于抵债，还可以与第三方进行股权交换等不同的类型。其他可能的方式还有转为其他金融资产，这一点与前述初始确认的情况相反（见表 2 - 6）。

表 2 - 6            **权益法报告的投资其他处置**

| 序号 | 处置去向的类型 | 新会计科目 | 方式 |
| --- | --- | --- | --- |
| 1 | 对子公司投资 | 长期股权投资 | 增加投资或提高持股比例 |
| 2 | 以公允价值计量且其变动计入当期损益的金融资产 | 交易性金融资产 | 减少投资或降低持股比例 |
| 3 | 以公允价值计量且其变动计入其他综合收益的非交易性权益工具投资 | 其他权益工具投资 | 减少投资或降低持股比例 |

对于在原有基础上增加投资或提高持股比例转为对子公司投资的，属于企业合并的范畴，对长期股权投资的后续计量方法应当按照未来适用法的处理原则由权益法改为成本法。首先，按照增加的股份成本借记"长期股权投资"，贷记"银行存款"等；其次，按照转换日的账面价值借记"长期股权投资"，贷记"长期股权投资——成本"

"长期股权投资——损益调整""长期股权投资——其他综合收益"等。

对于在原有基础上减少投资或降低持股比例转为以公允价值计量且其变动计入当期损益的金融资产，以及转为指定为以公允价值计量且其变动计入其他综合收益的非交易性权益工具投资的，按照相关金融资产前述有关初始确认的相关要求进行会计处理。

【例2－16】甲公司2019年1月8日支付现金900万元取得H公司30%的有表决权股份，采用权益法进行计量和报告。2019年12月31日H公司实现利润300万元，分配现金股利200万元，持有以公允价值计量且其变动计入其他综合收益的股权投资价值增加20万元。2019年1月8日H公司可辨认净资产公允价值2 800万元，2020年2月16日甲公司以797.2万元将其中的80%出售，剩余部分转交易性金融资产。不计有关税费，甲公司和H公司均按照10%计提盈余公积，则：

首先，记录出售部分的收益：

借：银行存款 9 792 000
　　贷：长期股权投资 8 160 000
　　　　投资收益 1 632 000

其次，将剩余部分转为交易性金融资产：

借：交易性金融资产 2 448 000
　　贷：长期股权投资 2 040 000
　　　　投资收益 408 000

最后，将原形成的其他综合收益进行处理：

借：其他综合收益 200 000
　　贷：盈余公积 20 000
　　　　利润分配——未分配利润 180 000

实际上，账户层面的会计分录应当具体确定包括明细账在内的所有账户，理论上也应当将长期股权投资所属明细账的金额进行分摊。为了简化，也可以进行合并，即：

借：银行存款 9 792 000
　　交易性金融资产——成本 2 448 000
　　贷：长期股权投资——成本 9 000 000
　　　　　　　　　　——损益调整 1 000 000
　　　　其他综合收益 200 000
　　　　投资收益 2 040 000

同时，将原形成的其他综合收益进行处理：

借：其他综合收益 200 000
　　贷：盈余公积 20 000
　　　　利润分配——未分配利润 180 000

# 第三章
# 公司间投资：合并与控制性权益

## 第一节　企业合并概述

### 一、企业合并及其方式

#### （一）企业并购概念

企业合并可以从不同的角度来加以理解。从会计的角度来看，国际会计准则理事会（IASB）在其颁布在第 3 号《国际财务报告准则》（IFRS No. 3）中认为"企业合并是指将单独的主体或业务集合为一个报告主体"的交易或事项。该定义要求公司获得的资产和承担的负债构成业务，如果取得的资产不属于业务的一部分的，应当将该交易或者其他事项作为资产取得记账，而且目前涉及的企业合并仅指非同一控制下的合并。当然，同一控制下的企业合并也开始受到国际会计准则理事会（IASB）的高度关注[①]。

美国财务会计准则委员会（FASB）在颁布第 141 号《财务会计准则公告》（SFAS No. 141）中认为"企业合并是一个实体获得构成另一个实体的净资产，或者获得另外一个或多个实体的所有者权益，并对该实体或多个实体拥有控制权"的交易或事项。强调企业合并的结果是获得另一个或多个主体的部分或全部净资产，并达到控制的程度。该准则没有区分同一控制下的合并与非同一控制下的合并，但事实上排除了同一控制下企业合并的会计处理问题[②]。

我国第 20 号《企业会计准则》（CAS No. 20）认为，"企业合并，是指将两个或者两个以上单独的企业合并形成一个报告主体的交易或事项"。根据参与合并企业合并前后最终控制方的不同，将企业合并分为同一控制下的企业合并和非同一控制下的企业合并。

我国会计准则关于企业合并的界定与国际财务报告准则和美国财务会计准则基本一致，都强调了被合并企业的特征是构成业务，也就是说，虽然企业合并是一种购买行为，但不是购买单项资产，而是购买一个资产负债组合，而且这一组合还要单独构

---

① Tarca Ann. Business Combinations under Common Control：Filling a Gap in IFRS Standards ［J］. Australian Accounting Review，2021，31（4）：321－327.

② 美国 20 世纪 70 年代的第 16 号会计原则委员会意见书（APB No. 16）及其解释明确了不同的企业合并及其会计处理方法，但第 141 号《财务会计准则公告》（SFAS No. 141）取代了 APB No. 16 及其相关解释是，排除了同一控制下的合并。

成一个利润中心，同时都强调了控制权的转移，以及报告主体的相应变化。

《国际财务报告准则》（IFRS No. 3）尚未考虑同一控制下的企业合并，《财务会计准则公告》（SFAS No. 141）也没有对同一控制下的企业合并的会计处理作出规范。但由于我国的企业合并，特别是国资委所属企业之间的合并多为同一控制下合并，因而我国《企业会计准则》（CAS No. 20）对同一控制下的企业合并进行了相应的规范。

### （二）企业合并的方式

企业合并有各种不同的方式。根据我国第 20 号《企业会计准则》（CAS No. 20）及其指南，企业合并有吸收合并、控股合并和新设合并三种方式。

#### 1. 吸收合并

吸收合并也称兼并（merger），是指合并企业向被合并企业股东支付现金、转移非现金资产、承担债务、发行股票等方式，取得被合并企业的全部资产，并承担被合并企业的全部负债，被合并企业原持有的资产、负债在合并后成为合并企业的资产、负债。合并后注销被合并企业的法人资格的合并。

吸收合并完成后，只有合并企业仍保持原来的法人地位，被合并企业失去其原来的法人资格，而作为合并企业的分支机构继续从事生产经营活动，或者与合并企业整合为一个整体，从事相关的生产经营活动。当然，也有吸收合并完成之后再进行分拆，最终形成两个独立企业的情形，但这种情形应当视为两个独立的交易。

#### 2. 控股合并

控股合并也称收购（acquisition），就是合并企业取得对被合并企业的控制权，被合并企业在合并后仍保持其独立的法人资格并继续从事生产经营活动，合并企业确认企业合并形成的对被合并企业的长期股权投资。这里所说的"控制"，是指合并企业拥有对被合并企业的权力，能够决定被合并企业的财务和经营决策，并通过参与被合并企业的相关活动而享有可变回报，且有能力运用对被投资单位的权力影响其回报金额。控制方被称为母公司，被控制方称为子公司。

控股合并一般是通过获取被合并企业足够份额的股权来实现的。获取股权需要支付对价，理论上存在多种可能的支付方式，包括支付现金、转移非现金资产、承担债务、发行权益性工具是常用的方式，有时甚至可以通过吸收合并第三方，间接从第三方获得被合并企业股权。

#### 3. 新设合并

新设合并也称创立合并（consolidation），是指由两个或两个以上的公司组建成一个新的具有法人资格的公司。新设合并结束后，参与合并的各公司均失去法人资格，而由新成立的公司统一从事生产经营活动。新公司在接受已解散的各公司资产的同时，也需要承担各公司的债务。如果原公司股东不变的，新公司向原公司的股东发行股票或签发出资证明书，从而使原公司的股东成为新公司的股东。如果原公司的股东不愿成为新公司的股东，新公司应以发行债券或支付现金的方式向原公司股东支付产权转让价款。

新设合并的实现过程较为特殊，既可以通过参与合并的某家企业吸收合并其他企业，合并完成之后，再变更合并企业名称，并变更工商登记，转为一家新的公司。也可以先登记成立一家新的企业，再通过这家公司吸收合并其他企业，进而实现新设合并。

## 二、企业合并的分类

企业合并的类型比较多，根据不同的标准有不同的分类。对企业合并进行分类，不仅是深入分析企业合并特征的需要，也是据以确定不同会计处理方法的需要。

### （一）按照合并企业的产业关联度

按照企业合并所涉及的行业，即参与合并的企业所属行业的关联度，可将企业合并分为横向合并、纵向合并和混合合并。

1. 横向合并

横向合并，即水平合并，是指处于同一产业链条同一环节上的不同企业之间的合并，实践中通常是同属一个产业或行业、生产或销售同类产品的公司之间发生的合并。横向合并可以通过公司规模的扩张来扩大经营规模、降低管理成本、提高该产品的市场占有率和竞争力，获取规模效益，也可以通过同行业的强强联合、强弱联合实现优势互补，提高管理水平和生产能力。但与此同时，由于横向合并可能减少同行业内公司的数量，从而会削弱市场竞争，形成市场垄断。因此，横向合并在一些国家会受到政府的管制。

2. 纵向合并

纵向合并亦称垂直式合并，实践中通常是指处于同一产业链条的上下游企业之间的合并，一般是生产经营过程或经营环节紧密相关的公司之间的合并。例如，矿产采选企业与冶炼企业之间的合并，石油开采企业与石油炼化企业之间的合并，汽车制造企业与汽车零配件企业、轮胎企业等企业之间的合并等。纵向合并的目的在于将市场交易内部化，将不同公司间市场交易转化为同一公司内部或同一公司集团内部的管理协调活动，从而减少价格资料的收集、签约、收取货款、广告等方面的支出，降低交易成本。

3. 混合合并

混合合并是指从事不相关业务类型的公司间的合并，实践中泛指纵向合并和横向合并以外的其他企业之间的合并。如房地产企业与药品制造企业之间的合并，建筑企业与机械制造企业之间的合并等。混合合并的目的，是期望通过混合合并来从事多元化经营以达到优化投资组合、分散投资风险的目的。当然，尽管混合合并能起到分散投资风险、获取更多行业、产品利润的作用，但如果对所进入的新行业不熟悉，也有可能会招致经营失败。另外涉足行业过多，也可能会丧失专业化优势，从而削弱产品的竞争力。

### （二）按照合并前后最终控制权的特点

按照参与合并的企业在合并前后是否受到同一方控制或相同的多方控制，可将企业合并分为同一控制下的企业合并和非同一控制下的企业合并。

1. 同一控制下的企业合并

同一控制下企业合并是指，参与合并的企业在合并前后均受同一方或相同的多方最终控制，且该控制并非暂时性的企业合并。

"同一方"是指对参与合并企业在合并前后均实施最终控制的投资者，通常指合并双方的母公司。"相同的多方"是指对参与合并企业在合并前后均实施共同控制的投资者，通常是指合并双方的共同控制方；"最终控制"在控股合并部分已经述及，即拥有对被合并企业的权力，能够决定被合并企业的财务和经营决策，并通过参与被合并企业的相关活动而享有可变回报，且有能力运用对被投资单位的权力影响其回报金额，"最终控制"的实现途径是直接或间接拥有相关企业半数以上表决权，或者拥有另一个公司表决权虽不足半数以上但实质上能够通过其他方式达到控制。"非暂时性"是指参与合并各方在合并前后较长的时间内受同一方或相同的多方最终控制，控制时间通常在一年及以上。

由于合并各方在合并前、后的最终控制方没有发生变化，合并双方的合并可能不完全是自愿行为，这种合并不能算作"交易"，只是一个对合并各方资产、负债进行重新组合的经济事项。另外，合并交易定价常常受到最终控制方的影响难以达到公允，因而从最终控制方的角度来看，同一控制下的企业合并其实只是集团内部的资源整合，可以看作是合并多方权益的联合。

2. 非同一控制下的企业合并

非同一控制下企业合并，是指参与合并的各方在合并前后不受同一方或相同的多方最终控制的企业合并。某一企业合并实现若不属于同一控制下的企业合并，就属于非同一控制下的企业合并。这种划分标准非此即彼，使我们更容易了解两者的含义和范围，能合理划分合并类型。

由于合并各方在合并前、后不属于同一方或相同多方的最终控制方，常常是非关联企业之间的合并，而且这种合并以市场价格为基础，确定的合并作价相对公允。因此，其实质是一种市场交易，即合并各方自愿进行的交易，结果是合并企业购买了被合并企业的控制权。相应的会计处理需要遵循市场交易规则，以自愿交易的双方都能接受的价值，即公允价值来进行会计处理。

## 三、企业合并的会计问题

企业合并的会计问题包括了取得净资产的初始计量、转移非现金资产的终止确认、被合并企业原有商誉的处置、支付的对价与取得的净资产初始计量金额之间差额的处理，以及与这些问题相关的会计处理问题。但企业合并的方式不同，涉及的会计处理问题也不尽相同，而且合并企业与被合并企业的处理也是完全不同的。

### （一）吸收合并的会计问题

1. 合并企业的会计问题

通过企业合并，合并企业取得了被合并企业的资产，并将其作为自有资产加以确认，同时承担了被合并企业的负债，也将其作为自担的负债加以确认，需要对这些资产、负债进行初始计量；同时合并企业支付了现金资产、转移了非现金资产，承担了负债或发行了权益性证券，不仅需要对相关资产进行终止确认与计量，还要对承担的负债或发行的权益性证券进行初始确认与计量。此外，作为合并企业，取得的净资产的初始计量金额与支付对价金额之间的差额如何处理也是一大会计问题。

当然，合并完成后，合并企业直接控制和管理所有被合并企业的资产和负债，合并企业是一个单一的法律主体和会计主体，仍作为单一主体处理其会计实务，其合并后财务报表的编制与单个公司的报表编制相同，在会计核算上不会导致新的会计问题。

2. 被合并企业的会计问题

通过企业合并，被合并企业将终止经营，并结束其会计记录。被合并企业终止经营可能涉及了财产清查、资产评估、税款计算及缴纳、资产移交、负债的清偿或转移、剩余财产分配、转销账户余额、会计档案管理等多方面的实践问题，而且合并的对价及税收政策不同，具体的会计处理也不同。国家政策法规对不同的环节会有不同的管理要求。

**（二）新设合并的会计问题**

1. 新设会计主体的确定

新设合并与吸收合并存在本质的不同，特别是在非同一控制下的新设合并情况更是这样。吸收合并存在明确的合并企业与被合并企业，不存在新设会计主体的问题。但新设合并是参与合并的企业共同组成一家全新的企业法人，参与合并的所有公司都解散，同样可能涉及财产清查、资产评估、税款计算及缴纳、资产移交、负债的清偿或转移、剩余财产分配、转销账户余额、会计档案管理等多方面的实践问题。更为重要的是，不同的环节还会受到国家政策、法律法规，特别是税收和其他财经法规的影响。

当然，与吸收合并相同，合并后只有一个法律主体和会计主体存续，新设合并在初始合并之后也不存在特殊的会计处理问题。

2. 资产负债的初始计量

即便确定了新的会计主体，该会计主体在接收被合并的企业的资产、负债时仍然需要确定以什么金额进行初始计量。如果是同一控制下的新设合并，情况相对简单，因为最终控制方没有发生变化，而且最终控制方有时就是唯一控制方，将所有参与合并的企业的资产、负债按照账面价值进行计量，简单相加即可。但若存在其他非控制性权益，甚至是非同一控制下的新设合并，情况就较为复杂了。

**（三）控股合并的会计问题**

控股合并是合并企业在一级市场上通过认购的方式从被合并企业获取其增发的有表决权股份，或在二级市场通过邀约收购的方式从被合并企业股东获取其持有的被合并企业股权，从而达到对被合并企业实施控制的一种企业合并。合并企业成为母公司，被合并企业成为子公司，合并完成之后，母子公司仍然作为独立的法律主体，各自从事生产经营活动，分别编制各自的财务报表。由于控股合并导致母公司在经营决策和财务决策上可以对子公司实施控制，使母子公司成为事实上的一个经济整体。为了反映这一整体的财务状况、经营成果和现金流量等状况，就需要另外编制反映这一整体的财务报表，即合并财务报表。

## 四、企业合并会计方法

对前述会计问题的不同认识和不同处理就形成了不同的会计处理方法。就并购日相关并购活动的会计处理来看，主要的会计处理方法有购受法、权益结合法、新主体法等三种方法。

### （一）购受法

购受法（acquisition method）也称购买法（purchase method），是指合并企业从市场的角度购买被合并企业净资产或股权，进而拥有被合并企业的资产同时承担被合并企业的负债，或享有被合并企业控制权的一种企业合并会计处理方法。

根据购受法会计处理的一般原理，首先，被合并企业应当按照公允价值对从被合并企业获取的资产以及承担的被合并企业原来的债务进行确认和计量。如果合并形成母子公司关系的，合并企业应当按照购买日为实现企业合并，或对被合并企业实施控制而支付的对价的公允价值来对获得的长期股权投资进行初始计量。其次，应当对支付的对价进行处理，终止确认相关资产，或对相关的负债、权益工具进行初始确认，并根据支付对价的形式进行相应的会计处理。再次，应当计算获取的净资产与支付的对价之间的公允价值差异，对被合并企业之前尚未确认的项目加以确认，如果前者大于后者，将差异确认为商誉，反之则确认为营业外收入。最后，应当将企业合并过程中发生的审计费用、评估咨询费用、法律服务费等中介费用及其他各项直接相关费用确认为当期损益[①]；将作为合并对价发行的权益性证券或债务性证券的交易费用，应当计入权益性证券或债务性证券的初始确认金额。另外，如果是吸收合并或新设合并，被合并企业应当按照国家政策法规，进行财产清查、资产评估、税款计算及缴纳、资产移交、负债的清偿或转移、剩余财产分配、转销账户余额、结束会计记录，完成会计档案移交。

### （二）权益结合法

所谓权益结合法（pooling of interest method），是指合并企业从账面整合的角度取得被合并企业净资产或股权，进而拥有被合并企业的资产，同时承担被合并企业的负债，或享有被合并企业控制权的一种基于账面整合的企业合并会计处理方法。当然，会计处理方法并不改变并购交易的属性。

根据权益法会计处理的一般原理，首先，应当按照被合并企业原账面价值对获取的资产和承担的负债进行初始确认和计量。如果企业合并形成母子公司关系的，合并企业应当按照被合并企业在最终控制方合并财务报表的账面价值及持股比例，对长期股权投资初始计量。其次，应当对支付对价进行会计处理，支付资产的要终止确认，发行证券的要对负债或资本进行初始确认与计量。再次，应当对取得净资产初始计量

---

① 第4号会计准则解释要求计入当期损益，第20号企业会计准则要求计入企业合并成本，此处介绍的是第4号会计准则的规定。

金额与支付对价金额之间的差异进行处理。根据 CAS No. 20 合并方取得的净资产账面价值与支付的合并对价账面价值或发行股份面值总额的差额，应当调整资本公积，资本公积不足冲减的，调整留存收益①。最后，合并中支付的审计、评估、法律服务等费用计入当期损益。将证券发行中的手续费、佣金等费用计入债务的初始计量金额、减少资本溢价或冲减留存收益。

如果是吸收合并和新设合并，与购受法相同，被合并企业也应当按照国家政策法规，进行财产清查、资产评估、税款计算及缴纳、资产移交、负债清偿或转移、剩余财产分配、转销账户余额、结束会计记录，完成会计档案移交。

### （三）新主体法

所谓新主体法（fresh start method），又称新实体法，新起点法或重新开始法。根据新主体法，不管是合并企业还是被合并企业，在合并日都要以公允价值为基础对资产和负债进行计量。即合并企业首先要将本企业自身的资产和负债调整为公允价值，然后再对从被合并企业获取的资产，以及承担的被合并企业原来的债务按公允价值进行初始计量，最终形成一个全新的会计报告主体。

合并后形成的相关资产负债项目金额为合并企业的相应项目公允价值与被合并企业相同项目公允价值之和。由于这种方法要确定合并企业的公允价值，所以在操作上比较烦琐和困难。我国企业会计准则没有就新主体法的应用进行规范。

## 第二节　吸收合并的会计处理

通常情况下一次交易即可实现吸收合并。根据我国企业会计准则，吸收合并有同一控制下的吸收合并与非同一控制下的吸收合并之分，不同类型的吸收合并，应当采用不同的会计处理方法进行处理。其中，前者采用权益结合法，后者采用购受法。

### 一、同一控制下的吸收合并

同一控制下的吸收合并通常情况下是在共同控制方的安排下，或经共同控制方的批准，在企业集团内部子公司之间或母子公司之间进行的。因此同一控制下的吸收合并可以看作是资源在企业集团内部的整合，不涉及与集团外部的市场交易，合并价格通常情况下也不具有公允性。另外，吸收合并完成后，只保留了一个会计主体，被合并企业注销，不会产生财务报表合并等复杂的后续会计问题。根据我国现行企业会计准则，同一控制下的吸收合并采用权益结合法进行会计处理。

### （一）净资产的初始计量

并购企业可以通过获取被合并企业资产同时承担被合并企业负债的方式获取被合并企业净资产。根据权益结合法的一般原理，合并企业从被合并企业获取的资产应当以该资产的账面价值进行初始计量，承担的被合并企业原来的债务也应当以该债务的

---

① 会计实务中，如果取得的净资产账面价值小于支付的合并对价账面价值或发行股份面值总额的差额通常是依次冲减资本公积、盈余公积和未分配利润。

账面价值进行初始计量。虽然我国现行企业会计准则没有就被并购方原有商誉的会计处理进行明确的规定，但根据 CAS No. 20 的相关表述来看，合并之后被合并企业原有商誉应当仍然存在。

### （二）合并对价的确认与计量

在企业合并的会计处理中，对价（consideration）是指并购方为了获得被并购方的净资产而付出的资产或作出的承诺。对价支付可以是向被合并企业股东支付现金、转移非现金资产、承担债务，或发行权益性债券等。公司采用支付现金、转让非现金资产、承担债务或发行权益性证券作为合并对价的，合并对价应当按照相关资产的账面价值或按发行权益证券面值总额进行计量。

### （三）净资产账面价值与合并对价账面价值差异的处理

合并企业取得的被合并企业净资产账面价值，即资产的账面价值扣除负债的账面价值后的差额，与合并企业支付的现金、转让非现金资产的账面价值，或发行权益性证券面值之间的差额，应当调整资本公积中的资本溢价，资本公积中的资本溢价不足冲减的，调整留存收益。关于调整留存收益的方式，CAS No. 2 的应用指南要求依次冲减盈余公积、未分配利润，但需要注意的是，如果是发行普通股作为对价的，资本溢价不仅是并购企业原有的资本溢价，还包括本次合并中发行权益性证券形成的资本溢价，而且在进行会计处理时通常是合并计算的。

### （四）其他合并费用的处理

合并企业为进行企业合并发生的各项直接相关费用，包括为进行企业合并而支付的审计费用、评估费用、法律服务费用等，应当于发生时计入当期损益。为企业合并发行的债券或承担其他债务支付的手续费、佣金等，应当计入所发行债券及其他债务的初始计量金额。企业合并中发行权益性证券发生的手续费、佣金等费用，应当抵减权益性证券溢价收入，溢价收入不足冲减的，冲减留存收益。

【例 3 - 1】2018 年 1 月 1 日甲公司吸收合并 A 公司，取得了 A 公司的全部资产，同时承担 A 公司的全部债务。

（1）有关资料如下：

①甲公司和 A 公司均为 B 公司的子公司。

②相关资料显示了 2017 年 12 月 31 日甲公司资产负债表相关项目的账面价值、A 公司资产负债表相关项目的账面价值（见表 3 - 1）。

表 3 - 1 　　　　　　　　　　　　参与合并企业资产负债情况表

2017 年 12 月 31 日　　　　　　　　　　　　　　　　　单位：万元

| 项目 | 甲公司账面价值 | A 公司账面价值 |
| --- | --- | --- |
| 货币资金 | 30 000 | 6 000 |
| 应收账款（净额） | 7 000 | 1 500 |
| 存货 | 15 000 | 2 500 |
| 固定资产原价 | 40 000 | 27 000 |

续表

| 项目 | 甲公司账面价值 | A公司账面价值 |
|---|---|---|
| 减：累计折旧 | 5 000 | 7 000 |
| 固定资产（净额） | 35 000 | 20 000 |
| 无形资产 | 5 000 | 3 000 |
| 资产合计 | 92 000 | 33 000 |
| 短期借款 | 7 000 | 3 000 |
| 应付账款 | 3 000 | 3 500 |
| 长期借款 | 20 000 | 16 500 |
| 股本 | 4 000 | 6 000 |
| 资本公积（股本溢价） | 26 000 | 2 000 |
| 盈余公积 | 17 000 | 1 000 |
| 未分配利润 | 15 000 | 1 000 |
| 负债与权益合计 | 92 000 | 33 000 |

③甲公司向B公司股东发行1 000万股普通股以换取A公司的全部净资产，每股面值1元，公允价值12元。

④甲公司以现金支付合并过程中发生的审计费用25万元，法律服务费15万元，股票发行中发生的手续费、佣金等580万元。

假定合并过程不需要进行资产评估，忽略税金，不存在或有对价，也没有其他法律限制。要求对相关的业务进行会计处理。

（2）甲公司的相关分析及处理如下：

①甲公司吸收合并A公司为同一控制下的合并。会计处理中不涉及公允价值计量的问题。

②甲公司获取的A公司资产和承担的A公司负债，均按照原账面价值进行确认和计量。本来吸收合并应当细化到账户层面，落实具体会计科目。因为需要将获得的相关资产或承担的相关负债反映在合并企业的账户层面上，而不仅仅是报表项目层面。但处理方法相同，只需根据A公司账簿记录，将财务报表项目名称调整或分解为相应的会计科目的名称即可。

③甲公司采用发行权益性证券作为合并对价，1 000万元的权益证券面值总额就是合并对价。

④净资产账面价值10 000万元与合并对价账面价值1 000万元的差异为9 000万元计入资本公积。

实际上，相当于甲公司以公允价值12 000万元购入A公司10 000万元的净资产，多出的2 000万元部分冲减甲公司原有的资本公积。加上本次合并增加资本公积（股本溢价）11 000万元，净增加9 000万元资本公积。

⑤其他费用的处理。审计费用及法律服务费400 000元，计入当期损益（管理费

用）；手续费及佣金等 5 800 000 元，抵减权益性证券溢价收入。

经过以上分析，甲公司可进行如下会计处理：

| | | |
|---|---|---|
| 借：货币资金 | | 60 000 000 |
| 应收账款 | | 15 000 000 |
| 存货 | | 25 000 000 |
| 固定资产 | | 270 000 000 |
| 无形资产 | | 30 000 000 |
| 贷：短期借款 | | 30 000 000 |
| 应付账款 | | 35 000 000 |
| 长期借款 | | 165 000 000 |
| 累计折旧 | | 70 000 000 |
| 股本 | | 10 000 000 |
| 资本公积 | | 90 000 000 |

同时：

| | | |
|---|---|---|
| 借：管理费用 | | 400 000 |
| 资本公积 | | 5 800 000 |
| 贷：银行存款 | | 6 200 000 |

经过合并，除了发生合并费用的项目以外，合并企业合并后的资产负债会计科目，甚至财务报表的资产负债项目，其金额均为参与合并的企业相应会计科目或相应财务报表项目账面价值的简单相加（见表 3-2）。

表 3-2　　　　　　　　　　合并后甲公司资产负债表

2018 年 1 月 1 日　　　　　　　　　　　　　　　单位：万元

| 项目 | 甲公司 | A 公司 | 合并后甲公司 |
|---|---|---|---|
| 货币资金 | 29 380 | 6 000 | 35 380 |
| 应收账款（净额） | 7 000 | 1 500 | 8 500 |
| 存货 | 15 000 | 2 500 | 17 500 |
| 固定资产原价 | 40 000 | 27 000 | 67 000 |
| 减：累计折旧 | 5 000 | 7 000 | 12 000 |
| 固定资产（净额） | 35 000 | 20 000 | 55 000 |
| 无形资产 | 5 000 | 3 000 | 8 000 |
| 资产合计 | 91 380 | 33 000 | 124 380 |
| 短期借款 | 7 000 | 3 000 | 10 000 |
| 应付账款 | 3 000 | 3 500 | 6 500 |
| 长期借款 | 20 000 | 16 500 | 36 500 |
| 股本 | 5 000 | | 5 000 |

| 项目 | 甲公司 | A公司 | 合并后甲公司 |
|---|---|---|---|
| 资本公积 | 34 420 | | 34 420 |
| 盈余公积 | 17 000 | | 17 000 |
| 未分配利润 | 14 960 | | 14 960 |
| 负债与权益合计 | 101 380 | 23 000 | 124 380 |

说明：

1. 甲公司因支出合并费用620万元，其中40万元计入当期损益，580万元计入资本公积，因而货币资金减少620万元，未分配利润减少40万元，资本公积减少580万元；

2. 甲公司股本增加1 000万元；

3. 发行权益性证券产生股票溢价11 000万元，扣除抵销的2 000万元，余额9 000万元，再扣除合并费用中的580万元，资本公积累计增加8 420万元。

（3）A公司的相关分析及处理如下：

由于国家公司法律制度对公司终止经营、解散、清算等获得有较多的规定，因此相关活动都应当按照国家公司法律制度的规定来执行。而且合并对价不同，被合并企业组织形式不同，都会给相关会计处理方法的选择带来影响。一般情况下，甲公司收购完成，A公司就可以按规定程序注销工商登记，A公司已经不复存在，其股东成了甲公司的股东。

借：累计折旧      70 000 000
    短期借款      30 000 000
    应付账款      35 000 000
    长期借款      165 000 000
    股本      60 000 000
    资本公积      20 000 000
    盈余公积      10 000 000
    未分配利润      10 000 000
  贷：货币资金      60 000 000
    应收账款      15 000 000
    库存商品等      25 000 000
    固定资产      270 000 000
    无形资产      30 000 000

## 二、非同一控制下的吸收合并

由于非同一控制下的吸收合并中，参与合并的各方在合并前后不受同一方或相同的多方最终控制，参与合并的企业的最终控制方之间存在产权转移，都需要追求自身利益的最大化，而且它们之间的利益关系是一种零和博弈。因此通常情况下非同一控制下的企业合并是一种市场交易行为，需要通过市场交易才能达成的合并。另外，吸收合并完成后，也只保留了一个会计主体，被合并企业注销，不会产生财务报表合并等复杂的后续会计问题。根据我国现行企业会计准则要求，非同一控制下的吸收合并采用购受法进行会计处理。

**（一）净资产的初始计量**

根据购受法会计处理的一般原理，合并企业从被合并企业获取的资产应当以该资产的公允价值进行初始计量，承担的被合并企业原来的债务也应当以该债务的公允价值进行初始计量。虽然我国现行企业会计准则没有就被并购方原有商誉的会计处理作出明确的规定，但从 CAS No. 20 的相关表述来看，非同一控制下企业吸收合并之后，被合并企业原有商誉不应当再单独确认与计量，而应当与合并可能产生的商誉一同确认和计量。

**（二）对价的确认与计量**

对价的支付方式可以是向被合并企业股东支付现金、转让非现金资产、承担债务，或发行权益性债券等。现行企业会计准则要求，并购企业在购买日为取得对被购买方的控制权而付出的资产、发生或承担的负债以及发行的权益性证券的公允价值，合并企业为合并发生的各项直接费用应当一并计入合并成本。

根据购受法的一般原理，支付现金按实际支出金额结转；转让非现金资产应当根据资产的类型来分别进行会计处理，但相关非现金资产公允价值与账面价值之间的差额，应当确认为当期损益；承担债务或发行权益性证券的，应当根据债务或权益性证券的特征分别进行会计处理，其公允价值与面值之间的差额应当计入利息调整或资本公积。

**（三）净资产公允价值与合并成本之间差异的处理**

净资产公允价值与合并成本之间差异形成的原因是多方面的。由于初始计量金额通常是被合并企业已确认净资产的公允价值，而支付对价的金额则是被合并企业整体的市场价值。如果出现差额，应当是存在被合并企业存在尚未确认的资产，或尚未确认的导致被合并企业资产盈利能力减损的项目。理论上通常将尚未确认的资产确认为商誉，将尚未确认的、导致被合并企业资产盈利能力减损的项目确认为递延贷项。根据我国现行企业会计准则，应当将合并成本在可辨认净资产之间按照公允价值进行分配，分配有剩余的计入商誉，分配不足的部分确认为当期损益。

**（四）其他合并费用的处理**

在企业合并过程中，还可能发生审计费用、评估咨询费用、法律服务费等中介费用及其他直接费用，这些费用应当于发生时计入当期损益[①]；购买方作为合并对价发行的权益性证券或债务性证券的交易费用，应当计入权益性证券或债务性证券的初始确认金额。

【例 3 - 2】2018 年 1 月 1 日甲公司吸收合并 C 公司，收购了 C 公司的全部资产，同时承担 C 公司的全部债务。

---

① 同前。第 4 号企业会计准则解释要求计入当期损益，第 20 号企业会计准则要求计入企业合并成本，此处介绍的是第 4 号企业会计准则解释的规定。

（1）有关资料如下：

①甲公司与 C 公司合并前不存在任何关联关系。

②相关资料显示了 2017 年 12 月 31 日甲公司资产负债表相关项目的账面价值、C 公司资产负债表相关项目的账面价值及公允价值（见表 3-3）。

③甲公司向 A 公司股东发行 1 000 万股普通股以换取 C 公司的全部净资产，每股面值 1 元，公允价值 12 元。

④甲公司以现金支付合并过程中发生的审计费用 25 万元，法律服务费 15 万元，股票发行中发生的手续费、佣金等 580 万元。

假定合并过程不需要进行资产评估，忽略税金，不存在或有对价，也没有其他法律限制。要求对相关的业务进行会计处理。

**表 3-3**                   **参与合并企业资产负债情况表**

2017 年 12 月 31 日                 单位：万元

| 项目 | 甲公司账面价值 | C 公司 | |
|---|---|---|---|
| | | 账面价值 | 公允价值 |
| 货币资金 | 17 500 | 4 000 | 4 000 |
| 应收票据 | 12 500 | 2 000 | 2 000 |
| 应收账款（净额） | 5 500 | 1 200 | 1 170 |
| 其他应收款 | 1 500 | 300 | 290 |
| 存货 | 15 000 | 2 500 | 2 520 |
| 固定资产原价 | 40 000 | 27 000 | 26 200 |
| 减：累计折旧 | 5 000 | 7 000 | 7 000 |
| 固定资产（净额） | 35 000 | 20 000 | 19 200 |
| 无形资产 | 3 200 | 1 800 | 1 800 |
| 商誉 | 1 800 | 1 200 | 1 200 |
| 资产合计 | 92 000 | 33 000 | 32 180 |
| 短期借款 | 5 000 | 2 800 | 2 810 |
| 应付票据 | 2 000 | 200 | 200 |
| 应付账款 | 2 500 | 3 480 | 3 430 |
| 应交税费 | 500 | 20 | 20 |
| 长期借款 | 20 000 | 16 500 | 16 100 |
| 股本 | 4 000 | 6 000 | 6 000 |
| 资本公积（股本溢价） | 26 000 | 2 000 | 1 620 |
| 盈余公积 | 17 000 | 1 000 | 1 000 |
| 未分配利润 | 15 000 | 1 000 | 1 000 |
| 负债与权益合计 | 92 000 | 33 000 | 32 180 |

（2）甲公司的相关分析及处理如下：

①甲公司吸收合并C公司为非同一控制下的合并，会计处理涉及公允价值。

②甲公司获取的C公司资产和承担的C公司负债，均按照合并日公允价值进行确认和计量。可辨认净资产的公允价值为8 420万元，其中可辨认资产公允价值为30 980万元，负债公允价值为22 560万元。

与同一控制下的合并存在相同的情形，吸收合并应当细化到资产负债会计科目，但处理方法相同，只需根据C公司账簿记录，将财务报表项目名称调整或分解为相应的会计科目名称即可。

③甲公司采用发行权益性证券作为合并对价，发行权益性证券面值1 000万元，公允价值12 000元差异的11 000万元是股本溢价，计入资本公积。

④甲公司发行权益性证券公允价值12 000万元，购入C公司8 420万元的可辨认净资产，差额3 580万元即为合并形成的商誉。

实际上，相当于甲公司以公允价值12 000万元的代价，购入C公司公允价值为8 420万元可辨认净资产，差额3 580万元即为C公司原有不可辨认资产的公允价值。根据现行企业会计准则，C公司原有商誉已经包含在3 580万元之中。

⑤其他费用的处理。审计费用及法律服务费40万元，计入当期损益（管理费用）；手续费及佣金等580万元，构成股票的初始确认金额，冲减因此形成的资本公积。

根据上述分析，有会计分录：

| | |
|---|---:|
| 借：货币资金 | 40 000 000 |
| 　　应收票据 | 20 000 000 |
| 　　应收账款 | 11 700 000 |
| 　　其他应收款 | 2 900 000 |
| 　　存货 | 25 200 000 |
| 　　固定资产 | 262 000 000 |
| 　　无形资产 | 18 000 000 |
| 　　商誉 | 35 800 000 |
| 　　贷：短期借款 | 28 100 000 |
| 　　　　应付票据 | 2 000 000 |
| 　　　　应付账款 | 34 300 000 |
| 　　　　应交税费 | 200 000 |
| 　　　　长期借款 | 161 000 000 |
| 　　　　累计折旧 | 70 000 000 |
| 　　　　股本 | 10 000 000 |
| 　　　　资本公积 | 110 000 000 |

同时：

| | |
|---|---:|
| 借：管理费用 | 400 000 |
| 　　资本公积 | 5 800 000 |
| 　　贷：银行存款 | 6 200 000 |

经过合并，除了发生合并费用的项目以外，合并企业资产负债的会计科目，以及财务报表的资产负债项目，其金额均为合并企业相应会计科目或财务报表项目账面价值，与本合并企业会计科目或财务报表公允价值之和（见表 3-4）。

表 3-4　　　　　　　　　　参与合并企业资产负债情况表

2017 年 12 月 31 日　　　　　　　　　　　　　　　　单位：万元

| 项目 | 甲公司账面价值 | C 公司公允价值 | 甲公司 + C 公司合并价值 |
|---|---|---|---|
| 货币资金 | 16 880 | 4 000 | 20 880 |
| 应收票据 | 12 500 | 2 000 | 14 500 |
| 应收账款（净额） | 5 500 | 1 170 | 6 670 |
| 其他应收款 | 1 500 | 290 | 1 790 |
| 存货 | 15 000 | 2 520 | 17 520 |
| 固定资产原价 | 40 000 | 26 200 | 66 200 |
| 　减：累计折旧 | 5 000 | 7 000 | 12 000 |
| 固定资产（净额） | 35 000 | 19 200 | 54 200 |
| 无形资产 | 3 200 | 1 800 | 5 000 |
| 商誉 | 1 800 | 3 580 | 5 380 |
| 　资产合计 | 91 380 | 30 980 | 125 940 |
| 短期借款 | 5 000 | 2 810 | 7 810 |
| 应付票据 | 2 000 | 200 | 2 200 |
| 应付账款 | 2 500 | 3 430 | 5 930 |
| 应交税费 | 500 | 20 | 520 |
| 长期借款 | 20 000 | 16 100 | 36 100 |
| 股本 | 5 000 | | 5 000 |
| 资本公积 | 36 420 | | 36 420 |
| 盈余公积 | 17 000 | | 17 000 |
| 未分配利润 | 14 960 | | 14 960 |
| 　负债与权益合计 | 103 380 | 22 560 | 125 940 |

说明：

1. 甲公司因支出合并费用 620 万元，其中 40 万元计入当期损益，580 万元计入资本公积，因而货币资金减少 620 万元，未分配利润减少 40 万元，资本公积减少 580 万元。

2. 甲公司股本增加 1 000 万元，为 5 000 万元。

3. 发行权益性证券产生股票溢价 11 000 万元，扣除合并费用中的 580 万元，资本公积累计增加 10 420 万元，为 36 420 万元。

4. 合并商誉为 3 580 万元，C 公司原有商誉终止确认。

（3）C 公司的相关分析及处理如下：

被合并企业的会计处理与同一控制下的企业合并情形相同。需要按照国家有关公司规定对企业终止经营、解散、清算等事项，而且合并对价不同，被合并企业组织形式不同，相关会计处理都会存在较大的差别。根据本例。甲公司收购完成，C公司回购股份后就可以注销工商登记。

借：累计折旧        70 000 000
  短期借款        28 000 000
  应付票据        2 000 000
  应付账款        34 800 000
  应交税费        200 000
  长期借款        165 000 000
  股本         60 000 000
  资本公积        20 000 000
  盈余公积        10 000 000
  未分配利润       10 000 000
 贷：货币资金        40 000 000
   应收票据       20 000 000
   应收账款       12 000 000
   其他应收款      3 000 000
   库存商品等      25 000 000
   固定资产       270 000 000
   无形资产       18 000 000
   商誉         12 000 000

  在实际工作中，被合并企业C公司应当结合当时的公司法、税法、财会法规及会计监管要求来进行企业清算和相应的会计处理。如果涉及国有资产或上市公司的，还需要对被合并企业净资产进行评估，相应的会计处理也应当因此有所调整。

## 第三节 控股合并的会计处理

  控股合并完成后，参与合并的企业仍然是独立的法人主体和会计主体，保持原来的法律地位，独立从事生产经营活动。合并企业与被合并企业之间通过股权联系。合并企业将持有的被合并单位的股权通过长期股权投资来反映，形成合并企业的控制性权益。控股合并、控制性权益与成本法报告的投资是相互关联的几个内容。其中，控股合并形成控制性权益，根据现行会计准则控制性权益就应当采用成本法进行计量和报告。与吸收合并一样，控股合并不仅可以分为同一控制下的控股合并与非同一控制下的控股合并，有时还可能出现反向并购的情形。

### 一、同一控制下的合并

  同一控制下的控股合并结束以后，合并企业和被合并企业最终控制方的控制权及其相关权益并不会因为企业合并而发生变化，从本质上看还是企业集团内部各公司之间控制权的整合，没有集团外部市场主体的参与，可以不涉及集团外部的市场交易问题。根据我国现行企业会计准则的要求，同一控制下的控股合并需要采用权益结合法进行会计处理，而且作为合并企业的母公司，要将被合并企业作为子公司纳入合并财务报表的范围，按规定编制合并财务报表。

控股合并既可以通过对被合并企业直接进行股权投资来实现，也可以通过收购被合并企业股东持有的股份来实现。当然，被合并企业其他股东收回投资，导致合并企业持股比例增加，也可以使得合并企业取得控制权，但这只涉及计量及报告方法的改变，不涉及新的投资。根据对价支付情况，同一控制下的控股合并可以一次实现，也可以分步实现。

**（一）一次交易形成的控股合并**

所谓一次交易形成的控股合并，是指合并企业通过股权投资一次性取得被合并企业控制权的控股合并。

**1. 股权投资的确认与计量**

由于合并前后最终控制方所控制的资源并没有因为合并而发生变化，站在最终控制方来看，只是集团内部权益的重新整合。因此，同一控制下的企业合并形成的长期股权投资，也应当以被合并企业所有者权益的账面价值为基础来确定，而不是按照合并的成本来确定。本处所指的被合并企业所有者权益账面价值，不是被合并企业个别财务报表上的所有者权益账面价值，而是合并日被合并企业所有者权益在最终控制方合并财务报表中的账面价值，因为公司编制的合并财务报表，其主要使用人是最终控制方。

在确定被合并企业所有者权益在最终控制方合并财务报表中的账面价值时，应当以最终控制方取得被合并企业控制权时，被合并企业在最终控制方合并财务报表中的账面价值为基础，持续计算最终控制方取得控制权日至本次企业合并日期间，被合并企业的所有者权益变动，进而得到合并企业取得被合并企业控制权日，被合并企业所有者权益在最终控制方合并财务报表中的账面价值。

**【例3-3】**甲公司与D公司同为B企业的子公司，B企业通过非同一控制合并的方式取得D公司控制权。B企业2016年1月1日取得D企业控75%股权，为非同一控制下的控股合并，当日D公司个别财务报表可辨认净资产账面价值3 000万元，公允价值4 500万元。甲公司于2017年1月1日支付5 000万元取得D公司80%股权。2016年度分别按照净资产账面价值和公允价值计算D公司实现净利润分别为1 800万元和1 500万元，在此期间，D企业无其他所有者权益变动。

此题中，B企业为最终控制方，D公司为被合并企业，甲公司和D公司同时为B企业的子公司。采用持续计算的方式计算被合并企业所有者权益在最终控制方合并财务报表中的账面价值为6 000万元。因此，甲公司取得D公司控制权日的长期股权投资的初始计量金额为4 800万元。

**2. 对价的确认及会计处理**

对价支付方式可以是向被合并企业股东支付现金、转移非现金资产、承担债务，或发行权益性债券等。

公司采用支付货币资金、转让非现金资产或承担债务方式作为合并对价的，合并对价账面价值与长期股权投资初始计量金额之间的差额，应当调整资本公积中的资本溢价，资本公积中的资本溢价不足冲减的，调整留存收益。企业合并中发生的审计、法律服务、评估咨询等中介费用以及其他相关管理费用，应当于发生时计入当期损益；公司通过发行权益性证券作为合并对价的，合并中发行权益性证券发生的手续费、佣金等费用，应当抵减权益性证券溢价收入，溢价收入不足冲减的，冲减留存收益。如果合并企业取得被合并企业控制权时，被合并企业已经宣告但尚未实际发放利润或现金股利，合并企业应当单独确认为应收项目。

【例 3-4】接〖例 3-3〗假设 2017 年 1 月 1 日甲公司资本公积 120 万元，盈余公积 50 万元，未分配利润 108 万元，甲公司与 D 公司会计期一致，而且所采用的会计政策也完全相同。则甲公司应进行如下的会计处理：

借：长期股权投资——对 D 企业投资          48 000 000

    资本公积          1 200 000

    盈余公积          500 000

    利润分配——未分配利润          300 000

      贷：银行存款          50 000 000

**（二）多次交易形成的控股合并**

所谓多次性交易实现的控股合并，是指合并企业通过分批逐次增加股权投资，最终取得被合并企业控制权的企业合并。根据我国现行企业会计准则规定，按照股权持有人对被合并企业影响的不同，需要将股权投资进行分类确认和报告。因此，多次交易形成的控股合并涉及了会计核算方法的转化问题，甚至资产形态或会计科目的变化问题（见表 3-5）。

表 3-5                         成本法计量的公司间投资其他来源一览

| 序号 | 原股权投资形态 | 原会计科目 | 实现控制的方式 |
|---|---|---|---|
| 1 | 以公允价值计量且其变动计入当期损益的金融资产 | 交易性金融资产 | 增加持股比例 |
| 2 | 以公允价值计量且其变动计入其他综合收益的金融资产 | 其他权益工具投资 | 增加持股比例 |
| 3 | 对联营企业或合营企业投资 | 长期股权投资（权益法） | 增加持股比例 |

企业应当识别多次合并交易是否属于一揽子交易，并根据识别的结果采用相应的会计处理方法。对于"一揽子交易"实现的控股合并，不管持股比例多大，每次股权投资都应当作为长期股权投资处理。通常情况下，同时或者在考虑了彼此影响的情况下达成的交易，达成一项完整商业结果的交易，发生与否相互关联的交易，或整体考虑才具有经济效益的交易，就应将其作为"一揽子交易"进行会计处理。

1. "一揽子交易"的会计处理

根据我国第 5 号企业会计准则解释，"一揽子交易"是合并企业与被合并企业同时或者在考虑了彼此影响的情况下订立的，能够达成企业控股合并的多项交易，而且其中某项交易的发生取决于其他交易的发生，一项交易单独看是不经济的，但是和其他交易一并考虑时是经济的。如果实现企业合并的多次交易属于"一揽子交易"，那么，每一次取得股权投资的交易都应当视同合并的一部分，即便该项交易没有形成控制，也要按照企业合并的方法来进行会计处理，每次取得的股权投资都应按照其享有被合并企业所有者权益账面价值的份额确认长期股权投资，并在取得控制权之前，理论上看均应当按成本法进行核算。

新增投资的初始投资成本与为取得新增投资所支付的对价的账面价值之间的差额，调整资本公积中的资本溢价或股本溢价，资本公积中的资本溢价或股本溢价不足冲减的，冲减留存收益。取得控制权时，应当统一计算长期股权投资的初始确认金额及其与对价之间的差额，同时在控制权取得日前确认的长期股权投资及资本公积等项目的基础上，确定控制权日应当确认的金额。合并对价的确认及会计处理与一次交易形成的控股合并相同，其他相关费用的会计处理也一样。

【例 3-5】甲公司和 E 公司同为 B 企业的子公司。在 B 企业 2011 年 1 月 1 日取得 E 公司 60% 控制权时，E 公司净资产账面值价为 1 200 万元，公允价值为 1 450 万元，E 公司与 B 企业为非同一控制下的公司。根据预先计划，甲公司逐步购买 E 公司股权，最终达到控制 E 公司的目的。

2011 年 E 公司实现税后利润 120 万元，但按照 B 企业计量基础计算 E 公司税后利润为 110 万元，当年 E 公司没有进行利润分配。

2012 年 2 月 15 日甲公司支付 250 万元银行存款，获得 E 公司 15% 的股权，作为其他权益工具投资管理；2012 年 3 月 8 日宣告发放现金股利 80 万元。当年 E 公司实现税后利润 135 万元，但按照 B 企业和甲公司计量基础计算的 E 公司税后利润分别为 120 万元和 118 万元。另外 E 公司持有其他金融资产，因公允价值变动增加其他综合收益 20 万元。

2013 年 3 月 2 日甲公司支付 170 万元银行存款，再获得 E 公司 10% 的股权，对 E 公司有重大影响；2013 年 3 月 6 日宣告发放现金股利 100 万元。当年 E 公司实现税后利润 130 万元，但按照 B 企业和甲公司计量基础计算的 E 公司利润分别为 118 万元和 112 万元。

2014 年 2 月 26 日甲公司支付 900 万元银行存款，再获得 E 公司 50% 的股权，最终形成对 E 公司的控制。

假设甲公司的资本公积大于 1 200 万元。E 公司没有发生资产减值事项，也不存在其他的所有者权益变动。2012 年有关长期股权投资的会计处理如下：

（1）2 月 15 日购入 E 公司股权的初始计量金额为 （1 450 + 110）× 15% = 234（万元）。

| | |
|---|---|
| 借：期股权投资——E 公司 | 2 340 000 |
| 资本公积 | 160 000 |
| 贷：银行存款 | 2 500 000 |

（2）3 月 8 日 E 公司宣告发放股利。

| | |
|---|---|
| 借：应收股利 | 120 000 |

　　贷：投资收益　　　　　　　　　　　　　　　　　　　　　　　　120 000

　　2013 年 3 月 2 日支付 170 万元银行存款购入 10% 股权时，长期股权投资的初始计量金额增量为（1 450 + 110 + 120 + 20 - 80）× 25% - 234 = 171（万元）。

　　（1）2 月 15 日购入股权。

　　借：长期股权投资——E 公司　　　　　　　　　　　　　　　　1 710 000

　　　　贷：资本公积　　　　　　　　　　　　　　　　　　　　　　　10 000

　　　　　　银行存款　　　　　　　　　　　　　　　　　　　　　1 700 000

　　（2）3 月 6 日 A 公司宣告发放股利。

　　借：应收股利　　　　　　　　　　　　　　　　　　　　　　　　250 000

　　　　贷：投资收益　　　　　　　　　　　　　　　　　　　　　　　250 000

　　2014 年支付 900 万元银行存款购入 50% 股权，累计持股 75%，长期股权投资实现合并时的累计增量金额为（1 450 + 110 + 120 + 20 - 80 + 118 - 100）× 75% - 234 - 171 = 823.5（万元）。

　　借：长期股权投资——E 公司　　　　　　　　　　　　　　　　8 235 000

　　　　资本公积　　　　　　　　　　　　　　　　　　　　　　　　765 000

　　　　贷：银行存款　　　　　　　　　　　　　　　　　　　　　9 000 000

　　需要说明的是，合并企业持股比例在对被合并企业达到重大影响之前，因为是"一揽子交易"，将股权投资确认为作为长期股权投资，但采用的什么方法核算，尚未见到明确的规定，本文采用成本法核算。

　　2. 非"一揽子交易"的会计处理

　　如果实现企业合并的多次交易不构成"一揽子交易"，那么，每一次取得股权投资的交易都应当视为独立的活动。控制权取得日之前的每笔投资，如果累计还没有形成控制，只能按照该笔投资本身的情况进行会计处理，直到累计投资形成控制，最终将之前的累次投资转换为成本法报告的长期股权投资。

　　首先，取得控制日之前，对每一次取得的股权投资，按照取得时的意图分别确认为长期股权投资或其他相应的股权投资，并按照相应的投资进行会计核算。

　　其次，对合并日的长期股权投资进行初始计量。即根据合并日所持股权比率，以及合并日被合并企业净资产在最终控制方合并财务报表中的账面价值，计算长期股权投资的初始成本。

　　最后，对合并日长期股权投资初始计量金额与合并对价账面价值之间的差额进行分摊。分摊的方法是调整资本公积中的资本溢价或股本溢价，资本公积中的资本溢价或股本溢价不足冲减的，依次冲减盈余公积和未分配利润。合并对价账面价值，是指合并前的长期股权投资或其他股权投资的账面价值，与合并日进一步取得股权新支付的对价账面价值之和。

　　另外，对合并日之前持有的被投资单位股权投资，因权益法核算的长期股权投资形成的其他综合收益、所有者权益其他变动，以及其他股权投资形成的其他综合收益暂时不作会计处理。其中其他综合收益待处置相关投资时，采用与被投资企业直接处置相关资产或负债相同的基础进行会计处理；所有者权益其他变动，待处置该项投资时转入当期损益。

【例3-6】接〖例3-5〗假设甲公司预先没有合并E公司的计划，但通过逐步购买E公司股权，最终达到控制E公司的目的，获得控制权之前，作为其他权益工具投资管理，2012年末该投资的公允价值为268万元，2013年3月2日该投资的公允价值为270万元，其他条件相同。甲公司相关会计处理如下：

（1）2012年2月15日支付250万元银行存款购入15%股权时，按初始计量金额确认为其他权益工具投资。

借：其他权益工具投资——成本         2 500 000
  贷：银行存款            250 000

（2）2012年3月8日记录应收股利80×15% =12（万元）。

借：应收股利             120 000
  贷：投资收益            120 000

（3）2012年12月31日对其他权益工具投资进行后续计量。

借：其他权益工具投资——公允价值变动     180 000
  贷：其他综合收益          180 000

（4）2013年3月2日支付170万元银行存款购入10%股权时，累计持有股份达到25%，且对B公司有重要影响，应当采用权益法进行核算。

借：长期股权投资——对E投资（成本）    4 400 000
  贷：银行存款           1 700 000
   其他权益工具投资——成本      2 500 000
          ——公允价值变动   180 000
   其他综合收益           20 000

（5）2013年3月6日基于甲公司实现的利润确认投资收益112×25% =28（万元）。

借：长期股权投资——对E投资（损益调整）   280 000
  贷：投资收益            280 000

（6）2013年3月6日记录应收股利。

借：应收股利             250 000
  贷：长期股权投资——对E投资（损益调整）  250 000

（7）2014年2月6日支付900万元银行存款购入50%股权，累计持股75%，长期股权投资的累计金额为（1 450 + 110 + 120 + 20 - 80 + 118 - 100）×75% = 1 228.5（万元）。

借：长期股权投资——E公司       12 285 000
 资本公积            1 145 000
  贷：银行存款           9 000 000
   长期股权投资——B公司（成本）    4 400 000
         ——B公司（损益调整）   30 000

通过上述两个例子可以看出，两种处理方法得到的长期股权投资计量金额相同，都是1 228.5万元，二者之间的差异主要在冲减的资本公积金额不同，作为"一揽子交易"处理冲减了 91.5 万元，作为非"一揽子交易"处理冲减了 114.5 万元，后者比前者多了 23 万元。不同的原因在于取得控制权之前非"一揽子交易"处理中确认了股权公允价值增加 20 万元，损益调整增加了 3 万元，使权益法报告的投资增加了 23 万元，相当于增加了取得控制权的取得成本，增加了资本公积的调整金额。

## 二、非同一控制下的合并

非同一控制下的企业合并实质上是两个独立主体之间的市场交易行为，合并结束后，最终控制方对合并企业和被合并企业的控制权及相关权益已经因为合并而发生变化。根据我国现行企业会计准则的要求，非同一控制下的控股合并需要采用购受法进行会计处理，而且作为合并企业的母公司，同样也要将被合并企业作为子公司纳入合并财务报表的范围，按规定编制合并财务报表。与同一控制下控股合并相同，非同一控制下的控股合并既可以通过对被合并企业直接进行股权投资，也可以通过收购被投资企业股东持有的股权来实现，还可能因为被合并企业其他股东收回投资，导致合并企业持股比例增加，使合并企业取得控制权，但这同样只涉及计量及报告方法的改变，不涉及新的投资。根据对价的支付情况，控股合并也可以一次交易就实现，也可以多次交易分步实现。

### （一）一次交易形成的控股合并

与同一控制下的合并相同，一次交易形成的控股合并，是指合并企业通过股权投资一次性取得被合并企业控制权的企业合并。

1. 股权投资的确认与计量

非同一控制下的企业合并实质上是合并双方之间进行的一种市场交易行为。因此，非同一控制下企业合并形成的长期股权投资，其初始计量金额应当按照合并的成本来确定，而不必考虑被合并企业的所有者权益状况。被合并企业的所有者权益状况只是影响合并对价金额的因素，根据现行企业会计准则进行具体的会计处理时不需要考虑。非同一控制下的企业合并中，合并成本就是公司为取得对被合并方的控制权而付出的资产、发生或承担的负债以及发行的权益性证券的公允价值。

2. 支付对价的会计处理

支付现金获取控制权的会计处理较为简单。为取得控制权而支付的非现金资产、发生或承担的负债以及发行的权益性证券涉及了公允价值与其账面价值之间差额的处理。按规定这一差额应计入当期损益。但合并对价不同，计入的方式也不尽相同，所确认的项目也会因为会计准则的变更而会有所调整。如果合并对价是存货，应当按公允价值确认营业收入或其他业务收入，同时按照账面价值结转营业成本或其他业务成本，涉及增值税的还应核算增值税的销项税额；如果合并对价是固定资产和无形资产，应将差额直接计入资产处置损益；如果合并对价是金融资产，应将差额直接计入投资收益或其他综合收益；如果合并对价是承担应付债券等债务，应当将差额作为利息调整直接计入应付债券等；如果合并对价是发行权益性证券，应当将差额作为资本溢价或股本溢价直接计入资本公积。

【例 3-7】甲公司是 B 公司的子公司，但与 F 公司不存在任何关联关系。甲公司于 2017 年 4 月 18 日以一批成本 7 800 万元、公允价值 10 000 万元、增值税税率 13%的库存商品投入 F 公司，获得 F 公司 80%的控制权。投资时 F 公司宣告发放但尚未实际支付的现金股利总额 800 万元。

合并后，B 公司可以通过甲公司来对 F 公司实施控制，甲公司和 F 企业同时被 B 公司控制，但合并前后最终控制方不同，为非同一控制下的合并，甲公司的会计分录为：

借：长期股权投资——对 F 公司投资　　　　　　　　　106 600 000
　　应收股利　　　　　　　　　　　　　　　　　　　6 400 000
　　贷：营业收入　　　　　　　　　　　　　　　　　100 000 000
　　　　应交税费——增值税（销项税）　　　　　　　　13 000 000

同时：

借：营业成本　　　　　　　　　　　　　　　　　　　7 800
　　贷：库存商品　　　　　　　　　　　　　　　　　　　7 800

公司为企业合并发生的审计、法律服务、评估咨询等中介费用以及其他相关管理费用，于发生时计入当期损益。但公司作为合并对价发行的权益性证券或债务性证券的交易费用，应当计入权益性证券或债务性证券的初始确认金额。公司取得被合并企业控制权时，被合并企业已宣告但未实际发放的现金股利，应当单独作为应收项目处理。

【例 3-8】接〖例 3-7〗假如甲公司是上市公司，不是以库存商品换取股权，而是向 F 公司定向发行 1 000 万股普通股股票。每股股票面值 1 元，公允价值 11.3 元。另外支付审计等费用 52 万元，股票发行等交易费用 100 万元。

本例中，甲公司实际控制了 F 公司，则公司的会计分录：

借：长期股权投资——对 F 公司投资　　　　　　　　　106 600 000
　　应收股利　　　　　　　　　　　　　　　　　　　6 400 000
　　贷：股本　　　　　　　　　　　　　　　　　　　10 000 000
　　　　资本公积　　　　　　　　　　　　　　　　　103 000 000

同时：

借：管理费用　　　　　　　　　　　　　　　　　　　520 000
　　资本公积——股本溢价　　　　　　　　　　　　　1 000 000
　　贷：银行存款　　　　　　　　　　　　　　　　　1 520 000

**（二）多次交易形成的控股合并**

前已述及，对子公司的股权投资应当采用成本法计量和报告，涉及了控股合并问题。虽然根据现行企业会计准则，控股合并的实现标准是控制，而且持股比例并非认定控制的唯一标准，但现行企业会计准则不涉及仅通过合同，而不是所有权份额将两个或者两个以上单独的企业合并形成一个报告主体的企业合并。因此，持股比例的变化是主要的认定标准，原来持有确认为交易性金融资产、其他权益工具投资、权益法报告的长期股权投资都会因为持股比例的增加而成为成本法报告的长期股权投资（见表 3-6）。

**表3-6**　　　　　　　　权益法计量的公司间投资其他来源一览

| 序号 | 来源 | 原会计科目 | 方式 |
|---|---|---|---|
| 1 | 以公允价值计量且其变动计入当期损益的金融资产 | 交易性金融资产 | 增加持股比例 |
| 2 | 以公允价值计量且其变动计入其他综合收益的金融资产 | 其他权益工具投资 | 增加持股比例 |
| 3 | 权益法核算的公司间投资 | 长期股权投资 | 增加持股比例 |

公司通过多次交换交易分步实现取得公司控制权的，长期股权投资的初始计量金额应当是每一单项交易成本之和。根据会计准则解释第4号的要求，应当以购买日之前所持被购买方的股权投资的账面价值与购买日新增投资成本之和，作为该项投资的初始计量金额。其中，形成控制前为长期股权投资的，账面价值为权益法下长期股权投资的账面价值，之前形成的其他综合收益或资本公积不作处理；形成控制前为以公允价值计量的股权投资的，账面价值为交易性金融资产或其他权益工具投资的账面价值，之前形成的其他综合收益计入留存收益。账面价值可以有不同的方法，但从技术的层面来看，应当是控制权取得日之前最后一个会计期末的账面价值。

1. "一揽子交易"实现的合并

前已述及，如果分步取得对子公司股权投资直至获得控制权的各项交易属于"一揽子交易"，应当将各项交易均作为一项取得子公司控制权的交易进行会计处理。虽然同属于"一揽子交易"，但与同一控制下相比，长期股权投资的计量方法不同。

【例3-9】甲公司和G公司为两个独立的公司。2018年1月1日甲公司与G公司经过协商达成协议，甲公司以支付现金的方式逐步购买G公司股权，最终达到控制G公司的目的。

2018年2月15日甲公司支付240万元银行存款，获得G公司15%的股权，当日G公司可辨认净资产公允价值为1 500万元；2018年3月8日A宣告发放现金股利80万元。当年G公司实现税后利润135万元，但按照甲公司计量基础计算的G公司税后利润120万元。另外G公司持有其他金融资产，因公允价值变动增加其他综合收益20万元。持有15%的股权投资公允价值增加20万元；2019年3月2日甲公司支付170万元银行存款，再获得G公司10%的股权，当日G公司可辨认净资产公允价值为1 600万元，持有15%的股权投资公允价值再增加10万元；2019年3月6日宣告发放现金股利100万元。当年G公司实现税后利润130万元，但按照甲公司计量基础计算的G公司利润分别为118万元；2020年2月26日甲公司支付900万元银行存款，再获得G公司50%的股权，最终形成对G公司的控制。当日G公司可辨认净资产公允价值为1 700万元；假设甲公司及G公司没有发生资产减值事项，也不存在其他的所有者权益变动：

（1）2018年2月15日年支付240万元银行存款购入15%股权时。

借：长期股权投资——对G公司投资　　　　　　　　　　2 400 000
　　贷：银行存款　　　　　　　　　　　　　　　　　　　　2 400 000

2018年3月8日G公司宣告发放股利。

借：应收股利　　　　　　　　　　　　　　　　　　　　120 000

  贷：投资收益             120 000

（2）2019 年 3 月 2 日支付 170 万元银行存款再购入 10% 股权时。

借：长期股权投资——对 G 公司投资     1 700 000

  贷：银行存款           1 700 000

2019 年 3 月 6 日 G 公司宣告发放股利。

借：应收股利            250 000

  贷：投资收益           250 000

（3）2020 年 2 月 26 日支付 900 万元银行存款购入 50% 股权，累计持股 75%，最终形成控制。长期股权投资的累计计量金额 1 310 万元。之后会计核算方法改为成本法。

借：长期股权投资——G 公司投资     9 000 000

  贷：银行存款           9 000 000

  根据我国现行企业会计准则，控制权取得日之前采用权益法核算形成的其他综合收益和其他资本公积暂不作处理。需要说明的是，合并企业持股比例在对被合并企业达到重大影响之前，因为是"一揽子交易"，将股权投资一律确认为长期股权投资，但采用的什么方法对其进行计量和报告，尚未见到明确的规定，本书采用成本法。

  2. 非"一揽子交易"实现的合并

  （1）公允价值投资转为成本法报告的投资。

  在原有以公允价值报告的股权投资（交易性金融资产及其他权益工具投资）基础上，加购股权而取得被合并企业控制权的，应当按照原有以公允价值报告的股权投资的公允价值，加上取得新增股权所支付的对价的公允价值，作为长期股权投资的初始计量金额。原有以公允价值报告的股权投资在转换日的公允价值当账面价值之间的差额计入其他综合收益，连同持有期间产生的其他综合收益作为留存收益处理。

  【例 3-10】如甲公司 2018 年 3 月 1 日支付 2 000 万元的价款取得非关联 H 公司 5% 股权，对 H 企业没有重大影响，作为以公允价值计量且其变动计入其他综合收益的股权投资管理，2018 年 12 月 31 日原有股权账面价值 2 200 万元，其中公允价值变动 200 万元。2019 年 1 月 25 日甲公司又支付 19 500 万元取得另外 50% 的股权，取得对 H 公司的控制权，当日原有股权账面价值 2 215 万元，其中公允价值变动 215 万元。并购前 H 公司没有宣告发放现金股利，但按 10% 计提盈余公积。

  根据公允价值计量转成本法核算的会计处理规定。

借：长期股权投资——对 H 公司投资   217 150 000

  贷：其他权益工具投资——成本    20 000 000

         ——公允价值变动   2 000 000

    银行存款         195 000 000

    其他综合收益         150 000

同时：

  借：其他综合收益         2 150 000

    贷：盈余公积          215 000

      利润分配——未分配利润    1 935 000

（2）权益法的投资转为成本法的投资。

在原有以权益法核算的股权投资基础上，增加股权投资形成的控股合并实质上涉及了长期股权投资核算方法的变更。应当以并购日原股权投资的账面价值，加上取得新增股权所支付对价的公允价值，作为长期股权投资的初始计量金额。原权益法核算的股权投资在持有期间其他综合收益或其他资本公积暂不作处理。但在会计处理时，由于没有改变会计科目的形式，因此只需要记录追加购买的股权即可。

【例3-11】如甲公司2018年3月1日支付20 000万元的价款取得J公司20%股权，对J公司有重大影响。2018年基于自身股权投资成本计算的J公司净利润1 000万元，J公司不再有其他所有者权益变动。2019年3月16日甲公司又支付35 000万元取得J公司另外32%的股权，实现非同一控制下控股合并。

借：长期股权投资——对J公司投资 552 000 000
　　贷：长期股权投资——对J公司投资（成本） 200 000 000
　　　　　　　　　　——对J公司投资（损益调整） 2 000 000
　　银行存款 350 000 000

也可以之后不再按权益法核算，直接取消"成本"和"损益调整"三级明细账，调整长期股权投资"对J公司投资"二级明细账的账面价值即可：

借：长期股权投资——对J公司投资 350 000 000
　　贷：银行存款 350 000 000

【例3-12】接〖例3-9〗甲公司和G公司为两个独立的公司。甲公司与G公司没有收购协议，甲公司以支付现金的方式随机购买G公司股权，最终控制了G公司。

2018年2月15日甲公司支付240万元银行存款，获得G公司15%的股权，作为以公允价值计量且其变动计入其他综合收益的股权投资管理，当日G公司可辨认净资产公允价值为1 500万元，年末该股权公允价值增加15万元；2018年3月8日G宣告发放现金股利80万元。当年G公司实现税后利润135万元，但按照甲公司计量基础计算的G公司税后利润120万元。另外G公司持有其他金融资产，因公允价值变动产生其他综合收益20万元。

2019年3月2日甲公司支付170万元银行存款，再获得G公司10%的股权，当日G公司可辨认净资产公允价值为1 600万元，持有15%的股权投资公允价值再增加10万元；2019年3月6日宣告发放现金股利100万元。当年G公司实现税后利润130万元，但按照甲公司计量基础计算的G公司利润分别为118万元。

2020年2月26日甲公司支付900万元银行存款，再获得G公司50%的股权，最终形成对G公司的控制。当日G公司可辨认净资产公允价值为1 700万元。

假设甲公司及G公司没有发生资产减值事项，也不存在其他的所有者权益变动的情况。

（1）2018年2月15日年支付240万元银行存款购入15%股权时。

借：其他权益工具投资——成本 2 400 000
　　贷：银行存款 2 400 000

2018年3月8日G公司宣告发放股利。

借：应收股利               120 000

  贷：投资收益             120 000

2018 年 12 月 13 日甲公司确认公允价值变动。

借：其他权益工具投资——公允价值变动     150 000

  贷：其他综合收益           150 000

（2）2019 年 3 月 2 日以 170 万元银行存款再购入 10% 股权时，公允价值计量转权益法核算：

借：长期股权投资——对 G 公司投资（成本）   4 350 000

  贷：其他权益工具投资——成本      2 400 000

        ——公允价值变动    150 000

   银行存款           1 700 000

   其他综合收益          100 000

2019 年 3 月 6 日 G 公司宣告发放股利。

借：应收股利              250 000

  贷：长期股权投资——对 G 公司投资（损益调整） 250 000

2019 年确认当年的投资收益。

借：长期股权投资——B 公司（损益调整）   295 000

  贷：投资收益            295 000

2019 年补充确认 G 公司以前年度所有者权益变化的影响，其中损益调整的金额按原始比例计算补充金额为 $120 \times 15\% - 12 = 6$（万元）；其他综合收益变动 $20 \times 15\% = 3$（万元）。

借：长期股权投资——G 公司（损益调整）   60 000

       ——G 公司（其他综合收益）  30 000

  贷：其他综合收益          30 000

   投资收益           60 000

2019 年结转其他权益工具投资形成的其他综合收益。

借：其他综合收益           30 000

  贷：盈余公积            3 000

   利润分配——未分配利润       27 000

2019 年计算股权投资差额，享有被投资单位可辨认净资产的金额为 $1\,600 \times 25\% = 400$（万元），投资成本为 448.5 万元，48.5 万元为商誉，单独财务报表不进行会计处理。

（3）2020 年 2 月 26 日支付 900 万元银行存款购入 50% 股权，累计持股 75%，最终形成控制，长期股权投资权益法转为成本法。

借：长期股权投资——对 G 公司投资    13 485 000

  贷：银行存款           9 000 000

   长期股权投资——对 G 公司投资（成本）  4 350 000

         ——对 G 司（损益调整）  105 000

         ——对 G 公司（其他综合收益） 30 000

2020 年计算股权投资差额，享有被投资单位可辨认净资产的金额为 1 700 × 25% = 1 275（万元），投资成本为 1 348.5 万元，73.5 万元为商誉，单独财务报表不进行会计处理。

长期股权投资的累计量金额 1 348.5 万元，其中现金支付 1 310 万元，控制权取得日前股权投资公允价值变动 25 万元，未收到的属于甲公司的投资收益 10.5 万元，补充确认持有 G 公司股权投资产生的其他综合收益 3 万元。

与"一揽子交易"的处理相比，长期股权投资初始计量金额相比多了 38.5 万元，是由于非"一揽子交易"对控制权取得日前的股权投资按照公允价值计量，确认公允价值增加 25 万元，对控制权取得日前的长期股权投资按照权益法进行计量，补充确认了尚未收到的投资收益 10.5 万元，确认了 G 公司增加的其他综合收益中属于甲公司的 3 万元。而"一揽子交易"情况下，一开始就确认为长期股权投资，而且是按照成本法进行计量的，上述相关变动按规定不确认。

## 第四节 买壳上市与借壳上市的会计处理

买壳上市与借壳上市通常是指非上市公司通过上市公司获得上市资格的一种途径，但买壳上市涉及了买壳的过程，非上市公司之前并没有控制可供借壳的上市公司，而借壳上市不涉及买壳的过程，非上市公司之前就控制了可供借壳的上市公司，而且实践流程和相应的会计处理也存在一定的差异。

### 一、买壳上市及其会计处理

#### （一）买壳上市及其类型

买壳上市是指非上市公司通过反向收购达到上市（go public through a reverse merge）目的的一种经济活动，有时也称反向并购（reverse mergers）。基本过程是非上市公司股东收购一家上市公司，并利用上市公司的上市条件，将非上市公司通过配股、收购、置换等方式注入上市公司的企业合并。通常情况下收购方为买壳公司，被收购方为壳公司。在实践中买壳上市及其交易安排有不同的情况，根据非上市公司实现上市的过程可以分为同步交易买壳上市和分步交易买壳上市有两种。

1. 同步交易买壳上市

所谓同步交易买壳上市，是指非上市公司（买壳公司）股东取得上市公司（壳公司）控制权的同时，上市公司即获得了非上市公司的控制权的企业合并。买壳公司通常情况下是规模较大、业绩优良而且发展前景较好的非上市公司，壳公司通常情况下是规模较小、业绩较差而且发展前景不好的上市公司。根据买壳上市的一般原理，同步交易买壳上市时非上市公司股东以其所持有的非上市公司股权为支付对价，以获取上市公司向其定向增发的权益性证券来实现的。发行权益性证券的一方为购买方，即母公司，但交易结束后，发行权益性证券一方反而被参与合并的另一方所控制。但根据我国企业会计准则及相关的会计处理要求，同步交易买壳上市属于非同一控制下的企业合并，而且发行权益性证券的一方合并后其生产经营决策被另一方所控制的，发行权益性证券的一方在会计上应作为购买方处理。

【例3-13】假设甲公司为一家规模较大的非上市股份有限公司，净资产账面价值80 000万元，其中股本50 000万元，资本公积20 000万元，盈余公积6 000万元，未分配利润4 000万元，公允价值96 000万元。L公司为一家小规模的上市公司，净资产账面价值20 000万元，其中股本16 000万元，资本公积5 000万元，盈余公积1 000万元，未分配利润-2 000万元，股票公允价值为4.80元。甲公司拟通过收购L公司的方式达到上市的目的，但该交易是以L公司定向增发的方式购入甲公司100%的股权实现的，定向增发股票20 000万股，每股发行价4.80元。L公司的会计分录为：

  借：长期股权投资——对甲公司投资       960 000 000
    贷：股本               200 000 000
      资本公积           760 000 000

甲公司会计分录：

  借：股本——原股东          500 000 000
    贷：股本——L公司         500 000 000

该交易视同甲公司股东将向L公司投入整个甲公司净资产以取得对L公司的控制权。交易完成后，甲公司股东持有L公司股票20 000万股，L公司原股东持有16 000万股，甲公司股东持有L公司55.56%的股份，因此控制了L公司。与此同时，L公司持有甲公司100%的股权，成了甲公司的母公司。

从法律的角度来看，L公司是母公司，甲公司是子公司，但根据现行企业会计准则和相关的会计处理要求，本例为甲公司并购了L公司，应当以此为基础进行相应的会计处理。如果同步交易买壳上市形成吸收合并，上市公司原有劣质资产通常会置出上市公司，甚至使上市公司成为一个"空壳"，非上市公司优质资产注入上市公司，之后将新的上市公司名称改为非上市公司原来的名称。

2. 分步交易买壳上市

所谓分步交易买壳上市，指非上市公司（买壳公司）股东首先取得某上市公司（壳公司）控制权，然后该上市公司再通过资本市场获得非上市公司控制权，或将非上市公司注入上市公司以实现企业合并的一种公司重组。买壳公司通常情况是业绩优良而且发展前景较好的非上市公司，壳公司是通常情况下是业绩较差而且发展前景不好的上市公司。最常见的分步交易买壳上市是规模较大的拟上市公司或其控股股东寻找较小的上市公司作为壳资源，并与上市公司及其股东签订协议，将原上市公司业务进行剥离，同时上市公司进行定向增发，用以与拟上市公司股东进行股权交换，将非上市公司注入上市公司，进而实现非上市公司间接上市。与同步交易买壳上市相比，分步交易买壳上市多了预先买壳过程，而且上市公司取得非上市公司控制权属于同一控制下企业合并的范畴。

【例3-14】接〖例3-13〗假设非上市的甲公司及其股东与上市的L公司协商一致，甲公司全体股东共同收购L公司60%的股权，且收购的股权比例与其在甲公司的持股比例相同，再由L公司以每股4.80元向甲公司全体股东向增发20 000万股票的方式换入甲公司100%的股权。

第一步交易结束后，甲公司和L公司成了同一控制下的两个企业，分别持有甲公司100%和L公司60%的股权，使L公司对甲公司的合并成为同一控制下的合并。甲公司股东从L公司股东收购股权，不需要进行会计处理。

第二步交易结束时甲公司股东持有L公司股票29 600万股，L公司原股东持有L公司股票6 400万股，甲公司股东持有L公司82.22%的股份，控制了L公司，L公司持有甲公司100%的股权，成了甲公司的母公司。

与同步交易买壳上市相同，从法律的角度来看，L公司是母公司，甲公司是子公司，但根据现行企业会计准则和相关的会计处理要求，本例为甲公司并购了L公司，应当以此为基础进行相应的会计处理。如果分步交易买壳上市形成吸收合并，上市公司原有劣质资产通常也会置出上市公司，甚至使上市公司成为一个"空壳"，非上市公司优质资产注入上市公司后，将新的上市公司名称改为非上市公司原来的名称。另外，如果是非上市公司直接购买上市公司股权并控制上市公司，第二步交易应当是母公司通过子公司上市，或者子公司通过母公司上市，属于借壳上市的范畴。

### （二）买壳上市的会计处理

买壳上市涉及复杂的资产置换和烦琐的对价支付，各交易方对每个具体的交易和事项都可能有不同的约定，企业会计准则及相关的会计处理可能有不同要求，特别是会计监管规则也可能有不同的规定，因而会计处理也具有一定的复杂性。根据我国现行企业会计实务，买壳上市的会计处理方法有反向购买法和权益性交易法，应当根据交易时壳公司的情况来进行选择。

#### 1. 反向购买法

通常情况下，如果买壳时壳公司没有进行净壳处理，或虽然进行了净壳处理，但壳公司剩余的资产仍然资产构成业务，即壳公司内部生产经营活动或资产负债所构成的组合，具有投入、加工处理和产出能力，能够独立计算其成本费用或所产生的收入，应当采用反向购买法进行会计处理。

（1）基于非上市公司视角在假设交易的基础上间接计算合并成本及商誉或当期损益，即假设通过发行权益性证券获得被合并企业控制权，按照在合并报告主体中所享有的股权比例计算应当发行的股份数，据以计算合并成本。

上市公司取得非上市公司全部股权发行股份 = 非上市公司净资产公允价值/上公司定向增发每股价格

合并后上市公司全部股份 = 上市公司原有股份 + 上市公司取得非上市公司全部股权发行股份

合并后非上市公司股东持有上市公司股权比例 = 上市公司取得非上市公司全部股权发行股份/合并后公司上市公司全部股份

从会计角度来看，由于非上市公司是购买方，并购上市公司并非支付现金，而是通过股权交换实现的。根据相关会计准则要求，非上市公司并购上市公司的成本需要模拟计算，假设非上市公司直接向上市公司股东发行股票，并确保非上市公司持有合并后上市公司的股份与其股东持有合并后上市公司的股权比例相同，类似于将非上市公司股的控制权转为非上市公司控制权，以实现合并。由于非上市公司原股东获得了上市公司控制权，并通过上市公司间接控制了非上市公司，非上市公司原股东持有控制权以外的股权应当由上市公司股东持有，因而需要计算非上市公司应该向上市公司股东发行的股票数量，才能保证其持股比例，也才能够计算非上市公司的合并成本。

非上市公司应当发行的股份数 =（非上市公司股份数/非上市公司股东持有合并后上市公司股权比例 − 非上市公司股份数）

合并成本 = 非上市公司应当发行的股份数 × 非上市公司股份公允价值

商誉或当期损益 = 合并成本 − 被合并企业可辨认净资产公允价值

由于非上市公司股份的公允价值难以直接获得，通常需要根据购买日评估作价与同期该公司的股份数来确定。

【例3−15】甲公司为非上市公司，合并前股份总数为 1 800 万股，公允价值 28 800 万元，M 公司为上市公司，合并前股份为 1 000 万股，可辨认净资产评估作价 17 600 万元。经协商并经证券监管部门批准，M 公司 2020 年 9 月 1 日按每股价格 19.2 元向甲公司原股东发行股票以取得甲公司 100% 股权。相关分析和计算如下：

M 公司取得甲公司全部股权发行股份 = 28 800/19.2 = 1 500（万股）

合并后 M 公司全部股份 = 1 000 + 1 500 = 2 500（万股）

合并后甲公司股东持 M 股权比例 = 1 500/（1 000 + 1 500）= 60%

甲公司应当发行的股份数 = 1 800/60% − 1 800 = 1 200（万股）（保证甲公司持有 M 公司的股权比例等同于甲公司持有 M 公司的股权比例）

合并成本 = 1 200 ×（28 800/1 800）= 1 200 × 16 = 19 200（万元）

合并商誉 = 19 200 − 17 600 = 1 600（万元）

虽然具体的会计处理需要涉及被购买方所有者权益构成项目的具体情况以及可辨认净资产账面价值与公允价值之间的差额，但与一般的企业合并会计处理基本相同。

（2）要基于上市公司编制合并财务报表。编制应当从会计的角度体现购买法的一般要求，同时体现反向购买的特点。

首先，合并财务报表中法律上子公司（会计上的并购方）的资产、负债应以其在合并时的账面价值计量，但法律上的母公司（会计上的被并购方）可辨认资产、负债应以其购买日的公允价值计量；企业合并成本大于法律上母公司（会计上被并购方）可辨认净资产公允价值的份额体现为商誉，否则确认为合并当期损益。

其次，合并财务报表中留存收益及其他权益余额应当反映法律上子公司（会计上的并购方）在合并前的余额，权益性工具金额应当反映法律上子公司合并前发行在外的股份面值以及假定在确定该项企业合并成本过程中新发行的权益性工具的金额，如【例3−15】，合并财务报表股本项目金额为甲公司原有股本以及为了获得对 M 公司控制权应当发行的股份面值 3 000 万元。但合并财务报表中的权益结构应当反映法律上母公司的权益结构，通常是按发行在外权益性证券的种类及数量在相应项目后面标注，如【例3−15】，可合并财务报表股本项目名称后面标注 M 公司的原有股本及为了获得对甲公司的控制权，而向其股东实际发行的股份 2 500 万元。

再次，法律上子公司的有关股东将其持有的股份在合并过程中未转换为法律上母公司股份的，该部分股东享有的权益份额在合并财务报表中应作为少数股东权益列示，其份额仍仅限于对法律上子公司的部分。

最后，合并财务报表的比较信息应当是法律上子公司的比较信息（即法律上子公司的前期合并财务报表）。

（3）基于上市公司计算每股收益。在发生反向购买交易之后。合并报表中应当以法律上的子公司作为购买方进行会计处理，将法律上子公司作为延续的报告主体。

关于发行在外的普通股加权平均数的计算应分两个阶段来考虑，本会计期初至反向购买日期间发行在外的普通股数量应假定为合并中法律上的母公司向法律上的子公司股东发行的普通股数量；反向购买日至本会计期末期间发行在外的普通股数量为法律上的母公司实际发行在外的普通股数量；在反向购买日之前的净利润完全是法律上子公司的净利润，反向购买日之后的净利润应当是法律上母子公司形成的主体实现的合并利润。计算时应当注意两类数据的匹配情况。

另外，反向购买后需要提供对外比较合并财务报表的，比较前期的合并财务报表中的基本每股收益应为法律上子公司在每一比较财务报表期间归属于普通股股东的净利润，除以在反向购买中法律上的母公司向法律上的子公司股东发行的普通股股数计算确定。

【例3-16】接〖例3-15〗假定M公司2019年实现净利润2 000万元，2020年甲公司和A公司合并形成的主体实现净利润2 800万元。

2019年比较报表中的基本每股收益 = 2 000/1 500 = 1.33（元）

2020年基本每股收益 = 2 800/[1 500 × (8/12) + 2 500 × (4/12)] = 1.53（元）

2. 权益性交易法

壳公司进行了净壳处理，或虽然没有进行净壳处理，但剩余资产仅有货币资金及其他金融资产，不构成业务的，即壳公司内部生产经营活动或资产负债所构成的组合，不具有投入、加工处理和产出能力，不能独立计算其成本费用或所产生的收入，应当采用权益性交易法进行会计处理。此外，在上市公司向非上市公司股东出售其全部资产和负债的同时，上市公司从非上市公司的股东处购入其持有的非上市公司股权，交易价款差额由上市公司向非上市公司股东定向发行股票予以支付，由此实现的买壳上市也视同不构成业务，采用权益交易法进行会计处理。

根据权益交易法的一般原理，法律上子公司对于合并成本与所取得法律上母公司可辨认净资产公允价值份额之间的差额，不确认为商誉或计入当期损益，应当调整资本公积，资本金不足冲减的依次冲减盈余公积和未分配利润，其他的内容与反向购买法的处理相同。当然，合并财务报表中法律上子公司的资产、负债同样应以其在合并时的账面价值计量，法律上母公司可辨认资产、负债也同样应以其购买日的公允价值计量。

实际上，由于分步交易买壳上市的第二个环节事实上属于同一控制下的企业合并的范畴，从理论上说，不管是壳公司是否清壳，都应当按照权益性交易法的一般原理进行会计处理。

## 二、借壳上市及其会计处理

### （一）借壳上市及其类型

#### 1. 借壳上市的概念

借壳上市（backdoor listing）是非上市公司通过自己控制的上市公司，或控制自己的上市公司获得上市资格的一种企业并购活动。尽管借壳上市和买壳上市都是非上市公司实现间接上市的一种途径，而且壳公司通常都是绩效较差，发展前景不好的上市公司，借（买）壳公司通常都是绩效较好，具有良好发展前景的非上市公司。表面上看，买壳上市还可能包含了借壳的内容，因为非上市公司股东购买了上市公司股权并控制了上市公司之后，需要通过上市公司来实现非上市公司的间接上市。因而有关反向并购会计处理的很多现有文献也没有将二者进行严格的区分，甚至存在将二者混用的情况。但事实上借壳上市与买壳上市的区别还是很明显的，买壳上市存在共同控制方，但上市公司与非上市公司之间通常不存在控制关系；借壳上市通常不存在共同控制方，但上市公司与非上市公司之间存在控制关系。此外，买壳上市的上市公司一般规模较小，非上市公司规模一般较大，借壳上市则不强调上市公司与非上市公司规模的大小。

实践中一般是将借壳上市作为同一控制下的企业合并进行处理的。但由于过程特殊，借壳上市是否属于同一控制下的吸收合并，会计界有不同的认识，甚至是否属于企业合并都有不同的观点。因为根据 CAS No. 20，企业合并是指将两个或者两个以上单独的企业合并形成一个报告主体的交易或事项，借壳上市并没有引起报告主体的变化，而且也不存在同一控制主体的情况。本文认为借壳上市属于同一控制下的企业并购，因为借壳上市前的报告主体是母公司和子公司组成的企业集团，借壳上市后的报告主体是一个单一的企业，而且同一控制下的合并强调的是控制方对并购双方在并购前后的控制，借壳上市强调的是控制方对自己和自己持股的公司在并购前后的控制，不管是哪种情况，控制方均能对交易按照自己的意图在国家政策允许的范围内安排并购，结果是相同的，借壳上市实质上应当属于同一控制下的企业合并。

#### 2. 借壳上市的类型

由于借壳上市中的壳公司既可以是借壳公司的子公司，也可以是借壳公司的母公司。根据双方关系或并购主体的不同，可以将借壳上市分为母公司借壳子公司上市和子公司借壳母公司上市两种类型。

（1）母公司借壳子公司上市。母公司借壳子公司上市最直观的表述就是上市子公司吸收合并非上市母公司。如果子公司是上市公司，母公司是非上市公司，而且子公司的绩效和前景都不如母公司的情况下，可以选择让母公司借壳子公司的壳上市。实践中最常见的是上市公司的母公司将主要资产注入上市的子公司中，以实现母公司上市，甚至集团整体上市。

（2）子公司借壳母公司上市。子公司借壳母公司上市最直观的表述就是上市母公司吸收合并非上市子公司。如果母公司是上市公司，子公司是非上市公司，而且母公司的绩效和前景都不如子公司的情况下，可以选择让子公司借壳母公司的壳上市。实践中最常见的是母公司吸收合并子公司或将子公司转为分公司，使子公司上市，甚至集团整体上市的借壳上市。

**（二）借壳上市的会计处理**

我国企业会计准则目前还没有就此问题的会计处理做出明确的规范，但不管是母公司借壳子公司上市还是子公司借壳母公司上市，都应当属于集团内部母子公司之间以上市公司作为购买方的吸收合并，应当按照 CAS No. 20 及其他有关财务会计法规关于同一控制下企业吸收合并的要求进行会计处理。

1. 净资产的初始计量

即借壳方对获得的被借壳方资产和负债的初始计量。虽然我国企业会计准则尚未对母子公司之间并购的会计处理做出明确的规定，但根据同一控制下企业合并会计处理的一般原理，合并企业应当于吸收合并完成日，按照被合并企业资产和负债在合并财务报表层面的账面价值对所取得的子公司资产负债进行初始计量。从理论上说，关键要看母子公司关系是否基于之前同一控制下合并所形成的。如果之前的母子公司关系是基于非同一控制下的控股合并形成的，借壳方应当以被借壳方之前资产负债公允价值为基础，并考虑之后的变化情况确定借壳获得的资产负债的初始计量金额；如果之前的母子公司关系是基于同一控制下的控股合并形成的，借壳方应当以被借壳方之前资产负债账面价值为基础，并考虑之后的变化情况确定借壳获得的资产负债的初始计量金额。

2. 长期股权投资的处理

由于借壳上市属于母子公司之间的吸收合并，合并完成后，母子公司之间的长期股权投资应当终止确认。如果是母公司借壳子公司上市的，吸收合并完成后，母公司消失，子公司应当基于个别财务报表根据初始计量金额借记相关资产科目，贷记相关负债项目，按母公司账面价值贷记"长期股权投资"，根据发行的权益性证券的情况贷记"股本"，借记或贷记"资本公积"。之所以要贷记"长期股权投资"是因为，母公司取得子公司股权时，就已经体现为子公司的股东权益，借壳上市时向母公司股东定向增发的股份数应当扣除与原长期股权投资相对应的股份。

如果是子公司借壳母公司上市的，吸收合并完成后，子公司消失，母公司应当基于个别财务报表根据初始计量金额借记相关资产科目，贷记相关负债项目，按母公司账面价值贷记"长期股权投资"，相当于用母公司的净资产投入子公司以代替母公司对子公司的长期股权投资。

【例 3 - 17】假设甲非上市公司为 N 上市公司的母公司，经商定并经证券监管部门批准，2019 年 6 月 1 日甲公司借壳 N 公司，即母公司借壳子公司，从会计的角度来看就是子公司 N 公司吸收合并母公司甲公司，实现两个公司的整体上市。

2019 年 6 月 1 日甲公司个别财务报表显示资产 10 000 万元（含对 N 公司投资 2 000 万元），负债 6 000 万元，股东权益 4 000 万元；N 公司个别财务报表显示资产 6 000 万元，负债 4 000 万元，股东权益 2 000 万元。甲公司净资产账面价值在合并财务报表显示的金额与在个别财务报表显示的金额相等。

2019 年 6 月 1 日 N 公司个别财务报表应当进行会计处理：

借：资产（甲公司合计，不含长期股权投资）　　　　80 000 000

　　贷：负债（甲公司合计）　　　　　　　　　　　　　60 000 000

　　　　长期股权投资（甲公司对 N 公司）　　　　　　20 000 000

合并之后，甲公司消失，N 上市公司有资产 14 000 万元，负债 10 000 万元，股东权益仍然为原甲公司的 4 000 万元。当然，根据上市公司管制规则，甲公司持有 N 公司的股份不应当过高，更不可能是 100%，差额部分一般应当转为甲公司原非控制性股东对 N 公司的投资。另外，如果母公司吸收子公司实现的借壳上市，情况又有所不同。

【例 3 - 18】接〖例 3 - 17〗假设甲上市公司为 N 非上市公司的母公司，经商定并经证券监管部门批准，2019 年 6 月 1 日 N 公司借壳甲公司，即子公司借壳母公司。从会计的角度来看，就是甲公司吸收 N 公司，实现两个公司的整体上市。当日甲公司个别财务报表显示资产 10 000 万元（含对 N 公司投资 2 000 万元），负债 6 000 万元，股东权益 4 000 万元；N 公司个别财务报表显示资产 6 000 万元，负债 4 000 万元，股东权益 2 000 万元。甲公司净资产账面价值在合并财务报表显示的金额与在个别财务报表显示的金额相等。

2019 年 6 月 1 日甲公司个别财务报表应当进行会计处理：

借：资产（N 公司合计，不含长期股权投资）　　　　60 000 000

　　贷：负债（N 公司合计）　　　　　　　　　　　　　40 000 000

　　　　长期股权投资（甲公司对 N 公司）　　　　　　20 000 000

同样，如果甲公司持有 N 公司的股份不足 100%，差额部分一般应当转为 N 公司原非控制性股东对甲公司的投资。合并之后，N 公司消失，甲上市公司有资产 14 000 万元，负债 10 000 万元，股东权益仍然为原甲公司的 4 000 万元。

3. 净资产初始确认金额与长期股权投资差额的处理

壳公司取得的净资产初始确认金额与终止确认的长期股权投资账面价值之间存在差额，应当根据差额的来源分别处理。属于子公司其他权益工具投资等项目公允价值变动所形成的，贷记或借记"其他综合收益"；属于非控制性股东权益形成的，应当贷记或借记"股本""资本公积"等科目；其他原因形成的差额借记或贷记"投资收益"。

# 第四章
# 商誉及廉价收购利得

## 第一节　商誉及其特征

### 一、商誉的概念

商誉（goodwill）是以企业为载体的一种重要经济资源。对于商誉的概念，理论界历来有不同的认识。有的认为商誉是企业没有确认的各种无形资源，有的认为商誉是企业超额利润的折现价值，有的认为商誉是企业整体价值大于各组成部分个别价值之和的差额，还有的认为，商誉是企业获得超额利润的能力。

早在20世纪20年代，我国著名会计学家杨汝梅先生就对商誉进行了较为深入的论述。他认为，商誉应当从四个方面加以把握。第一，商誉是因企业内部人事上的良好关系而产生的特定价值；第二，商誉存在的时间较长，而且价值也较为稳定；第三，商誉是可以转让的，在转让之际其价值可以用货币进行计量；第四，商誉是由于企业内部组织制度完善及管理得法所得的报酬。

到了20世纪70年代，美国会计学家亨德里克森从会计核算的角度对商誉进行了探讨，他认为商誉是一项具有自身特性的单独资产。从来源上看，它是对企业好感的价值；从金额上看，它是企业未来预期利润超过不包括商誉的总投资的正常报酬的部分的现值；从表象上看，它是企业总价值超过各项有形资产及无形资产价值之和的差额。

尽管学者们对商誉有不同的认识和表述，但实质内容是相同的。结合现行会计准则并综合各种观点可以认为，商誉就是能够使企业获得超额利润的经济资源。所谓超额利润，就是企业实际利润扣除企业其他经济资源在正常情况下所获利润后的余额。

### 二、商誉的特征

#### 1. 形成原因复杂

商誉是各种有利因素共同作用的结果，这些因素存在于企业生产经营的整个过程中。如良好的企业信誉、精湛的技术工艺、高度的客户认知、先进的管理经验、有利的地理位置、优秀的客户忠诚度等都会在企业其他资产和负债保持不变的情况下，对企业的整体市价产生影响。正如IAS No. 38指出的那样，企业任何时点上的市价与可辨认净资产账面价值之间的差额，可能反映出一系列影响价值的因素。在商誉价值的形成过程中，究竟有哪些因素发挥了作用，发挥了多大作用是难以合理进行估计的。

### 2. 不可单独转让

商誉依附于特定主体并与之息息相关，它不能作为独立的个体而存在。不管是自创商誉还是外购商誉，它们都是与特定主体合为一体的。自创商誉作为一种创造超额利润的能力，与其创造的主体相伴生，当拥有商誉的特定主体不存在了，商誉也就消失了；外购商誉伴随着企业的并购而产生，当并购企业以支付并购成本为代价承接被并购企业的经济资源时，商誉才能随其他资源一起转入并购方。

### 3. 计量方式特殊

商誉难以直接计量，因为商誉作为一种使企业产生超额盈利能力的资源，其自身构成复杂，形成过程特殊，其价值很难判定，很难在平时的生产经营过程中全面核算其价值，更多的时候是在企业之间发生合并收购时，收购企业为完成收购所支付的成本大于被收购企业净资产公允价值的那部分差额便是商誉。因而商誉是通过其他项目来间接进行计量的。

### 4. 作用过程特殊

资产一般都会给企业带来盈利，但与其他资产不同，商誉对企业盈利的影响是增加其他可辨认资产的盈利能力，使企业可辨认资产获得高于正常水平的收益率，进而使企业获得超额收益。

# 第二节　商誉的确认与计量

## 一、自创商誉

自创商誉是指企业在长期的生产经营过程中所积累和创造出的能使企业获得超额经济利润的资源。在现行的财务报告系统下，自创商誉是不予以确认的。

尽管商誉的形成通常都需要支付成本，但由于这些成本构成十分复杂，难以具体辨认和计量，更为重要的是，企业内部为了某些生产经营及其管理活动而发生的成本，如为售后服务、广告宣传及员工培训等活动而发生的支出，在"不经意间"就形成了商誉，但形成商誉的这部分支出也难以合理区分。

当然，虽然我国现行企业会计准则没有要求对自创商誉确认与计量，但并不否认管理上不存在自创商誉的计量问题，如在企业并购重组中，商誉计量就是一个现实的问题。

## 二、外购商誉

### （一）外购商誉的确认

前已述及，商誉不可能脱离企业而独立存在，因此商誉的确认通常与企业并购相联系。只要购受企业所支付的并购对价超过目标可辨认净资产的公允价值或所购可辨认净资产的公允价值份额，就应确认商誉。但企业并购采用的方式、并购与被并购企业之间的关系以及并购的会计处理方法均会对商誉的确认产生影响。

首先，只有非同一控制下的企业并购才可能确认商誉。因为同一控制下的企业并购，并购前后的最终控制权并没有发生实质性的变化，因而通常被看作原有出资者的内部交易，一般而言没有形成新的资产。尽管支付的对价应以公允价值为基础来确定，但支付的对价超过目标企业净资产中相应份额公允价值的部分需要依次冲减资本公积、盈余公积和未分配利润。

其次，只有吸收合并和新设合并才可直接确认商誉。因为在控股合并情况下，合并企业支付的对价首先体现为长期股权投资。长期股权投资初始确认价值超过持有目标企业净资产公允价值的份额，只有在合并财务报表中才会以商誉的形式体现出来。

最后，并购的会计处理方法影响确认的结果。虽然我国会计准则要求根据并购的类型选择会计处理方法，即同一控制下的并购采用权益结合法，非同一控制下采用权益购买法，而且新主体法目前仅限于理论探讨的层面，在实践中没有得到真正的应用。但这只是准则的要求，而不是理论的必然。通常情况下，采用权益结合法进行会计处理是不确认商誉的。

但需要注意的是，对同一控制下的控股合并来说，尽管从最终控制方的角度来看，合并发生前后能够控制的净资产价值并没有发生变化。因此，合并中不产生商誉。但根据 CAS No.33 要求，合并企业长期股权投资的初始计量金额，应当基于最终控制方视角的被合并企业净资产的账面价值计算，因此在企业合并前账面上原已确认的商誉应作为合并中取得的资产加以确认，并在合并财务报表中确认为商誉。但在同一控制下的合并中不会产生新的商誉。

**（二）商誉的初始计量**

根据我国现行企业会计准则，自创商誉不需要确认，因此也不存在初始计量问题。当然，也正因为难以找到科学合理的计量方法，才不需要确认自创商誉。外购商誉也只有发生企业并购的场合才需要确认商誉，也才存在商誉的计量问题。

1. 同一控制下的合并

对于同一控制下的吸收合并来说，根据现行企业会计准则，合并企业在合并中确认取得的被合并企业的资产、负债仅限于被合并企业账面上原已确认的资产和负债，合并中不产生新的资产和负债，因而不存在商誉的确认与计量问题。当然，在同一控制下的吸收合并中，被合并企业原有商誉应当按照其账面价值继续保留。

对于同一控制下的控股合并来说，如果合并企业从最终控制方获得被合并企业控制权时，最终控制方之前获得被合并企业控制权时形成商誉的，应当按照最终控制方视角的被合并企业净资产的账面价值对长期股权投资进行初始计量，并在合并财务报表中将该商誉按最终控制方视角的金额进行计量。

2. 非同一控制下的合并

（1）吸收合并。对于非同一控制下的吸收合并来说，购买方在购买日应当将合并中取得的符合确认条件的各项资产、负债，按其公允价值确认为本企业的资产和负债。按照支付对价的公允价值确定合并成本，合并成本与所取得的被购买方可辨认净资产公允价值的差额，即为商誉的初始计量金额；作为合并对价的股权及有关非货币性资产在购买日的公允价值与其账面价值的差额，作为资本公积或资产的处置损益。

商誉初始金额＝合并成本－（被合并企业可辨认资产公允价值－被合并企业负债公允价值）

对价的公允价值因对价的支付方式不同而有不同的含义。如果是支付现金实现合并的，对价的公允价值应当是实际支付的价款；如果是发行有价证券实现合并的，对价的公允价值应当是股票或债券的公允价值；如果是转移非现金资产实现合并的，对价的公允价值应当是相关资产的公允价值。企业合并过程中，发生审计费用、评估咨询费用、法律服务费等中介费用及其他各项直接相关费用，应当于发生时计入当期损益或合并成本。具体的会计处理可以参见本书相关章节的内容。

（2）控股合并。对于非同一控制下的控股合并来说，商誉包含在长期股权投资初始计量金额之中，只有在合并财务报表中才能体现。如果不存在非控制性权益，合并企业持有被合并企业的全部股权，那么不管怎么计量，体现于合并财务报表中的商誉的初始计量金额都是确定的；如果存在非控制性权益，合并企业只持有被合并企业部分股权，那么体现于合并财务报表中的商誉的金额还取决于合并财务报表依据的合并理论。基于不同的财务报表合并理论，非控制权益的计算不完全相同，进而影响了商誉的初始金额的计算。

根据母公司理论：

商誉初始价值＝（合并成本＋子公司可辨认净资产账面价值×少数股东持股比例）－子公司可辨认净资产账面价值－（子公司可辨认净资产公允价值－子公司可辨认净资产账面价值）×少数股东持股比例

＝合并成本－子公司可辨认净资产公允价值×母公司控股比例

根据实体理论：

商誉初始价值＝［合并成本＋（合并成本/母公司控股比例）×少数股东持股比例］－子公司可辨认净资产账面价值－（子公司可辨认净资产公允价值－子公司可辨认净资产账面价值）

＝合并成本＋（合并成本/母公司控股比例）×少数股东持股比例－子公司可辨认净资产公允价值

根据所有权理论：

商誉初始价值＝合并成本－子公司可辨认净资产账面价值－（子公司可辨认净资产公允价值－子公司可辨认净资产账面价值）×母公司控股比例

＝合并成本－子公司可辨认净资产公允价值×母公司控股比例

根据我国现行会计实践：

商誉初始价值＝（合并成本＋子公司可辨认净资产公允价值×少数股东持股比例）－子公司可辨认净资产账面价值－（子公司可辨认净资产公允价值－子公司可辨认净资产账面价值）

＝（合并成本＋子公司可辨认净资产公允价值×少数股东持股比例）－子公司可辨认净资产公允价值－（子公司可辨认净资产公允价值－子公司可辨认净资产账面价值）

【例4-1】甲公司2018年1月1日以2 200万元取得A公司80%股权，当日A公司所有者权益账面价值2 400万元，公允价值为2 540万元。根据不同的财务报表合并理论进行计算，商誉的初始金额是不完全相同的。

根据母公司理论，商誉初始价值为 2 200 + 2 400 × 20% – 2 400 – (2 540 – 2 400) × 80% = 168（万元）。合并财务报表中反映的商誉，不包括子公司归属于少数股东权益的商誉。

根据实体理论，商誉初始价值为 2 200 + (2 200/80%) × 20% – 2 400 – (2 540 – 2 400) = 210（万元）。合并财务报表中反映的商誉，包括子公司归属于少数股东权益的商誉。

根据所有权理论，商誉初始价值为 2 200 – 2 400 × 80% – (2 540 – 2 400) × 80% = 168（万元）。合并财务报表中反映的商誉，不包括子公司归属于少数股东权益的商誉。

根据我国现行会计实践，商誉初始价值为 2 200 + 2 540 × 20% – 2 400 – (2 540 – 2 400) = 168（万元）。合并财务报表中反映的商誉，不包括子公司归属于少数股东权益的商誉。

## 第三节　商誉减值及会计处理

### 一、商誉减值及其迹象

#### （一）商誉减值的概念

商誉减值属于我国第 8 号企业会计准则（CAS No. 8）规范的内容。根据 CAS No. 8，商誉减值是指商誉的可收回金额低于其账面价值的事项。资产的可收回金额一般应当根据资产的公允价值减去处置费用后的净额与资产预计未来现金流量的现值两者之间较高者来确定，二者之中只要有一项超过资产的账面价值，就表明资产没有发生减值。如果没有确凿证据或理由表明资产预计未来现金流量的现值显著高于公允价值减去处置费用后的净额，以公允价值减去处置费用后的净额作为可回收金额；如果公允价值减去处置费用后的净额难以计算的，以预计未来现金流量的现值作为可回收金额。根据企业会计准则要求，企业至少应当于每年年度终了对商誉进行减值测试。

企业难以对单项资产的可收回金额进行估计的，应当以该资产所属的资产组为基础确定资产组的可收回金额。由于商誉是不可确认的资产，因而难以单独确认其减值额，需要将其与相关资产构成的资产组或资产组组合一起进行减值测试。如果相关资产组和资产组组合发生减值，应当首先确认为商誉减值，只有相关资产组和资产组组合减值额超过商誉账面价值的，剩余部分才可以被认定为其他资产的减值额。

#### （二）商誉减值迹象

根据企业会计准则要求，如果与商誉有关的资产组或资产组组合存在减值迹象，首先，应当对不包含商誉的资产组或资产组组合进行减值测试，然后再对包含商誉的资产组或资产组组合进行减值测试。我国第 8 号企业会计准则（CAS No. 8）列举了资产减值的若干迹象，中国证监会《会计监管风险提示第 8 号——商誉减值》又专门针对商誉提出了七条常见的商誉减值迹象。

（1）现金流或经营利润持续恶化或明显低于形成商誉时的预期，特别是被收购方未实现承诺的业绩。

（2）所处行业产能过剩，相关产业政策、产品与服务的市场状况或市场竞争程度发生明显不利变化。

（3）相关业务技术壁垒较低或技术快速进步，产品与服务易被模仿或已升级换代，盈利现状难以维持。

（4）核心团队发生明显不利变化，且短期内难以恢复。

（5）与特定行政许可、特许经营资格、特定合同项目等资质存在密切关联的商誉，相关资质的市场惯例已发生变化，如放开经营资质的行政许可、特许经营或特定合同到期无法接续等。

（6）客观环境的变化导致市场投资报酬率在当期已经明显提高，且没有证据表明短期内会下降。

（7）经营所处国家或地区的风险突出，如面临外汇管制、恶性通货膨胀、宏观经济恶化等。

## 二、商誉减值测试

### （一）减值测试概述

减值测试就是根据相关信息，判断资产是否存在减值迹象，对有确切证据表明确实存在减值迹象的资产，合理估计该项资产的可收回金额。但根据现行企业会计准则的要求，对于企业合并形成的商誉，不管是否出现减值迹象，企业都应当至少于每年年度终了对商誉进行减值测试。由于商誉必须与其他资产构成资产组或资产组组合一起进行测试，企业应自购买日起按照一贯、合理的方法将商誉的账面价值分摊至相关资产组或资产组组合，并据此进行减值测试。

由于商誉通常与资产组相关，如果是控股合并，可将本合并企业作为一个资产组或资产组组合，并将相应的商誉分摊给这个资产组或资产组组合；如果是吸收合并，而且并入的净资产作为一个利润中心进行管理的，也可以将相应的商誉全额分摊至这个利润中心；如果是吸收合并，但并入的资产和负债与合并企业进行了全面的整合，那么只能将新的企业作为一个资产组或资产组组合进行处理，将商誉全部分摊至该资产组，或资产组组合中的某个或某几个资产组。

### （二）减值测试程序

1. 一般情形

对于与商誉相关的资产组或者资产组组合不存在减值迹象的，首先，要对不包含商誉的资产组或资产组组合进行减值测试，估计可收回金额，如果发生减值，确认减值损失；其次，再对包含商誉的资产组或资产组组合进行减值测试，估计可收回金额，如果发生减值，确认减值损失，并将减值损失全额分摊至商誉，用于抵减商誉的账面价值，但抵减后的商誉账面价值不能小于零；最后，作为整个资产减值测试的一部分，如果抵减商誉后还有剩余的减值损失，还要按照账面价值比例将其分摊至其他资产、不含商誉的资产组或资产组组合，直至各单项资产。分摊抵减后各单项资产的账面价值均不能小于零，对于能够计算可收回金额的单项资产，分摊抵减后的账面价值不得低于该项资产的可收回金额。

2. 特殊情形

对于与商誉相关的资产组或者资产组组合存在减值迹象的，减值测试的程序稍有不同。首先要对不包含商誉的资产组或资产组组合进行减值测试，估计可收回金额，并将其与相应资产组或资产组组合的账面价值进行比较。如果发生减值，确认相应的减值损失，并将减值损失按照前述方法在相关资产、资产组或资产组组合之间进行分摊；其次要对包含商誉的资产组或资产组组合进行减值测试，估计其可收回金额，并将其与包含商誉的资产组或资产组组合的账面价值进行比较，如果发生减值，确认相应的减值损失，并将减值损失扣除不包含商誉的资产组或资产组组合的减值损失之后的金额分摊至商誉。

我国之前的企业会计准则允许企业对商誉进行摊销，但现行企业会计准则不允许对商誉进行摊销，需要于每年年末进行减值测试，其合理性理论界已有了不少讨论。

## 三、商誉减值的会计处理

无论是否存在减值迹象，每年都应当进行减值测试。但对于不同合并形成的商誉，相应的会计处理意义不同。对于吸收合并形成的商誉，减值损失应当反映在个别财务报表中，体现为母公司利润的减少；对于控股合并形成的商誉，还应当体现为合并利润的减少。

【例 4－2】假设某企业有 A、B、C 有三个资产组，账面价值分别为 2 000 万元、3 000 万元和 5 000 万元，有商誉 1 200 万元。商誉可以合理分摊至三个资产组，分配金额分别为 240 万元、360 万元和 600 万元。期末三个资产组可收回金额分别为 2 500 万元、3 200 万元和 4 800 万元（具体见表 4－1）。试计算商誉的减值额。

表 4－1　　　　　　　　　　　　　某企业商誉减值计算　　　　　　　　　　　　单位：万元

| 资产组 | 不含商誉账面价值 | 包含商誉账面价值 | 可收回金额 | 不含商誉减值 | 包含商誉减值 | 商誉减值 | 资产组减值 |
| --- | --- | --- | --- | --- | --- | --- | --- |
| A | 2 000 | 2 240 | 2 500 | 未减值 | 未减值 | 未减值 | 未减值 |
| B | 3 000 | 3 360 | 3 200 | 未减值 | 160 | 160 | 未减值 |
| C | 5 000 | 5 600 | 4 800 | 200 | 800 | 600 | 200 |

会计分录：

借：资产减值损失　　　　　　　　　　　　　　　　　　　7 600 000

　　贷：商誉减值准备　　　　　　　　　　　　　　　　　　　　　7 600 000

如果资产组为该企业的子公司，而且子公司存在非控制性权益，则子公司商誉的账面价值要进行调整。因为根据现行企业会计准则，合并商誉只确认母公司享有的部分，但测试中需要的是全部商誉的账面价值。只有计算了全部商誉的账面价值，才能计算包含商誉的资产组或资产组组合的整体账面价值，以便与资产组或资产组组合的整体可收回金额进行比较，确定是否发生了减值。

【例 4-3】接〖例 4-2〗，如果 B 和 C 资产组均为该企业的子公司，假设均持有股份为 100%，则该企业长期股权投资账面价值为 8 960 万元。由于可回收金额为 8 000 万元，可以认为，长期股权投资减值 800 万元，母公司单独财务报表需确认长期股权投资减值，即：

借：资产减值损失                                             9 600 000

    贷：长期股权投资减值准备                           9 600 000

母公司单独财务报表的上述会计处理，需要在合并财务报表层面进行抵销，因为对子公司的长期股权投资本身就需要抵销，否则合并报表层面的利润和资产均可能存在重复减少的内容。

# 第四节 廉价收购利得

## 一、廉价收购及其利得

廉价收购是指合并企业支付低于被合并企业可辨认净资产公允价值的对价，获得被合并企业净资产或控制权的企业合并。廉价收购形成的主要原因，是被合并企业实际收益率低于可辨认净资产公允价值正常情况下的收益率。导致这种情况的进一步原因可能较多，被合并企业资产公允价值估价过高、负债公允价值估价过低、资产分拆销售并不能获得预期收益，甚至关于被合并企业的负面信息等都可能导致这种结果的出现。

廉价收购利得也称负商誉（negative goodwill），是合并企业在廉价收购中获得的，净资产或控制权取得成本低于被合并企业净资产或其相应份额公允价值的利益。虽然理论上可能存在企业自身原因导致的负商誉，但由于难以合理计量，不便加以确认。企业合并产生的负商誉，即廉价收购利得，需要根据企业合并的不同加以确认和计量。

## 二、廉价收购利得的会计处理

基于不同的考虑，廉价收购利得可以有不同的会计处理方法。一是作为当期损益，计入合并日的营业外收入；二是作为递延收益处理，计入合并日的递延贷项，在未来期间分摊计入相应期间的收益；三是作为并购日获得的长期资产的价值抵减项目，冲减相关资产的价值。此外，从技术层面来看，可行的处理方法还有很多，如计入资本公积、其他综合收益，甚至负债。根据我国现行企业会计准则，非同一控制下的吸收合并形成的廉价收购利得应当计入当期损益，贷记营业外收入。

【例 4-4】假设甲公司 20××年 1 月 1 日以 2 250 万元吸收合并 B 公司。当日 B 公司资产账面价值 3 200 万元，负债账面价值 800 万元。所有者权益账面价值为 2 400 万元，其中股本 500 万元，资本公积 400 万元，盈余公积 1 470 万元，未分配利润 30 万元，公司资产负债表部分项目存在公允价值与账面价值不一致的情况（见表 4-2）。

表 4 - 2 A 公司相关项目账面价值与公允价值的差额 单位：万元

| 项目 | 账面价值 | | 公允价值 | | 净资产的影响 |
|---|---|---|---|---|---|
| | 借方 | 贷方 | 借方 | 贷方 | |
| 存货 | 1 300 | | 1 200 | | -100 |
| 固定资产 | 1 000 | | 1 500 | | 500 |
| 无形资产 | 300 | | 0 | | -300 |
| 应付债券 | | 1 600 | | 1 560 | 40 |
| 合计 | 2 600 | 1 600 | 2 700 | 1 560 | 140 |

分析：甲公司支付 2 250 万元吸收合并 B 公司，购入公允价值为 2 540 万元的可辨认净资产，廉价收购利得 290 万元，根据现行企业会计准则对吸收合并的一般要求，应当作为营业外收入处理，即：

借：资产 33 000 000

贷：负债 7 600 000

银行存款 22 500 000

营业外收入 2 900 000

非同一控制下的控股合并形成的廉价收购利得全部计入长期股权投资，并在合并日合并资产负债表中调整盈余公积等项目。同一控制下的企业合并一般不产生廉价收购利得，但若最终控制方视角的被合并企业净资产账面价值低于被合并企业单独财务报表净资产账面价值的，应当比照商誉的处理办法进行处理。

【例 4 - 5】接〖例 4 - 4〗假设甲公司 20×× 年 1 月 1 日以 2 250 万元取得 B 公司 100% 控制权。其他条件不变。

分析：甲公司支付 2 250 万元控股合并 B 公司，购入公允价值为 2 540 万元的控制权，廉价收购利得仍然是 290 万元。但由于是控股合并，该金额直接包含在长期股权投资初始计量金额之中，只有在合并财务报表中才能体现出来。控制权取得日甲公司会计处理：

借：长期股权投资 22 500 000

贷：银行存款 22 500 000

同时，在控制权取得日需要编制合并财务报表，但廉价收购利得的处理根据现行企业会计准则的一般要求，也应当计入合并财务报表的营业外收入。

借：股本 5 000 000

资本公积 4 000 000

盈余公积 14 700 000

未分配利润 300 000

固定资产 5 000 000

应付债券 400 000

| | |
|---|---:|
| 贷：长期股权投资 | 22 500 000 |
| 存货 | 1 000 000 |
| 无形资产 | 3 000 000 |
| 营业外收入 | 2 900 000 |

本例涉及了合并财务报表的编制问题，但假设甲公司取得了 B 公司 100% 的控制权，问题稍微简单，相关方法见后面的相关章节。

# 第五章
# 合并财务报表的方法与程序

## 第一节 合并财务报表概述

### 一、财务报表合并理论及其选择

#### （一）财务报表合并理论概述

合并财务报表是将两个或两个以上存在控制关系的独立企业看作一个会计报告主体，并以相关企业单独财务报表为基础编制的，反映整个会计报告主体财务状况、经营成果和现金流量情况的财务报表。当母公司未持有子公司全部股权的情况下，根据不同的合并理论会产生不同的财务报表合并结果。因此，当子公司存在少数股东权益的情况下，存在不同的财务报表合并的理论。

#### 1. 母公司理论

母公司理论将母公司控制的企业集团作为合并财务报表的反映对象，将子公司定义为被母公司所控制的企业，将企业集团定义为母公司及其全体子公司。由于母公司理论强调了母公司对子公司的控制权，它必将合并财务报表视为母公司本身财务报表反映范围的扩大，也必将认为合并财务报表主要是为母公司的股东和债权人服务的。以此为出发点，母公司理论在确定合并范围时，通常以法定控制权为依据，凡是能够为母公司所控制的被投资企业均可纳入合并范围，凡是不能为母公司所控制的被投资企业均被排除在合并范围之外。

母公司理论强调母公司股东的权益，认为编制合并报表的目的是向母公司的股东和债权人反映其所控制的资源。由于合并股东权益是关于母公司股东的权益，合并利润表也是关于母公司股东净损益形成情况的报告，所以，将少数股东权益在合并资产负债表中通常被视为负债，将少数股东收益在合并利润表中视为费用。当子公司可辨认净资产的账面价值与公允价值不一致时，母公司拥有子公司净资产的份额按原账面价值合并；商誉仅列示属于母公司的部分，不确认少数股东的商誉；对于企业集团内部销售收入的抵销，也仅抵销多数股权的份额，将属于少数股权的份额视同对外销售已实现的收入。

母公司理论将合并主体中的少数股东作为债权人来看待，这种做法的优点是能够满足母公司股东和债权人对合并财务报表信息的需求，但它混淆了合并整体中的股东权益和债权人权益，没有通过母、子公司之间的法律关系公正地从合并整体的角度去揭示整个企业集团的财务信息。该理论具有明显的倾向性，不符合会计理论对财务报表的要求，一般在股权非常集中的情况下采用。当股权比较分散时则失之偏颇。

2. 实体理论

实体理论将由母公司和子公司构成的企业集团视为一个经济联合体，作为合并财务报表的反映对象，它强调企业是单一经济主体这一概念。因此，它认为合并财务报表是为企业集团所有的股东和债权人服务的。在实体理论下所采用的合并财务报表的编制方法也是从构成经济实体的各成员企业的股东利益考虑的，它对构成企业集团的多数股权的股东和少数股权的股东都视为共同组成的经济实体的股东同等对待。因此，合并净收益应属于企业集团全部股东的收益，要在多数股权和少数股权之间加以分配；同理，少数股权是整体企业集团股东权益的一部分，应与多数股权同样列示；子公司所有净资产均按公允价值计量；商誉不仅有母公司购买控股权形成的商誉，也有少数股东的推定购买商誉。另外，所有内部交易产生的未实现损益都应全部在编制合并报表时予以抵销。

实体理论对多数股东与少数股东一视同仁同等对待的做法，能够较好地满足企业集团内部管理人员对财务报表的需要，满足对整个企业集团生产经营活动管理的需要。该理论不论在股权集中的情况下还是在股权分散的情况下都是适用的，它对多数股东权益和少数股东权益的处理是比较合理和公正的。主体理论的主要缺陷是其所计算的商誉具有推定性质，不一定反映客观经济现实。

3. 所有权理论

不论母公司理论还是实体理论，其中心思想是全部合并，即在调整、抵销内部会计事项的基础上，将母、子公司财务报表的各个项目逐行加总合并。然而，在会计实务中，全部合并法却不能够解决隶属于两个或两个以上集团的企业或只是部分地隶属于一个集团的企业的合并财务报表编制问题。

所有权理论既不强调母公司对子公司的控制关系，也不强调由各成员企业组成的经济实体，而是注重投资企业对被投资企业的财务和经营决策具有重大影响的所有权。在所有权理论下，投资企业按拥有所有权的被投资企业资产、负债和当期实现净收益中所占的比例计入合并财务报表。

在所有权理论下，按比例合并法编制的合并财务报表强调的是合并母公司所实际拥有的，而不是母公司所实际控制的，这显然违背了企业合并的实质。

（二）财务报表合并理论实践选择

在会计实践中，一般都会涉及不同的合并理论。我国的会计实践将并购日被并购企业净资产公允价值与账面价值的差额应当全部纳入资产负债表。另外少数股东权益仅为少数股东在子公司可辨认净资产中的份额（见表5-1）。

表5-1 不同财务报表合并理论的差异分析

| 项目 | 母公司理论 | 实体理论 | 所有权理论 | 我国的选择 |
|---|---|---|---|---|
| 少数股东权益的计算 | 子公司净资产账面价值×少数股权比例 | （母公司长期股权账面价值/母公司持股比例）×少数股权比例 | 不计算 | 子公司可辨认净资产公允价值×少数股权比例 |
| 纳入合并财务报表的净资产公允价值与账面价值差异 | 属于母公司的部分 | 全部 | 属于母公司的部分 | 全部 |
| 纳入合并财务报表的商誉 | 属于母公司的部分 | 全部 | 属于母公司的部分 | 全部 |

## 二、财务报表的合并范围

### （一）理论分析

合并财务报表的合并范围应当以控制为基础加以确定，投资单位是否能够对被投资单位实施控制，也就是是否需要将被投资单位纳入财务报表合并的范围，需要从是否拥有对被投资单位的权力及权力的特征来分析。

1. 拥有对被投资单位的权力

所谓拥有对被投资单位的权力，是指一个企业能够决定另一个企业的财务和经营决策，并能据以从另一企业的经营活动中获取利益的权力。这种权力通常具有以下特征：权力主体是唯一的，不是两方或多方；权力客体是另一个企业的财务和经营决策，这些财务和经营决策一般是通过表决权来决定的。这种权力可以是一种法定权力，也可以是通过公司章程或协议来赋予，其目的是获取经济利益，包括增加经济利益、维持经济利益、保护经济利益或者降低所分担的损失等。

2. 通过参与相关活动而取得可变回报

可变回报是指金额不固定，且随被投资单位业绩的变动而变动的回报。可变回报可以只是正的回报，也可以只是负的回报，或者同时包括正的回报和负的回报。

投资者需要基于合同安排的实质，而不是以回报的法律形式来评估来自被投资方的回报是否可变动，以及这些回报是如何变动的。例如，投资者持有的固定利率的债券，其收益一般属于固定回报，但由于债券存在违约风险，投资方可能承担债券发行方不履约而产生的信用风险，因此，投资方享有的固定利率回报也可能是可变回报。按照第10号《国际财务报告准则》（IFRS No.10）的解释，在确定回报是否属于可变回报时，需要考虑信用风险和被投资方的支付能力。根据这种逻辑，几乎所有的回报都可能是可变的，包括定期存款利息，除非被投资人提供的相应担保。

3. 有能力使用对被投资方的权力影响回报金额

当投资方不仅拥有对被投资方的权力，能够通过参与被投资方的相关活动享有可变回报，而且还有能力运用其权力影响因参与被投资方的活动而产生的回报，则投资方能够控制被投资方。如果投资方拥有对被投资方的权力，但无法通过该权力获利，则其不能控制被投资方。如果投资方能够享有来自被投资方的可变回报，但不能运用其权力主导对被投资方回报产生最重大影响的相关活动，也不能控制被投资方。

### （二）实践判断

（1）母公司直接或通过子公司间接拥有被投资单位半数以上的表决权。但有证据表明母公司不能控制被投资单位的除外。

（2）母公司拥有被投资单位半数或以下的表决权，但通过与被投资单位的其他投资者之间的协议，拥有被投资单位半数以上的表决权，根据公司章程或协议有权决定被投资单位的财务和经营政策，有权任免被投资单位的董事会或类似机构的多数成员，或在被投资单位的董事会或类似机构占多数表决权，应当纳入合并财务报表的合并范围，但有证据表明母公司不能控制被投资单位的情形除外。

清理整顿、破产、不再控制等公司一般不纳入合并范围，但特殊目的的主体符合条件的也要纳入合并。

## 三、合并财务报表的主要程序

### （一）汇总项目金额

将参与合并的单独财务报表相同的项目金额进行加总，得出财务报表项目的汇总数据。本环节十分简单，只需在合并财务报表工作底稿上简单汇总财务报表即可，具有汇总财务报表的性质。

### （二）调整项目金额

参与合并的单独财务报表相关项目金额与纳入合并的金额口径不一定相同，而汇总金额是根据单独财务报表的简单加总，所以，需要对加总金额进行调整。如母子公司为非同一控制下的两个企业，子公司单独财务报表固定资产项目金额为480万元，但合并日期公允价值为500万元，母公司单独财务报表固定资产账面价值为1 200万元，则汇总金额为1 680万元，根据现行企业会计准则，合并财务报表金额应为1 700万元，需要在汇总金额的基础上调增固定资产20万元，同时调增资本公积20万元。如果是并购日后的财务报表合并，还涉及长期股权投资、投资收益等较多项目的调整。

### （三）抵销项目金额

参与合并的企业是一个统一的报告主体，因而母公司对子公司的投资可以被看作是主体内部的资金调度，合并财务报表中母公司不存在对子公司的长期股权投资，子公司不存在相应的所有者权益。但根据参与合并的单独财务报表汇总，所有项目均已经纳入汇总，因此需要将已经纳入汇总的金额进行抵销。如果是并购日后的财务报表合并，还涉及内部销售、内部债权债务及内部无形资产交易、内部利润分配等各种集团内部各种交易的抵销、投资收益等较多项目的调整。

### （四）计算合并金额

在财务报表相关项目汇总金额的基础上，通过调整、抵销，最后计算合并财务报表相关项目的金额。

$$合并财务报表某项目金额 = 该项目汇总金额 +/- 该项目的调整金额 - 该项目的抵销金额$$

由于合并报表涉及的内容比较多，出于简化问题的考虑，本章将首先介绍合并财务报表编制的一般问题，涉及内部交易及递延所得税等情形的合并财务报表编制问题将在随后章介绍。

# 第二节 并购日的财务报表合并

## 一、非同一控制下的报表合并

非同一控制下的企业并购应当采用购买法进行会计处理。如果企业并购采用购买法进行会计处理，合并财务报表的编制也应当与此一致，适用于我国会计准则中非同一控制下的合并。具体处理过程中，应当区分母公司是否持有子公司全部股权。

### （一）持有子公司全部股权

如果母公司取得子公司全部股权，子公司全部所有者权益归母公司所有，在母公司单独财务报表上体现为对子公司投资。通常情况下取得成本就是子公司净资产公允价值。根据我国现行企业会计准则和相关会计实践，首先应当于控制权取得日将子公司可辨认净资产的账面价值调整为公允价值，并将其金额计入资本公积，然后再将母公司长期股权投资与子公司所有者权益进行抵销，最后计算合并财务报表相关项目金额。

【例 5-1】假设甲公司 20×7 年 8 月 1 日以 2 600 万元取得 A 公司 100% 股权。当日 A 公司所有者权益账面价值为 2 400 万元，其中股本 500 万元，资本公积 400 万元，盈余公积 1 470 万元，未分配利润 30 万元，公司资产负债表部分项目存在公允价值与账面价值不一致的情况（见表 5-2）。

表 5-2　　　　　　　　A 公司相关项目账面价值与公允价值的差额　　　　　　　单位：万元

| 项目 | 账面价值 | | 公允价值 | | 对净资产的影响 |
|---|---|---|---|---|---|
| | 借方 | 贷方 | 借方 | 贷方 | |
| 存货 | 1 300 | | 1 200 | | -100 |
| 固定资产 | 1 000 | | 1 500 | | 500 |
| 无形资产 | 300 | | 0 | | -300 |
| 应付债券 | | 1 600 | | 1 560 | 40 |
| 合计 | 2 600 | 1 600 | 2 700 | 1 560 | 140 |

本例中，支付 2 600 万元购买 2 400 万元 A 公司净资产的账面价值，但其公允价值应为 2 540 万元，支付价款超过公允价值的部分为商誉。

首先，将子公司净资产账面价值调整为公允价值，根据净资产账面价值与公允价值差额调整资本公积。当净资产账面价值小于公允价值时，计入资本公积；反之，冲减资本公积。

借：固定资产      5 000 000
    应付债券      400 000
    贷：存货      1 000 000
        无形资产      3 000 000
        资本公积      1 400 000    ①

其次，编制抵销分录，将母公司对子公司的长期股权投资与子公司的所有者权益完全抵销。

借：股本      5 000 000
    资本公积      5 400 000
    盈余公积      14 700 000
    未分配利润      300 000
    商誉      600 000
    贷：长期股权投资      26 000 000    ②

另外，上述两个会计分录可以合并为一个会计分录。还可以先编制抵销分录，将差额记入"合并价差"项目，再将"合并价差"在公允价值与账面价值差额、商誉间进行分摊。

借：股本      5 000 000
    资本公积      4 000 000
    盈余公积      14 700 000
    未分配利润      300 000
    合并价差      2 000 000
    贷：长期股权投资      26 000 000

同时：

借：固定资产      5 000 000
    应付债券      400 000
    商誉      600 000
    贷：存货      1 000 000
        无形资产      3 000 000
        合并价差      2 000 000

最后，按照合并财务报表的编制程序，结合上述财务报表项目的调整和抵销情况，在财务报表合并工作底稿上计算合并财务报表相关项目的金额（见表5-3），最后将合并财务报表项目金额填入正式的合并财务报表即可。

表5-3    并购日甲公司合并财务报表工作底稿（甲公司持有 A 公司全部股权）

20×7年8月1日    单位：万元

| 项目 | 甲公司单独报表 | | A公司单独报表 | | 报表合计 | | 调整分录 | | 抵销分录 | | 合并结果 | |
|---|---|---|---|---|---|---|---|---|---|---|---|---|
| | 借方 | 贷方 | 借方 | 贷方 | 借方 | 贷方 | 借方 | 贷方 | 借方 | 贷方 | 借方 | 贷方 |
| 货币资金 | 180 | | 10 | | 190 | | | | | | 190 | |
| 交易性金融资产 | 200 | | 480 | | 680 | | | | | | 680 | |
| 应收账款 | 2 700 | | 1 110 | | 3 810 | | | | | | 3 810 | |
| 存货 | 1 600 | | 1 300 | | 2 900 | | | | ①100 | | 2 800 | |
| 长期投资——A | 2 600 | | | | 2 600 | | | | | ②2 600 | | |
| 固定资产 | 6 600 | | 1 000 | | 7 600 | | ①500 | | | | 8 100 | |
| 无形资产 | | | 300 | | 300 | | ①300 | | | | | |
| 商誉 | | | | | | | ②60 | | | | 60 | |
| 应付账款 | | 1 600 | | 160 | | 1 760 | | | | | | 1 760 |
| 应付票据 | | 480 | | 40 | | 520 | | | | | | 520 |
| 应付债券 | | | | 1 600 | | 1 600 | ①40 | | | | | 1 560 |
| 长期借款 | | 1 400 | | | | 1 400 | | | | | | 1 400 |
| 股本 | | 2 000 | | 500 | | 2 500 | | | ②500 | | | 2 000 |
| 资本公积 | | 6 000 | | 400 | | 6 400 | ①140 | | ②540 | | | 6 000 |
| 盈余公积 | | 2 350 | | 1 470 | | 3 820 | | | ②1 470 | | | 2 350 |
| 未分配利润 | | 50 | | 30 | | 80 | | | ②30 | | | 50 |
| 合计 | 13 880 | 13 880 | 4 200 | 4 200 | 18 080 | 18 080 | 540 | 540 | 2 600 | 2 600 | 15 640 | 15 640 |

说明：表中母子公司单独财务报表数据是在分析问题的过程中逐步合理假设的，下同。

### （二）持有子公司部分股权

如果母公司未持有子公司的全部股权，需要计算合并财务报表中子公司少数股东权益金额，以及控制权取得日子公司净资产公允价值与账面价值之间的差额中纳入合并的金额。前已述及，相关问题的会计处理与数据计算存在不同的选择，涉及了母公司理论、实体理论、所有权理论等不同的财务报表合并理论。依据不同的合并理论，合并的结果是不尽相同的。

### 1. 基于母公理论的处理

根据母公司理论，少数股东权益直接按少数股东持有子公司的股权比例计算，即子少数股东权益＝子公司所有者权益账面价值×少数股东持股比例；并购日子公司净资产公允价值与账面价值之间的差额按母公司的持股比例计算并入合并财务报表，即将子公司资产和负债的账面价按照母公司持股比例调整为公允价值，合并后的资产负债项目金额为母公司的账面价值加上子公司公允价值与账面价值中属于母公司部分的金额。

【例 5-2】接【例 5-1】假设甲公司 20×7 年 8 月 1 日以 2 200 万元取得 A 公司 80%股权，当日甲公司单独财务报表应收账款为 3 100 万元。要求基于母公司理论编制并购日合并财务报表。

为了更加清楚显示母公理论的特点，可先编制抵销会计分录，将合并差额计入合并价差，再基于产生价差资产负债项目将其按照甲公司所持股权份额进行分摊，分摊调整后余额计入商誉。即：

| | |
|---|---|
| 借：股本 | 5 000 000 |
| 资本公积 | 4 000 000 |
| 盈余公积 | 14 700 000 |
| 未分配利润 | 300 000 |
| 合并价差 | 2 800 000 |
| 贷：长期股权投资 | 22 000 000 |
| 少数股东权益 | 4 800 000 ① |

同时，分配合并价差，即：

| | |
|---|---|
| 借：固定资产 | 4 000 000 |
| 应付债券 | 320 000 |
| 商誉 | 1 680 000 |
| 贷：合并价差 | 2 800 000 |
| 存货 | 800 000 |
| 无形资产 | 2 400 000 ② |

合并财务报表项目中，存货、固定资产、无形资产和应付债券的金额实际上仅包括母公司的账面价值与子公司账面价值之和，再加上子公司公允价值中属于母公司的部分（见表 5-4）。应该说子公司并入的公允价值是不完整的。

表 5-4 并购日甲公司合并财务报表工作底稿（基于母公司理论）

20×7 年 8 月 1 日 单位：万元

| 项目 | 甲公司单独报表 | | A 公司单独报表 | | 报表合计 | | 调整分录 | | 抵销分录 | | 合并结果 | |
|---|---|---|---|---|---|---|---|---|---|---|---|---|
| | 借方 | 贷方 | 借方 | 贷方 | 借方 | 贷方 | 借方 | 贷方 | 借方 | 贷方 | 借方 | 贷方 |
| 货币资金 | 180 | | 10 | | 190 | | | | | | 190 | |
| 交易性金融资产 | 200 | | 480 | | 680 | | | | | | 680 | |
| 应收账款 | 3 100 | | 1 110 | | 4 210 | | | | | | 4 210 | |
| 存货 | 1 600 | | 1 300 | | 2 900 | | | ②80 | | | 2 820 | |
| 长期投资——A | 2 200 | | | | 2 200 | | | | | ①2 200 | | |
| 固定资产 | 6 600 | | 1 000 | | 7 600 | | ②400 | | | | 8 000 | |
| 无形资产 | | | 300 | | 300 | | | ②240 | | | 60 | |
| 商誉 | | | | | | | ②168 | | | | 168 | |

| 项目 | 甲公司单独报表 | | A公司单独报表 | | 报表合计 | | 调整分录 | | 抵销分录 | | 合并结果 | |
|---|---|---|---|---|---|---|---|---|---|---|---|---|
| | 借方 | 贷方 | 借方 | 贷方 | 借方 | 贷方 | 借方 | 贷方 | 借方 | 贷方 | 借方 | 贷方 |
| 应付账款 | | 1 600 | | 160 | | 1 760 | | | | | | 1 760 |
| 应付票据 | | 480 | | 40 | | 520 | | | | | | 520 |
| 应付债券 | | | | 1 600 | | 1 600 | ②32 | | | | | 1 568 |
| 长期借款 | | 1 400 | | | | 1 400 | | | | | | 1 400 |
| 股本 | | 2 000 | | 500 | | 2 500 | | | ①500 | | | 2 000 |
| 资本公积 | | 6 000 | | 400 | | 6 400 | | | ①400 | | | 6 000 |
| 盈余公积 | | 2 350 | | 1 470 | | 3 820 | | | ①1 470 | | | 2 350 |
| 未分配利润 | | 50 | | 30 | | 80 | | | ①30 | | | 50 |
| 少数股东权益 | | | | | | | | | | ①480 | | 480 |
| 合并价差* | | | | | | | ②280 | | ①280 | | | |
| 合计 | 13 880 | 13 880 | 4 200 | 4 200 | 18 080 | 18 080 | 600 | 600 | 2 680 | 2 680 | 16 128 | 16 128 |

说明：*分配合并价差的作用相当于将A公司账面价值调整为公允价值，但仅调整属于甲公司的部分，即将属于甲公司资产负债的账面价值调整为公允价值。

上述抵销分录合并成一个进行处理也会得到一样的结果。

| 借：股本 | 5 000 000 |
|---|---|
| 　　资本公积 | 4 000 000 |
| 　　盈余公积 | 14 700 000 |
| 　　未分配利润 | 300 000 |
| 　　固定资产 | 4 000 000 |
| 　　应付债券 | 320 000 |
| 　　商誉 | 1 680 000 |
| 　贷：长期股权投资 | 22 000 000 |
| 　　　少数股东权益 | 4 800 000 |
| 　　　存货 | 800 000 |
| 　　　无形资产 | 2 400 000 |

2. 基于实体理论的处理

根据实体理论，少数股东权益应当基于同股同金额的原则进行计算，即子公司少数股东权益=（母公司长期股权投资账面价值/母公司持股比例）×少数股东持股比例，只有这样才能保证母公司与少数股东在子公司所有者权益中同股同金额；并购日子公司净资产公允价值与账面价值之间的差额全部并入合并财务报表，即将子公司资产和负债的账面价值全部调整为公允价值，合并后的资产负债项目为母公司的账面价值与子公司公允价值之和。

【例5-3】接〖例5-2〗要求采用实体理论，对并购日甲公司单独财务报表与A公司单独财务报表进行合并。

为了更加清楚显示实体理论的特点，此处先行编制抵销会计分录，将合并的差额计入合并价差，再分摊合并价差，将并购日子公司净资产账面价值全部调整为公允价值，差额计入商誉。即：

借：股本         5 000 000

  资本公积       4 000 000

  盈余公积      14 700 000

  未分配利润     300 000

  合并价差      3 500 000

 贷：长期股权投资    22 000 000

   少数股东权益    5 500 000  ①

同时，分配合并价差，即：

借：固定资产       5 000 000

  应付债券       400 000

  商誉        2 100 000

 贷：合并价差      3 500 000

   存货       1 000 000

   无形资产     3 000 000  ②

与母公司理论相比，实体理论强调了控股股东与少数股东地位的平等，确保了所有股东同股同金额。基于实体理论，合并报表项目中，存货、固定资产、无形资产和应付债券的项目金额包括了母公司的账面价值、子公司账面价值，以及子公司公允价值与账面价值之间的差额，符合购买法的一般会计处理原则。因为纳入合并的金额是母子公司全部账面价值加上并购日子公司账面价值与公允价值之间的全部差额（见表5-5）。

表5-5    并购日甲公司合并财务报表工作底稿（基于实体理论）

20×7年8月1日         单位：万元

| 项目 | 甲公司单独报表 | | A公司单独报表 | | 报表合计 | | 调整分录 | | 抵销分录 | | 合并结果 | |
|---|---|---|---|---|---|---|---|---|---|---|---|---|
| | 借方 | 贷方 | 借方 | 贷方 | 借方 | 贷方 | 借方 | 贷方 | 借方 | 贷方 | 借方 | 贷方 |
| 货币资金 | 180 | | 10 | | 190 | | | | | | 190 | |
| 交易性金融资产 | 200 | | 480 | | 680 | | | | | | 680 | |
| 应收账款 | 3 100 | | 1 110 | | 4 210 | | | | | | 4 210 | |
| 存货 | 1 600 | | 1 300 | | 2 900 | | | ②100 | | | 2 800 | |
| 长期投资——甲 | 2 200 | | | | 2 200 | | | | | ①2 200 | | |
| 固定资产 | 6 600 | | 1 000 | | 7 600 | | ②500 | | | | 8 100 | |

续表

| 项目 | 甲公司单独报表 | | A公司单独报表 | | 报表合计 | | 调整分录 | | 抵销分录 | | 合并结果 | |
|---|---|---|---|---|---|---|---|---|---|---|---|---|
| | 借方 | 贷方 | 借方 | 贷方 | 借方 | 贷方 | 借方 | 贷方 | 借方 | 贷方 | 借方 | 贷方 |
| 无形资产 | | | 300 | | 300 | | | ②300 | | | | |
| 商誉 | | | | | | | ②210 | | | | 210 | |
| 应付账款 | | 1 600 | | 160 | | 1 760 | | | | | | 1 760 |
| 应付票据 | | 480 | | 40 | | 520 | | | | | | 520 |
| 应付债券 | | | | 1 600 | | 1 600 | ②40 | | | | | 1 560 |
| 长期借款 | | 1 400 | | | | 1 400 | | | | | | 1 400 |
| 股本 | | 2 000 | | 500 | | 2 500 | | | ①500 | | | 2 000 |
| 资本公积 | | 6 000 | | 400 | | 6 400 | | | ①400 | | | 6 000 |
| 盈余公积 | | 2 350 | | 1 470 | | 3 820 | | | ①1 470 | | | 2 350 |
| 未分配利润 | | 50 | | 30 | | 80 | | | ①30 | | | 50 |
| 少数股东权益 | | | | | | | | | | ①550 | | 550 |
| 合并价差* | | | | | | | ②350 | | ①350 | | | |
| 合计 | 13 880 | 13 880 | 4 200 | 4 200 | 18 080 | 18 080 | 750 | 750 | 2 750 | 2 750 | 16 190 | 16 190 |

说明：＊分配合并价差的作用相当于将A公司账面价值调整为公允价值，但不仅调整属于甲公司的部分，还要调整属于A公司少数股东的部分。

### 3. 基于所有权理论的处理

根据所有权理论，合并财务报表不再反映子公司少数股东权益，因而纳入合并的子公司也仅仅限于与母公司有关的部分，不仅并购日子公司净资产公允价值与账面价值之间的差额只按照母公司的持股比例并入，而且子公司的资产和负债也只按照母公司的持股比例并入，因而所有权理论也称比例合并理论。在具体的会计处理过程中，首先要将母公司的长期股权投资与子公司所有者权益中属于母公司的份额相抵销，其次再将少数股东权益及与之相对应的资产和负债相抵销。

【例5-4】接〖例5-2〗要求采用所有权理论，对并购日甲公司单独财务报表与A公司单独财务报表进行合并。

为了更加清楚显示所有权理论的特点，第一步先行编制抵销会计分录，将合并之间的差额记入"合并价差"项目，再将"合并价差"进行分摊，按照产生价差的A公司各资产负债项目的公允价值与账面价值之间的差额、甲公司所享有的份额，将相应资产负债项目的账面价值调整为公允价值，分摊调整后还有余额的，计入商誉。即：

借：股本　　　　　　　　　　　　　　　　　　　　　4 000 000
　　资本公积　　　　　　　　　　　　　　　　　　　 3 200 000
　　盈余公积　　　　　　　　　　　　　　　　　　　11 760 000
　　未分配利润　　　　　　　　　　　　　　　　　　　 240 000

```
        合并价差                                      2 800 000
            贷：长期股权投资                         22 000 000    ①
    同时，分配合并价差，即：
    借：固定资产                                      4 000 000
        应付债券                                        320 000
        商誉                                          1 680 000
            贷：合并价差                               2 800 000
                存货                                    800 000
                无形资产                              2 400 000    ②
```

第二步抵销子公司账面价值中的少数股东权益及与之对应的净资产账面价值，即对应的资产和负债的账面价值：

```
    借：应付账款                                        320 000
        应付票据                                         80 000
        应付债券                                      3 200 000
        股本                                          1 000 000
        资本公积                                        800 000
        盈余公积                                      2 940 000
        未分配利润                                       60 000
            贷：货币资金                                  20 000
                交易性金融资产                           960 000
                应收账款                               2 220 000
                存货                                   2 600 000
                固定资产                               2 000 000
                无形资产                                 600 000    ③
```

基于所有权理论编制的合并财务报表仅仅反映母公司的资产、负债和所有者权益，不存在少数股东权益及与之相关的资产和负债（见表5-6）。

表5-6　　　　　并购日甲公司合并财务报表工作底稿（基于所有权理论）

20×7年8月1日　　　　　　　　　　　　　　　　　单位：万元

| 项目 | 甲公司单独报表 | | A公司单独报表 | | 报表合计 | | 调整分录 | | 抵销分录 | | 合并结果 | |
|------|------|------|------|------|------|------|------|------|------|------|------|------|
| | 借方 | 贷方 | 借方 | 贷方 | 借方 | 贷方 | 借方 | 贷方 | 借方 | 贷方 | 借方 | 贷方 |
| 货币资金 | 180 | | 10 | | 190 | | | | | ③2 | 188 | |
| 交易性金融资产 | 200 | | 480 | | 680 | | | | | ③96 | 584 | |
| 应收账款 | 3 100 | | 1 110 | | 4 210 | | | | | ③222 | 3 988 | |
| 存货 | 1 600 | | 1 300 | | 2 900 | | ②80 | | | ③260 | 2 560 | |
| 长期投资——甲 | 2 200 | | | | 2 200 | | | | | ①2 200 | | |

续表

| 项目 | 甲公司单独报表 | | A公司单独报表 | | 报表合计 | | 调整分录 | | 抵销分录 | | 合并结果 | |
|---|---|---|---|---|---|---|---|---|---|---|---|---|
| | 借方 | 贷方 | 借方 | 贷方 | 借方 | 贷方 | 借方 | 贷方 | 借方 | 贷方 | 借方 | 贷方 |
| 固定资产 | 6 600 | | 1 000 | | 7 600 | | ②400 | | | ③200 | 7 800 | |
| 无形资产 | | | 300 | | 300 | | ②240 | | | ③60 | | |
| 商誉 | | | | | | | ②168 | | | | 168 | |
| 应付账款 | | 1 600 | | 160 | | 1 760 | | | ③32 | | | 1 728 |
| 应付票据 | | 480 | | 40 | | 520 | | | ③8 | | | 512 |
| 应付债券 | | | | 1 600 | | 1 600 | ②32 | | ③320 | | | 1 248 |
| 长期借款 | | 1 400 | | | | 1 400 | | | | | | 1 400 |
| 股本 | | 2 000 | | 500 | | 2 500 | | | ①400 ③100 | | | 2 000 |
| 资本公积 | | 6 000 | | 400 | | 6 400 | | | ①320 ③80 | | | 6 000 |
| 盈余公积 | | 2 350 | | 1 470 | | 3 820 | | | ①1 176 ③294 | | | 2 350 |
| 未分配利润 | | 50 | | 30 | | 80 | | | ①24 ③6 | | | 50 |
| 少数股东权益 | | | | | | | | | | | | |
| 合并价差 | | | | | | | ①280 | | | ①280 | | |
| 合计 | 13 880 | 13 880 | 4 200 | 4 200 | 18 080 | 18 080 | 600 | 600 | 2 750 | 2 750 | 15 288 | 15 288 |

#### 4. 基于我国会计准则的处理

根据我国现行企业会计准则，合并方法总体上看与实体理论相近，并购日子公司净资产公允价值与账面价值之间的差额全部并入合并报表，但子公司少数股东损益的计算方法在母公司理论基础上进行了调整。

首先，子公司价值并入全面。并购日子公司净资产账面价值与公允价值之间的差额全部纳入合并的范围，合并财务报表项目金额等于母公司单独财务报表账面价值与子公司单独财务报表公允价值之和。其次，少数股东权益计算特殊。少数股东权益为并购日子公司净资产公允价值乘以少数股权持股比例，事实上母公司长期股权投资的取得成本中可能含有商誉的内容，但根据我国现行企业会计准则，少数股权不涉及子公司商誉的问题。另外，合并形成的商誉金额与基于母公司理论和所有权理论合并的商誉金额相同，相当于合并形成的商誉仅仅属于母公司的部分。

【例5-5】接〖例5-2〗要求采用我国现行企业会计准则的规定，对并购日甲公司单独财务报表与A公司单独财务报表进行合并。

根据我国现行会计实践，可以先将子公司净资产账面价值调整为公允价值，并将差额计入子公司的资本公积。然后再将母公司的长期股权投资与子公司的所有者权益进行抵销,抵销差额扣除少数股东权益后计入商誉。

借:固定资产　　　　　　　　　　　　　　　　　　 5 000 000
　　应付债券　　　　　　　　　　　　　　　　　　　 400 000
　　　贷:资本公积　　　　　　　　　　　　　　　　 1 400 000
　　　　　存货　　　　　　　　　　　　　　　　　　 1 000 000
　　　　　无形资产　　　　　　　　　　　　　　　　 3 000 000　　①

同时编制抵销分录:

借:股本　　　　　　　　　　　　　　　　　　　　 5 000 000
　　资本公积　　　　　　　　　　　　　　　　　　　 5 400 000
　　盈余公积　　　　　　　　　　　　　　　　　　 14 700 000
　　未分配利润　　　　　　　　　　　　　　　　　　　 300 000
　　商誉　　　　　　　　　　　　　　　　　　　　　 1 680 000
　　　贷:长期股权投资　　　　　　　　　　　　　　22 000 000
　　　　　少数股东权益　　　　　　　　　　　　　　 5 080 000　　②

根据甲公司持有股权比例计算,子公司净资产公允价值应为 2 200/80% = 2 750(万元),依据这一逻辑计算少数股东持有应为 2 750 × 20% = 550(万元),这是实体理论的算法。根据企业会计准则,少数股东持有股份应当按子公司可辨认净资产公允价值的比例,而非公司净资产公允价值的比例计算,因此子公司少数股东权益应为(2 400 + 140)× 20% = 508(万元)。子公司公允价值 2 708 万元,扣除子公司可辨认净资产公允价值 2 540 万元,商誉金额即为 168 万元(见表 5-7)。

表 5-7　　　　并购日甲公司合并财务报表工作底稿(基于我国会计准则)

20 × 7 年 8 月 1 日　　　　　　　　　　　　　　　　　　　　　单位:万元

| 项目 | 甲公司单独报表 | | A公司单独报表 | | 报表合计 | | 调整分录 | | 抵销分录 | | 合并结果 | |
|---|---|---|---|---|---|---|---|---|---|---|---|---|
| | 借方 | 贷方 | 借方 | 贷方 | 借方 | 贷方 | 借方 | 贷方 | 借方 | 贷方 | 借方 | 贷方 |
| 货币资金 | 180 | | 10 | | 190 | | | | | | 190 | |
| 交易性金融资产 | 200 | | 480 | | 680 | | | | | | 680 | |
| 应收账款 | 3 100 | | 1 110 | | 4 210 | | | | | | 4 210 | |
| 存货 | 1 600 | | 1 300 | | 2 900 | | | ①100 | | | 2 800 | |
| 长期投资——甲 | 2 200 | | | | 2 200 | | | | | ②2 200 | | |
| 固定资产 | 6 600 | | 1 000 | | 7 600 | | ①500 | | | | 8 100 | |
| 无形资产 | | | 300 | | 300 | | | ①300 | | | | |
| 商誉 | | | | | | | | | ②168 | | 168 | |
| 应付账款 | | 1 600 | | 160 | | 1 760 | | | | | | 1 760 |
| 应付票据 | | 480 | | 40 | | 520 | | | | | | 520 |

续表

| 项目 | 甲公司单独报表 | | A公司单独报表 | | 报表合计 | | 调整分录 | | 抵销分录 | | 合并结果 | |
|---|---|---|---|---|---|---|---|---|---|---|---|---|
| | 借方 | 贷方 | 借方 | 贷方 | 借方 | 贷方 | 借方 | 贷方 | 借方 | 贷方 | 借方 | 贷方 |
| 应付债券 | | | | 1 600 | | 1 600 | ①40 | | | | | 1560 |
| 长期借款 | | 1 400 | | | | 1 400 | | | | | | 1 400 |
| 股本 | | 2 000 | | 500 | | 2 500 | | | ②500 | | | 2 000 |
| 资本公积 | | 6 000 | | 400 | | 6 400 | ①140 | | ②540 | | | 6 000 |
| 盈余公积 | | 2 350 | | 1 470 | | 3 820 | | | ②1 470 | | | 2 350 |
| 未分配利润 | | 50 | | 30 | | 80 | | | ②30 | | | 50 |
| 少数股东权益 | | | | | | | | | | ②508 | | 508 |
| 合计 | 13 880 | 13 880 | 4 200 | 4 200 | 18 080 | 18 080 | 540 | 540 | 2 708 | 2 708 | 16 148 | 16 148 |

仔细分析可以发现，子公司所有者权益由两个部分构成：一部分是少数股东权益508万元，为不含商誉的金额；另一部分是母公司长期股权投资，为含商誉的金额。间接说明，168万元仅仅是母公司的商誉。

实际上，基于不同的财务报表合并理论，实践中都有相同的合并思路和方法，一是根据我国现行会计实务，先将子公司净资产账面价值调整为公允价值，即将子公司资产负债项目的账面价值调整为公允价值，并将调整的差额计入资本公积，然后再将母公司长期股权投资与调整后的所有者权益进行抵销，抵销后的差额作为商誉处理；二是先将母公司长期股权投资与子公司没有调整的所有者权益进行抵销，不能抵销的部分作为合并价差处理，然后再将合并价差用于将子公司净资产账面价值调整为公允价值，调整后还有剩余的合并价差计入商誉。如果是母公司理论和所有权理论，还应当基于产生合并价差的子公司资产负债项目、相关资产负债项目公允价值与账面价值之间的差额，以及母公司在子公司中的持股比例具体确定相关资产项目应当调整分摊的金额。

## 二、同一控制下的控股合并

同一控制下的控股合并应当采用权益结合法进行会计处理。如果企业合并在并购日采用权益结合法进行会计处理，则合并财务报表的编制也应当与此一致，适用于我国会计准则中同一控制下合并的会计处理。由于同一控制下的合并，长期股权投资的初始计量金额要考虑被投资企业所有者权益情况，确保长期股权投资初始计量金额与其持有的子公司净资产账面价值份额相一致。因此情况较为简单，而且不产生商誉。

但根据 CAS No. 33，同一控制下的长期股权投资初始计量金额等于合并日享有被合并企业最终控制方视角的净资产账面价值与最终控制方之前收购合并企业形成的商誉之和的份额，因此合并过程可能存在商誉，但此处的商誉并不是本次控制权取得成本超过取得的净资产公允价值的金额。

【例 5 - 6】接〖例 3 - 3〗甲公司与 D 公司同为 B 公司的子公司。20×6 年 1 月 1 日 B 公司支付 4 500 万元取得 D 公司 100% 控制权，D 公司可辨认净资产公允价值为 3 000 万元，其中股本 2 000 万元、资本公积 300 万元、盈余公积 500 万元、未分配利润 200 万元；20×6 年 D 公司基于公允价值计算取得净收益 1 500 万元，按 10% 计提盈余公积外，没有进行其他利润分配。甲公司于 20×7 年 3 月 1 日取得 D 公司 80% 股权。

根据所给条件，20×6 年 D 公司在其母公司 B 公司编制的合并财务报表中的股本和资本公积均没有发生变化。但盈余公积和未分配利润因基于母公司视角的净利润在 20×6 年度由于增加了 1 500 万元，分别增加了 150 万元和 1 350 万元，分别达到了 650 万元和 1 550 万元。因此，合并抵销分录应为：

借：股本      20 000 000
      资本公积      3 000 000
      盈余公积      6 500 000
      未分配利润      15 500 000
      商誉      15 000 000
  贷：长期股权投资——对 D 公司投资      48 000 000
      少数股东权益      12 000 000

商誉为 B 公司在非同一控制下的企业合并中获得 D 公司控制权时形成的商誉。这一金额在 D 公司单独财务报表中没有显示，但会显示在 D 公司的最终控制方 B 公司编制的合并财务报表上。

# 第三节 控制权取得当年末合并财务报表

## 一、非同一控制下的合并

母公司取得控制权当年年末编制的合并财务报表，合并程序与并购日合并财务报表基本相同。但由于合并之后子公司资产负债和所有者权益都会发生变化，母公司长期股权投资与子公司所有者权益之间的对应关系也会发生变化，而且母子公司之间也可能发生新的交易，因而合并的具体细节存在较大的差异。由于问题较为复杂，不便基于不同的财务报表合并理论展开讨论，因此，本部分主要依据我国会计准则的处理规则进行分析，但暂不涉及母子公司之间的内部交易，也不考虑账面价值与计税基础不一致产生的所得税影响。

### （一）项目调整

合并前需要分别针对子公司和母公司财务报表相关事项进行相应的调整，以确保相关财务报表项目金额符合合并财务报表编制的需要。

1. 针对子公司报表的调整

（1）调整并购日子公司净资产账面价值与公允价值之间的差额。由于合并财务报表是基于母子公司单独财务报表编制的，而不是基于上一期的合并财务报表项目编制的，要确保合并财务报表的前后期可比，还需要将子公司并购日净资产的账面价值调整为公允价值。因为上一期合并财务报表就是将子公司单独财务报表净资产账面价值调整为公允价值之后编制的，本期也还要将子公司单独财务报表净资产的账面价值调整为公允价值。只有这样，才能够保证基于母子公司单独财务报表编制的合并财务报表前后期具有可比性。

【例5-7】接〖例5-5〗假设当年并购以后A公司相关资产均未消耗，相关负债也没有摊销。甲公司和A公司单独财务报表的相关数据见表5-2的有关内容。

由于20×7年8月1日甲公司取得控制权时基于甲公司和A公司单独财务报表编制的合并财务报表的过程中，将A公司净资产账面价值调整为公允价值，合并财务报表就是在甲公司账面价值和A公司公允价值的基础上编制的，20×7年12月31日基于甲公司和A公司编制合并财务报表时，也应当将A公司净资产账面价值调整为公允价值，只有这样才能保证20×7年8月1日与20×7年12月31日编制的合并财务报表具有可比性。因此20×7年12月31日应当进行调整：

|  |  |
|---|---|
| 借：固定资产 | 5 000 000 |
| 　应付债券 | 400 000 |
| 　贷：资本公积 | 1 400 000 |
| 　　存货 | 1 000 000 |
| 　　无形资产 | 3 000 000 ① |

需要说明的是，即便资产或负债已经消耗或摊销，也应当假设没有消耗或摊销，并在此基础上再根据消耗或摊销等情况进行相应的会计处理。

（2）调整净资产账面价值与公允价值的差额对子公司本期利润的影响。由于子公司单独财务报表显示的净利润是基于子公司自身资产负债的账面价值计量的结果，与子公司自身成本支出挂钩。但对母公司来说，也应当基于自己的成本来计算净利润，母公司的成本支出并不一定与子公司自身成本支出相等。因为母公司取得子公司控制权时需要支付成本，这个成本通常应当按照子公司资产的公允价值，而非账面价值来支付。所以应根据消耗情况，对本期成本费用项目进行调整，进而得到基于母公司成本的本期净利润。与成本费用有关的负债通常也存在类似情况。

【例5-8】接〖例5-5〗假设存货在当期销售了40%；固定资产按直线法分10年计提折旧，期末没有净残值，折旧费计入管理费用；应付债券的利息调整金额按直线法摊销计入财务费用，分5年摊销；无形资产按直线法5年摊销计入销售费用。合并商誉没有发现减值。则20×7年12月31日应当进行调整：

|  |  |
|---|---|
| 借：管理费用 | 500 000 |
| 　无形资产 | 600 000 |
| 　财务费用 | 80 000 |
| 　存货 | 400 000 |
| 　贷：固定资产 | 500 000 |
| 　　应付债券 | 80 000 |
| 　　营业成本 | 400 000 |
| 　　销售费用 | 600 000 ② |

### 2. 针对母公司报表的调整

根据 CAS No. 2，母公司对子公司长期股权投资采用成本法进行后续计量，但根据 CAS No. 33，合并财务报表应当按照权益法对长期股权投资进行后续计量，并在此基础上进行财务报表的合并。因此针对母公司来说，需要将成本法计量的结果调整为按权益法计量的结果，涉及了长期股权投资和投资收益两个方面的内容。调整后应等同于一开始就采用权益法。通常情况下，可以先假设子公司没有向股东进行利润分配，全额追溯确认投资收益及相应的长期股权投资，然后再根据利润分配的实际情况对前述假设的结果进行相应调整。

【例 5 – 9】接〖例 5 – 8〗假设 A 公司单独财务报表显示 20 × 7 实现净利润 2 000 万元，当年向股东分配现金股利 1 200 万元，要求编制合并财务报表中母公司的调整分录。

首先，按照权益法计算并确认对 A 公司的长期股权投资，同时追加确认对 A 公司的投资收益。即：（A 公司报告净利润 – 并购日 A 公司净资产账面价值与公允价值之差对利润的影响）× 母公司持股比例 = (2 000 + 42) × 80% = 1 633.6（万元）

借：长期股权投资——对 A 公司投资　　　　　　　　　　16 336 000

　　贷：投资收益　　　　　　　　　　　　　　　　　　　16 336 000　　③

其次，调整成本法下甲公司已经确认的投资收益。因为 A 公司向股东进行利润分配，甲公司采用成本法将实际收到的 960 万元现金股利确认为当期收益，但上一步已经全额确认了投资收益，属于重复确认，需要冲减 960 万元的投资收益；另外，根据权益法的核算要求，收到投资收益应当冲减长期股权投资 960 万元，但母公司按照成本法的要求并没有冲减，这里需要补充调减。

借：投资收益　　　　　　　　　　　　　　　　　　　　9 600 000

　　贷：长期股权投资——对子公司投资　　　　　　　　　9 600 000　　④

### （二）项目抵销

### 1. 抵销母公司长期股权投资与子公司所有者权益

将母公司的长期股权投资与子公司所有者权益进行抵销是合并财务报表的核心内容。抵销过程涉及少数股东权益和商誉的计算，情况稍显复杂。需要注意的是抵销的项目并非单独财务报表显示的相关项目金额，大多数项目均需要按照权益法进行重新计算。

【例 5 – 10】接〖例 5 – 9〗假设 A 公司按 10% 提取盈余公积，其他条件不变。要求编制母公司长期股权投资与子公司所有者权益的抵销分录。

（1）分析并按照权益法计算 A 公司单独财务报表相关项目 20 × 7 年 12 月 31 日金额。

①股本：本期没有变化，为 500 万元。

②资本公积：A 公司单独财务报表期初金额 + 并购日子公司净资产账面价与公允价之差

= 400 + 140 = 540（万元）。

③盈余公积：A 公司单独财务报表期初金额 + 本期计提盈余公积

= 1 470 + (2 000 + 42) × 10% = 1 674.2（万元）或 1 670 + 42 × 10% = 1 674.2（万元）。

④未分配利润：A 公司单独财务报表期初金额 + 当期实现税后利润 - 当期利润分配

= 30 + ( 2 000 + 42 ) - ( 2 000 + 42 ) × 10% - 1 200 = 667.8（万元）或 630 + 42 × 90% = 667.8（万元）。

（2）分析和计算母公司单独财务报表长期股权投资 20×7 年 12 月 31 日金额。

长期股权投资：甲公司单独财务报表期初金额 + 权益法下确认的当期税后利润 × 80% - 当期收到利润 = 2 200 + 1 633.6 - 960 = 2 873.6（万元）。

（3）分析和计算合并财务报表相关项目 20×7 年 12 月 31 日金额。

①少数股东权益：B 公司合并财务报表反映的 A 公司可辨认净资产公允价值 × 少数股权比例

= ( 500 + 540 + 1 674.2 + 667.8 ) × 20% = 676.4（万元）。或者直接计算：期初少数股东权益 + 权益法下确认的当期税后利润 × 20% - 当期分得利润 = 508 + 408.4 - 240 = 676.4（万元）。

②商誉：就本题而言，A 公司可辨认净资产公允价值 - （长期股权投资 + 少数股东权益）

= ( 500 + 540 + 1 674.2 + 667.8 ) - ( 2 873.6.6 + 676.4 ) = 168（万元）。

（4）将甲公司 20×7 年 12 月 31 长期股权投资与 A 公司同期的所有者权益进行抵销。

| | |
|---|---:|
| 借：股本 | 5 000 000 |
| 资本公积 | 5 400 000 |
| 盈余公积 | 16 742 000 |
| 未分配利润 | 6 678 000 |
| 商誉 | 1 680 000 |
| 贷：长期股权投资——对 A 公司投资 | 28 736 000 |
| 少数股东权益 | 6 764 000 ⑤ |

2. 母公司投资收益及与之相关的利润分配的抵销

由于母公司通常在其单独财务报表中确认了投资收益，并进行了相应的利润分配。但如果将母子公司作为一个财务报告主体，投资收益是不存在的，与此相关的利润分配也不存在，需要抵销。但由于企业利润分配，特别是向股东支付利润通常会涉及期初期末分配利润问题，而且还会涉及少数股东损益及其利润分配的问题，因而应当将其与期初期末未分配利润及归属于少数股东权益的利润一起抵销。会计实践中不必将分配对象与分配去向一一对应，将母公司投资收益、归属于少数股东利润的少数股东损益及期初未分配利润作为分配对象，将提取盈余公积、向股东分配利润及期末未分配利润作为分配的去向。其中母公司投资收益及归属于少数股东利润的少数股东损益实际上就是子公司当期净利润。

【例 5-11】接〖例 5-10〗假设 A 公司按 10% 提取盈余公积，其他条件不变。要求编制合并财务报表的抵销分录。

（1）甲公司投资收益：根据权益法计算的甲公司对 A 公司的投资收益，根据前述相关例题的计算结果为 1 633.6 万元。

（2）少数股东损益：根据权益法计算的归属于少数股东的 A 公司利润，相当于少数股东的投资收益，根据前述相关例题的计算结果为 408.4 万元。

    （3）年初未分配利润：与上年末金额相等为 30 万元。

    （4）提取盈余公积：与上年末金额相等为 204.2 万元。

    （5）向股东分配利润：根据已知条件为 1 200 万元。

    （6）年末未分配利润：根据前述计算为 667.8 万元。

| | |
|---|---:|
| 借：投资收益 | 16 336 000 |
|     少数股东损益 | 4 084 000 |
|     期初未分配利润 | 300 000 |
|     贷：提取盈余公积 | 2 042 000 |
|         向股东分配利润 | 12 000 000 |
|         期末未分配利润 | 6 678 000   ⑥ |

    为了更好地理解这一组抵销会计分录中隐含的关系，可以采用逐步放开假设的方式进行分析。如果 A 公司仅有甲公司一个股东，而且甲公司每一期净利润均提取 10% 的盈余公积，其余均完全用于向股东分配利润。这样需要抵销的甲公司投资收益 2 042 万元及与之相关的利润分配。这一点理解起来就十分简单，企业集团既不存在 2 042 万元的投资收益，也不存在提取 204.2 万元盈余公积和向股东支付的 1 837.8 万元的情况，即：

| | |
|---|---:|
| 借：投资收益 | 20 420 000 |
|     贷：提取盈余公积 | 2 042 000 |
|         向股东分配利润 | 18 378 000 |

    如果 A 公司同时有控股股东甲公司，还有若干少数股东，分别持有 A 公司 80% 和 20% 的股权，而且甲公司每一期净利润均提取 10% 的盈余公积，其余均完全用于向股东分配利润。这种情况下，仅仅抵销甲公司投资收益 1 633.6 万元及与之相关的利润分配在技术上不存在问题，但要完整反映合并财务报表的少数股东权益，少数股东损益 408.4 万元及与之相关的利润分配也应当以并抵销，即：

| | |
|---|---:|
| 借：投资收益 | 16 336 000 |
|     少数股东损益 | 4 084 000 |
|     贷：提取盈余公积 | 2 042 000 |
|         向股东分配利润 | 18 378 000 |

    如果扣除前一个会计分录所反映的内容，单独反映 A 公司少数股东享有 A 公司当期损益及其利润分配的内容，则有：

| | |
|---|---:|
| 借：少数股东损益 | 4 084 000 |
|     贷：提取盈余公积 | 408 400 |
|         向股东分配利润（少数股东） | 3 675 600 |

    这一个会计分录实际上看起来不影响甲公司与子公司的交易，因为本会计分录调整的是过程，减少利润的分配，相当于增加期末未分配利润中属于少数股东的份额，减少少数股东损益等于减少期末未分配利润中属于少数股东的份额。但考虑到期初期末利润分配的情况，根据我国现行企业会计准则及相关会计实务，需要同时

进行抵销。

如果 A 公司同时有控股股东甲公司，还有若干少数股东，分别持有 A 公司 80% 和 20% 的股权，而且甲公司每一期净利润均提取 10% 的盈余公积，其余部分用于向股东分配利润，但每年均存在不同金额期初期末未分配利润的情况。这种情况下，虽然可以计算未分配利润中分别属于甲公司和 A 公司的少数股东的份额，将前者进行抵销，将后者转为少数股东权益。但这将会涉及甲公司长期股权投资与 A 公司所有者权益抵销会计分录的调整问题（如〖例 5 - 5〗中第②个会计分录），否则将会出现抵销后不同财务报表项目不一致的情况。

3. 母公司应收股利与子公司应付股利抵销

这个问题较为简单，假设利润尚未支付，则：

借：应付股利　　　　　　　　　　　　　　　　　9 600 000
　　贷：应收股利　　　　　　　　　　　　　　　　　9 600 000　　⑦

**（三）编制合并财务报表**

将上述合并分录过入合并财务报表工作底稿（见表 5 - 8 和表 5 - 9）即可据以编制合并财务报表。合并财务报表工作底稿及财务报表项目要依据会计准则及指南的要求来编制，有时还要考虑合并财务报表编制的具体方法和流程。另外，随着会计准则的调整和完善，国家会计管理部门也会不定期对财务报表的项目进行调整。

## 二、同一控制下的合并

与非同一控制下的财务报表合并相同的是，合并之后的经济交易或会计事项会对子公司资产负债和所有者权益产生影响，母公司长期股权投资与子公司所有者权益之间的对应关系也会发生相应变化，而且母子公司之间还可能发生新的交易，因而财务报表合并问题较为复杂，不便基于不同的财务报表合并理论展开讨论。此处主要依据我国会计准则的处理规则进行分析，也暂不涉及母子公司之间的内部交易，也不考虑账面价值与计税基础不一致产生的所得税影响。

**（一）项目调整**

在同一控制下的财务报表合并中，子公司单独报表项目不再需要调整，因为长期股权投资是基于子公司净资产的账面价值计量的，不存在子公司净资产账面价值调整为公允价值的问题。但对于母公司单独财务报表来说，仍然存在需要调整的财务报表项目。主要涉及项目有母公司对子公司的长期股权投资及与之相关的投资收益，以及将成本法确认和计量的结果调整为权益法确认和计量的结果，调整后应当等同于相关业务一开始发生就采用权益法。

首先，按照权益法调整计算子公司净利润，依此计算母公司享有的份额。与非同一控制下的处理相同，假设子公司没有进行现金股利的分配，全部确认投资收益。

表 5 - 8

**并购当年末甲公司合并财务报表工作底稿（资产表部分）**

20×7 年 12 月 31 日

单位：万元

| 项目 | 甲公司单独报表 借方 | 甲公司单独报表 贷方 | A公司单独报表 借方 | A公司单独报表 贷方 | 报表合计 借方 | 报表合计 贷方 | 调整分录 借方 | 调整分录 贷方 | 抵销分录 借方 | 抵销分录 贷方 | 少数股东权益 | 合并结果 借方 | 合并结果 贷方 |
|---|---|---|---|---|---|---|---|---|---|---|---|---|---|
| 货币资金 | 470 | | 970 | | 1 440 | | | | | | | 1 440 | |
| 交易性金融资产 | 200 | | 660 | | 860 | | | | | | | 860 | |
| 应收账款 | 2 100 | | 1 310 | | 3 410 | | | | | | | 3 410 | |
| 应收股利 | 960 | | | | 960 | | | | | ⑦960 | | 0 | |
| 存货 | 1 120 | | 1 300 | | 2 420 | | ②40 | ①100 | | | | 2 360 | |
| 长期投资——A 公司 | 2 200 | | | | 2 200 | | ③1 633.6 | ④960 | | ⑤2 873.6 | | 0 | |
| 固定资产 | 6 300 | | 1 620 | | 7 920 | | ①500 | ②250 | | | | 8 370 | |
| 无形资产 | | | 300 | | 300 | | ②60 | ①300 | | | | 60 | |
| 商誉 | | | | | | | | | ⑤168 | | | 168 | |
| 资产总计 | 13 350 | | 6 160 | | 19 510 | | | | | | | 16 668 | |
| 应付账款 | | 800 | | 60 | | 860 | | | | | | | 860 |
| 应付票据 | | 500 | | 100 | | 600 | | | | | | | 600 |
| 应付债券 | | | | 1 600 | | 1 600 | ①40 | ②8 | | | | | 1 568 |
| 应付股利 | | | | 1 200 | | 1 200 | | | ⑦960 | | | | 240 |
| 长期借款 | | 1 100 | | | | 1 100 | | | | | | | 1 100 |
| 股本 | | 2 000 | | 500 | | 2 500 | | | ⑤500 | | | | 2 000 |
| 资本公积 | | 6 000 | | 400 | | 6 400 | | ①140 | ⑤540 | | | | 6 000 |
| 盈余公积 | | 2 800 | | 1 670 | | 4 470 | | | ⑤1 674.2 | 2 072 | | | 2 795.8 |
| 未分配利润 | | 150 | | 630 | | 780 | 1 018 | 1 733.6 | ⑤2 331.4 | | 408.4 | | 827.8 |
| 少数股东权益 | | | | | | | | | | | ⑤676.4 | | 676.4 |
| 负债和所有者权益合计 | | 13 350 | | 6 160 | | 19 510 | | | | | | | 16 668 |

说明：未分配利润部分数据来源于利润表年末未分配利润项目。

表 5－9

**并购当年末甲公司合并财务报表工作底稿（利润及其分配部分）**

20×7 年 12 月 31 日

单位：万元

| 项目 | 甲公司单独报表 借方 | 甲公司单独报表 贷方 | A公司单独报表 借方 | A公司单独报表 贷方 | 报表合计 借方 | 报表合计 贷方 | 调整分录 借方 | 调整分录 贷方 | 抵销分录 借方 | 抵销分录 贷方 | 少数股东权益 | 合并结果 借方 | 合并结果 贷方 |
|---|---|---|---|---|---|---|---|---|---|---|---|---|---|
| 利润表 | | | | | | | | | | | | | |
| 一、营业收入 | | 31 500 | | 18 500 | | 50 000 | | | | | | | 50 000 |
| 减：营业成本 | 24 362 | | 14 500 | | 38 862 | | | ②40 | | | | 38 822 | |
| 税金及附加 | 80 | | 30 | | 110 | | | | | | | 110 | |
| 销售费用 | 1 100 | | 500 | | 1 600 | | | ②60 | | | | 1 540 | |
| 管理费用 | 1 534 | | 810 | | 2 344 | | ②50 | | | | | 2 394 | |
| 财务费用 | 184 | | 160 | | 344 | | ②8 | | | | | 352 | |
| 资产减值损失 | | | | | | | | | | | | | |
| 加：其他收益 | | | | | | | | | | | | | |
| 投资收益 | | 960 | | | | 960 | ④960 | ③1 633.6 | ⑥1 633.6 | | | | 0 |
| 公允价值变动损益 | | | | | | | | | | | | | |
| 二、营业利润 | | 5 200 | | 2 500 | | 7 700 | 1 018 | 1 733.6 | 1 633.6 | | | | 6 782 |
| 加：营业外收入 | | | | | | | | | | | | | |
| 减：营业外支出 | | | | | | | | | | | | | |
| 三、利润总额 | | 5 200 | | 2 500 | | 7 700 | 1 018 | 1 733.6 | 1 633.6 | | | | 6 782 |
| 减：所得税费用 | 700 | | 500 | | 1 200 | | | | | | | 1 200 | |
| 四、净利润 | | 4 500 | | 2 000 | | 6 500 | 1 018 | 1 733.6 | 1 633.6 | | | | 5 582 |
| （一）按经营持续性分 | | | | | | | | | | | | | |
| 1. 持续经营净利润 | | | | | | | | | | | | | 5 582 |
| 2. 终止经营净利润 | | | | | | | | | | | | | |

续表

| 项目 | 甲公司单独报表 借方 | 甲公司单独报表 贷方 | A公司单独报表 借方 | A公司单独报表 贷方 | 报表合计 借方 | 报表合计 贷方 | 调整分录 借方 | 调整分录 贷方 | 抵销分录 借方 | 抵销分录 贷方 | 少数股东权益 | 合并结果 借方 | 合并结果 贷方 |
|---|---|---|---|---|---|---|---|---|---|---|---|---|---|
| （二）按所有权归属分 | | | | | | | | | | | | | |
| 1. 归属于母公司股东 | | 3 700 | | 1 500 | | 5 200 | | | | | | | 5 582 |
| 2. 归属少数股东损益 | | 800 | | 500 | | 1 300 | | | | | ⑥408.4 | | 408.4 |
| 五、其他综合收益税后净额 | | | | | | | | | | | | | |
| 六、综合收益总额 | | 4 500 | | 2 000 | | 6 500 | 1 018 | 1 733.6 | | | 408.4 | | 5 713.6 |
| 1. 归属于母公司股东 | | | | | | | | | | | | | |
| 2. 归属于少数股东 | | | | | | | | | | | | | |
| 股东权益变动表 | | | | | | | | | | | | | |
| 一、年初未分配利润 | | 50 | | 30 | | 80 | | | ⑥30 | | | | 50 |
| 二、本年增减变动金额 | | | | | | | | | | | | | |
| 其中：利润分配 | | | | | | | | | | | | | |
| 1. 提取盈余公积 | 450 | | 200 | | 650 | | | | | ⑥204.2 | | | 445.8 |
| 2. 对股东的利润分配 | 3 950 | | 1 200 | | 5 150 | | | | | ⑥1 200 | | | 3 950 |
| 三、年末未分配利润 | | 150 | | 630 | | 780 | 1 018 | 1 733.6 | ⑤667.8  2 331.4 | ⑥667.8  2 072 | 408.4 | | 827.8 |

说明：年末未分配利润 = 780 - 1 018 + 1 733.6 - 2 331.4 + 2 072 - 408.4 = 827.8（万元）或 5 582 + 50 - 445.8 - 3 950 - 408.4 = 827.8（万元）。

【例5-12】接〖例5-6〗假设D公司20×7年实现净利润580万元，当年甲公司按照净利润的10%计提了盈余公积，并向股东分配现金股利435万元。

按照权益法确认并计量甲公司对D公司的长期股权投资，同时确认和计量甲公司持有D公司股份所获得的投资收益。根据权益法计算的特点，甲公司对D公司的投资收益=D公司报告净利润×母公司持股比例=580×80%=464（万元）。

借：长期股权投资——对D公司投资　　　　　　　　　　4 640 000
　　贷：投资收益　　　　　　　　　　　　　　　　　　　　　4 640 000

其次，再调整成本法下母公司已经确认的投资收益，以及成本法下子公司宣告发放股利或收到子公司利润时未冲减的长期股权投资。

由于成本法下D公司向股东进行了利润分配，D公司宣告发放股利时甲公司即确认了348万元的投资收益。但第一步假设D公司没有进行利润，因此，如果不调整抵销，投资收益就会被重复计算。另外，根据权益法的核算要求，收到348万元投资收益应当冲减长期股权投，但成本法下甲公司并没有冲减长期股权投资，而是计入了投资收益，如果此处不调整冲减，长期股权投资期末余额就会虚增。因此：

借：投资收益　　　　　　　　　　　　　　　　　　　　　3 480 000
　　贷：长期股权投资——对D公司投资　　　　　　　　　　　3 480 000

**（二）项目抵销**

**1. 进行母公司长期股权投资与子公司所有者权益的抵销**

相对比较简单，因为长期股权投资账面价值通常等于母公司在子公司所有者权益中享有的份额。按照子公司账面年末价值借记股本、资本公积、盈余公积和未分配利润，按照母公司年末账面价值贷记长期股权投资，按照少数股东持有子公司所有者权益份额贷记少数股东权益即可。如果存在子公司单独财务报表净资产账面价值低于最终控制方视角的账面价值的，还需要确认最终控制方之前通过非同一控制下控股合并的方式获得被合并企业控制权时形成的商誉。

【例5-13】接〖例5-12〗2017年3月1日D公司股本2 000万元，资本公积300万元，盈余公积650万元，未分配利润1 550万元。甲公司对D公司长期股权投资4 800万元。另外，D公司在其最终控制方账面价值中还有商誉1 500万元。要求对2017年12月31日甲公司长期股权投资与D公司所有者权益抵销，并编制相应的抵销分录。

按照权益法确定2017年12月31日甲公司对D公司的长期股权投资为4 800+（580-435）×80%=4 916（万元），少数股东对D公司的股东权益1 200+（580-435）×20%=1 229（万元）；

按照成本法确定2017年12月31日D公司股本2 000万元，资本公积300万元，盈余公积650+580×10%=708（万元），未分配利润1 550+580×90%-435=1 637（万元）。

借：股本　　　　　　　　　　　　　　　　　　　　　20 000 000
　　资本公积　　　　　　　　　　　　　　　　　　　　 3 000 000
　　盈余公积　　　　　　　　　　　　　　　　　　　　 7 080 000

|   未分配利润 | 16 370 000 |
|   商誉 | 15 000 000 |
| 贷：长期股权投资 | 49 160 000 |
|   少数股东权益 | 12 290 000 |

**2. 母公司确认的投资收益及与之相关的利润分配的抵销**

前已述及，由于母公司通常在其单独财务报表中确认了投资收益，但如果将母子公司作为一个财务报告主体，投资收益是不存在的，与此相关的利润分配也不存在，需要抵销。与非同一控制下合并相同，由于企业利润分配，特别是向股东支付利润通常会涉及期初期末未分配利润，而且还可能涉及少数股东损益及其利润分配的问题，因而应当将其与期初期末未分配利润及归属于少数股东权益的利润一起抵销。其中母公司投资收益、少数股东损益及期初未分配利润为分配的对象，提取盈余公积、向股东分配利润及期末未分配利润为分配的去向。分配对象与分配去向要同时抵销。

【例 5-14】接〖例 5-13〗要求抵销 2017 年甲公司投资收益及与之相关的利润分配，并编制相应的抵销分录。

根据前述资料，2017 年甲公司确认 D 公司投资收益为 464 万元，少数股东持有 D 公司股份获得净利润份额 116 万元；D 公司期初未分配利润为 1 550 万元，当期提取盈余公积为 58 万元，当期向股东分配利润为 435 万元，期末未分配利润为 1 637 万元。

|   借：投资收益 | 4 640 000 |
|   少数股东损益 | 1 160 000 |
|   期初未分配利润 | 15 500 000 |
| 贷：提取盈余公积 | 580 000 |
|   向股东分配利润 | 4 350 000 |
|   期末未分配利润 | 16 370 000 |

**3. 母公司应收股利与子公司应付股利抵销**

这个较为简单，仅仅涉及子公司宣告利润分配，但实际尚未支付股利而形成的债权债务关系。根据实际金额借记应付股利，贷记应收股利即可。

【例 5-15】接〖例 5-12〗假设 D 公司仅仅宣告发放股利但尚未实际向投资者支付股利，则 D 公司有应付股利 348 万元，甲公司有应收股利 348 万元。

|   借：应付股利 | 3 480 000 |
|   贷：应收股利 | 3 480 000 |

**(三) 编制合并财务报表**

与非同一控制下合并财务报表的编制相同，首先按照财务报表列报的要求及合并财务报表编制的一般方法，编制合并财务报表工作底稿，将上述合并财务报表的调整分录和抵销分录过入合并财务报表工作底稿，然后再根据财务报表工作底稿编制合并财务报表。

## 第四节　控制权取得次年末合并财务报表

### 一、非同一控制下的合并

控制权取得次年末合并财务报表的编制涉及了更多更为复杂的问题，因为累计的数据资料更多，情况更加复杂。本部分仍然依据我国企业会计准则及相关会计实践对前述问题继续进行延续分析。但仍然暂不涉及集团内部交易，也不考虑账面价值与计税基础不一致产生的所得税影响。需要的其他相关资料在分析时逐步给出。

#### （一）项目调整

1. 针对子公司报表的调整

（1）调整并购日子公司净资产账面价值与公允价之间的差额。前已述及，由于合并财务报表是在期末母子公司单独财务报表的基础上编制的，而不是基于上期合并财务报表项目编制的，合并中涉及了子公司净资产账面价值调整为公允价值的问题。如果要确保基于母子公司单独财务报表编制的合并财务报表的前后期可比，每次合并中都需要对参与合并的子公司财务报表进行调整。此项调整可以看作是对"起源"及其相关影响的调整，将调整差额计入资本公积。

【例5-16】接〖例5-7〗及前述资料，要求按照我国现行企业会计准及相关会计实务，于20×8年12月31日将A公司20×7年8月1日净资产账面价值调整为公允价值。

借：固定资产　　　　　　　　　　　　　　　　　　　5 000 000
　　应付债券　　　　　　　　　　　　　　　　　　　　400 000
　　贷：资本公积　　　　　　　　　　　　　　　　　　1 400 000
　　　　存货　　　　　　　　　　　　　　　　　　　1 000 000
　　　　无形资产　　　　　　　　　　　　　　　　　3 000 000　①

通过调整后，如果并购日之后A公司资产没有消耗，负债没有变化，甲公司和A公司之间都没有发生其他经济业务，那么，基于调整后的子公司单独财务报表编制的20×8年12月31日的合并财务报表与控制权取得日合并财务报表应当是相同的。当然，随着时间的推移，这些资产会被消耗，因此还有其他调整。

（2）调整并购日子公司净资产账面价值与公允价值差额对子公司期初未分配利润的影响。非货币性资产通常是未来的费用，资产的消耗就是费用的增加，某些负债也与未来的利润相关。由于子公司单独财务报表是基于账面价值计算利润的，但合并财务报表应当基于公允价值计算子公司利润。因此，并购日子公司净资产账面价值与公允价值之间的差额通常会对并购当年的合并利润产生影响，进而影响合并财务报表的期末未分配利润。实际上，对上期利润的影响实际就是对本期初未分配利润的影响，因而应当调整净资产账面价值与公允价值的差额对子公司年初未分配利润及相关项目的影响。此项调整可以看作是对"过程"的调整，将调整差额计入年初未分配利润。

【例5-17】接〖例5-8〗20×7年存货销售了40%，固定资产按直线法分10年计提折旧，期末没有净残值，折旧费计入管理费用；应付债券的利息调整额分 5 年按直线法摊销计入财务费用；无形资产按直线法分 5 年摊销计入销售费用，商誉没有发现减值。

根据题意及 A 公司净资产的消耗或变化情况，并购日 C 公司净资产账面价值之间的差额使得 20×7 年合并财务报表利润比子公司单独财务报表利润增加了 42 万元，即使得 20×8 年合并财务报表年初未分配利润比子公司单独财务报表年初未分配利润增加了 42 万元。即：

借：无形资产　　　　　　　　　　　　　　　　　　　　600 000
　　存货　　　　　　　　　　　　　　　　　　　　　　400 000
　　贷：固定资产　　　　　　　　　　　　　　　　　　　　500 000
　　　　应付债券　　　　　　　　　　　　　　　　　　　　 80 000
　　　　年初未分配利润　　　　　　　　　　　　　　　　 420 000　　②

（3）调整并购日子公司净资产账面价值与公允价值的差额对子公司本期利润的影响。由于本期利润在结账后体现在期末未分配利润中，平时只能直接通过本期相关成本费用项目来反映，因此需要调整的是本期成本费用项目及相关项目。

【例 5-18】接〖例 5-8〗及相关资料。假设并购日 A 公司持有的存货在 20×8 年间销售了总量的 40%；固定资产为管理用，按直线法计提折旧，分 10 年计提；应付债券按直线法摊销（假设），分 5 年摊销；合并商誉没有减值。则有：

借：管理费用　　　　　　　　　　　　　　　　　　　　500 000
　　无形资产　　　　　　　　　　　　　　　　　　　　600 000
　　财务费用　　　　　　　　　　　　　　　　　　　　 80 000
　　存货　　　　　　　　　　　　　　　　　　　　　　400 000
　　贷：固定资产　　　　　　　　　　　　　　　　　　　　500 000
　　　　销售费用　　　　　　　　　　　　　　　　　　　 600 000
　　　　应付债券　　　　　　　　　　　　　　　　　　　　 80 000
　　　　营业成本　　　　　　　　　　　　　　　　　　　 400 000　　③

2. 针对母公司报表的调整

根据我国现行企业会计准则，母公司应当采用成本法对子公司长期股权投资和投资收益进行后续计量，但在合并财务报表时，要将成本法计量的结果调整为权益法计量的结果。由于合并财务报表是在母子公司当期单独财务报表上编制的，而不是在上期合并财务报表的基础上编制的，如果要确保合并财务报表具有纵向可比性，母公司每期单独财务报表的相关项目均需进行调整，调整内容为并购日子公司可辨认净资产账面价值与公允价值差额对母公司单独财务报表项目的影响，具体包括上期对本期影响的调整以及本期对本期影响的调整两个部分。

（1）上年度成本法转权益法对本年度母公司单独财务报表项目影响的调整。编制并购日母子公司合并财务报表时，调整了母公司长期股权投资、投资收益两个项目，但编制并购日次年母子公司合并财务报表时，母公司单独财务报表没有反映出这一调整。因此，在编制本期合并财务报表时，应当在母公司单独财务报表上对此进行调整。

由于资产、负债项目属于存量项目，各会计期一致，直接调整即可，损益项目属于流动项目，往年的损益在本期单独财务报表上体现为期初未分配利润，应当调整期初未分配利润。

【例5-19】接〖例5-9〗根据20×7年度A公司单独财务报表报告的净利润、并购日A公司净资产账面价值与公允价值之间的差额及其他相关资料，计算并购日A公司净资产账面价值与公允价值之间的差额对20×8甲公司单独财务报表项目的影响，并编制调整分录。

首先，假定A公司没有向投资者支付利润，将20×7年投资收益调整为20×8年年初未分配利润，同时增加对子公司的长期股权投资。根据20×8年合并数据，有：

借：长期股权投资——对子公司投资　　　　　　　　　　16 336 000
　　贷：年初未分配利润　　　　　　　　　　　　　　　　16 336 000　　④

其次，根据子公司向投资者实际分配利润的情况，将实际支付股东的利润冲减年初未分配利润，同时减少对子公司的长期股权投资。根据合并当年的数据，有：

借：年初未分配利润　　　　　　　　　　　　　　　　　　9 600 000
　　贷：长期股权投资——对子公司投资　　　　　　　　　9 600 000　　⑤

（2）本年度成本法转权益法对本年度母公司单独财务报表项目影响的调整。本期甲公司采用成本法对A公司对长期股权投资和投资收益进行后续计量和确认，但在合并财务报表时需要将成本法计量和确认的结果调整为权益法计量和确认的结果，调整后等同于本期采用了权益法。具体过程也是先全部确认，然后再根据向股东进行利润分配的实际情况进行调整。

【例5-20】接〖例5-18〗及前述相关资料，假设A公司20×8年单独财务报表实现净利润500万元，当年分配向投资者分配现金股利300万元，其他条件不变。

首先，假定A公司没有向投资者进行利润分配，计算母公司视角的投资收益，全部确认投资收益。投资收益=(500+42)×80%=433.6（万元）。

借：长期股权投资——对A公司投资　　　　　　　　　　4 336 000
　　贷：投资收益　　　　　　　　　　　　　　　　　　　4 336 000　　⑥

其次，根据向股东进行利润分配的实际情况调整全部确认的结果，并调减投资收益和长期股权投资的账面价值。母公司分得利润300×80%=240（万元）。

借：投资收益　　　　　　　　　　　　　　　　　　　　2 400 000
　　贷：长期股权投资——对A公司投资　　　　　　　　　2 400 000　　⑦

**（二）项目抵销**

1. 母公司长期股权投资与子公司所有者权益的抵销

在没有内部交易的情况下，需要抵销的项目包括母公司长期股权投资与子公司所有者权益、母公司来自子公司的投资收益及与之相关的利润分配、母公司应收股利与子公司的应付利润等项目。对于非同一控制下的控股合并，这些需要抵销的相关项目均需在母子公司单独财务报表的基础上进行调整，或另行计算。

【例5-21】接〖例5-6〗及前述资料，假设A公司按10%计提了盈余公积，除了向投资者分配现金股利300万元外，没有进行其他利润分配。需要抵销的母子公司相关项目期末余额调整或另行计算如下：

（1）股本：没有变化，为子公司账面价值500万元。

（2）资本公积：为子公司期末账面价值400万元，加上此前将子公司账面价值调整为公允价值增加的140万元，合计540万元。

（3）盈余公积：为子公司期初盈余公积1674.2万元，加本期计提盈余公积54.2万元，合计1 728.4万元。

（4）期初未分配利润：子公司期初账面未分配利润667.8万元；期末未分配利润：子公司期初未分配利润667.8万元，加当期净利润542万元，减去当期提取盈余公积54.2万元和向股东分配现金股利300万元，结果为855.6万元。

（5）少数股东权益：子公司少数股东权益为（500 + 540 + 1 728.4 + 855.6）× 20% = 724.8（万元）。

（6）期初长期股权投资：母公司初始计量金额2 200万元，上年实现净利润1 633.6万元，减去上年向股东分配现金股利960万元，结果为2 873.6万元。期末长期股权投资：期初2 873.6万元，加本年净利润433.6万元，减去向股东分配现金股利240万元，结果为3 067.2万元。

（7）商誉：168万元。

抵销分录如下：

借：股本                                              5 000 000

资本公积                                          5 400 000

盈余公积                                         17 284 000

未分配利润                                        8 556 000

商誉                                              1 680 000

贷：长期股权投资——对A公司投资                   30 672 000

少数股东权益                                   7 248 000    ⑧

2. 母公司投资收益及与之相关的利润分配的抵销

由于母公司在其单独财务报表中确认了投资收益，并进行了利润分配但合并财务报表是将母子公司作为一个财务报告主体看待的，因而投资收益需要抵销，与此相关的利润分配也需要抵销。但由于企业利润分配，特别是向股东支付利润涉及了期初未分配利润的分配问题，而且还涉及了少数股东损益及其利润分配的问题，更为重要的是少数股东权益作为另外的项目反应，所以需要全部抵销。

【例5 – 22】接〖例5 – 10〗及前述相关资料，要求将投资收益、少数股东损益及期初未分配利润与提取盈余公积、向股东分配利润及期末未分配利润进行抵销。

（1）甲公司投资收益：权益法计算的母公司对子公司的投资收益（500 + 42）× 80% = 433.6（万元）。

（2）少数股东损益：权益法计算的归属于少数股东的净损益（500 + 42）× 20% = 108.4（万元）。

（3）年初未分配利润：为上年末分配利润，为667.8万元。

（4）提取盈余公积：根据前述计算金额为（500 + 42）× 10% = 54.2（万元）。

（5）向股东分配利润：根据已知条件，金额为 300 万元。

（6）年末未分配利润：根据前述上例计算，金额为 855.6 万元。

| 借：投资收益 | 4 336 000 | |
| 少数股东损益 | 1 084 000 | |
| 期初未分配利润 | 6 678 000 | |
| 贷：提取盈余公积 | | 542 000 |
| 向股东分配利润 | | 3 000 000 |
| 期末未分配利润 | | 8 556 000 ⑨ |

3. 母公司应收股利与子公司应付股利抵销

仅仅涉及子公司宣告利润分配，但实际尚未支付股利而形成的债权债务关系。根据实际金额借记应付股利，贷记应收股利即可。

| 借：应付股利 | 2 400 000 | |
| 贷：应收股利 | | 2 400 000 ⑩ |

4. 编制合并财务报表

将上述合并财务报表的调整分录和抵销分录过入合并财务报表工作底稿（见表 5 - 10 和表 5 - 11），然后再根据财务报表工作底稿编制合并财务报表。

## 二、同一控制下的合并

与非同一控制下的合并相比，同一控制下企业并购涉及的财务报表合并问题相对较少一些，不需要调整并购日子公司净资产公允价值与账面价值之间的差额，并购之后的会计期间编制合并财务报表时也不涉及这一差额的分摊问题。但合并之后第二年子公司资产负债和所有者权益都会发生更多的变化，母公司长期股权投资与子公司所有者权益之间的对应关系也会变得更加复杂，而且母子公司之间还可能发生更多的内部交易，因而同样涉及投资收益的确认及长期股权投资的后续计量问题，有较多内容。本部分主要基于我国现行企业会计准则及相关会计实务进行分析，也暂不涉及母子公司之间的内部交易和账面价值与计税基础不一致产生的所得税影响。

### （一）报表项目的调整

同一控制下企业合并涉及的财务报表合并中，需要调整的主要是母公司对子公司的投资收益及长期股权投资，即将成本法核算的结果调整为权益法核算的结果。但不同报告期调整所涉及的报表项目不尽相同。

1. 上年度成本法转权益法对本年度母公司单独财务报表项目影响的调整

首先，在编制上年合并财务报表时，假设子公司当期没有进行利润分配，母公司按照权益法全额确认的母公司对子公司的投资收益，并相应增加了长期股权投资的价值，本期同样应当体现这一事项对本期财务报表项目的影响，但上期确认为投资收益的金额，本期应当计入本期期初未分配利润，即借记长期股权投资，贷记年初未分配利润。如果上年子公司发生亏损，则做相反会计分录。

**表 5 - 10**

并购次年末甲公司合并财务报表工作底稿（资产负债表部分）

20×8 年 12 月 31 日

单位：万元

| 项目 | 甲公司单独报表 借方 | 甲公司单独报表 贷方 | A 公司单独报表 借方 | A 公司单独报表 贷方 | 报表合计 借方 | 报表合计 贷方 | 调整分录 借方 | 调整分录 贷方 | 抵销分录 借方 | 抵销分录 贷方 | 少数股东权益 权益 | 合并结果 借方 | 合并结果 贷方 |
|---|---|---|---|---|---|---|---|---|---|---|---|---|---|
| 货币资金 | 320 | | 584 | | 904 | | | | | | | 904 | |
| 交易性金融资产 | 270 | | 460 | | 730 | | | | | | | 730 | |
| 应收票据 | 300 | | | | 300 | | | | | | | 300 | |
| 应收账款 | 1 800 | | 1 280 | | 3 080 | | | | | | | 3 080 | |
| 预付账款 | 208 | | 92.2 | | 300.2 | | | | | | | 300.2 | |
| 应收利息 | 85 | | | | 85 | | | | | | | 85 | |
| 应收股利 | 240 | | | | 240 | | | | | ⑩240 | | | |
| 存货 | 1 372.5 | | 850 | | 2 222.5 | | ②40③40 | ①100 | | | | 2 202.5 | |
| 债权投资 | 1 000 | | | | 1 000 | | | | | | | 1 000 | |
| 长期股权投资 | 2 448 | | | | 2 448 | | ④1 633.6 ⑥433.6 | ⑤960 ⑦240 | | ⑧3 067.2 | | 248 | |
| 固定资产 | 6 335.6 | | 1 676 | | 8 011.6 | | ①500 | ②50③50 | | | | 8 411.6 | |
| 无形资产 | | | 1 536 | | 1 536 | | ②60③60 | ①300 | | | | 1 356 | |
| 商誉 | | | | | | | | | ⑧168 | | | 168 | |
| 递延所得税资产 | 12.5 | | | | 12.5 | | | | | | | 12.5 | |
| 资产总计 | 14 391.6 | | 6 478.2 | | 20 869.8 | | 2 767.2 | 1 700 | 168 | 3 307.2 | | 18 797.8 | |
| 应付票据 | | 500 | | 300 | | 800 | | | | | | | 800 |
| 应付账款 | | 800 | | 600 | | 1 400 | | | | | | | 1 400 |
| 预收账款 | | | | 76 | | 76 | | | | | | | 76 |

续表

| 项目 | 甲公司单独报表 借方 | 甲公司单独报表 贷方 | A公司单独报表 借方 | A公司单独报表 贷方 | 报表合计 借方 | 报表合计 贷方 | 调整分录 借方 | 调整分录 贷方 | 抵销分录 借方 | 抵销分录 贷方 | 少数股东权益 权益 | 合并结果 借方 | 合并结果 贷方 |
|---|---|---|---|---|---|---|---|---|---|---|---|---|---|
| 应付利息 | | | | 99.2 | | 99.2 | | | | | | | 99.2 |
| 应付职工薪酬 | | 128 | | 76 | | 204 | | | | | | | 204 |
| 应交税费 | | 35.6 | | 16.2 | | 51.8 | | | | | | | 51.8 |
| 应付股利 | | | | 300 | | 300 | | | ⑩240 | | | | 60 |
| 长期借款 | | 1 100 | | | | 1 100 | | | | | | | 1 100 |
| 应付债券 | | | | 1 600 | | 1 600 | ①40 | ②⑧⑬8 | | | | | 1 576 |
| 递延所得税负债 | | | | 10.8 | | 10.8 | | | | | | | 10.8 |
| 股本 | | 2 000 | | 500 | | 2 500 | | | ⑧500 | | | | 2 000 |
| 资本公积 | | 6 000 | | 400 | | 6 400 | | ①140 | ⑧540 | | | | 6 000 |
| 盈余公积 | | 3 120 | | 1 720 | | 4 840 | | | ⑧①728.4 | | | | 3 111.6 |
| 未分配利润 | | 708 | | 780 | | 1 488 | 1 258 | 2 209.2 | 1 957 | 1 209.8 | 108.4 | | 1 583.6 |
| 少数股东权益 | | | | | | | | | | | ⑧724.8 | | 724.8 |
| 负债和所有者权益合计 | | 14 391.6 | | 6 478.2 | | 20 869.8 | | | | | | | 18 797.8 |

说明：资产负债表的未分配利润部分数据来源于利润表年末未分配利润项目。

表5-11　并购次年末甲公司合并财务报表工作底稿（利润及其分配部分）

20×8年12月31日

单位：万元

| 项目 | 甲公司单独报表 | | A公司单独报表 | | 报表合计 | | 调整分录 | | 抵销分录 | | 少数股东权益 | 合并结果 | |
|---|---|---|---|---|---|---|---|---|---|---|---|---|---|
| | 借方 | 贷方 | 借方 | 贷方 | 借方 | 贷方 | 借方 | 贷方 | 借方 | 贷方 | | 借方 | 贷方 |
| 利润表 | | | | | | | | | | | | | |
| 一、营业收入 | | 32 500 | | 16 500 | | 49 000 | | | | | | | 49 000 |
| 减：营业成本 | 26 300 | | 14 500 | | 40 800 | | | ③40 | | | | 40 760 | |
| 税金及附加 | 85 | | 25 | | 110 | | | | | | | 110 | |
| 销售费用 | 1 300 | | 636 | | 1 936 | | | ③60 | | | | 1 876 | |
| 管理费用 | 1 600 | | 510 | | 2 110 | | ③50 | | | | | 2 160 | |
| 财务费用 | 180 | | 165 | | 345 | | ③8 | | | | | 353 | |
| 资产减值损失 | 70 | | 50 | | 120 | | | | | | | 120 | |
| 加：其他收益 | | | | | | | | | | | | | |
| 投资收益 | | 850 | | | | 850 | ⑦240 | ⑥433.6 | ⑨433.6 | | | | 610 |
| 资产处置收益 | | 248 | | 36 | | 284 | | | | | | | 284 |
| 二、营业利润 | | 4 063 | | 650 | | 4 713 | 298 | 533.6 | 433.6 | | | | 4 515 |
| 加：营业外收入 | | | | | | | | | | | | | |
| 减：营业外支出 | | | | | | | | | | | | | |
| 三、利润总额 | | 4 063 | | 650 | | 4 713 | 298 | 533.6 | 433.6 | | | | 4 515 |
| 减：所得税费用 | 685 | | 150 | | 835 | | | | | | | 835 | |
| 四、净利润 | | 3 378 | | 500 | | 3 878 | 298 | 533.6 | 433.6 | | | | 3 680 |
| （一）按经营持续性分 | | | | | | | | | | | | | |
| 1.持续经营净利润 | | | | | | | | | | | | | |
| 2.终止经营净利润 | | | | | | | | | | | | | |

续表

| 项目 | 甲公司单独报表 借方 | 甲公司单独报表 贷方 | A公司单独报表 借方 | A公司单独报表 贷方 | 报表合计 借方 | 报表合计 贷方 | 调整分录 借方 | 调整分录 贷方 | 抵销分录 借方 | 抵销分录 贷方 | 少数股东权益 | 合并结果 借方 | 合并结果 贷方 |
|---|---|---|---|---|---|---|---|---|---|---|---|---|---|
| (二)按所有权归属分 | | | | | | | | | | | | | |
| 1. 归属于母公司股东 | | | | | | | | | | | | | |
| 2. 归属少数股东损益 | | | | | | | | | | | ⑨108.4 | | |
| 五、其他综合收益税后净额 | | | | | | | | | | | | | |
| 六、综合收益总额 | | 3 378 | | 500 | | 3 878 | 298 | 533.6 | 433.6 | | | | 3 680 |
| 股东权益变动表 | | | | | | | | | | | | | |
| 1. 归属于母公司股东 | | | | | | | | | | | | | |
| 2. 归属少数股东 | | | | | | | | | | | | | |
| 一、年初未分配利润 | | 150 | | 630 | | 780 | ⑤960 | ②42 ④1 633.6 | ⑨667.8 | | | | 827.8 |
| 二、本年增减变动金额 | | | | | | | | | | | | | |
| 其中：利润分配 | | | | | | | | | | | | | |
| 1. 提取盈余公积 | 320 | | 50 | | 370 | | | | | | | | 315.8 |
| 2. 对股东的利润分配 | 2 500 | | 300 | | 2 800 | | | | | | | | 2 500 |
| 三、年末未分配利润 | | 708 | | 780 | | 1 488 | 1 258 | 2 209.2 | ⑧855.6 / 1 957 | ⑨855.6 / 1 209.8 | 108.4 | | 1 583.6 |

说明：年末未分配利润＝1 488－1 258＋2 209.2－1 957＋1 209.8－108.4＝1 583.6（万元）或3 680＋827.8－315.8－2 500－108.4＝1 405.6（万元）。

【例5-23】接〖例5-12〗及其相关资料，假设D公司20×7年没有进行利润分配，要求基于20×7年度成本法转权益法对甲公司20×8年单独财务报表相关项目的影响进行调整。

由于甲公司在编制20×7年合并财务报表时，假设没有进行利润分配，调整了成本法转权益法对甲公司长期股权投资和投资收益的影响，增加了464万元的投资收益及464万元的长期股权投资。20×7年的这些调整对20×8年的影响集中体现在了甲公司期初未分配利润和长期股权投资项目上，即：

借：长期股权投资      4 640 000
    贷：期初未分配利润      4 640 000

其次，在编制上年合并财务报表时，假设子公司当期没有进行利润分配，母公司按照权益法全额确认的母公司对子公司的投资收益，但这一假设的目的是简化问题的分析，如果向股东进行了利润分配，此处就需要根据实际收到的股利情况相应调整，以前期间调整过的，本期仍然应当进行调整。涉及资产负债项目的，调整项目相同，涉及损益项目的，本期调整期初未分配利润。

在编制20×7年合并财务报表时，甲公司按照实际收到或应当收取的348万元投资收益，结合前述的假设，冲减了母公司20×7年的投资收益和长期股权投资。这一调整对20×8年的影响就是冲减了期初未分配利润和长期股权投资。即：

借：期初未分配利润      34 800 000
    贷：长期股权投资      3 480 000

2. 本年度成本法转权益法对本年度母公司单独财务报表项目影响的调整

本年度的调整与以前年度类似，但本年度的调整直接计入投资收益及相应的长期股权投资。首先，按照权益法全额确认母公司对子公司的投资收益及长期股权投资，根据母公司享有的子公司当期实现净利润，借记"长期股权投资"，贷记"投资收益"。如果子公司出现亏损，则作相反的会计分录。由于不存在并购日子公司净资产公允价值与账面价值之间的差额，因此不需要因此进行利润调整。

【例5-24】接〖例5-23〗及其相关资料，假设D公司20×8年实现净利润600万元，当年按照10%计提了盈余公积，向股东分配现金股利450万元。

首先，要按照权益法的要求全额确认投资收益，即：

借：长期股权投资      4 800 000
    贷：投资收益      4 800 000

其次，要记录成本法下已经收到或应当收取的投资收益：

借：投资收益      3 600 000
    贷：长期股权投资      3 600 000

**（二）报表项目的抵销**

1. 抵销母公司长期股权投资与子公司净资产的抵销

同一控制下财务报表合并中，母公司长期股权投资与子公司净资产之间的抵销比较简单，不存在子公司可辨认净资产公允价值与账面价值之间差额的分摊，也不产生新的商誉。根据子公司账面价值将股本、资本公积、盈余公积和未分配利润，与母公司长期股权投资账面价值和少数股东权益账面价值进行抵销即可。

【例5-25】接〖例5-13〗和〖例5-24〗及其他相关资料，要求计算并对20×8年末甲公司长期股权投资与D公司所有者权益进行抵销，写出有关抵销分录。

（1）D公司相关计算如下：

股本：2 000万元。

资本公积：300万元。

盈余公积：708+600×10%=768（万元）。

未分配利润：1 637+600×90%-450=1 727（万元）。

（2）甲公司相关计算如下：

长期股权投资：4 916+600×80%-450×80%=5 036（万元），或（2 000+3 000+768+1 727+15 000）×80%=5 036（万元）。

（3）少数股东权益有关计算：1 229+600×20%-450×20%=1 259（万元），或（2 000+3 000+768+1 727+15 000）×20%=1 259（万元）。

根据以上计算，有抵销分录：

| | | |
|---|---|---|
| 借：股本 | 20 000 000 | |
| 资本公积 | 3 000 000 | |
| 盈余公积 | 7 680 000 | |
| 未分配利润 | 17 270 000 | |
| 商誉 | 15 000 000 | |
| 贷：长期股权投资 | | 50 360 000 |
| 少数股东权益 | | 12 590 000 |

2. 抵销母公司投资收益及与之相关的利润分配

与非同一控制下的情况相同，这组项目的抵销同样比较抽象。由于母公司和子公司都单独进行了利润分配，而且母公司的利润中包含了来自子公司的投资收益，所以投资收益存在重复计算和分配的情况。另外，虽然少数股东享有的子公司净利润部分不存在重复分配的情况，但按照我国第33号企业会计准则（CAS No.33）的要求，少数股东权益需要另设项目反映，而且当期利润分配可能还涉及以往利润的情况，因而需要将所有关联的项目全部抵销。前已述及，要同时将母公司投资收益、少数股东享有的子公司当期净利润借记投资收益及期初未分配利润，与本期计提盈余公积、向股东进行的利润分配和期末未分配利润进行抵销。

【例5-26】接〖例5-25〗及其他相关资料，进行20×8年的相关计算，对甲公司20×8年的投资收益及与之相关的利润分配进行抵销，写出相应的抵销分录。

（1）分配对象的计算。

投资收益：甲公司来自D公司投资收益480万元。

少数股东损益：少数股东享有的D公司利润12万元。

期初未分配利润：1 637万元。

（2）分配去向的计算。

提取盈余公积：60万元。

向股东分配利润：450 万元。

期末未分配利润：1 637 +600 ×90% −450 =1 727（万元）。

根据以上计算，有抵销分录：

| 借：投资收益 | 4 800 000 |
| 少数股东损益 | 1 200 000 |
| 期初未分配利润 | 16 370 000 |
| 贷：提取盈余公积 | 600 000 |
| 向股东分配利润 | 4 500 000 |
| 期末未分配利润 | 17 270 000 |

3. 母公司应收股利与子公司应付股利

母公司应收股利与子公司应付股利抵销。这个较为简单，仅仅涉及子公司宣告利润分配，但实际尚未支付股利而形成的债权债务关系。根据实际金额借记应付股利，贷记应收股利即可。

【例 5 −27】接〖例 5 −24〗假设 D 公司仅仅宣告发放股利但尚未实际向投资者支付股利，则 D 公司有应付股利 360 万元，甲公司有应收股利 360 万元。

| 借：应付股利 | 3 600 000 |
| 贷：应收股利 | 3 600 000 |

**（三）编制合并财务报表**

将上述合并分录过入合并财务报表工作底稿即可据以编制合并财务报表，基本原理和方法与非同一控制下的控股合并涉及的合并财务报表编制相同。

# 第六章
# 集团内部交易及递延所得税

## 第一节　内部债权债务及坏账准备

### 一、内部债权债务概述

#### （一）内部债权债务概念

内部债权债务是企业集团内部母子公司之间以及不同子公司之间的各种债权债务，包括的内容比较多。对于一般的企业来说，内部债务包括应收票据与应付票据、应收账款与应付账款、应收利息与应付利息、应收股利与应付股利、其他应收款与其他应付款、预付账款与预收账款、合同资产与合同负债、长期应收款与长期应付款、债权投资（其他债权投资）与应付债券等。

#### （二）内部债权债务的分类

根据编制合并财务报表时需要抵销的内容和因此而产生的其他抵销内容，可以对内部债权债务进行不同的分类。

1. 按照是否带息的分类

（1）带利息的债权债务。所谓带息的债权债务，通常是具有投融资性质的债权债务。从财务的角度来看，任何到期值大于现值的债权债务都属于带息的债权债务，债权投资、其他债权投资和应付债券属于典型的带息的债权债务，带息的应收票据和应付票据也属于带息的债权债务。严格意义上说，带现金折扣的应收账款与应付账款也属于带息债权债务。

（2）不带利息的债权债务。所谓不带利息的债权债务，就是没有投融资性质的单纯的债权债务，从财务的角度来看，任何到期值等于现值的债权债务都属于不带息的债权债务。

2. 按照是否计提减值的分类

（1）与计提减值有关的债权债务。所谓与计提减值有关的债权债务，是指债权人计提了减值准备或坏账准备的债权债务。

（2）与计提减值无关的债权债务。所谓与计提减值无关的债权债务，是指债权人没有计提减值准备或坏账准备的债权债务。

理论上说，任何资产都存在减值的可能性，但会计实践中与计提减值准备或坏账准备有关的债权债务主要有应收账款、合同资产、债权投资、长期应收款、其他债权投资等。

### （三）内部债权债务抵销原理

站在母公司或子公司的角度来看，债权就是债权，债务就是债务，债权人、债务人均应当在各自的单独财务报表中按会计准则的要求分别进行确认，如果是带息的债权债务，还应当分别确认应收利息、应付利息。但站在企业集团的角度来看，内部债权债务仅是资金在会计主体内部的调动而已，不存在债权，也无所谓债务。

但由于母子公司单独财务报表均确认了债权或债务，而且合并财务报表是在单独财务报表的基础上编制的，因此在合并财务报表的编制中就应当对相关的债权与相应的债务进行抵销。

虽然集团内部债权债务内容较多，涉及面广，但抵销的原理基本相同。本部分以企业常见的应收账款和应付账款、债权投资和应付债券为例进行分析。

## 二、债权债务合并抵销的一般原理

### （一）不带息债权债务的抵销

所有不带息的内部债权债务抵销原理基本相同，也很简单。借记应付账款等债务项目，贷记应收账款等资产性项目即可。另外，由于一般不涉及收益，因此，每次编制合并财务报表的抵销也较为简单，直接按照账面价值进行抵销即可。

【例6-1】假设甲公司为A公司的母公司。20×8年12月31日甲公司单独财务报表显示的应收票据、应收账款、预付账款等项目中，以A公司为债务人的分别有248万元、600万元和65万元三项债务，A公司单独财务报表上体现在应付票据、应付账款、预收账款等相应项目中。根据合并财务报表合并的要求和上述资料，相关抵销分录如下：

| | | |
|---|---|---|
| 借：应付票据 | 2 480 000 | |
| 应付账款 | 6 000 000 | |
| 预收账款 | 650 000 | |
| 贷：应收票据 | | 2 480 000 |
| 应收账款 | | 6 000 000 |
| 预付账款 | | 650 000 ⑪ |

最后将上述抵销分录填入20×8年合并财务报表工作底稿（见表6-1），据以计算合并财务报表各相关项目的合并金额，编制正式合并财务报表。

### （二）带息债权债务的抵销

与不带息的债权债务相比，内部带息的债权债务的抵销相对复杂一些。如内部债权性投资形成的债权债务，以及内部资产租赁形成的债权债务，不同会计期间债权人与债务人各自在其单独财务报表上确认的项目和金额可能存在不一致的情况，还需要将差额与所对应的项目进行抵销。

【例6-2】甲公司20×8年1月1日支付880.235万元从其子公司A公司购入同日发行的债券。债券的面值1 000万元，票面利率为5%，期限为5年，每年1月初支付上一年度利息。根据测算，该债券的实际利率为8%。假设A公司融资目的是补充流动

表 6 - 1

**并购次年末甲公司合并财务报表工作底稿（资产负债表部分）**

20×8 年 12 月 31 日

单位：万元

| 项目 | 甲公司单独报表 借方 | 甲公司单独报表 贷方 | A公司单独报表 借方 | A公司单独报表 贷方 | 报表合计 借方 | 报表合计 贷方 | 调整分录 借方 | 调整分录 贷方 | 抵销分录 借方 | 抵销分录 贷方 | 少数股东权益 | 合并结果 借方 | 合并结果 贷方 |
|---|---|---|---|---|---|---|---|---|---|---|---|---|---|
| 货币资金 | 320 | | 584 | | 904 | | | | | | | 904 | |
| 交易性金融资产 | 270 | | 460 | | 730 | | | | | | | 730 | |
| 应收票据 | 300 | | | | 300 | | | | | ⑪248 | | 52 | |
| 应收账款 | 1 800 | | 1 280 | | 3 080 | | | | ⑬12 | ⑪600 | | 2 492 | |
| 预付账款 | 208 | | 92.2 | | 300.2 | | | | | ⑪65 | | 235.2 | |
| 应收利息 | 85 | | | | 85 | | | | | | | 35 | |
| 应收股利 | 240 | | | | 240 | | | | | ⑫240 | | | |
| 存货 | 1 372.5 | | 850 | | 2 222.5 | | ②40③40 | ①100 | ⑮15 | ⑫475 | | 2 142.5 | |
| 债权投资 | 1 000 | | | | 1 000 | | | | | ⑫900.654 | | 99.346 | |
| 长期投资 | 2 448 | | | | 2 448 | | ④1 633.6 ⑥433.6 | ⑤960 ⑦240 | | ⑧3 067.2 | | 248 | |
| 固定资产 | 6 335.6 | | 1 676 | | 8 011.6 | | ①500 | ②50③50 | ⑦0.9 | ⑯18 | | 8 394.5 | |
| 无形资产 | | | 1 536 | | 1 536 | | ②60③60 | ①300 | ⑪65 | ②200 | | 1 196 | |
| 商誉 | | | | | | | | | ⑧168 | | | 168 | |
| 递延所得税资产 | 12.5 | | | | 12.5 | | | | | ㉓6.25 | | 6.25 | |
| 资产总计 | 14 391.6 | | 6 478.2 | | 20 869.8 | | | | | | | 16 702.796 | |
| 应付票据 | | 500 | | 300 | | 800 | | | ⑪248 | | | | 552 |
| 应付账款 | | 800 | | 600 | | 1 400 | | | ⑪600 | | | | 800 |
| 预收账款 | | | | 76 | | 76 | | | ⑪65 | | | | 11 |

· 139 ·

续表

| 项目 | 甲公司单独报表 借方 | 甲公司单独报表 贷方 | A公司单独报表 借方 | A公司单独报表 贷方 | 报表合计 借方 | 报表合计 贷方 | 调整分录 借方 | 调整分录 贷方 | 抵销分录 借方 | 抵销分录 贷方 | 少数股东权益 | 合并结果 借方 | 合并结果 贷方 |
|---|---|---|---|---|---|---|---|---|---|---|---|---|---|
| 应付利息 | | | | 99.2 | | 99.2 | | | ①250 | | | | 49.2 |
| 应付职工薪酬 | | 128 | | 76 | | 204 | | | | | | | 204 |
| 应交税费 | | 35.6 | | 16.2 | | 51.8 | | | | | | | 51.8 |
| 应付股利 | | | | 300 | | 300 | | | ⑩240 | | | | 60 |
| 长期借款 | | 1 100 | | | | 1 100 | | | | | | | 1 100 |
| 应付债券 | | | | 1 600 | | 1 600 | ①40 | ②⑧38 | ⑫900.654 | | | | 675.346 |
| 递延所得税负债 | | | | 10.8 | | 10.8 | | | | | | | 10.8 |
| 股本 | | 2 000 | | 500 | | 2 500 | | | ⑧500 | | | | 2 000 |
| 资本公积 | | 6 000 | | 400 | | 6 400 | | ⑪140 | ⑧540 | | | | 6 000 |
| 盈余公积 | | 3 120 | | 1 720 | | 4 840 | | | ⑧1 728.4 | | | | 3 111.6 |
| 未分配利润 | | 708 | | 780 | | 1 488 | 1 258 | 2 209.2 | ⑧1 728.669 4 168.669 | 3 190.119 | 108.4 | | 1 352.25 |
| 少数股东权益 | | | | | | | | | | | ⑧724.8 | | 724.8 |
| 负债和所有者权益合计 | | 14 391.6 | | 6 478.2 | | 20 869.8 | | | | | | | 16 702.796 |

说明：(1) 资产负债表的未分配利润的部分数据来源于利润表年末未分配利润项目。(2) 本表在表 5 - 10 的基础上增加了反映集团内部交易及递延所得税的内容，是表 5 - 10 的延伸。

资金，甲公司作为购买债券为取得合同现金流量。

20×8 年 12 月 31 日合并财务报表时，由于 A 公司单独财务报表确认了债权投资 880.235 + (880.235 × 8% − 50) = 900.654 （万元），同时确认了 880.235 × 8% = 70.419 （万元）的投资收益和 50 万元的应收利息。假设双方实际利率相同，则 B 公司确认了 900.654 万元的应付债券，同时确认了 70.419 万元的财务费用和 50 万元的应付利息，需要同时抵销：

| | |
|---|---|
| 借：应付债券 | 9 006 540 |
| 　　应付利息 | 500 000 |
| 　　投资收益 | 704 190 |
| 　贷：债权投资 | 9 006 540 |
| 　　　应收利息 | 500 000 |
| 　　　财务费用 | 704 190　⑫ |

最后将上述抵销分录填入 20×8 年合并财务报表工作底稿（见表 6−1 和表 6−2），据以计算合并财务报表各相关项目的合并金额，编制正式合并财务报表。如果 A 公司融资的目的是购建固定资产，且还处于构建之中，则应当将财务费用项目替换为在建工程项目。

### 三、坏账准备的初次抵销

集团内部债权债务内容较多，构成复杂。母子公司均在单独财务报表层面，根据现行企业会计准则的要求和企业实际确认减值准备或坏账准备，但在合并财务报表层面，集团内部母子公司之间和子公司之间的债权债务是需要抵销的，因而相关的坏账准备也需要抵销。本部分仍然以应收账款为例进行分析，类似的债权债务可以此参照进行相关的抵销处理。

【例 6−3】接〖例 6−1〗假设甲公司坏账准备之前没有余额，20×8 年 12 月 31 日应收账款在单独财务报表有 600 万元为应收 A 公司的款项。坏账准备的计提比率为年末应收账款余额的 2%，本期确认的坏账准备中，有 12 万元是基于应收 A 公司款项计提的，其他公司应收账款没有计提坏账准备，则：

| | |
|---|---|
| 借：应收账款 | 120 000 |
| 　贷：信用减值损失 | 120 000　⑬ |

最后将上述抵销分录填入 20×8 年合并财务报表工作底稿（见表 6−1 和表 6−2），据以计算合并财务报表各相关项目的合并金额，编制正式合并财务报表。

### 四、坏账准备的后续抵销

虽然已经对坏账准备进行了抵销，但上期的抵销在本期仍然需要抵销，因为合并财务报表是基于单独财务报表编制而不是基于上期合并财务报表编制的，要确保合并财务报表的纵向可比性，就必须对上期抵销的结果对本期的影响进行抵销或调整。除此之外，如果本期坏账准备有变动的，本期还要进行相应的抵销。通常情况下可将其

表6-2

## 并购次年末甲公司合并财务报表工作底稿（利润及其分配部分）

20×8年12月31日

单位：万元

| 项目 | 甲公司单独报表 借方 | 甲公司单独报表 贷方 | A公司单独报表 借方 | A公司单独报表 贷方 | 报表合计 借方 | 报表合计 贷方 | 调整分录 借方 | 调整分录 贷方 | 抵销分录 借方 | 抵销分录 贷方 | 少数股东权益 | 合并结果 借方 | 合并结果 贷方 |
|---|---|---|---|---|---|---|---|---|---|---|---|---|---|
| 利润表 | | | | | | | | | | | | | |
| 一、营业收入 | | 32 500 | | 16 500 | | 49 000 | | | ⑭1 875 | | | | 47 125 |
| 减：营业成本 | 26 300 | | 14 500 | | 40 800 | | | ③40 | | ⑭1 800 ⑳1.05 | | 38 958.95 | |
| 税金及附加 | 85 | | 25 | | 110 | | | | | | | 110 | |
| 销售费用 | 1 300 | | 636 | | 1 936 | | | ③60 | | | | 1 876 | |
| 管理费用 | 1 600 | | 510 | | 2 110 | | ③50 | | | ⑰0.9 ㉒40 | | 2 119.1 | |
| 财务费用 | 180 | | 165 | | 345 | | ③8 | | | ⑫70.419 | | 282.581 | |
| 资产减值损失 | 70 | | 50 | | 120 | | | | | ⑮15 ⑬12 | | 93 | |
| 加：其他收益 | | | | | | | | | | | | | |
| 投资收益 | | 850 | | | | 850 | | ⑥433.6 | ⑨433.6 ⑫70.419 | | | | 539.581 |
| 资产处置收益 | | 248 | | 36 | | 284 | | | ⑯18 ⑲19.95 ⑳1.05 ㉑200 | ⑱321 | | | 66 |
| 二、营业利润 | | 4 063 | | 650 | | 4 713 | 298 | 533.6 | 2 618.019 | 1 960.369 | | | 4 290.95 |
| 加：营业外收入 | | | | | | | | | | | | | |
| 减：营业外支出 | | | | | | | | | | | | | |
| 三、利润总额 | | 4 063 | | 650 | | 4 713 | 298 | 533.6 | 2 618.019 | 1 960.369 | | | 4 290.95 |
| 减：所得税费用 | 685 | | 150 | | 835 | | | | ㉓6.25 | | | | |

续表

| 项目 | 甲公司单独报表 | | A公司单独报表 | | 报表合计 | | 调整分录 | | 抵销分录 | | 少数股东权益 | 合并结果 | |
|---|---|---|---|---|---|---|---|---|---|---|---|---|---|
| | 借方 | 贷方 | 借方 | 贷方 | 借方 | 贷方 | 借方 | 贷方 | 借方 | 贷方 | 权益 | 借方 | 贷方 |
| 四、净利润 | | 3 378 | | 500 | | 3 878 | 298 | 533.6 | 2 624.269 | 1 960.369 | | | 3 449.7 |
| (一) 按经营持续性分 | | | | | | | | | | | | | |
| 1. 持续经营净利润 | | | | | | | | | | | | | |
| 2. 终止经营净利润 | | | | | | | | | | | | | |
| (二) 按所有权归属分 | | | | | | | | | | | | | |
| 1. 归属于母公司股东 | | | | | | | | | | | | | |
| 2. 归属少数股东损益 | | | | | | | | | | | ⑨108.4 | | |
| 五、其他综合收益税后净额 | | | | | | | | | | | | | |
| 六、综合收益总额 | | 3 378 | | 500 | | 3 878 | 298 | 533.6 | 2 624.269 | 1 960.369 | | | 3 449.7 |
| 1. 归属于母公司股东 | | | | | | | | | | | | | |
| 2. 归属少数股东 | | | | | | | | | | | | | |
| 股东权益变动表 | | | | | | | | | | | | | |
| 一、年初未分配利润 | | 150 | | 630 | | 780 | ⑤960 | ②42 ④1 633.6 | ⑨667.8 ⑬21 | ⑪19.95 | | | 826.75 |
| 二、本年增减变动金额 | | | | | | | | | | | | | |
| 其中：利润分配 | | | | | | | | | | | | | |
| 1. 提取盈余公积 | 320 | | 50 | | 370 | | | | ⑧855.6 | ⑨54.2 | | | 315.8 |
| 2. 对股东的利润分配 | 2 500 | | 300 | | 2 800 | | | | | ⑨300 | | | 2 500 |
| 三、年末未分配利润 | | 708 | | 780 | | 1 488 | 1 258 | 2 209.2 | ⑧855.6 4 168.669 | ⑨855.6 3 190.119 | 108.4 | | 1 352.25 |

说明：(1) 年末未分配利润 = 1 488 - 1 258 + 2 209.2 - 4 168.669 + 3 190.119 - 108.4 = 1 352.25（万元）。或 = 3 449.7 + 826.75 - 315.8 - 2 500 - 108.4 = 1 352.25（万元）。(2) 本表在表 5-11 的基础上增加上增加了反映集团内部交易及所得税跨期分摊的内容，是表 5-11 的延伸。

同应收账款与应付账款的抵销一同进行，但前面已分析了应收账款与应付账款的抵销问题，不涉及损益的抵销相对比较简单。此处仅就坏账准备的后续抵销问题进行分析。

**（一）坏账准备余额本期不变**

如果基于内部应收账款所提坏账准备的本期末余额与上期末余额相同，抵销的内容和方法就较为简单。将上期抵销结果对本期的影响平移到本期即可。但对上期损益的影响，应当调整为对本期的期初未分配利润的影响，借记应收账款项目，贷记期初未分配利润即可。

【例6-4】接〖例6-3〗如果20×9年12月31日甲公司应收A公司的应收账款余额、坏账准备的计提方法和标准不变，根据公司预先确定的坏账准备计提方法及比率，本期不需要计提坏账准备，则：

借：应收账款              120 000

  贷：期初未分配利润           120 000

最后将上述抵销分录填入20×9年合并财务报表工作底稿（见表6-3），据以计算合并财务报表各相关项目的合并金额，据以编制正式合并财务报表。

**表6-3**        **甲公司财务报表合并工作底稿（局部）**

（20×9年12月31日）          单位：万元

| 项目 | 甲公司单独报表 | A公司单独报表 | 报表合计 | 调整分录 | | 抵销分录 | | 合并结果 |
|---|---|---|---|---|---|---|---|---|
| | | | | 借方 | 贷方 | 借方 | 贷方 | |
| …… | | | | | | | | |
| 应收账款 | 2 100 | 1 310 | 3 410 | | | 12 | | 3 422 |
| …… | | | | | | | | |
| 期初未分配利润 | 708 | 766 | 1 474 | | | | 12 | 1 486 |
| …… | | | | | | | | |

说明：表中甲公司与A公司20×9年度相关项目部分数据为假设数据。

**（二）坏账准备余额本期上升**

如果基于内部应收账款所提坏账准备的余额本期增加，不仅要将上期抵销的结果对本期的影响进行处理，借记应收账款，贷记期初未分配利润，还要就本期增加的坏账准备及其影响进行抵销。

【例6-5】接〖例6-3〗假设20×9年12月31日由于甲公司应收A公司的应收账款余额上升为800万元，坏账准备的计提方法和标准不变，甲公司应当基于应收A公司的应收账款累计计提坏账准备16万元，由于期初有结余12万元，本期应当计提坏账准备4万元。因而在合并财务报表中还需要抵销4万元。即首先需要抵销上期计提坏账准备对本期的影响，即：

借：应收账款              120 000

  贷：期初未分配利润           120 000 ⓐ

其次需要抵销本期多计提的坏账准备，即：

借：应收账款 40 000

　　贷：资产减值损失 40 000 ⓑ

最后将上述抵销分录填入20×9年合并财务报表工作底稿（见表6-4），据以计算合并财务报表各相关项目的合并金额，编制正式合并财务报表。

表6-4　　　　　　　　　　甲公司财务报表合并工作底稿（局部）

（20×9年12月31日）　　　　　　　　　　单位：万元

| 项目 | 甲公司单独报表 | A公司单独报表 | 报表合计 | 调整分录 | | 抵销分录 | | 合并结果 |
|---|---|---|---|---|---|---|---|---|
| | | | | 借方 | 贷方 | 借方 | 贷方 | |
| …… | | | | | | | | |
| 应收账款 | 2 100 | 1 310 | 3 410 | | | ⓐ4ⓑ12 | | 3 426 |
| …… | | | | | | | | |
| 资产减值损失 | 65 | 32 | 97 | | | ⓐ4 | | 93 |
| …… | | | | | | | | |
| 期初未分配利润 | 708 | 780 | 1 488 | | | | ⓑ12 | 1 500 |
| …… | | | | | | | | |

说明：表中甲公司与A公司20×9年度相关项目部分数据为假设数据。

### （三）坏账准备余额本期下降

如果基于内部应收账款所提坏账准备的余额本期下降，首先要将上期抵销的结果对本期的影响进行处理，借记应收账款，贷记期初未分配利润，其次还要就本期减少的坏账准备及其影响进行抵销。

【例6-6】接〖例6-3〗假设20×9年12月31日由于甲公司应收A公司的应收账款余额下降为500万元，坏账准备的计提方法和标准不变，甲公司应当基于应收A公司的应收账款累计计提坏账准备10万元，由于期初有结余12万元，本期应当冲减坏账准备2万元。因而在合并财务报表中还需要抵销4万元。即首先需要抵销上期计提坏账准备对本期的影响，即：

借：应收账款 120 000

　　贷：期初未分配利润 120 000 ⓐ

其次需要抵销本期冲减的坏账准备，即：

借：资产减值损失 20 000

　　贷：应收账款 20 000 ⓑ

最后将上述抵销分录填入20×9年合并财务报表工作底稿（见表6-5），据以计算合并财务报表各相关项目的合并金额，编制正式合并财务报表。

**表6-5**　　　　　　　　　**甲公司财务报表合并工作底稿（局部）**

**（20×9年12月31日）**　　　　　　　　　　　　　　　单位：万元

| 项目 | 甲公司单独报表 | A公司单独报表 | 报表合计 | 调整分录 | | 抵销分录 | | 合并结果 |
|---|---|---|---|---|---|---|---|---|
| | | | | 借方 | 贷方 | 借方 | 贷方 | |
| …… | | | | | | | | |
| 应收账款 | 2 100 | 1 310 | 3 410 | | | | ⓐ12ⓑ2 | 4 324 |
| …… | | | | | | | | |
| 资产减值损失 | 65 | 32 | 97 | | | | ⓑ2 | 95 |
| …… | | | | | | | | |
| 期初未分配利润 | 708 | 780 | 1 488 | | | | ⓐ12 | 1 500 |
| …… | | | | | | | | |

说明：表中甲公司与A公司20×9年度相关项目部分数据为假设数据。

# 第二节　内部存货交易及存货跌价准备

## 一、内部存货交易抵销概述

### （一）内部存货交易的概念

内部存货交易是指企业集团内部母子公司之间以及不同子公司之间的商品交易活动，涉及的范围较为广泛，交易的方式也较多，通常情况下是指母子公司之间以及不同子公司基于公允价值的商品买卖活动，否则，应当按照关联交易的处理要求先进行处理。在本部分内部存货交易抵销的处理中，销售方销售的是存货，按照商品销售进行会计处理，购买方购买的则是商品，购入的目的是销售，按照商品采购进行会计核算。另外，虽然销售方内部销售的存货来源比较多，但本部分主要介绍外购存货的内部销售。

### （二）内部存货交易的类型

**1. 按照存货对外销售情况的分类**

（1）全部外销的内部交易。所谓全部外销的内部交易，是指内部交易的存货已经全部向集团外部第三方销售，期末没有存货。

（2）全部留存的内部交易。所谓全部留存的内部交易，是指内部交易的存货都没有向集团外部第三方销售，全部形成购买方的期末存货。

（3）部分外销的内部交易。所谓部分外销的内部交易，是指内部交易的存货部分向集团外部第三方销售，部分形成购买方的期末存货。

**2. 按照存货流向的分类**

（1）顺流交易。顺流交易是母公司向子公司销售存货的交易。在顺流交易中，母公司单独财务报表确认内部存货交易的全部利润，而且归母公司股东享有，与子公司股东无关。但若子公司尚未向集团外部销售相关存货，那么母公司单独财务报表中确认的利润需要抵销。

（2）逆流交易。逆流交易是子公司向母公司销售存货的交易。在逆流交易中，子公司确认内部存货交易的全部利润，母公司按照控股比例享有其中的部分利润，剩余部分归子公司少数股东享有。但若母公司尚未向集团外部销售相关存货，那么子公司单独财务报表中确认的利润需要抵销。

### （三）内部存货交易抵销原理

#### 1. 母子公司之间存货交易的抵销

在集团内部存货交易中，不管是母公司向子公司销售，还是子公司向母公司销售，就企业集团来说均可以看作是存货在集团内部空间移动。在编制合并财务报表时，需要将母子公司构成的企业集团看作一个会计主体，从合并财务报表的层面来看，这种交易是不存在的。但由于合并财务报表是在母子公司单独财务报表的基础上编制的，而且母子公司单独财务报表又各自确认了商品销售及商品采购，所以在编制合并财务报表时，应当将其予以全部抵销。

#### 2. 母公司与联营企业和合营企业之间存货交易的调整

虽然联营企业和合营企业不纳入财务报表的合并范围，与财务报表合并无关，但由于投资方对联营企业和合营企业的长期股权投资按规定采用权益法进行核算，并分顺流交易和逆流交易，在投资方单独财务报表层面，就投资方与联营企业和合营企业之间存货交易未实现的利润做了抵销，母公司在编制合并财务报表时，需要对之前抵销的内容进行调整，因而也涉及母公司与联营企业和合营企业存货交易的调整问题。而且财务报表合并范围内的子公司与其联营企业和合营企业之间的同类交易形成的影响，也应当按照相同的办法进行处理。

需要注意的是，长期股权投资核算中抵销投资方与联营企业和合营企业存货交易之间存货交易中未实现的利润，目的是为投资方单独财务报表的使用人提供会计信息，与合并财务报表无关。如果投资方既不能控制被投资方，也不拥有子公司，就不存在编制合并财务报表的问题。但若投资方拥有子公司，就要编制合并财务报表，为合并财务报表的使用人提供会计信息。虽然联营企业和合营企业不在财务报表的合并范围，但如果在编制合并财务报表之前投资方与这些企业之间的存货交易存在未实现损益，并在长期股权投资核算时进行了调整，那么在编制合并财务报表时就要对这些调整进行恢复处理。

## 二、内部存货交易的初次抵销

### （一）存货全部外销的内部交易

对于集团内购入的存货全部对外销售的内部交易，销售方单独财务报表按照销售给集团内购买方的售价确认了营业收入，并按集团外部购入成本结转了营业成本；购买方单独财务报表按照销售给集团外第三方的销售价格确认了营业收入，并按照从集团内销售方的购入存货成本，即销售方的销售价格结转了营业成本。从合并财务报表的角度来看，实际上只需按照销售给集团外第三方的销售价格确认营业收入，并按集团外部购入成本结转了营业成本即可，其他项目均需抵销。

【例6-7】假设甲公司为A公司的母公司，20×8年母公司单独财务报表确认了营业收入12 000万元，营业成本9 600万元，其中有1 875万元为向A公司销售商品取得的销售收入，该部分商品成本1 800万元；A公司在单独财务报表中确认了8 000万元的营业收入，营业成本6 000万元，其中2 500万元为销售从母公司购入的商品获得的销售收入，则相关的抵销分录如下：

借：营业收入            18 750 000

 贷：营业成本          18 750 000

最后将上述抵销分录填入20×8年合并财务报表工作底稿（见表6-6），据以计算合并财务报表各相关项目的合并金额，据以编制正式合并财务报表。

表6-6        甲公司合并财务报表工作底稿（局部）

（20×8年12月31日）       单位：万元

| 项目 | 甲公司单独报表 | A公司单独报表 | 报表合计 | 调整分录 | | 抵销分录 | | 合并结果 |
|---|---|---|---|---|---|---|---|---|
| | | | | 借方 | 贷方 | 借方 | 贷方 | |
| …… | | | | | | | | |
| 营业收入 | 32 500 | 16 500 | 49 000 | | | 1 875 | | 47 125 |
| 营业成本 | 26 300 | 14 500 | 40 800 | | | | 1 875 | 38 925 |
| …… | | | | | | | | |

说明：表中甲公司与A公司20×9年度相关项目部分数据为假设数据。

### （二）存货全部留存的内部交易

对于集团内购入存货全部没有对外销售的内部交易，商品均形成期末存货。销售方单独财务报表按照集团内部的销售价格确认了营业收入，并按集团外部的购入价格结转了营业成本；购买方单独财务报表按照集团内部的购入成本确认了存货成本。集团内部的销售价格与集团内部的购入成本相等，从合并财务报表的角度来看，实际上就是从集团外购入了存货，期末存货的成本应当仅是集团内部销售方从集团外部购入存货的成本，集团内部销售价格高于集团外部购入成本的部分需要抵销。

【例6-8】接〖例6-7〗假设A公司于20×8年以1 875万元从甲公司购入的存货本期均没有实现销售，A公司子公司单独财务报表期末存货分别为2 000万元和800万元；母子公司的毛利率分别为20%和25%。子公司从母公司购入的商品本期都没有销售出去，全部形成存货，资料数据不变，则：

借：营业收入            1 875

 贷：营业成本          1 500

   存货           375

最后将上述抵销分录填入20×8年合并财务报表工作底稿（见表6-7），据以计算合并财务报表各相关项目的合并金额，据以编制正式合并财务报表。

表6-7　　　　　　　　　　甲公司财务报表合并工作底稿（局部）

（20×8年12月31日）　　　　　　　　　　　　　　　单位：万元

| 项目 | 甲公司单独报表 | A公司单独报表 | 报表合计 | 调整分录 | | 抵销分录 | | 合并结果 |
|---|---|---|---|---|---|---|---|---|
| | | | | 借方 | 贷方 | 借方 | 贷方 | |
| …… | | | | | | | | |
| 存货 | 1 472.5 | 850 | 2 322.5 | | | | 375 | 1 947.5 |
| …… | | | | | | | | |
| 营业收入 | 32 500 | 16 500 | 49 000 | | | 1 875 | | 47 125 |
| 营业成本 | 26 300 | 14 500 | 40 800 | | | | 1 500 | 39 300 |
| …… | | | | | | | | |

说明：表中甲公司与A公司20×9年度相关项目部分数据为假设数据。

### （三）存货部分外销的内部交易

对于存货部分外销的内部交易，集团内部购入的商品只销售了一部分，仍然有一部分形成期末存货。销售方单独财务报表按照销售给集团内购买方的售价确认了营业收入，并按集团外部购入成本结转了营业成本；购买方单独财务报表按照实际销售部分，根据销售给集团外第三方的价格确认了营业收入，并按照从集团内购入的价格，根据已销售部分结转了营业成本，其余部分则确认为存货。从合并财务报表的角度来看，只需按照销售给集团外第三方销售价格确认营业收入，并按集团外部购入成本结转营业成本，其余部分按照集团外部购入价格确认为存货即可，其他项目均须抵销。

【例6-9】接〖例6-8〗及其他相关资料，假设A公司于20×8年从甲公司购入的商品本期向集团外部销售了80%，其余部分形成A公司的存货。本题可以分为两个部分进行分析，第一部分80%为全部外销，第二部分20%为全部留存。

全部外销部分：甲公司集团外购成本为1 500×80%=1 200（万元），甲公司集团内销收入为1 875×80%=1 500（万元），或1 200/（1-20%）=1 500（万元）；子公司内部购入成本为1 500万元，集团外销收入为1 500/（1-25%）=2 000（万元）。从合并财务报表的层面来看，就是1 200万元集团外购商品，销售后取得集团外销售收入2 000万元。其余重复计算需要抵销，即：

借：营业收入　　　　　　　　　　　　　　　　　　　　　15 000 000

　　贷：营业成本　　　　　　　　　　　　　　　　　　　　　　15 000 000

全部留存部分：母公司集团外购成本为1 500×20%=300（万元），母公司集团内销收入为1 875×20%=375（万元），或300/（1-20%）=375（万元）；子公司内部购入成本为375万元，全部确认为存货。从合并财务报表的层面来看，就是从集团外购入了300万元的存货。其余重复计算需要抵销：

借：营业收入　　　　　　　　　　　　　　　　　　　　　3 750 000

　　贷：营业成本　　　　　　　　　　　　　　　　　　　　　　3 000 000

　　　　存货　　　　　　　　　　　　　　　　　　　　　　　　750 000

也可以将上述两个会计分录合并：

借：营业收入               18 750 000

  贷：营业成本            18 000 000

    存货             750 000  ⑭

最后将上述抵销分录填入 20×8 年合并财务报表工作底稿（见表 6-1 和表 6-2），据以计算合并财务报表各相关项目的合并金额，编制正式合并财务报表。

## 三、内部存货交易的后续抵销

由于存货的购买和销售是一种反复发生的经济活动，所以后续编制合并财务报表时，需要将本期的内部存货交易、之后的内部存货交易，以及内部交易形成的期末存货联系起来考虑，情况较为复杂。

### （一）上期存货本期销售对本期影响的调整

上期抵销在本期仍然需要抵销，因为合并财务报表是基于单独财务报表编制而不是基于上期合并财务报表编制的，要确保合并财务报表的纵向可比性，就必须对上期抵销的结果对本期的影响进行抵销。抵销的内容主要是上期内部交易形成的存货及其所包含的未实现利润。由于存货流动情况较为复杂，在具体的会计处理中，可以简化为三个步骤，首先假设期初内部存货本期完全对外销售，只需要抵销期初内部存货中未实现利润对本期的影响即可；其次假设本期外部购货完全对外实现了销售，只需抵销内部销售收入和内部销售成本即可；最后如果本期末还有内部存货，再对以上基于假设进行的会计处理结果进行调整，冲减存货中未实现的利润，同时恢复多抵销的营业成本。

### （二）本期内部购入本期销售的抵销

对集团外销售从集团内购入的商品与初次编制合并财务报表的抵销相同。但当存在期末存货的情况下，难以区分本期销售的商品属于上期结存还是本期购入，因此会计实务中一般假设本期购入商品全部已经向集团外出售，借记"营业收入"，贷记"营业成本"。如果期末有存货，再进行调整。

【例 6-10】接〖例 6-9〗假设 20×9 年甲公司向 A 公司销售商品 2 000 万元，销售成本 1 600 万元，A 公司从甲公司购入的商品本期向集团外部销售共取得销售收入 2 400 万元，其余部分形成期末存货。甲公司和 A 公司当年单独财务报表期末存货分别为 2 100 万元和 900 万元，甲公司和 A 公司毛利率分别为 20% 和 25%。则 20×9 年的合并抵销为：

首先，假设上期内部交易形成的存货在本期销售，A 公司实际结转成本 375 万元，但从集团角度看应为 300 万元，因此应当冲减营业成本 75 万元，并冲减期初未分配利润：

借：期初未分配利润            750 000

  贷：营业成本            750 000  ⓐ

其次，假设 A 公司本期从甲公司内部购入的存货也在本期内全部对集团外销售，则：

借：营业收入             20 000 000

　　　　　贷：营业成本　　　　　　　　　　　　　　　　　　20 000 000　　ⓑ

　　由于内部交易形成的 A 公司可供销售存货包括期初存货 375 万元及本期购入的存货 2 000 万元，共计 2 375 万元，本期销售 1 800 万元，20×9 年 12 月 31 日还有存货 575 万元，说明内部交易形成的存货并未完全对外销售。上述抵销分录对存货的抵销金额超过了应该抵销的金额，应当对前述的抵销会计分录进行调整。虽然难以区分 A 公司期末内部交易存货的构成，但合并计算结果不会受到影响。调整金额为子公司集团内购入成本 575 万元存货中的未实现收益 575×20% = 115 万元，恢复多抵销的营业成本，同时减记存货的成本。即：

　　　　借：营业成本　　　　　　　　　　　　　　　　　　　1 150 000

　　　　　　贷：存货　　　　　　　　　　　　　　　　　　　　1 150 000　　ⓒ

　　最后，将上述抵销分录填入 20×9 年合并财务报表工作底稿（见表 6–8），据以计算合并财务报表各相关项目的合并金额，据以编制正式合并财务报表。

表 6–8　　　　　　　　甲公司财务报表合并工作底稿（局部）

（20×9 年 12 月 31 日）　　　　　　　　　　　单位：万元

| 项目 | 甲公司单独报表 | A 公司单独报表 | 报表合计 | 调整分录 | | 抵销分录 | | 合并结果 |
| --- | --- | --- | --- | --- | --- | --- | --- | --- |
| | | | | 借方 | 贷方 | 借方 | 贷方 | |
| …… | | | | | | | | |
| 存货 | 1 620 | 1 300 | 2 920 | | | | ⓒ115 | 2 805 |
| …… | | | | | | | | |
| 营业收入 | 32 900 | 16 700 | 49 600 | | | ⓑ2 000 | | 47 600 |
| 营业成本 | 26 400 | 14 550 | 40 950 | ⓒ115 | | | ⓐ75 ⓑ2 000 | 38 990 |
| …… | | | | | | | | |
| 期初未分配利润 | 708 | 780 | 1 474 | | | ⓐ75 | | 1 500 |
| …… | | | | | | | | |

　　说明：表中甲公司与 A 公司 20×9 年度相关项目数据为假设数据。

　　如果之后还需要进一步连续编制合并财务报表，按照以上相同的逻辑进行处理。首先，假设之前的内部购入形成的存货在本期完全对外销售，并就这一假设对本期的影响进行处理，借记"期初未分配利润"，贷记"营业成本"；其次，假设本期内部交易购入的存货本期完全对外销售，同样就这一假设对本期的影响进行处理，借记"营业收入"，贷记"营业成本"；最后，根据实际情况对基于前述两个假设进行处理的结果进行相应的调整处理。如果期末不存在内部交易形成的存货，说明前述的调整抵销金额大于应当抵销的金额，应当进行必要的恢复，借记"营业成本"，贷记"存货"。如果期末不存在内部交易形成的存货，说明假设与实际一致，不再需要进行任何会计处理。

### 四、存货跌价准备的抵销

#### （一）初次编制合并财务报表

在内部存货交易形成期末存货的情况下，存货购买方单独财务报表需要基于其购买成本计算并计提跌价准备。一方面确认资产减值损失，另一方面减记相关存货的账面价值。虽然存货的数量及其可变现净值不会因为视角的不同而发生变化，但从合并财务报表的视角来看，存货账面价值通常应该低于母子公司单独财务报表显示金额之和，因为单独财务报表显示的金额包括了集团内部销售方的利润。在存货可变现净值相同的情况下，单独财务报表计提的跌价准备可能比较高，超出的部分在编制合并财务报表时应当予以抵销，调整增加存货的账面价值金额，减少资产减值损失项目的金额。

【例 6-11】甲公司为 A 公司的母公司，20×8 年甲公司向 A 公司销售商品 250 万元，销售成本为 230 万元。20×8 年 12 月 31 日 A 公司从甲公司购入的商品均未实现销售。A 公司按存货类别计提存货跌价准备，并确定该批存货的可变现净值为 235 万元。假设存货跌价准备没有期初余额。

此例中，A 公司单独财务报表应该已经确认了 15 万元的存货跌价准备，但从合并财务报表的角度来看，由于可变现净值 235 万元，高于集团外购入成本 230 万元，不应当确认减值损失，因而合并财务报表层面不应当计提跌价准备，应多计提了 15 万元在合并财务报表层面应当抵销如下：

借：存货　　　　　　　　　　　　　　　　　　　　　　150 000
　　贷：资产减值损失　　　　　　　　　　　　　　　　　150 000　　⑮

最后，将上述抵销分录填入 20×8 年合并财务报表工作底稿（见表 6-1 和表 6-2），据以计算合并财务报表各相关项目的合并金额，编制正式合并财务报表。

但如果存货的可变现净值不仅低于内部购入的存货成本，也低于集团外部购入的存货成本，需要抵销的减值准备仅仅是低于内部购入存货成本的部分。

【例 6-12】接【例 6-11】如果 A 公司从甲公司购入的存货可变现净值为 225 万元，A 公司单独财务报表确认的存货跌价准备应该是 25 万元，但从合并财务报表的层面来看，应当确认的存货跌价准备为 5 万元，在合并财务报表层面应当对单独财务报表多计提的金额 20 万元予以抵销。

借：存货　　　　　　　　　　　　　　　　　　　　　　200 000
　　贷：资产减值损失　　　　　　　　　　　　　　　　　200 000

#### （二）连续编制合并财务报表

在以后年度连续编制合并财务报表的情况下，首先需要抵销上期合并财务报表计提的存货跌价准备对本期的影响，如果本期仍然没有销售，应当同样恢复存货的账面价值，同时增加期初未分配利润项目，如果上期存货本期已经销售，同时增加本期营业成本和期初未分配利润；其次还要抵销本期因为内部购进成本高于外部购进成本导致单独财务报表多计提的减值准备，调整增加存货项目金额，同时调减本期资产减值损失项目金额。需要注意的是，本期抵销的存货跌价准备金额应当基于集团内部购买方存货的账面价值来计算。

【例6－13】接〖例6－12〗A公司为甲公司的子公司，20×8年甲公司向A公司销售商品250万元，销售成本为230万元，形成A公司期末存货，A公司单独财务报表确认了25万元的存货跌价准备，甲公司编制合并财务报表时按规定抵销了20万元。20×9年A公司上年的该批存货已完全向集团外出售，同时又从甲子公司购入存货300万元，甲公司该批存货集团外的进价为210万元，其中80%当期实现了对外销售，其余20%形成期末存货，20×9年12月31日可变现净值为40万元。甲公司和A公司单独财务报表存货项目的金额分别是2 100万元和900万元。

在编制20×9年合并财务报表时，首先要抵销上期合并财务报表计提存货跌价准备对本期的影响。上期抵销了20万元，会计分录为：

借：存货                                             200 000

    贷：期初未分配利润                                   200 000  ⓐ

其次要抵销A公司单独财务报表多计提的跌价准备。A公司内部购进的期末存货为60万元，可变现价值为40万元，实际跌价20万元，但按集团外部购入的成本计算为42万元计算，也跌价2万元，这2万元是应该计提的金额，应当抵销的金额为18万元，即：

借：存货                                             180 000

    贷：资产减值损失                                     180 000  ⓑ

最后，将上述抵销分录填入20×9年合并财务报表工作底稿（见表6－9），据以计算合并财务报表各相关项目的合并金额，据以编制正式合并财务报表。

表6－9 财务报表合并工作底稿

（20×9年12月31日）                                     单位：万元

| 项目 | 甲公司单独报表 | A公司单独报表 | 报表合计 | 调整分录 | | 抵销分录 | | 合并结果 |
|---|---|---|---|---|---|---|---|---|
| | | | | 借方 | 贷方 | 借方 | 贷方 | |
| …… | | | | | | | | |
| 存货 | 1 620 | 1 300 | 2 920 | | | ⓐ20 ⓑ18 | | 2 958 |
| …… | | | | | | | | |
| 资产减值损失 | 65 | 32 | 97 | | | | ⓑ18 | 79 |
| …… | | | | | | | | |
| 期初未分配利润 | 708 | 780 | 1 488 | | | | ⓐ20 | 1 500 |
| …… | | | | | | | | |

说明：表中甲公司与A公司20×9年度相关项目数据为假设数据。

## 第三节　内部固定资产交易及折旧

### 一、内部固定资产交易抵销概述

内部固定资产交易是指母子公司之间和子公司相互之间的商品购销中，购买方将购入商品确认为固定资产的交易活动。内部固定资产交易与内部存货交易具有相似的特点，因为都是集团内部的商品买卖活动，销售方在单独财务报表上按集团内部销售价格确认了营业收入，同时按照其外部取得成本确认了营业成本；购买方在单独财务报表上按集团内部销售价格确认了固定资产。但从合并财务报表的角度来看，只是企业集团从外部取得了固定资产，或将自己生产的产品转为固定资产，需要抵销固定资产包含的未实现利润，同时抵减固定资产的账面价值。

但与存货内部交易抵销相比，内部固定资产交易抵销涉及的内容比较多，过程也更为复杂。首先，交易的资产来源更为广泛，不仅有集团外部购入的，可能也有企业自己生产的，最为重要的是还有可能是已经使用过的旧的固定资产；其次，购买方单独财务报表上确认的固定资产比合并财务报表层面确认的固定资产账面价值要高，差额部分将会对固定资产使用期内的累计折旧及相关的费用产生长期的影响；最后，内部购入的固定资产的具体用途可能不同，折旧费用的处理也不一样，有的影响当期损益，有的影响未来损益，有的可能同时影响当期损益或未来损益，因此需要计算的内容也较为复杂，抵销的内容也会存在差异。

内部交易的固定资产可能有不同的来源，内部购买方获得的固定资产也可能存在不同的用途，合并财务报表中需要抵销的内容也会因此存在差异，更为重要的是还可能存在较多的组合。本部分介绍了自用固定资产销售、外购或自产商品销售，但购买方购入后都将其作为固定资产使用，而且折旧费用均体现为当期损益的情形。

### 二、内部固定资产交易的当期抵销

#### （一）销售使用过的固定资产

在销售方单独财务报表层面，出售已经使用过的旧设备的会计处理内容较多，涉及了固定资产清理、累计折旧、固定资产减值准备及资产处置损益等较多的项目，需要进行详细分析。在合并财务报表过程中，如果销售价格高于账面价值与处置费用之和，借记"资产处置收益"，贷记"固定资产"，反之，则借记"固定资产"，贷记"总产出值收益"。因为从单独财务报表来看，借贷方发生额相等，没有余额，从合并财务报表的角度来看这些业务就没有发生。影响的结果体现为是否存在资产处置损益，以及固定资产账面价值在当期是否发生了变化。

【例6-14】甲公司为A公司的母公司，甲公司于20×8年9月28日将一台账面原价152万元，净值为133万元的机器，以151万元的价格卖给A公司，A公司将其交管理部门使用。该设备按直线法计提折旧，剩余5年使用年限，预计净残值为2万元。

20×8年9月28日甲公司按照固定资产清理的流程对固定资产进行了清理，取得了资产处置收益 18 万元，减少固定资产价值 133 万元；A 公司得到了原价为 151 万元的固定资产，增加固定资产 151 万元。须抵销内部销售固定资产未实现的资产处置收益 18 万元：

借：资产处置收益                                              180 000
　　贷：固定资产                                              180 000　⑯

20×8 年 12 月 31 日 A 公司个别财务报层面表 20×8 年 3 个月计提固定资产折旧 7.45 万元，但合并财务报表层面 20×8 年 3 个月计提固定资产折旧 6.55 万元，单独财务报表多计提的折旧 0.9 万元。即抵销因 A 公司多计固定资产成本 18 万元而多计提的 3 个月折旧：

借：固定资产                                                    9 000
　　贷：管理费用                                                9 000　⑰

经过上述抵销以后，该项固定资产账面价值不变，每年计提折旧的金额及相关项目的金额也保持不变，视同该项固定资产一直在使用。最后，将上述抵销分录填入 20×8 年合并财务报表工作底稿（见表 6-1 和表 6-2），据以计算合并财务报表各相关项目的合并金额，编制正式合并财务报表。

### （二）销售外购或自产设备

集团内部母子公司之间或子公司相互之间销售外购商品或自制产品，销售方按照集团内部销售价格确认了营业收入，并按照集团外部购入的价格或自制的生产成本确认了营业成本。购买方基于集团内部的购买价，也就是集团内部销售方的内部销售价格确认了固定资产。但从企业集团的角度来看，实际就是从集团外部购入了固定资产或领用了企业自己生产的产品，购买方应当按照固定资产的集团进价或自制生产成本进行初始计量。从企业集团的角度来看，相当于同时多记了营业收入、营业成本和固定资产的初始计量金额，编制合并财务报表时应当将其抵销。

抵销内部固定资产交易时，需按照内部销售价格借记"营业收入"，按照外购成本或生产成本贷记营业成本，按照二者之间的差额贷记固定资产。抵销折旧时按照多计提的折旧额，借记"固定资产"，根据固定资产的用途及其具体情况贷记"管理费用""销售费用""营业成本""存货"等项目。

【例 6-15】甲公司为 A 公司的母公司，20×8 年 6 月 28 日甲公司将生产成本为 100 万元的自产设备以 121 万元的价格销售给 A 公司用于产品生产。该项固定资产使用期 10 年，按直线法计提折旧，预计净残值为 1 万元。用该设备生产的产品已销完，固定资产没有发生减值，不考虑有关税费。

首先，20×8 年 6 月 28 日抵销甲公司内部销售未实现利润 21 万元，营业收入 121 万元，营业成本 100 万元，即：

借：营业收入                                                1 210 000
　　贷：营业成本                                            1 000 000
　　　　固定资产                                              210 000　ⓐ

其次，由于 A 公司单独财务报表比合并财务报表多确认了固定资产 21 万元，影响每年折旧额 2.1 万元。因此 20×8 年应当抵销 6 个月折旧 1.05 万元，减少营业成本，并同时增加固定资产账面价值 1.05 万元，即：

　　借：固定资产　　　　　　　　　　　　　　　　　　　　　　　10 500

　　　　贷：营业成本　　　　　　　　　　　　　　　　　　　　　10 500　　ⓑ

　　最后，将上述抵销分录填入 20×8 年合并财务报表工作底稿（见表 6-10），据以计算合并财务报表各相关项目的合并金额，编制正式合并财务报表。

**表 6-10**　　　　　　　　**甲公司财务报表合并工作底稿（局部）**

（20×8 年 12 月 31 日）　　　　　　　　　　　　　单位：万元

| 项目 | 甲公司单独报表 | A公司单独报表 | 报表合计 | 调整分录 | | 抵销分录 | | 合并结果 |
|---|---|---|---|---|---|---|---|---|
| | | | | 借方 | 贷方 | 借方 | 贷方 | |
| …… | | | | | | | | |
| 固定资产 | 6 300 | 1 676 | 7 976 | | | ⓑ1.05 | ⓐ21 | 7 956.05 |
| …… | | | | | | | | |
| 营业收入 | 32 500 | 16 500 | 49 000 | | | ⓐ121 | | 48 879 |
| 营业成本 | 26 300 | 14 500 | 40 800 | | | ⓐ100 ⓑ1.05 | | 40 698.95 |
| …… | | | | | | | | |

### 三、内部固定资产交易的后期抵销

　　如果原有母子公司关系依然存在，在内部固定资产交易发生以后的会计期间，仍然需要于每个会计期末编制合并财务报表。每期编制合并财务报表时，首先应当将前期的抵销结果对本期的影响进行处理。将对固定资产价值的影响"平移"至本期，按照抵销时调整的固定资产价值调整本期固定资产账面价值；将对损益金额的影响，调整本期期初未分配利润，借记"期初未分配利润"，贷记"固定资产"。

　　【例 6-16】接〔例 6-15〕假设 20×9 年需要继续编制合并财务报表。首先，需要将交易发生时的影响对本期进一步进行处理，即对 20×8 年合并财务报表中已经抵销的内部固定资产交易进行再次抵销，以确保合并财务报表的可比性。

　　由于 20×8 年抵销了营业收入 121 万元，营业成本 100 万元以及固定资产 21 万元，这一抵销相当于减少了 20×9 年的期初未分配利润 21 万元，同时减少了固定资产 21 万元。因为 20×8 年抵销的 121 万元营业收入和 100 万元营业成本，相当于抵销了 20×8 年的损益或期末未分配利润 21 万元，编制 20×9 年合并财务报表时应抵销期初未分配利润 21 万元，固定资产价值 21 万元。即：

　　借：期初未分配利润　　　　　　　　　　　　　　　　　　　210 000

　　　　贷：固定资产　　　　　　　　　　　　　　　　　　　　210 000　　ⓐ

　　因为上期纳入合并的固定资产项目金额在甲公司单独财务报表层面扣减了 21 万元，营业收入扣减了 121 万元，营业成本扣减了 100 万元，合计扣减了 18 万元，并以此为基础编制了上期合并财务报表。在编制本期合并财务报表的同时，也要对此进行调整，但上期对损益的影响已经体现为对本期期初未分配利润的影响。同理，还需要对上期折旧的影响对本期的进一步影响进行处理：

借：固定资产　　　　　　　　　　　　　　　　　　　　　10 500

　　贷：期初未分配利润　　　　　　　　　　　　　　　10 500　ⓑ

其次，还要抵销本期固定资产折旧及与之相关的成本费用的影响。按照销售方单独财务报表确认的内部交易固定资产所提折旧借记或贷记固定资产项目，贷记或借记营业成本或管理费用等项目。如果涉及资产减值的，还应当将计提减值准备进行抵销，借记固定资产项目，贷记资产减值损失项目。

再次，需要将本期折旧费差额及其影响进行处理。A 公司单独财务报表折旧为 12 万元，但合并财务报表年折旧应为 9.9 万元，应当抵销 2.1 万元。即：

借：固定资产　　　　　　　　　　　　　　　　　　　　　21 000

　　贷：营业成本　　　　　　　　　　　　　　　　　　21 000　ⓒ

最后，将上述抵销分录填入 20×9 年合并财务报表工作底稿（见表 6-11），据以计算合并财务报表各相关项目的合并金额，编制正式合并财务报表。

**表 6-11　　　　　　　　甲公司财务报表合并工作底稿（局部）**

（20×9 年 12 月 31 日）　　　　　　　　　　　　单位：万元

| 项目 | 甲公司单独报表 | A公司单独报表 | 报表合计 | 调整分录 借方 | 调整分录 贷方 | 抵销分录 借方 | 抵销分录 贷方 | 合并结果 |
|---|---|---|---|---|---|---|---|---|
| …… | | | | | | | | |
| 固定资产 | 6 330 | 1 620 | 7 950 | | | ⓑ1.05 ⓒ2.1 | ⓐ21 | 7 932.15 |
| …… | | | | | | | | |
| 营业收入 | 32 900 | 16 700 | 49 600 | | | | | |
| 营业成本 | 26 400 | 14 550 | 40 950 | | | | ⓒ2.1 | 40 947.9 |
| …… | | | | | | | | |
| 期初未分配利润 | 708 | 780 | 1 488 | | | ⓐ21 | ⓑ1.05 | 1 454.05 |
| …… | | | | | | | | |

说明：表中甲公司与 A 公司 20×9 年度相关项目数据为假设数据。

如果在之后的年份还要连续编制合并财务报表，与前述内部存货交易在合并财务报表中的会计处理基本原理相同。首先，是抵销固定资产内部交易对本期期初的影响；其次，是抵销上期及以前期间固定资产折旧差额对本期的影响；最后，是抵销本期固定资产折旧差额对本期的影响，直至固定资产转入清理。

## 四、内部交易固定资产清理的抵销

在编制固定资产清理所属会计期间的合并财务报表时，固定资产内部交易及其影响的抵销程序与固定资产使用期间合并财务报表编制中的抵销程序类似。但由于固定资产已经不复存在，抵销内部固定资产交易差额及由此引起固定资产折旧差额折中，固定资产的增减变动应当体现为资产处置损益的增减变动。

**（一）固定资产使用期届满清理的抵销**

固定资产按照原来预定的折旧年限使用的，使用期届满清理的会计期间，除了"平移"以前期间的合并抵销对本期合并财务报表的影响外，还应当抵销固定资产清理可能造成的影响。虽然受影响的项目可能比较多，但这些影响都会集中体现在固定资产和资产处置收益两个项目上，而且金额相同，不用在做抵销分录。

【例6-17】接〖例6-15〗假设该项固定资产使用期届满，A公司将其转入清理，取得清理收入3.5万元，同时发生清理费用0.5万元，假设不考虑税费，且该项固定资产没有发生减值。固定资产清理所属会计期末合并财务报表编制中的有关分析计算和抵销如下：

第一，需要对20×8年合并财务报表中已经抵销的内部固定资产交易进行再次抵销，以确保合并财务报表的可比性。前已述及，20×8年抵销营业收入121万元，营业成本100万元和固定资产21万元，到20×9年之后体现为抵销期初未分配利润21万元和固定资产21万元。固定资产清理期间，由于固定资产已经不复存在，因而应当抵销的是期初未分配利润和资产处置收益。即便抵销固定资产，根据固定资产会计处理的流程，最后也会体现为对资产处置收益的影响，即：

借：期初未分配利润　　　　　　　　　　　　　　　　210 000
　　贷：资产处置收益　　　　　　　　　　　　　　　　　　210 000　⑱

第二，需要对过去9.5年来合并财务报表已经抵销的项目继续进行抵销，以确保合并财务报表的可比性。过去9.5年间，已经累计抵销因折旧产生的对固定资产原价的影响为$9.5 \times 2.1 = 19.95$（万元），期初未分配利润19.95万元。同理，由于固定资产已经不存在，不再调整固定资产价值，应当调整资产处置收益，即：

借：资产处置收益　　　　　　　　　　　　　　　　199 500
　　贷：期初未分配利润　　　　　　　　　　　　　　　　199 500　⑲

第三，最后一年需要对资产清理所属会计期折旧及其影响进行抵销。由于A公司单独财务报表的固定资产价值高于合并财务报表的固定资产价值21万元，在固定资产清理所属会计期合并财务报表编制中需要抵销累计折旧，即增加固定资产价值，但原理同上，减少资产处置损益2.1万元，同时减少管理费用2.1万元。

借：资产处置收益　　　　　　　　　　　　　　　　10 500
　　贷：营业成本　　　　　　　　　　　　　　　　　　10 500　⑳

第四，还要分析抵销资产处置收益。由于A公司计入固定资产清理的金额为1.5万元，转出的固定资产均为原价121万元 - 累计折旧120万元 = 1（万元），支出现金0.5万元，取得收入3.5万元，因而有资产处置损益2万元。从合并财务报表的层面来看，转出的固定资产均为原价100万元 - 累计折旧99万元 = 1（万元）。其他项目相同，因而资产处置损益也是2万元。二者体现在财务报表上的内容和金额相同，不用再抵销。

第五，将上述抵销分录填入固定资产清理所属会计期间的合并财务报表工作底稿（见表6-2），据以计算合并财务报表各相关项目的合并金额，编制正式合并财务报表。

## （二）固定资产使用期未满清理的抵销

对于固定资产试用期未满而提前清理的，转入清理之前的处理与使用期届满的处理相同。但固定资产转入清理所属会计期间的会计处理存在较大差别。不仅固定资产尚未提足折旧，因而转入固定资产清理的金额比正常情况要大。另外，由于固定资产使用期未满，因而固定资产清理收入也可能会多一些。

【例6-18】接〖例6-15〗假设该项固定资产在使用5年后提前报废转入清理，可获得清理收入65万元。转入清理之前的会计处理与正常使用情况的分析方法相同。

首先，需要对20×8年合并财务报表中已经抵销的内部固定资产交易进行再次抵销，以确保合并财务报表之间的可比性。由于固定资产已经不复存在，因而应当抵销的是期初未分配利润和资产处置收益，即：

借：期初未分配利润　　　　　　　　　　210 000
　　贷：资产处置收益　　　　　　　　　　　　210 000

其次，需要对过去4.5年来合并财务报表已经抵销的项目继续进行抵销，以确保合并财务报表之间的可比性。资产清理所属会计年度折旧额按0.5年计算，过去4.5年间，已经累计抵销因折旧产生的对固定资产原价的影响 $4.5 \times 2.1 = 9.45$（万元），期初未分配利润9.45万元。同理，由于固定资产已经不存在，不再调整固定资产价值，应当调整资产处置收益，即：

借：资产处置收益　　　　　　　　　　　94 500
　　贷：期初未分配利润　　　　　　　　　　　94 500

最后，报废当年对资产清理所属会计期间0.5年折旧及其影响进行抵销。原理同上，减少资产处置损益1.05万元，同时减少管理费用1.05万元。

借：资产处置收益　　　　　　　　　　　10 500
　　贷：营业成本　　　　　　　　　　　　　　10 500

对于清理结果的抵销处理情况较为复杂。根据前述相关资料，A公司固定资产原价121万元，已提折旧60万元，残值61万元，发生清理费用0.5万元，获得清理收入65万元，资产处置损益为 $65 - (61 + 0.5) = 3.5$（万元）；合并财务报表层面固定资产原价100万元，已提折旧49.5万元，残值50.5万元，发生清理费用0.5万元，获得清理收入65万元，资产处置损益为 $65 - (50.5 + 0.5) = 14$（万元）。显然，这10.5万元差额应该是固定资产账面价值差异所形成的，因而应当进行抵销，同时调整固定资产的价值，即：

借：固定资产　　　　　　　　　　　　　105 000
　　贷：资产处置收益　　　　　　　　　　　　105 000

但由于A公司固定资产价值已经随着转入固定资产清理项目，调增的10.5万元，最后也会导致A公司资产处置损益减少10.5万元，即：

借：资产处置收益　　　　　　　　　　　105 000
　　贷：固定资产　　　　　　　　　　　　　　105 000

通过上面的分析可以看出，集团内部交易形成的固定资产使用期届满报废或提前报废的清理过程本身，在编制合并财务报表时均不存在抵销问题。

### （三）固定资产超期使用后清理的抵销

#### 1. 使用期届满之前抵销

对于超期使用之前的会计期间，应当按照使用期届满的会计方法进行处理，但固定资产的价值差额及其后期影响应分情况进行处理。首先，就内部固定资产交易未实现损益对固定资产使用期届满所属会计期间的影响进行调整，借记"期初未分配利润"，贷记"固定资产"；其次，就内部固定资产交易未实现损益导致之后各会计期折旧差额对固定资产使用期届满所述会计期间的影响进行调整，借记"资产处置损益"，贷记"期初未分配利润"；最后，就内部固定资产交易未实现损益导致的本会计期折旧差额对固定资产使用期届满所述会计期间的影响进行调整，借记"资产处置损益"，贷记"管理费用"等。

【例 6 - 19】接〖例 6 - 15〗假设该项固定资产使用期届满，A 公司计划继续使用，使用期届满年度需要进行相应的会计处理。

首先，需要对 20 ×8 年合并财务报表中已经抵销的内部固定资产交易进行再次抵销，以确保合并财务报表之间的可比性。由于固定资产已经不复存在，因而应当抵销的是期初未分配利润和资产处置收益，即：

借：期初未分配利润 210 000

贷：资产处置收益 210 000

其次，需要对过去 9.5 年来合并财务报表已经抵销的项目继续进行抵销，以确保合并财务报表之间的可比性。过去 9.5 年间，已经累计抵销因折旧产生的对固定资产原价的影响 9.5 ×2.1 = 19.95（万元），期初未分配利润 19.95 万元。同理，由于固定资产已经不存在，不再调整固定资产价值，应当调整资产处置收益，即：

借：资产处置收益 199 500

贷：期初未分配利润 199 500

最后，将报废当年对资产清理所属会计期 0.5 年折旧及其影响进行抵销。原理同上，减少资产处置损益 1.05 万元，同时减少管理费用 1.05 万元。

借：资产处置收益 10 500

贷：营业成本 10 500

#### 2. 使用期届满之后的抵销

对于超期使用的会计期间，虽然资产仍然存在，而且合并财务报表是在母子公司单独财务报表的基础上而非在前期合并财务报表的基础上编制的，而前期合并财务报表又是在抵销了母子公司内部固定资产交易未实现损益的基础上编制的。理论上说要确保合并财务报表前后期可比，以前已经抵销的母子公司之间内部固定资产交易未实现损益，在以后各期编制合并财务报表时仍然需要继续抵销。但由于固定资产的价值已经不复存在，不会再产生各种差额，因此编制合并财务报表时不需要再进行抵销处理，即便要做会计处理，结果与没有做是一样的。

【例 6 - 20】接〖例 6 - 19〗假设该项固定资产使用期届满，A 公司继续使用该资产，使用期届满后，每年需要进行相应的会计处理。

首先，需要对 20×8 年合并财务报表中已经抵销的内部固定资产交易进行再次抵销，以确保合并财务报表的可比性。由于固定资产已经不复存在，因而应当抵销的是期初未分配利润和资产处置收益，即：

借：期初未分配利润         210 000

  贷：资产处置收益         210 000

其次，需要对过去 9.5 年来合并财务报表已经抵销的项目继续进行抵销，以确保合并财务报表的可比性。过去 9.5 年间，已经累计抵销因折旧产生的对固定资产原价的影响 9.5×2.1 = 19.95（万元），期初未分配利润 19.95 万元。同理，由于固定资产已经不存在，不再调整固定资产价值，应当调整资产处置收益，即：

借：资产处置收益         199 500

  贷：期初未分配利润         199 500

最后，将报废当年对资产清理所属会计期 0.5 年折旧及其影响进行抵销。原理同上，减少资产处置损益 1.05 万元，同时减少管理费用 1.05 万元。

借：资产处置收益         10 500

  贷：期初未分配利润         10 500

# 第四节　内部无形资产交易及摊销

## 一、内部无形资产交易概述

内部无形资产交易是指企业集团内部成员企业之间的无形资产买卖活动。作为交易对象的无形资产可能是出售方自创的，也可以是从集团外部购入的，既可能是全新的，也可能是使用过的。内部无形资产交易活动发生后，出售方基于账面价值及内部交易价格确认了资产处置损益，购买方基于内部交易价格对无形资产进行了初始计量。但从企业集团的角度来看，这种交易仅是无形资产在集团内部不同使用部门之间的转移，并不是真正的市场交易，交易完成后，无形资产的价值仍然是出售方的原账面价值。如母公司将账面价值 1 200 万元的无形资产以 1 500 万元的价格转让给子公司，如果不考虑相关税费，母公司确认了 300 万元的资产转让收益，子公司确认了 1 500 万元的无形资产，但若将母子公司作为一个报告主体，该项无形资产的价值仍然是 1 200 万元，其不存在 300 万元的转让收益。

在无形资产的后续使用中，购买方需要基于自身的成本，即内部交易价格对无形资产进行后续计量，计算各期的摊销额或减值额，进而确认相应的成本费用和减值损失。由于集团内部无形资产交易的结果通常会给出售方带来内部交易损益，同时增加或减少购买方的无形资产取得成本，进而通过摊销增加或减少无形资产使用期期间的相关成本费用。对于使用期限不确定，不需要进行摊销的无形资产来说，还可能通过减值测试增加或减少资产减值损失。除非该无形资产已向集团外转让，否则在编制合并财务报表时，必须在交易之后的每期合并财务报表编制时，对出售方的资产处置损益、购买方无形资产价值中包含的未实现损益以及他们的每一期的影响进行抵销。

## 二、内部无形资产交易当期的合并处理

内部无形资产交易当期需要抵销内部未实现交易损益，如果无形资产交易作为销售方的一般商品买卖活动，而且购买方已经向集团外部出售，其抵销处理与内部存货交易的抵销处理类似。如果购买方留下来自用，与内部固定资产交易未实现交易损益的抵销相同。当然，具体抵销过程应当按照企业会计准则关于无形资产的会计处理规范来进行。

【例6-21】甲公司是A公司的母公司，20×8年1月5日甲公司将账面价值为1 300万元的一项专利技术以1 500万元的价格转让给A公司，A公司购入后立即用于改善企业管理。假设该专利技术有效使用期限为5年，期末没有残值，采用直线法摊销，不考虑相关税费。则20×8年12月31日编制合并财务报表时首先应当将未实现的内部无形资产交易损益予以抵销：

借：资产处置收益　　　　　　　　　　　　　　　　2 000 000
　　贷：无形资产　　　　　　　　　　　　　　　　　　2 000 000　㉑

当然，如果该项无形资产交易属于甲公司的一般商品买卖，而且甲公司将其作为其他业务来处理的话，则20×8年12月31日甲公司编制合并财务报表时的抵销分录为：

借：营业收入　　　　　　　　　　　　　　　　　15 000 000
　　贷：营业成本　　　　　　　　　　　　　　　　　13 000 000
　　　　无形资产　　　　　　　　　　　　　　　　　 2 000 000

此外，20×8年A公司已经摊销300万元，相应确认管理费用300万元，但从合并财务报表的角度来看，此数据应当为260万元，因此20×8年12月31日应做如下抵销：

借：无形资产　　　　　　　　　　　　　　　　　　　400 000
　　贷：管理费用　　　　　　　　　　　　　　　　　　　400 000　㉒

最后，将上述抵销分录填入20×8年合并财务报表工作底稿（见表6-1和表6-2），据以计算合并财务报表各相关项目的合并金额，编制正式合并财务报表。

## 三、内部无形资产使用期内的合并处理

无形资产在使用期间需要进行摊销和减值测试。从整个企业集团合并财务报表来看，某项无形资产一旦在集团内经过初始确认和计量，其账面价值以及基于该账面价值计算的摊销额、减值情况就应当依据初始计量的结果来确定。但由于内部交易的发生，出售方基于单独财务报表确认了资产处置损益，购买方基于单独财务报表确认了无形资产，而且确认的无形资产价值改变了集团内初始计量的结果，进而对无形资产使用期内的摊销和减值产生了影响。因此，在编制无形资产使用期内合并财务报表时，要同时抵销未实现交易损益及相关摊销额或减值情况对本期的影响。

【例6-22】接【例6-21】需要编制20×9年12月31日的合并财务报表，其他所有条件均不变。要求进行相关分析，并编制有关抵销分录。

首先，需要对20×8年内部无形资产交易未实现交易损益对本期的影响进行处理。

由于编制20×8年合并财务报表抵销了无形资产200万元，同时抵销了当期损益200万元。对20×9年的影响就是同时减少无形资产和期初未分配利润200万元，即：

借：期初未分配利润 2 000 000

贷：无形资产 2 000 000 ⓐ

其次，还需要抵销20×8年无形资产的摊销对本期的影响。由于20×8年因为无形资产初始计量金额抵销200万元而减少了无形资产摊销和管理费用40万元，对本期的影响就是同时增加无形资产和期初未分配利润40万元，即：

借：无形资产 400 000

贷：期初未分配利润 400 000 ⓑ

再次，需要抵销20×9年无形资产摊销对本期的影响。由于20×9年无形资产初始计量金额抵销200万元而减少了无形资产摊销和管理费用40万元，对本期的影响直接进行调整抵销即可，即：

借：无形资产 400 000

贷：管理费用 400 000 ⓒ

最后，将上述抵销分录填入20×9年合并财务报表工作底稿（见表6－12），据以计算合并财务报表各相关项目的合并金额，编制正式合并财务报表。

表6－12　　　　　　　　甲公司财务报表合并工作底稿（局部）

（20×9年12月31日）　　　　　　　　　　　　单位：万元

| 项目 | 甲公司单独报表 | A公司单独报表 | 报表合计 | 调整分录 | | 抵销分录 | | 合并结果 |
|---|---|---|---|---|---|---|---|---|
| | | | | 借方 | 贷方 | 借方 | 贷方 | |
| …… | | | | | | | | |
| 无形资产 | | 1 500 | 1 500 | | | ⓑ40ⓒ40 | ⓐ200 | 1 380 |
| …… | | | | | | | | |
| 管理费用 | 1 580 | 530 | 2 110 | | | | ⓒ40 | 2 070 |
| …… | | | | | | | | |
| 期初未分配利润 | 708 | 766 | 1 474 | | | ⓐ200 | ⓑ40 | 1 310 |
| …… | | | | | | | | |

说明：表中甲公司与A公司20×9年度相关项目数据为假设数据。

在未来连续编制合并财务报表中，在无形资产没有发生减值的情况下，首先要抵销未实现内部交易损益对本期的影响，根据实际金额借记期初未分配利润，贷记无形资产；其次要抵销未实现内部交易损益对以往会计期无形资产摊销额的累积影响，根据累计金额，借记无形资产，贷记期初未分配利润；最后抵销未实现内部交易损益对本会计期无形资产摊销的影响，根据本期金额，借记无形资产，贷记管理费用等项目。

如果无形资产使用期限不确定，则不需要进行摊销，但应当进行减值测试，在编制合并财务报表时也应当根据实际情况对减值额进行相应的抵销，但需要抵销的减值损失应当仅限于因内部交易损益的确认所产生的减值损失。因为资产的可收回金额是客观存在的，所以不管是基于集团来测算，还是基于购买方来测算，结果都是一样的。但由于集团层面无形资产的账面价值通常低于内部购买方层面的无形资产账面价值，因此基于购买方单独财务报表计提的减值额通常会高于基于合并财务报表计提的减值额，因而在编制合并财务报表时应当对此进行抵销，借记无形资产，贷记资产减值损失或期初未分配利润。

另外，购买方确认的减值损失不超过未实现内部交易损益的，减值额需全部抵销，如超过未实现内部交易损益，则只需要抵销超过的部分。当然，如果摊销年限不变，同时又确认了资产减值损失的，不仅需要根据相同的原理对减值损失视情况进行抵销，还要根据无形资产减值后的情况及购买方会计处理的过程进行相关项目的抵销。

### 四、内部无形资产使用期满的合并处理

与固定资产类似，在编制无形资产使用期满所属会计期的合并财务报表时，无形资产内部交易及其影响的抵销程序与无形资产使用期间合并财务报表编制中的抵销程序类似。但由于无形资产已经不复存在，抵销内部无形资产交易差额及由此引起无形资产摊销差额折中，无形资产的增减变动应当体现为资产处置损益增减变动。但与固定资产不同的是，无形资产使用期满通常没有残值，也不存在清理收入的情况，因而有没有资产转让收益，单独财务报表与合并财务报表均不再反映相关项目金额，因而不用再做调整分录。

【例6-23】接〖例6-22〗内部交易的无形资产使用期满，要求在编制使用期届满所属会计期的合并财务报表时进行相关抵销，并编制抵销分录。

第一，需要对20×8年未实现交易损益对本期的影响进行抵销。由于无形资产使用期满，账面已不复存在，因而应当抵销的是期初未分配利润和资产处置收益。因为根据无形资产会计处理的流程，前期抵销的无形资产价值，在使用期满时体现为对资产处置收益的影响，即：

借：期初未分配利润　　　　　　　　　　　　　　　　2 000 000
　　贷：资产转让收益　　　　　　　　　　　　　　　　　2 000 000　ⓐ

第二，需要抵销第1年到第4年A公司无形资产摊销对本期的影响。过去4年间，已经累计抵销因无形资产摊销产生的对无形资产原价的影响4×40＝160万元，期初未分配利润160万元。同理，由于无形资产已经不存在，不再调整无形资产的价值，应当调整资产处置收益，即：

借：资产转让收益　　　　　　　　　　　　　　　　　1 600 000
　　贷：期初未分配利润　　　　　　　　　　　　　　　　1 600 000　ⓑ

第三，需要抵销未实现交易损益对本期摊销额的影响。由于A公司单独财务报表的无形资产价值高于合并财务报表的固定资产价值200万元，在无形资产使用期届满所属会计期合并财务报表编制中需要抵销累计折旧，即增加固定资产价值，进而减少资产处置损益40万元，同时减少管理费用40万元。

借：资产转让收益　　　　　　　　　　　　　　　　　400 000

贷：管理费用　　　　　　　　　　　　　　　　　　400 000　　ⓒ

第四，还要分析抵销资产处置收益。由于 A 公司不存在清理费用，从 A 公司单独财务报表的层面来看，无形资产余额为原价 1 500 - 累计摊销 300 × 5 = 0。不存在清理费用，也不存在残值收入，因而有资产处置损益 0 万元。

从合并财务报表的层面来看，由于不存在清理费用，无形资产余额为原价 1 300 - 累计折旧 260 × 5 = 0。不存在清理费用，也不存在残值收入，因而有资产处置损益 0 万元。

不管是从 A 公司单独财务报表层面来看，还是从合并财务报表的层面来看，无形资产使用期届满会计处理的内容和金额都是相同的，因而不存在需要抵销的项目。实际上，即便无形资产使用期届满存在残值，也存在清理费用和处置收入，结果也是相同的。

第五，将上述抵销分录填入无形资产使用期届满年度的合并财务报表工作底稿（见表 6 - 13），据以计算合并财务报表各相关项目的合并金额，编制正式合并财务报表。

表 6 - 13　　　　　　　　　甲公司财务报表合并工作底稿（局部）

（20 × 2 年 12 月 31 日）　　　　　　　　　　　　　　单位：万元

| 项目 | 甲公司单独报表 | A 公司单独报表 | 报表合计 | 调整分录 | | 抵销分录 | | 合并结果 |
|---|---|---|---|---|---|---|---|---|
| | | | | 借方 | 贷方 | 借方 | 贷方 | |
| …… | | | | | | | | |
| 管理费用 | 1 520 | 480 | 2 000 | | | | ⓒ40 | 1 960 |
| …… | | | | | | | | |
| 资产处置收益 | 300 | 20 | 320 | | | ⓑ160 ⓒ40 | ⓐ200 | 320 |
| …… | | | | | | | | |
| 营业利润 | | | | | | | | |
| …… | | | | | | | | |
| 期初未分配利润 | 150 | 630 | 780 | | | ⓐ200 | ⓑ160 | 740 |
| …… | | | | | | | | |

说明：表中甲公司与 A 公司 20 × 2 年度相关项目数据为假设数据。

# 第五节　递延所得税与关联交易

## 一、递延所得税的合并

### （一）递延所得税概述

所得税的会计处理存在不同的方法。在应付税款法下，按税法计算当期应交所得税，并将其全额计入所得税费用，不存在递延所得税的问题。在纳税影响会计法下，当期应交所得税按照税法计算，但所得税费用应当按照会计准则的要求来计算，因而就可能存在当期应交所得税与当期所得税费用不一致的情况。由于计算所得税费用的纳税影响会计法还有利润表法和资产负债表法之分，而且所得税税率发生变化的情况下，根据不同的计算思路，不管是利润表法还是资产负债表法，还存在递延法和债务法两种更加具体的方法，情况较为复杂。根据我国现行企业会计准则的要求，企业应当采用资产负债表债务法进行核算。根据资产负债表债务法，递延所得税还应当进一步区分为递延所得税资产和递延所得税负债。

### 1. 递延所得税资产

递延所得税资产是当前已经缴纳，未来纳税期间可以分摊计入所得税费用的一项特殊资产。从账务处理的角度来看，递延所得税资产成因是资产的账面价值低于其计税基础，或负债的账面价值高于其计税基础。资产账面价值低于计税基础说明，会计之前计入成本的资产消耗金额大于税法允许的税前扣除的金额，导致所得税费用小于应交所得税。应交所得税大于所得税费用的部分不计入费用，形成递延所得税资产，类似于长期待摊费用，留待以后纳税期间再分摊计入所得税费用。以后期间由于资产的账面价值低于计税基础，会计在以后期间计入成本的资产消耗金额就会小于税法允许的税前扣除金额，导致所得税费用大于应交所得税。当期应交所得税小于所得税费用时，少交的部分由前期形成递延所得税资产来分摊冲抵。如果负债的会计计量金额与税法规定的计量金额不同时，对所得税的影响也存在相同的情况，但影响的过程稍显复杂，而且大多数负债均是与费用和收入确认相关的负债。

### 2. 递延所得税负债

与递延所得税资产相反，递延所得税负债是已经计入所得税费用，但并没有实际发生支出，需要在未来纳税期间通过应交所得税来支付的一项特殊负债。从账务处理的角度来看，递延所得税负债成因是资产的账面价值高于其计税基础，或负债的账面价值低于其计税基础。资产账面价值高于计税基础说明，会计之前计入成本的资产消耗金额低于税法允许税前扣除的金额，导致所得税费用大于应交所得税，应交所得税小于所得税费用的部分，暂时不用缴纳，计入递延所得税负债，类似于预计负债，需要在以后纳税期间通过应交所得税来缴纳。以后期间由于资产的账面价值高于计税基础，会计在以后期间计入成本的资产消耗金额高于税法允许税前扣除的金额，导致以后纳税期间所得税费用小于应交所得税，即应交所得税大于所得税费用。需要多交的部分可以看作是补交以前期间形成递延所得税负债。如果负债的会计计量金额与税法规定的计量金额不同时，对所得税的影响也存在相同的情况，但影响的过程稍显复杂，而且大多数负债均是与费用和收入确认相关的负债。

### （二）财务报表合并中的递延所得税

#### 1. 控股合并环节形成的递延所得税

根据我国现行企业会计准则，控股合并也分为同一控制下的合并和非同一控制下的合并。从会计的角度来看，在编制合并财务报表时，同一控制下的合并应按账面价值将子公司资产和负债并入合并报表，非同一控制下的合并应按公允价值将子公司资产和负债并入合并报表。从税收的角度来看，企业合并还存在应税合并和免税合并之分。应税合并是指被合并企业或其股东需要基于转让股权的公允价值与账面价值的差额计算缴纳所得税的合并，合并方取得的净资产按公允价值确定计税基础。免税合并是被合并企业或其股东不需要计算缴纳所得税的合并，合并方取得的净资产按被合并企业原账面价值确定计税基础。理论上说，同一控制下的免税合并和非同一控制下的应税合并不存在递延所得税，只有同一控制下的应税合并和非同一控制下的免税合并才存在递延所得税。在同一控制下的应税合并中，合并后被合并企业资产负债的计税基础是公允价值，与账面价值不一致，形成递延所得税；在非同一控制下的免税合并中，合并后被合并企业资产负债的计税基础是账面价值，与公允价值不一致，也形成递延所得税。实践中应当根据国家的有关规定进行处理[①]。

2. 母子公司单独确认的递延所得税

只要资产、负债的账面价值与计税基础不一致，母子公司就都需要在单独财务报表层面确认递延所得税。如果母子公司资产、负债的账面价值与计税基础的不一致与集团内部交易无关，则母子公司递延所得税资产或递延所得税负债简单相加即为合并财务报表递延所得税资产或递延所得税负债项目的金额。但如母子公司之间和子公司之间存在内部交易，而且由于相关资产、负债的计量基础不一致，产生了递延所得税资产或递延所得税负债，就需要在编制合并财务报表时就与内部交易相关的递延所得税资产或递延所得税负债进行抵销。

（三）递延所得税的确认与调整

由于递延所得税形成的原因不同，所以合并财务报表中的具体处理也不尽相同。控股合并环节形成的递延所得税需要在子公司净资产调整环节进行处理，母子公司单独确认的递延所得税需要在抵销内部交易环节进行处理。

1. 并购时子公司净资产账面价值与计税基础不一致产生的递延所得税

前述分析表明，只有同一控制下的应税合并及非同一控制下的免税合并才可能存在递延所得税。在合并财务报表编制过程中，首先要基于子公司资产、负债的账面价值与计税基础之间的差额计算相关的递延所得税，并将其计入资本公积，然后再将母公司的长期股权投资与子公司的所有者权益进行抵销。

【例6-24】以〖例5-2〗为例，假设甲公司并购A公司符合免税合并的条件，即A公司或其股东不需要就股权转让计算缴纳所得税，企业适用所得税税率25%，根据我国现行的会计处理方法。要求将甲公司的长期股权投资与A公司的所有者权益进行合并抵销。

首先，将A公司净资产账面价值调整为公允价值，并确认相关递延所得税资产及递延所得税负债。其中递延所得税资产 = $(500 + 40) \times 25\% = 135$（万元）；递延所得税

---

① 国家税务总局曾于2000年发布过《国家税务总局关于企业股权投资业务若干所得税问题的通知》，财政部和国家税务总局又于2009年和2014年分别发布了《关于企业重组业务企业所得税处理若干问题的通知》及《关于促进企业重组有关企业所得税处理问题的通知》等与此有关的规定。新的规定调整或细化了原有的规定。

负债 = (100 + 300) × 25% = 100(万元)。累计净资产变动 175 万元计入资本公积,即:

| | |
|---|---|
| 借:固定资产 | 5 000 000 |
| 应付债券 | 400 000 |
| 递延所得税资产 | 1 350 000 |
| 贷:存货 | 1 000 000 |
| 无形资产 | 3 000 000 |
| 递延所得税负债 | 1 000 000 |
| 资本公积 | 1 750 000 |

其次,将甲公司的长期股权投资与 A 公司的所有者权益进行抵销,其中资本公积比子公司账面价值多了 175 万元。

| | |
|---|---|
| 借:股本 | 5 000 000 |
| 资本公积 | 5 750 000 |
| 盈余公积 | 14 700 000 |
| 未分配利润 | 300 000 |
| 商誉 | 250 000 |
| 贷:长期股权投资 | 26 000 000 |

2. 内部交易导致的资产账面价值不一致产生的递延所得税

通常情况下,同一资产在内部购买方单独财务报表上的账面价值高于在合并财务报表上的账面价值。与此类似,内部应收账款在成员企业单独财务报表的账面价值通常也会高于合并财务报表的账面价值,因而合并财务报表应当确认的递延所得税应当低于单独财务报表实际确认的递延所得税,之间的差额在编制合并财务报表时需要抵销。

【例 6 - 25】甲公司是 A 公司的母公司,适用的企业所得税税率均为 25%。20 × 8 年 7 月 25 日甲公司将账面价值为 275 万元的商品以 300 万元的价格售给 A 公司,该批商品 20 × 8 年 12 月 31 日仍未实现销售,形成了期末存货。当日该批存货的可变现净值 260 万元。

根据递延所得税计算的一般原理,A 公司单独财务报表确认了跌价准备 40 万元,导致资产的账面价值减少了 40 万元,因而确认了 10 万元的递延所得税资产。但按照合并财务报表的编制要求,存货跌价准备应只有 15 万元,导致资产的账面价值减少了 15 万元,因而只需确认 3.75 万元的递延所得税资产。编制合并财务报表时需要抵销 6.25 万元的递延所得税资产,即:

| | |
|---|---|
| 借:所得税费用 | 62 500 |
| 贷:递延所得税资产 | 62 500 ㉓ |

最后,将上述抵销分录填入 20 × 8 年合并财务报表工作底稿(见表 6 - 1 和表 6 - 2),据以计算合并财务报表各相关项目的合并金额,编制正式合并财务报表。

在确认了递延所得税之后的会计期间,只要编制合并财务报表时出现了资产、负债的账面价值与计税基础不一致的情况,不仅内部交易抵销的会计处理和相关金额需要进行相应的调整,合并财务报表大多数环节的相关项目金额都需要根据递延税款的确认、转回或终止确认情况做出相应的调整。

## 二、关联交易的处理

### (一) 关联交易概述

根据 CAS No. 36，关联方交易，是指关联方之间不论是否收取价款而转移资源、劳务或义务的行为，包括了购买或销售商品等十多个项目。所为关联方，是指存在控制、共同控制或重大影响的两方或多方，以及两方或两方以上共同受一方控制、共同控制或重大影响的情形。

通常情况下，除了存在控制关系情形，其他关联交易并不涉及财务报表的合并问题。但当母公司或子公司持有权益法报告的长期股权投资时，根据权益法的核算要求，在计量母公司或子公司投资收益时应当剔除内部交易未实现损益的影响。这里所说的内部交易实际就是不存在控制关系或仅存在重大影响的关联交易，即母子公司各自与其合营企业或联营企业之间发生的交易。

虽然合并财务报表中的母公司所属的合营企业和联营企业不属于财务报表的合并范围，合并财务报表中的子公司所属的合营企业和联营企业也不纳入财务报表的合并范围，但根据长期股权投资核算的权益法，他们各自与其所属的合营企业和联营企业之间的未实现关联交易损益，已经在各自单独财务报表中调整了长期股权投资及相关投资收益，在合并报表中需要根据情况进一步调整或恢复。

### (二) 顺流交易的合并

顺流交易是指投资企业，即母公司或子公司向其所属合营企业和联营企业投出资产或销售商品，但该资产或商品并未被消耗或向第三方销售，仍然为相关合营企业和联营企业存货的交易。根据现行会计实务，对于销售方来说，该顺流交易损益并未实现。由于未实现关联交易损益归属于母公司或子公司单独财务报表调整的范围，而且该损益体现为母公司或子公司单独财务报表的营业收入和营业成本，因此编制合并财务报表时应当对此进行抵销，同时补充确认少记的投资收益。因为单独财务报表并未冲减营业收入和营业成本，仅仅冲减了投资收益，因此在编制合并财务报表时应当借记"营业收入"，贷记"营业成本"和"投资收益"。否则合并财务报表的营业收入、营业成本与投资收益就会存在不匹配的情况。

【例 6 - 26】甲公司为 A 公司的母公司，B 公司为甲公司的联营企业。甲公司分别持有 A 公司和 B 企业 80% 和 25% 的股份。20×8 年 B 公司实现净利润 500 万元，当年甲公司将进价为 600 万元的商品以 800 万元销售给 B 企业，该批商品当年未对外销，形成了 B 公司存货。

根据权益法核算要求，甲公司在编制单独财务报表时未考虑未实现关联交易损益 $(800-600) \times 25\% = 50$（万元），仅确认长期股权投资变动及投资收益 $[500-(800-600)] \times 25\% = 75$（万元），即：

借：长期股权投资 750 000
　　贷：投资收益 750 000

　　在编制合并财务报表时,不管是母公司还是子公司,各自与其联营企业和合营企业发生的关联交易均不纳入合并的范围,采用权益法核算时抵销的相关项目当调整。即在合并财务报表层面应当恢复甲公司少记的200×25% =50(万元)投资收益。另外,在甲公司少记50万元投资收益的同时,并没有在其单独财务报表相应冲减营业收入和营业成本。因为甲公司单独财务报表显示的是没有冲减的营业收入和营业成本,以及冲减之后投资收益,口径不一致。因而甲公司在编制合并财务报表时应进行调整,即:

　　借:营业收入　　　　　　　　　　　　　　　　　　　　　2 000 000
　　　　贷:营业成本　　　　　　　　　　　　　　　　　　　　　1 500 000
　　　　　投资收益　　　　　　　　　　　　　　　　　　　　　　500 000

　　之所以合并财务会计报表需要在甲公司单独财务报表抵销的基础上进行如上调整,原因在于需要在对甲公司单独财务报表抵销的基础上的进一步补充调整。因为甲公司向B公司销售的存货中有25%为未实现销售,50万元不确认为收益,相当于甲公司将150万元的存货换回200万元的资产,假设款项没有收到,则差额为应收账款,而不是投资收益:

　　借:应收账款　　　　　　　　　　　　　　　　　　　　　　500 000
　　　　营业成本　　　　　　　　　　　　　　　　　　　　　1 500 000
　　　　贷:营业收入　　　　　　　　　　　　　　　　　　　　2 000 000

　　将上述会计分录进行调整,有:

　　借:应收账款　　　　　　　　　　　　　　　　　　　　　　500 000
　　　　贷:长期股权投资　　　　　　　　　　　　　　　　　　　500 000

　　再次变换有:

　　借:营业收入　　　　　　　　　　　　　　　　　　　　　2 000 000
　　　　贷:营业成本　　　　　　　　　　　　　　　　　　　　　1 500 000
　　　　　长期股权投资　　　　　　　　　　　　　　　　　　　　500 000

　　如果甲公司单独财务报表进行了上述会计分录,合并财务报表就不需要再进行调整。但在甲公司单独财务报表上仅冲减了投资收益及相应的长期股权投资,冲减了长期股权投资50万元,减少了投资收益50万元,营业收入和营业成本并没有冲减,因而在编制合并财务报表时就需要进行补充调整:

　　借:营业收入　　　　　　　　　　　　　　　　　　　　　2 000 000
　　　　贷:营业成本　　　　　　　　　　　　　　　　　　　　　1 500 000
　　　　　投资收益　　　　　　　　　　　　　　　　　　　　　　500 000

### (三) 逆流交易的合并

　　逆流交易是指被投资企业,即合营企业和联营企业向母公司或子公司投出资产或销售商品,但该资产或商品并未被消耗或向第三方销售,仍然为母公司或子公司存货的交易。根据现行会计实务,对于销售方来说,该逆流交易损益并未实现。由于未实现关联交易损益归属于母公司或子公司单独财务报表调整的范围,而且该损益体现为母公司或子公司单独财务报表的存货成本,因此编制合并财务报表时应当对此进行抵销，同时恢复确认少记的长期股权投资。因为母子公司单独财务报表并未冲减存货成本，仅减少投资收益的计量金额，因此在编制合并财务报表时应当借记"长期股权投资"，贷记"存货"。否则合并财务报表长期股权投资、存货就会存在不匹配的情况。

【例6-27】接〖例6-26〗假设当年B企业将进价为600万元的商品以800万元销售给A公司，该批商品当年未对外销，形成了A公司的存货。

甲公司在编制单独财务报表时没有未实现的关联交易损益（800-600）×25%=50（万元），仅确认长期股权投资及投资收益［500-(800-600)］×25%=75（万元），即：

借：长期股权投资　　　　　　　　　　　　　　　750 000
　　贷：投资收益　　　　　　　　　　　　　　　　　　750 000

在编制合并财务报表时，由于甲公司单独财务报表少确认了200×25%=50（万元）投资收益，但并未相应冲减存货成本，因此在合并财务报表层面应当恢复少记的50万元长期股权投资，同时冲减50万元存货的成本。因为从甲公司单独财务报表账面来看，纳入合并的长期股权投资没有包括未实现管理交易损益，而且其损益是通过长期股权投资来体现的，而且对存货的金额产生了影响。因而甲公司在编制合并财务报表时应进行如下调整：

借：长期股权投资　　　　　　　　　　　　　　　500 000
　　贷：存货　　　　　　　　　　　　　　　　　　　500 000

之所以合并财务会计报表需要在单独财务报表抵销的基础上进行如上调整，原因在于需要在单独财务报表抵销的基础上进一步补充。因为B公司向A公司销售的存货中有25%为未实现销售，50万元不确认为收益，相当于A公司支付200万元的存货换回150万元的资产，假设款项没有支付，则差额相当于确认了对B公司的投资收益，即：

借：投资收益　　　　　　　　　　　　　　　　　500 000
　　存货　　　　　　　　　　　　　　　　　　1 500 000
　　贷：应付账款　　　　　　　　　　　　　　　2 000 000

将上述会计分录进行调整，应付200万元有150万元视同购买存货，50万元视同取得了投资收益，即：

借：投资收益　　　　　　　　　　　　　　　　　500 000
　　贷：应付账款　　　　　　　　　　　　　　　　500 000

因为存货本来价值应为150万元，但A公司单独财务报表确认了200万元，因而应当冲减50万元，进而减少投资收益50万元，即：

借：投资收益　　　　　　　　　　　　　　　　　500 000
　　贷：存货　　　　　　　　　　　　　　　　　　500 000

如果A公司单独财务报表进行了上述会计分录，合并财务报表就不需要再进行调整。但在A公司单独财务报表上冲减了长期股权投资50万元，减少了投资收益50万元，但存货应当减少50万元而没有减少，因而在编制合并财务报表时就需要进行补充调整：

借：长期股权投资　　　　　　　　　　　　　　　　　　　　　500 000
　　贷：存货　　　　　　　　　　　　　　　　　　　　　　　　　　500 000

　　当然，母子公司之间也会存在顺流交易或逆流交易的情况，但母子公司都在合并财务报表涵盖的范围之内，逆流交易未实现的内部交易损益，除了需要在母公司和非控制性股东之间分摊抵销外，其他情形下，顺流交易与逆流交易的会计处理没有什么不同的。

# 第七章
# 合并现金流量表

## 第一节　现金流量表的合并及其方法

### 一、现金流量表合并概述

合并现金流量表是反映企业集团在某一会计期间经营活动、投资活动和筹资活动所产生的现金流入、现金流出和现金净流量情况的财务报表。如果持有外币货币资金，还要反映汇率变动对现金流量的影响。因为当汇率发生变化，一定量的外币货币资金的本币计量金额就会相应发生变化。当记账本位币汇率上涨时，原有货币资金的本币计量金额就会减少，相当于产生了现金流出；当记账本位币汇率下跌时，原有货币资金的本币计量金额就会增加，相当于产生了现金流入。

与其他财务报表的编制基础不同，其他财务报表是以权责发生制为基础编制的，而现金流量表则是以收付实现制编制的。与单独财务报表反映的内容相同，合并现金流量表也要分别按照经营活动、投资活动和筹资活动等活动来反映企业集团的现金流量情况，如果持有外币货币资金，还要反映汇率变动对现金流量的影响。合并现金流量表将企业集团作为一个报告主体，仅反映该主体的现金流入流出情况，不包括集团内部不同主体之间的现金流量情况。

根据 CAS No. 33，合并现金流量表应当基于集团内各企业单独现金流量表，在抵销母子公司之间以及子公司之间发生内部交易对现金流量表的影响后，由母公司采用直接法进行编制。对现金流量产生影响的内部交易通常情况下可能比较多，这些内部交易产生的现金流量均应当在编制合并现金流量表时进行抵销。一是抵销集团内部当期投资方增加现金投资或股权收购所产生的现金流量；二是集团内部投资方当期进行股利分配、利润分配及支付利息所产生的现金流量；三是集团内部成员企业之间的借贷活动及债权债务结算所产生的现金流量；四是集团内部成员企业之间商品销售所产生的现金流量；五是集团内部成员企业之间买卖固定资产、无形资产和其他长期资产所产生的现金流量；六是集团内部成员企业之间因其他交易所产生的现金流量。

当然，与单独财务报表的编制方法类似，合并现金流量表及其补充资料也可以根据合并资产负债和合并利润表采用间接法进行编制，编制的结果与直接法编制的结果相同。

## 二、合并现金流量的编制程序

前已述及，合并现金流量表的编制既可以根据母子公司单独现金流量表进行编制，也可以根据合并资产负债表和合并利润表进行编制。前者称为直接法，后者称为间接法。二者编制的原理和依据不同，编制的程序也存在差别。但编制的结果通常是相同的。

### （一）直接法的编制程序

直接法就是基于母子公司单独现金流量表，在抵销母子公司之间以及不同子公司之间现金流量的基础上编制合并现金流量表的方法。如果基于母子公司单独现金流量表编制合并现金流量表，合并现金流量表的编制程序与其他合并财务报表的编制程序相似，但不存在项目金额的调整问题。首先，编制合并工作底稿，将采用直接法编制的母子公司单独现金流量表的各项目的数据填入合并工作底稿，并计算合并现金流量表各项目合并金额。

其次，分析集团内部交易的现金流特征，并编制合并现金流量表的抵销分录，对现金流量进行抵销。根据抵销项目涉及的内容及其相互关系，可以将抵销分为项目内抵销和项目间抵销。

所谓项目内抵销，就是抵销的内容均在现金流量表的同一个项目内，抵销结果不会使现金流量表相关项目的合并现金流量净额与各单独现金流量表该项目现金流量净额简单相加所得金额出现差异，但如果不抵销，又会虚增现金流入和现金流出的规模。如将支付现金从集团内部购入的商品作为原材料，销售方将其作为"销售商品、提供劳务收到的现金"项目处理，增加了经营活动现金流入；购买方将其作为"购买商品、提供劳务支付的现金"项目处理，增加了经营活动现金流出。从合并现金流量表的角度来看，既没有发生现金流入，也没有发生现金流出。抵销与否，经营活动产生的现金流量净额并不会因此发生变化，但如果不抵销，从合并现金流量的层面来看，经营活动产生的现金流入和经营活动产生的现金流出的规模都会虚增。

所谓项目间抵销，就是抵销内容分布在现金流量表不同项目，抵销的结果是使得现金流量表一个项目的现金流量净额增加，现金流量表的另外一个项目的现金流量净额减少，但不会使现金流量表所有项目的合并现金流量净额与各单独现金流量表所有项目现金流量净额简单相加所得金额出现差异。如将支付现金从集团内部购入的商品作为固定资产，销售方将其作为"销售商品、提供劳务收到的现金"项目处理，增加了经营活动现金流入；购买方将其作为"购置固定资产、无形资产和其他长期资产支付的现金"项目处理，增加了投资活动现金流出。这类项目抵销与否均不会在总体上对合并现金流量净额产生影响。但如果不抵销，不仅会虚增经营活动现金流入的规模，还会虚增投资活动现金流出的规模，进而影响现金流量的整体结构。

最后，根据合计数和抵销情况计算现金流量表合并金额，将所得金额填入正式的现金流量表即可。其核心内容是抵销内部交易对合并现金流量表的影响。

**（二）间接法的编制程序**

间接法就是基于母子公司合并资产负债表和合并利润表，将合并净利润调整为现金流量净额的基础上编制合并现金流量表的方法。如果是基于母子公司合并资产负债表和合并利润表编制合并现金流量表，编制的程序与直接法的程序稍有不同。

首先，编制合并工作底稿，将采用间接法编制的母子公司单独现金流量表各项目的数据填入合并工作底稿，并计算合并现金流量表各项目合计数。

其次，分析集团内部交易的现金流特征，并编制调整分录，将净利润调整为现金流量，同时就对应的项目及其他不影响损益的内部交易项目进行调整，借记净利润的增加，贷记净利润的减少，同时贷记或借记不影响现金流量的损益项目及相关资产负债项目的变动。如为净利润的减少则做相反的调整分录。根据调整内容涉及项目的不同，也可以分为影响净利润的项目及不影响净利润的项目。

影响净利润的项目是指既影响净利润又影响资产负债的项目。这类项目涉及面较为广泛，包括了不涉及现金收支的所有损益项目，即增加利润但不带来现金流入的项目，以及减少利润但不会导致现金流出的项目，如固定资产折旧、无形资产摊销、公允价值变动损益等项目。对这类项目调整的目的是将权责发生制确认的净利润调整为经营现金流量。通常情况下，影响净利润的同时也会影响其他相关项目。例如企业内部收付的资产处置损益，一方面可能对企业利润产生影响，另一方面可能导致现金流入。又如，固定资产折旧一方面会影响损益，另一方面也会对现金流量表中的固定资产折旧项目金额影响。

不影响净利润的项目是指仅仅影响现金流入或流出的项目。如企业集团内部母子公司之间及各子公司之间借贷关系产生的现金流量，不带息债权债务结算产生的现金流量，带息债权债务投资本金结算及利息收支产生的现金流量，以及子公司利润分配和母公司投资收益产生的现金流量等。对这类项目的调整，仅需抵销集团内部现金流量即可，与直接法下的抵销基本相同。

最后，根据合计数和抵销情况计算现金流量表金额，将所得金额填入正式的现金流量表即可。其核心内容是将合并净利润调整为现金流量净额，同时抵销不涉及净利润的内部交易对合并现金流量表的影响。

# 第二节　合并现金流量表编制的直接法

## 一、合并现金流量表抵销的特点

直接法下合并现金流量表有关项目的抵销特点包括：第一，是抵销的内容均为现金流量项目，不涉及其他报表的项目。这里的抵销分录解决的是集团内部成员之间的现金流入与现金流出的抵销。因此，合并现金流量表的工作底稿可以单独开设，不涉及资产负债表和利润表。

第二，是抵销分录的编制方法是通过借贷为符号反映现金流量的抵销。借记有关现金流出项目的金额，表示抵销该项目现金流入量；贷记有关现金流入项目的金额，表示抵销该项目的现金流出量。

第三，是经营活动现金流量的抵销通常属于项目内抵销。因为集团内一方经营活动现金流入通常表现为另一方经营活动现金流出。但也有少数特殊情况属于项目间抵销，因为一方的经营活动现金流入可能同时表现为另一方的投资活动现金流出，如一方销售商品，获得经营活动现金流入，而另一方购入商品作为固定资产使用，产生了投资活动现金流出。

第四，是投资活动现金流量和筹资活动现金流量抵销通常属于项目间抵销。因为集团内一方的投资活动现金流量往往表现为另一方的筹资活动现金流量。但也有少数特殊情况属于项目内抵销，因为一方的投资活动现金流入也可能同时表现为另一方的投资活动现金流出。如一方处置固定资产等长期资产，获得投资活动现金流入，另一方购入后如作为固定资产等长期资产使用，产生了投资活动现金流出。

第五，是汇率变动对现金及现金等价物的影响不存在抵销项目。因为该项目反映的是外汇汇率变化对相关集团成员所持外币货币资金计量金额的影响。外汇汇率上升，以记账本位币计量的外币货币资金金额增加，相当于现金流入，反之相当于现金流出，集团成员之间不因此发生关系。

## 二、合并现金流量表抵销的项目

### （一）现金流量的项目内抵销

1. 经营活动现金流量的内部抵销

根据现行现金流量表的一般结构，经营活动涉及现金流量有 3 个流入项目和 4 个流出项目。内部交易产生的现金流量相对简单，一方流入金额与另一方流出金额相等，抵销较为简单。但可能的现金流入与现金流出组合比较多。

（1）内部销售商品产生现金流量的抵销。集团内部公司之间销售商品产生的现金流量，在销售方单独现金流量表中体现为"销售商品、提供劳务收到的现金"，而在购买方在单独现金流量表中体现为"购买商品、接受劳务支付的现金"。但这种内部商品交易活动并不会引起整个企业集团的现金流量的增减变动，故而抵销。根据抵销会计分录的编制方法，借记"购买商品、接受劳务支付的现金"项目，贷记"销售商品、提供劳务收到的现金"项目。

【例 7-1】假设甲公司是 A 公司的母公司，根据 2018 年甲公司和 A 公司单独现金流量表数据（见表 7-1）及有关资料编制合并现金流量表。

2018 年甲公司向 A 公司销售商品一批，A 公司作为存货，价款 1 875 万元，增值税进项税额 243.75 万元。价税合计款项当期已经结清。抵销分录：

借：购买商品、接受劳务支付的现金            21 187 500

    贷：销售商品、提供劳务收到的现金          21 187 500   ①

表 7-1

## 甲公司合并现金流量表工作底稿（直接法）

（2019 年 12 月 31 日）

单位：万元

| 项目 | 甲公司 | A公司 | 合计 | 抵销分录 借方 | 抵销分录 贷方 | 合并结果 |
|---|---|---|---|---|---|---|
| 一、经营活动产生的现金流量： | | | | | | |
| 销售商品、提供劳务收到的现金 | 13 627.48 | 9 538.75 | 23 166.23 | | ①2 118.75 ②100；⑤113 | 20 834.48 |
| 收到的税费返还 | | | | | | |
| 收到的其他与经营活动有关的现金 | 13 627.48 | 9 538.75 | 23 166.23 | | 2 331.75 | 20 834.48 |
| 经营活动现金流入小计 | 9 829.63 | 7 535.3 | 17 364.93 | ①2 118.75 ②100 | | 15 146.18 |
| 购买商品、接受劳务支付的现金 | | | | | | |
| 支付给职工以及为职工支付的现金 | | | | | | |
| 支付的各项税费 | 206.40 | 48.50 | 254.9 | | | 254.9 |
| 支付的其他与经营活动有关的现金 | 10 036.03 | 7 583.8 | 17 619.83 | 2 218.75 | 2 331.75 | 15 401.08 |
| 经营活动现金流出小计 | 3 591.45 | 1 954.95 | 5 546.4 | 2 218.75 | | 5 433.40 |
| 经营活动产生的现金流量净额 | | | | | | |
| 二、投资活动产生的现金流量： | | | | | | |
| 收回投资收到的现金 | 170.12 | 30.5 | 200.62 | | ⑥670.462 | 130.158 |
| 取得投资收益所收到的现金 | 240 | | 240 | | ⑦240 | |
| 取得债券投资收益收到的现金 | 1 965.5 | 1 965.5 | 1 965.5 | | ③170.63 ④1 695 | 99.87 |
| 处置固定资产、无形资产和其他长期资产收回的现金净额 | | | | | | |

续表

| 项目 | 甲公司 | A公司 | 合计 | 抵销分录 借方 | 抵销分录 贷方 | 合并结果 |
|---|---|---|---|---|---|---|
| 处置子公司及其他营业单位收到的现金净额 | | | | | | |
| 收到其他与投资活动有关的现金 | 2 375.62 | 30.5 | 2 406.12 | | 2 176.092 | 230.028 |
| 投资活动现金流入小计 | 2 567.86 | 1 865.3 | 4 433.16 | ③170.63 ④1 695 ⑤113 | | 2 454.53 |
| 购建固定资产、无形资产和其他长期资产支付的现金 | | | | | | |
| 投资支付的现金 | | | | | | |
| 取得子公司及其他营业单位支付的现金净额 | | | | | | |
| 支付其他与投资活动有关的现金 | 2 567.86 | 1 865.3 | 4 433.16 | 1 978.63 | | 2 454.53 |
| 投资活动现金流出小计 | -192.24 | -1 834.8 | -2 027.04 | 1 978.63 | 2 176.092 | -2 224.502 |
| 投资活动产生的现金流量净额: | | | | | | |
| 三、筹资活动产生的现金流量: | | | | | | |
| 吸收投资收到的现金 | | | | | | |
| 其中:子公司吸收少数股东投资收到的现金 | | | | | | |
| 取得借款收到的现金 | | | | | | |
| 收到其他与筹资活动有关的现金 | 60.75 | 90.65 | 151.40 | | | 151.40 |
| 筹资活动现金流入小计 | 60.75 | 90.65 | 151.40 | | | 151.40 |
| 偿还债务支付的现金 | | | | | | |
| 分配股利、利润或偿付利息支付的现金 | 580.76 | 370.462 | 951.222 | ⑥70.462 ⑦240 | | 640.76 |
| 其中:子公司支付给少数股东的分配股利、利润 | | | | | | |

| 项目 | 甲公司 | A公司 | 合计 | 抵销分录 | | 合并结果 |
|---|---|---|---|---|---|---|
| | | | | 借方 | 贷方 | |
| 支付其他与筹资活动有关的现金 | | | | | | |
| 筹资活动现金流出小计 | 580.76 | 370.462 | 951.222 | 310.462 | | 640.76 |
| 筹资活动产生的现金流量净额 | −520.01 | −279.812 | −799.822 | 310.462 | | −489.36 |
| 四、汇率变动对现金等价物的影响 | | | | | | |
| 五、现金及现金等价物净增加额 | 2 879.2 | −159.662 | 2 719.538 | | | 2 719.538 |
| 加：期初现金及现金等价物余额 | — | — | — | — | — | — |
| 六、期末现金及现金等价物余额 | — | — | — | — | — | — |

（2）现金结算债权与债务所产生现金流量的抵销。公司间当期以现金结算预付账款、预收账款、应收账款、应付账款、应收票据和应付票据等，收款方在单独现金流量表中将其确认为"销售商品、提供劳务收到的现金"，付款方将其确认为"购买商品、接受劳务支付的现金"，但这种往来款项结算，并不会引起集团现金流量的增减变动，因而应予以抵销，借记"购买商品、接受劳务支付的现金"项目，贷记"销售商品、提供劳务收到的现金"项目。

【例7-2】接〖例7-1〗假设2018年甲公司从A公司收回之前因销售商品产生的应收账款100万元。抵销分录：

借：购买商品、接受劳务支付的现金　　　　　　　　　　　　1 000 000

　　贷：销售商品、提供劳务收到的现金　　　　　　　　　　1 000 000　　②

与此类似，公司间以现金结算其他应收款和其他应付款项目时，收支双方均会在各自单独现金流量表中分别体现为"收到其他与经营活动有关的现金"及"支付其他与经营活动有关的现金"项目。同理，这种其他应收应付项目的结算应予以抵销，借记"支付其他与经营活动有关的现金"项目，贷记"收到其他与经营活动有关的现金"项目。

**2. 投资活动现金流量的内部抵销**

根据现行现金流量表的一般结构，投资活动涉及现金流量有6个流入项目和4个流出项目。内部交易产生的现金流量相对简单，一方流入金额与另一方流出金额相等，抵销也相对简单。但前已述及，投资活动现金流量有时还涉及了筹资活动现金流量，即一方的投资活动现金流量更多地体现为另一方的筹资活动现金流量。投资活动现金流量的内部抵销在实践中只有内部处置长期资产产生的现金流量等少数情形中出现。

如果不改变资产的通途，集团内部处置固定资产在处置方单独现金流量表中体现为"处置固定资产、无形资产和其他长期资产收回的现金净额"；购买方支付的款项在单独现金流量表中则体现为"购建固定资产、无形资产和其他长期资产支付的现金"。但公司间的这种资产处置并不产生集团整体现金的流入和流出，故应当抵销，借记"购建固定资产、无形资产和其他长期资产支付的现金"项目，贷记"处置固定资产、无形资产和其他长期资产收回的现金净额"项目。

【例7-3】接〖例7-1〗假设2018年甲公司将一台账面原价152万元，净值为133万元的机器，以151万元的价格卖给A公司，增值税税率13%，A公司将其交管理部门使用。加税合计170.63万元，款项已经结清。

借：购建固定资产、无形资产和其他长期资产支付的现金　　　1 706 300

　　贷：处置固定资产、无形资产和其他长期资产收回的现金净额　1 706 300　　③

集团内部处置无形资产和其他长期资产产生的现金流量也采用相同的方法进行抵销。如果处置过程中还发生向第三方支付的其他费用，从而导致"购建固定资产、无形资产和其他长期资产支付的现金"不等于"处置固定资产、无形资产和其他长期资产收回的现金净额"的情况。考虑到需要抵销的现金流量仅限于发生在双方之间的现金流流量，因此以较低的金额抵销即可。

【例7-4】接〖例7-1〗假设2018年甲公司将账面价值为1 300万元的一项专利

技术以 1 500 万元的价格转让给 A 公司，增值税率 13%，A 公司将其交管理部门使用。价税合计 1 695 万元，款项已经结清。但甲公司还支付过户费 2.5 万元。

借：购建固定资产、无形资产和其他长期资产支付的现金 　　　　1 695

　　贷：处置固定资产、无形资产和其他长期资产收回的现金净额 　　1 695 　④

3. 筹资活动现金流量的内部抵销

根据现行现金流量表的一般结构，筹资活动涉及现金流量有 3 个流入项目和 3 个流出项目。内部交易产生的现金流量相对简单，一方流入金额与另一方流出金额相等，抵销也相对简单。但与投资活动现金流量类似，有时还涉及了投资活动现金流量，即一方的筹资活动现金流量更多地体现为另一方的投资活动现金流量。筹资活动现金流量的内部抵销在理论上只有内部资金借贷产生的现金流量等极个别情形，但我国目前禁止公司之间的借贷行为，因而在实践中不存在筹资活动现金流量的内部抵销问题。

**（二）现金流量的项目间抵销**

在编制合并现金流量表过程中，项目间的现金流量抵销较为普遍，而且在合并现金流量表编制实践中投资活动现金流量与筹资活动现金流量抵销主要是项目间抵销。

1. 经营活动现金流量与投资活动现金流量的抵销

当集团成员一方向另一方购入商品作为固定资产使用，销售方收到的款项在其单独财务报表表现为"销售商品、提供劳务收到的现金"，购买方支付的款项在其单独财务报表表现为"购建固定资产、无形资产和其他长期资产支付的现金"。但从集团的角度来看，视同领用自己生产的产品，并没有产生现金流量，因而需要抵销，借记"购建固定资产、无形资产和其他长期资产支付的现金"项目，贷记"销售商品、提供劳务收到的现金"项目。

【例 7-5】接【例 7-1】假设 2018 年甲公司向 A 公司销售商品一台，A 公司作为固定资产使用，价款 100 万元，增值税进项税额 13 万元。价税合计款项当期已经结清。抵销分录：

借：购建固定资产、无形资产和其他长期资产支付的现金 　　　　1 130 000

　　贷：销售商品、提供劳务收到的现金 　　　　　　　　　　　　1 130 000 　⑤

2. 经营活动现金流量与筹资活动现金流量的抵销

这种情形在合并现金流量表编制实践中较为少见。根据现金流量表的编制要求，只有当筹资方在筹资过程中，由集团内部其他成员提供劳务服务等极为少见的情形下才会出现抵销的问题。在这种情况下，筹资方支付的服务费在其单独财务报表中表现为"支付其他与筹资活动有关的现金"，集团其他成员提供服务收到的款项在其单独财务报表中表现为"销售商品、提供劳务收到的现金"。但从集团的角度来看，视同集团内部部门之间的协作，并没有产生现金流量，因而需要抵销，借记"支付其他与筹资活动有关的现金"项目，贷记"销售商品、提供劳务收到的现金"项目。

3. 投资活动现金流量与筹资活动现金流量的抵销

这种情形在合并现金流量表编制实践中最为普遍。

（1）集团内部股权投资活动产生的现金流量。如投资方支付银行存款购买本集团其他公司定向增发的股票，投资方支付的款项在单独现金流量表中体现为"投资支付的现金"，筹资方收到的款项在单独现金流量表中表现为"吸收投资收到的现金"。但从集团的角度来看，视同资金的内部调动，并没有产生现金流量，因而需要抵销，借记"投资支付的现金"项目，贷记"吸收投资收到的现金"项目。

当然，如果母公司从企业集团外部非关联方取得股权进而取得子公司，母公司现金流向了卖出该投资的企业，并没有流入被购入的子公司，该交易不属于内部交易，不需要在合并现金流量表工作底稿中抵销相关现金流量。

（2）集团内部投资收益、利息收入产生的现金流量。公司间进行的长期股权投资和债权投资，在持有期间收到子公司分派的现金股利、利润或债券利息，在投资方单独现金流量表中体现为"取得投资收益收到的现金"或"取得债券投资收益所收到的现金"。在被投资方单独现金流量表中确认为"分配股利、利润或偿付利息支付的现金"项目中。但从集团的角度来看，并没有产生现金流量，因而需要抵销，借记"分配股利、利润或偿付利息支付的现金"项目，贷记"取得投资收益收到的现金"或"取得债券投资收益所收到的现金"项目。

【例7-6】接〖例7-1〗假设甲公司因持有A公司发行的长期债权，2018年甲公司收到A公司支付的当年债券利息70.462万元。

借：分配股利、利润或偿付利息支付的现金　　　　　　　　704 620
　　贷：取得债券投资收益所收到的现金　　　　　　　704 620　　⑥

根据当前的现金流量表，投资收益需要区分为股权投资收益与债权投资收益，并在现金流量表分别列示，合并现金流量表也应当对此进行区分处理。

【例7-7】接〖例7-1〗假设A公司进行了2018年的利润分配，甲公司收到A公司支付的现金股利240万元。

借：分配股利、利润和偿付利息支付的现金　　　　　　2 400 000
　　贷：取得投资收益收到的现金　　　　　　　　2 400 000　　⑦

当然，上述两个抵销分录也可以合并为一个抵销分录，即：

借：分配股利、利润或偿付利息支付的现金　　　　　　3 104 620
　　贷：取得债券投资收益所收到的现金　　　　　　　704 620
　　　　取得投资收益收到的现金　　　　　　　　2 400 000

## 三、合并现金流量表的编制

将上述抵销分录过入现金流量表工作底稿，即可据以计算出各个项目的合并金额，并根据合并金额填制正式的合并现金流量表。

### （一）现金流出项目合并金额的计算

根据合并现金流量表编制的直接法，借记现金流出的抵销，贷记现金流入的抵销，在计算合并现金流出项目金额时，应当在合并现金流量表工作底稿上首先将企业集团成员单独现金流量表的同一现金流出项目金额简单相加，然后再扣除该项目抵销分录的借方发生额即可得到合并现金流量表该项目的合并金额。

#### （二）现金流入项目合并金额的计算

根据合并现金流量表编制的直接法，借记现金流出的抵销，贷记现金流入的抵销，在计算合并现金流入项目金额时，应当在合并现金流量表工作底稿上首先将企业集团成员单独现金流量表的同一现金流入项目金额简单相加，然后再扣除该项目抵销分录的贷方发生额即可得到合并现金流量表该项目的合并金额。

在合并现金流量表工作底稿的基础上很容易就可以填制正式的合并现金流量表，就不再列示正式的合并现金流量表。与单独现金流量表相比，目前，合并现金流量表项目补充增加了两个项目，一是在"吸收投资收到的现金"项目下增加了"子公司吸收少数股东投资收到的现金"，二是在"分配股利、利润或偿付利息支付的现金"项目下增加了"子公司支付给少数股东的分配股利、利润"。

## 第三节　合并现金流量表编制的间接法

### 一、合并现金流量表抵销的特点

间接法下，合并现金流量表抵销的特点包括：第一，应用范围有限。间接法只用于经营活动现金流量的计算与列示，投资活动现金流量与筹资活动现金流量的计算与列示与直接法相同。而且相关数据可以直接基于单独现金流量表的补充资料调整而得。整理中主要还是应当关注母子公司之间以及子公司相互之间发生的，导致利润发生变化，但并未产生现金流量的交易或事项。

第二，抵销的内容通常为与现金流量相关的资产负债项目或与利润有关的损益项目，同时涉及了经营活动现金流量项目的调整。间接法编制合并现金流量表与编制单独现金流流量表方法基本相同，但需要将合并净利润调整为合并现金流量，因而需要基于合并资产负债表和合并利润表的相关材料，结合单独现金流量表补充资料，进一步调整抵销集团内部交易的影响，最终将合并净利润调整为合并经营活动产生的现金净流量。

第三，对于与净利润有关的抵销项目，应当根据内部交易对利润的影响来分析。调整内部交易的影响导致净利润减少时，应当借记净收益，贷记有关资产项目、负债项目或损益项目，反之则作相反的调整分录。当然，如果单设"经营活动产生的现金流量"，借方、贷方也可以记入"经营活动产生的现金流量"（见表7-2）。

第四，对于与净利润无关的抵销项目，抵销处理与直接法相同。在投资活动和筹资活动现金流量的调整分录中，借记投资活动现金流出和筹资活动现金流出的减少，贷记投资活动现金流入和筹资活动现金流入的减少。

表7-2

## 甲公司合并现金流量表工作底稿（间接法）

（2018年12月31日）

单位：万元

| 项目 | 甲公司 | A公司 | 合计 | 抵销分录 借方 | 抵销分录 贷方 | 合并结果 |
|---|---|---|---|---|---|---|
| 一、现金流量（不考虑内部交易的净利润调整）： | 2 831.45 | 488.55 | 3 320 | | | 3 320 |
| 加：资产减值准备 | 33 | 35 | 68 | | ⑧4⑨2 | 62 |
| 固定资产折旧、油气资产折耗、生产线生物资产折旧 | 350 | 260 | 610 | | ⑩2.1⑪40 | 567.9 |
| 无形资产摊销 | 90 | 130 | 220 | | | 220 |
| 长期待摊费用摊销 | 10 | 50 | 60 | | | 60 |
| 处置固定资产、无形资产和其他长期资产的损失（减：收益） | 50 | 30 | 80 | ④18⑥200 | | 298 |
| 固定资产报废损失 | 86 | 0.4 | 86.4 | | | 86.4 |
| 公允价值变动损失（减：收益） | | | | | | |
| 财务费用 | 139 | 128 | 267 | ⑯448 | ②72 | 195 |
| 投资损失（减：收益） | -318 | -190 | -508 | | | -60 |
| 递延所得税资产减少（减：增加） | 12 | 16 | 28 | | | 28 |
| 递延所得税负债增加（减：减少） | 18 | 15 | 33 | | | 33 |
| 存货的减少（减：增加） | 350 | 202 | 552 | ⑮80 | | 632 |
| 经营性应收项目的减少（减：增加） | -220 | 670 | 450 | | | 350 |
| 经营性应付项目的增加（减：减少） | 160 | 120 | 280 | ⑫100 | ⑫100 | 380 |
| 经营活动产生的现金流量 | | | 5 546.4 | ②72⑧4⑨2 ⑩2.1 ⑪40⑭100 1 066.1 | ④18⑥200⑬113 ⑩100⑮80⑯448 1 179.1 | -738.9 |
| 经营活动产生的现金流量净额 | 3 591.45 | 1 954.95 | 5 546.4 | | | 5 433.4 |

续表

| 项目 | 甲公司 | A公司 | 合计 | 抵销分录 借方 | 抵销分录 贷方 | 合并结果 |
|---|---|---|---|---|---|---|
| 二、投资活动产生的现金流量： | | | | | | |
| 收回投资所收到的现金 | | | | | | |
| 取得债券投资收益所收到的现金 | 170.12 | 30.5 | 200.62 | | ①70.462 | 130.158 |
| 取得投资收益收到的现金 | 240 | | 240 | | ⑦240 | |
| 处置固定资产、无形资产和其他长期资产收回的现金净额 | 1 965.5 | | 1 965.5 | | ③170.63⑤1 695 | 99.87 |
| 处置子公司及其他营业单位收到的现金净额 | | | | | | |
| 收到其他与投资活动有关的现金 | | | | | | |
| 投资活动现金流入小计 | 2 375.62 | 30.5 | 2 406.12 | | | 230.028 |
| 购建固定资产、无形资产和其他长期资产支付的现金 | 2 567.86 | 1 865.3 | 4 433.16 | ③170.63⑤1 695⑬113 | | 2 454.53 |
| 投资支付的现金 | | | | | | |
| 取得子公司及其他营业单位支付的现金净额 | | | | | | |
| 支付其他与投资活动有关的现金 | | | | | | |
| 投资活动现金流出小计 | 1 865.3 | | 4 433.16 | | | 2 454.53 |
| 投资活动产生的现金流量净额 | −192.24 | −1 834.8 | −2 027.04 | | | −2 224.502 |
| 三、筹资活动产生的现金流量： | | | | | | |
| 吸收投资收到的现金 | | | | | | |
| 其中：子公司吸收少数股东投资收到的现金 | | | | | | |
| 取得借款收到的现金 | | | | | | |

续表

| 项目 | 甲公司 | A公司 | 合计 | 抵销分录 借方 | 抵销分录 贷方 | 合并结果 |
|---|---|---|---|---|---|---|
| 收到其他与筹资活动有关的现金 | 60.75 | 90.65 | 151.40 | | | 151.40 |
| 筹资活动现金流入小计 | 60.75 | 90.65 | 151.40 | | | 151.40 |
| 偿还债务支付的现金 | | | | | | |
| 分配股利、利润或偿付利息支付的现金 | 580.76 | 370.462 | 951.222 | ①70.462 ⑦240 | | 640.76 |
| 其中:子公司支付给少数股东的分配股利、利润 | | | | | | |
| 支付其他与筹资活动有关的现金 | | | | | | |
| 筹资活动现金流出小计 | 580.76 | 370.462 | 951.222 | | | 640.76 |
| 筹资活动产生的现金流量净额 | −520.01 | −279.812 | −799.822 | | | −489.36 |
| 四、汇率变动对现金及现金等价物的影响 | | | | | | |
| 五、现金及现金等价物净增加额 | 2 879.2 | −159.662 | 2 719.538 | | | 2 719.538 |
| 加:期初现金及现金等价物 | | | | | | |
| 六、期末现金及现金等价物余额 | | | | | | |

说明:甲公司和A公司的单独现金流量及二者合计数包含了相互之间内部交易对现金流量的影响,即没有调整内部交易产生的现金流量。具有虚增或虚减的内容。

## 二、合并现金流量的调整

### （一）调整原理

间接法编制的合并现金流量表主要内容就是要将净利润调整为经营活动现金流量。调整过程中需要加上减少净利润但不导致现金流出的项目金额，同时减去增加净利润但不带来现金流入的项目金额，另外还要调整经营性应收项目变化等影响经营性现金流流量，不影响损益的项目。

### （二）调整内容

将合并净利润调整为合并经营活动现金净流量。但在具体的调整过程中，应当仅调整集团内企业与集团外企业之间发生的影响净损益但不影响现金流量，以及影响现金流量但不影响损益的交易或事项，因为集团内部交易已在合并资产负债表中抵销。在编制单独现金流量表时，已经将集团成员之间发生的不需要调整的类似交易也进行了调整，虚增或虚减了现金流量净额。因此，在现金流量表编制实践中通常只需要对内部交易的影响进行调整即可。

1. 资产减值准备

本类项目属于预计费用类项目，减少本期利润，并不导致本期现金流出。主要包括坏账准备、存货跌价准备和资产减值准备等项目。合并数应根据成员企业单独现金流量表补充资料中本项目数之和，扣除基于内部应收款项计提的还账准备金额，以及内部交易形成的资产基于内部交易价格多计提的资产减值准备金额填列。

2. 固定资产折旧、油气资产折耗、生产性生物资产折旧

本类项目属于摊销费用类项目，减少本期利润，并不导致本期现金流出。合并数应根据成员企业单独现金流量表补充资料中本项目数之和，扣除基于未实现内部交易损益计提的固定资产折旧、油气资产折耗、生产性生物资产折旧填列。

3. 无形资产摊销

与固定资产折旧等项目相同，属于摊销费用类项目，减少本期利润，并不导致本期现金流出。合并数应根据成员企业单独现金流量表补充资料中无形资产摊销项目数之和，扣除基于计提计算的无形资产摊销填列。

4. 长期待摊费用摊销

与固定资产折旧等项目相同，属于摊销费用类项目，减少本期利润，并不导致本期现金流出。合并数应根据成员企业单独现金流量表补充资料中本项目数之和填列。

5. 处置固定资产、无形资产和其他长期资产的损失

根据成员企业单独现金流量表补充资料中本项目数之和填列。如果处置过程中涉及内部成员企业之间的现金收支，需要在投资活动产生的现金流量项目下的处置固定资产、无形资产和其他长期资产收回的现金净额作相应的扣除。如果处置的长期资产是内部交易形成的，未实现内部交易损益也会对处置损益产生影响，这一影响需要进行相应的抵销。

### 6. 固定资产报废损失

与处置固定资产在形式上相同，固定资产报废损失减少了利润，但并没有导致现金流出，合并数应当根据成员企业单独现金流量表补充资料中该项目的合计数来填列。如果报废过程中涉及内部成员企业之间的现金收支，同样需要在投资活动产生的现金流量项目下的处置固定资产、无形资产和其他长期资产收回的现金净额作相应的扣除。如果处置的长期资产是内部交易形成的，未实现内部交易损益也会对处置损益产生影响，这一影响也需要进行相应的抵销。

### 7. 公允价值变动损失

对于以公允价值计量且其变动计入当期损益的资产或负债，公允价值变动损失，将减少当期利润，但并不导致现金流出，合并数应当根据成员企业单独现金流量表补充资料中该项目的合计数来填列。

### 8. 财务费用与投资损失

财务费用和投资均是减少当期利润，但并不导致现金流出的项目，其合并数应当根据合并利润表中相应项目数字填列。虽然财务费用可能在本期支付，但应当作为筹资活动现金流出处理。

### 9. 递延所得税资产减少与递延所得税负债增加

递延所得税通常是所得税费用的调整项目，但并不实际导致当期的现金流动。其合并数应分别根据合并资产负债表相应项目的期初余额与期末余额的差额分析填列。递延所得税资产和递延所得税负债与所得税费用相联系。根据递延所得税资产会计处理的一般原理，递延所得税资产的减少会导致所得税费用的增加，进而减少了净利润，但并未导致现金流出，反之，情况相反；根据递延所得税负债会计处理的一般原理，递延所得税负债的增加会导致所得税费用的增加，进而减少了净利润，但并未导致现金流出，反之，情况相反。

### 10. 存货的减少

存货构成内容较多，但减少的最终途径是销售，增加了销售成本，减少了利润，但并不会导致现金流出。其合计数应当根据合并资产负债表"存货"的期初数、期末数之间的差额分析填列。当然，对于因其他因素减少的存货，应当归为其他现金流量进行处理。反之，存货增加则视同现金流流出，但并未减少利润。

### 11. 经营性应收项目的减少

经营性应收项目的减少增加了现金流入，但并未增加当期利润。应当根据合并资产负债表中经营性应收项目期初余额与期末余额的差额，扣除其中与经营活动无关的变动额后填列。

### 12. 经营性应付项目的增加

经营性应付增加的减少增加了现金流入，但并未增加当期利润。应当根据合并资产负债表中经营性应收项目期初余额与期末余额的差额，扣除其中与经营活动无关的变动数后填列。

### 三、合并现金流量表的编制

【例7-8】甲公司持有A公司80%的股份，2018年度甲公司与A公司单独现金流量表补充资料显示经营活动现金净流量分别为2 831.45万元和488.55万元，合计3 320万元（见表7-2）。

（1）根据合并资产负债表、利润表及单独现金流量表补充资料项目显示，合计资产减值损失68万元、固定资产折旧610万元、无形资产摊销220万元、长期待摊费用摊销60万元、资产处置净损失80万元、固定资产报废净损失86.4万元、财务费用267万元、投资收益508万元。递延所得税资产合计增加28万元，递延所得税负债合计增加33万元，存货增加552万元；经营性应收项目减少450万元，经营性负债项目增加280万元。此外，2018年度集团内部还发生以下相关经济业务：

①A公司向甲公司支付上年度债券利息70.462万元，A公司在其本年度单独财务报表中确认了总额为128万元的财务费用，其中72万元是应向甲公司支付的长期债券利息。

②甲公司将一台账面原价152万元，净值为133万元的机器，以151万元的价格卖给A公司，增值税税率13%，A公司将其交管理部门使用。价税合计170.63万元，款项已经结清。

③甲公司将账面价值为1 300万元的一项专利技术以1 500万元的价格转让给A公司，增值税税率13%，A公司将其交管理部门使用。价税合计1 695万元，款项已经结清。

④甲公司收到乙公司支付的股利240万元。

⑤甲公司应收账款总额比上年末增加220万元，其中应向A公司收取的应收账款余额比上年增加200万元。坏账准备计提比率为本年末应收账款余额的2%。

⑥A公司期末存货中有60万元是本年度从甲公司购入的，该部分存货是甲公司以42万元从集团外埠购进的，其可变现价值为40万元。

⑦以前年度甲公司将自己生产的产品销售给A公司作为管理用固定资产使用，该内部交易形成未实现内部交易损益21万元，该固定资产尚可使用年限为10年，采用直线法计提折旧，期末没有净残值。

⑧以前年度A公司将外部购入的无形资产转让给甲公司使用，该内部交易形成未实现内部交易损益200万元，该无形资产尚可使用5年，采用直线法进行摊销，期末没有净残值。

⑨甲公司从A公司收回以前年度应收账款100万元。

⑩A公司12月末以100万元的价款购入甲公司将之前以80万元从集团外部购入某商品用作管理用固定资产，增值税进项税额13万元，价税合计113万元，款项已经结清。

⑪A公司实现税后利润560万元，当年没有分配现金股利，在编制合并财务报表之前，甲公司根据权益法确认了448万元的投资收益。

（2）由于甲公司和A公司单独现金流量表反映的是各企业自己的现金流量，母子公司都将对方作为独立的企业看待，并基于各自角度计算经营活动现金流量，没有扣除集团内部交易对经营活动现金流量的影响。因此，在间接法下应当将甲公司和 A 公司看作一个会计主体，进一步将单独现金流量表的现金流量进一步进行调整，基于计算合并现金流量。

①由于 A 公司支付上年度利息，虽然不影响本年度损益，但影响了现金流的构成，A 公司和甲公司分别在其现金流量表确认了 70.462 万元的"分配股利、利润或偿付利息支付的现金"和"取得债券投资收益所收到的现金"，但从集团来看，属于资金的内部转移，应当抵销，即：

借：分配股利、利润或偿付利息支付的现金          704 620

    贷：取得债券投资收益所收到的现金          704 620    ①

另外，由 A 公司在本年度单独利润表中确认了财务费用 72 万元，同时减少当期利润 72 万元，但由于并未导致现金流出，因而应当调增经营现金流量，同时调整财务费用，将净利润调整为经营现金流量，即：

借：经营活动产生的现金流量          720 000

    贷：财务费用          720 000    ②

②由于甲公司和 A 公司分别在各自单独财务报表上确认了 170.63 万元的"处置固定资产、无形资产和其他长期资产收回的现金净额"及"购建固定资产、无形资产和其他长期资产支付的现金"，但从集团的角度来看属于资产的内部调整使用，应当抵销，即：

借：购建固定资产、无形资产和其他长期资产支付的现金      1 706 300

    贷：处置固定资产、无形资产和其他长期资产收回的现金净额 1 706 300    ③

另外，由于甲公司在其单独财务报表中确认了资产转让收益 18 万元，因而增加了利润 18 万元，但并未带来额外的现金流入，因而应当调减经营现金流量，同时调整处置固定资产、无形资产和其他长期资产的损失，将净利润调整为经营现金流量，即：

借：处置固定资产、无形资产和其他长期资产的损失          180 000

    贷：经营活动产生的现金流量          180 000    ④

③由于甲公司和 A 公司均在其单独现金流量表分别确认了 1 695 万元的"处置固定资产、无形资产和其他长期资产收回的现金净额"和"购建固定资产、无形资产和其他长期资产支付的现金"，但从集团的角度来看，属于现金的内部流动，应当抵销，即：

借：购建固定资产、无形资产和其他长期资产支付的现金      16 950 000

    贷：处置固定资产、无形资产和其他长期资产收回的现金      16 950 000    ⑤

另外，由于甲公司在其单独利润表中确认了资产转让收益 200 万元，因而增加了利润 200 万元，但并未带来额外的现金流入，应当抵销，同时抵销相应的经营活动现金流量，即：

借：处置固定资产、无形资产和其他长期资产的损失          2 000 000

    贷：经营活动产生的现金流量          2 000 000    ⑥

④由于此经济活动不对利润产生影响，且与经营活动现金流量无关，因而参照直接法抵销相应的现金流量即可，即：

借：分配股利、利润和偿付利息支付的现金 2 400 000

贷：取得投资收益收到的现金 2 400 000 ⑦

⑤由于内部应收账款增加了200万元，因此甲公司单独财务报表多确认了4万元的坏账损失，导致当期利润减少了4万元，但并未导致现金流出，因而应当对此进行调整，即：

借：经营活动产生的现金流量 40 000

贷：资产减值损失 40 000 ⑧

⑥由于A公司单独利润表确认的资产减值损失为20万元，但从集团的角度来看应当确认的资产减值损失为18万元，实际确认金额高于应当确认金额2万元，因此减少了本期利润4万元，但并未导致现金流出，应当调整，即：

借：经营活动产生的现金流量 20 000

贷：资产减值损失 20 000 ⑨

⑦由于A公司本年度在其单独利润表中按照内部交易价格计提折旧，从集团的角度来看多计提了折旧2.1万元。同时多确认管理费用2.1万元，进而减少当期利润2.1万元。由于并未导致现金流出，因而应当调整，即：

借：经营活动产生的现金流量 21 000

贷：固定资产折旧 21 000 ⑩

⑧由于甲公司本年度在其单独利润表中按照内部交易价格进行摊销，从集团的角度来看多摊销了40万元。同时多确认管理费用40万元，进而减少当期利润40万元。由于并未导致现金流出，因而应当调整，即：

借：经营活动产生的现金流量 400 000

贷：无形资产摊销 400 000 ⑪

⑨由于此经济活动不对利润产生影响，但属于经营活动现金流量的内容，因而需要抵销相应的应收应付项目，即：

借：经营性应付项目 1 000 000

贷：经营性应收项目 1 000 000 ⑫

⑩由于甲公司和A公司分别在各自单独财务报表分别确认了113万元的"销售商品、提供劳务收到的现金"和"购建固定资产、无形资产和其他长期资产支付的现金"，但从集团的角度来看，属于现金的内部流动，应当抵销，在间接法下应当做如下抵销：

借：购建固定资产、无形资产和其他长期资产支付的现金 1 130 000

贷：经营活动产生的现金流量 1 130 000 ⑬

另外，由于甲公司单独利润表确认了100万元的营业收入，但此营业收入并未带来现金流入，因而在将利润调整现金流量时应当冲减"销售商品、提供劳务收到的现金"及相应的净利润，编制间接法下的调整分录，即：

借：经营活动产生的现金流量（减少利润） 1 000 000

贷：经营活动产生的现金流量（减少现金流入） 1 000 000 ⑭

同时，由于甲公司单独利润表确认了80万元的营业成本，但此营业成本并未产生现金流出，因而在将利润调整现金流量时应当冲减"营业成本"及相应的净利润，编制间接法下的调整分录，即：

借：存货　　　　　　　　　　　　　　　　　　　800 000

　　贷：经营活动产生的现金流量　　　　　　　　　　800 000　　⑮

⑪由于甲公司确认了 448 万元的投资收益，导致净利润增加了 448 万元，但并没有带来相应的现金流入，因而应当抵销，即：

借：经营活动产生的现金流量　　　　　　　　　4 480 000

　　贷：投资收益　　　　　　　　　　　　　　　4 480 000　　⑯

与直接编制的现金流量表相比，间接法编制的现金流量表除了经营活动产生的现金流量不同以外，在投资活动产生的现金流量和筹资活动产生的现金流量两个部分是完全相同的。另外，由于成员企业单独现金流量表补充资料实际上已经将净利润调整成了经营活动现金净流量，在进行合并时仅需要考虑成员企业均未考虑的集团内部交易产生的现金流量。

实际上，如果不存在存货、经营性应收应付项目的非常规性变化，基于合并利润表和单独现金流量表既可以较为简单地编制合并现金流量表。因为合并利润表已经抵销了内部交易产生的利润，与此相关现金流量在单独现金流量表补充资料中也会进行相应的抵销。因此，基于单独现金流量表补充资料相关项目合计数就可以较为简单地将净利润调整为经营活动现金净流量。

# 第八章
# 衍生工具与套期交易

## 第一节　衍生工具及其类型

### 一、衍生工具及其特征

#### （一）衍生工具的概念

衍生工具（derivative instruments），也称衍生金融工具或金融衍生工具（financial derivative instruments）、衍生产品（derivative products）、金融衍生品（financial derivatives）或衍生品（derivatives）。最早出现的衍生工具是商品类衍生工具，即商品远期合约。20世纪70年代，基于商品类衍生工具的发展，出现了金融衍生工具。

根据CAS No.22，衍生金融工具是"其价值随特定利率、金融工具价格、商品价格、汇率、价格指数、费率指数、信用等级、信用指数或其他变量的变动而变动，往往不要求初始净投资，或者与对市场因素变化预期有类似反应的其他合同相比，要求较少的初始净投资，在未来某一日期结算"的金融工具或其他合同，包括远期合同、期货合同、互换合同和期权合同，是与基础金融工具相对应的一种特殊金融工具。变量为非金融变量的，该变量不应与合同的任何一方存在特定关系。根据前述定义，衍生金融工具派生于基础产品或基础变量，其价格取决于基础产品价格或基础变量数值的变动。基础产品或基础变量包括了债券、股票、商品、利率、汇率和某种指数等十分广泛的内容。

#### （二）衍生工具的特征

衍生工具的特征可以从不同的角度进行分析。根据衍生金融工具的内在属性，结合我国企业会计准则的界定，金融衍生工具具有跨期性、杠杆性、风险性、多功能性、联动性和"零和"性等多种特征。

1. 跨期性

衍生工具是为了规避或防范未来价格、利率、汇率等变化的风险而创设的合约。交易双方通过对利率、汇率、股价等因素变动趋势的预测，现在约定在未来某一时间按照一定条件进行交易或选择是否交易。无论是哪一种金融衍生工具，都会影响交易者在未来一段时间内或未来某时点上的现金流量。

2. 杠杆性

衍生工具具有以小博大的功能。可以借助占合约标的物市场价值很低比例的金额作为保证金，或者支付合约标的物市场价值一定比例的权益费，就可以获得与标的物市场价值相当的合约标的物在未来的交易权限。

3. 风险性

衍生工具交易价格的变化要受较多因素的影响，而且具有显著的不确定性，成因复杂。该不确定性往往会给衍生工具的交易者带来风险。无论是衍生工具的买方或者卖方，都要承受未来价格、利率、汇率等波动带来的风险。

4. 多功能性

衍生工具不仅具有套期保值的功能，还有价格发现、投机套利或投资的功能。套期保值是衍生工具的最主要功能，也是衍生工具产生和发展的真正动力。最早出现的远期合约这一衍生工具，就是为满足农产品的交易双方为了规避未来价格波动风险的需要而创设的。此外，衍生工具在客观上还具有预测价格的功能，同时也为交易者提供了投机的机会与套利的空间。

5. 联动性

由于衍生工具是基于基础金融产品或基础变量衍生出来的，因此基础金融产品或基础变量的价值变动，也会影响金融衍生工具的价值变动。

## 二、衍生金融工具的分类

### （一）按交易方法与特点分类

衍生金融工具按不同的交易方法与特点，可以分为远期合约、期货合约、期权合约和互换合约。其中，远期合约，特别是商品远期合约是衍生工具的始祖，期货合约、期权合约及互换合约等其他衍生工具都是在商品远期合约的基础上产生和发展的。

1. 远期合约

远期合约简称远期，是指合约双方同意在将来某一特定日期按照事先约定的产品价格、汇率、利率或股票价格等，以预先确定的方式，买卖约定数量的某种商品或金融工具的合约。远期合约规定了将来交换的资产、交换的日期、交换的价格和数量，合约条款因合约双方的需要不同而不同。根据标的资产的不同，远期合约还可以分为商品类远期合约和金融类远期合约，本章主要介绍金融类远期合约。

2. 期货合约

期货合约简称期货，是指交易双方在有组织的交易所内，通过公开竞价的方式达成协议，约定在未来的某一特定时间交割标准数量特定商品或金融工具的合约。期货合约实质上就是在期货交易所内进行交易的标准化远期合约。根据期货合约标的资产的不同，期货可以分为商品期货和金融期货，本章主要介绍金融期货。

3. 期权合约

期权合约简称期权，是指潜在有利的情况下，以约定的价格买入或者卖出某种商品或金融工具或放弃这种交易的权利。根据持有方权利的不同，期权可分为看涨期权和看跌期权，前者也称买方期权，是赋予买方以约定的价格买入某种商品或金融工具或放弃这种交易的权利，后者称卖方期权，是赋予卖方以约定的价格卖出某种商品或金融工具或放弃这种交易的权利；根据执行合约时间的不同可以分为美式期权和欧式期权，前者可以在有效期内任一时间点行使权力，而后者只有在到期日方可行权。实际上，期权就是一种支付成本获得可以用于交易的有利于自己的选择权。

4. 互换合约

互换合约简称互换，是指交易双方按照事先约定的条件，互相交换未来现金流量的一种合约。实践中较为常见的有利率互换合约和货币互换合约，前者是同种货币资金的不同种类利率之间的交换合约，后者是指两种货币之间的交换合约，通常是两种货币资金的本金交换。此外，还有股权互换、信用违约互换等互换合约。相对其他衍生金融工具，互换合约更适合于长期资本的避险和管理，并且能够充分利用交易双方的比较优势，使市场资源得到了更有效的配置。

**（二）按交易风险对称性分类**

根据现有交易的制度安排，不同的衍生金融工具，交易双方承担的风险具有不同的特点。按交易双方未来承担风险的对称性，可以分为风险对称的衍生工具和风险不对称的衍生工具。

1. 风险不对称的衍生工具

风险不对称的衍生工具是指合约履行中一方拥有选择权，另一方只能被动接受的衍生工具。通常情况下有期权及期权的变形如认股权证、可转换债券等衍生工具。期权等的购买方有权选择是否履行合同，另外一方只能接受期权购买方的任何选择，也就是说期权购买方只有权利没有义务，期权的卖出方只有义务没有权利。但风险不对称的衍生工具的买入方需要预先支付成本，以获得消除风险的相应权利，买入方需要收取费用，为承担义务提供前提。

2. 风险对称的衍生工具

风险对称的衍生工具是指交易双方地位平等，合约履行中任何一方都没有优先选择权的衍生工具。交易双方的风险收益对称，交易双方都负有在将来某一日期按照一定条件进行交易的义务，如远期合约、期货合约、互换合约等。通常情况下，风险对称的衍生工具持有方不需要预先获得选择权，与交易对手完全处于交易平等的状态。

**（三）按照交易对象的构成分类**

衍生工具自从出现以来就一直处于不断创新之中，交易对象的构成内容也日趋复杂。根据交易对象的构成内容，可将衍生工具分为普通衍生工具和复杂衍生工具。

1. 普通型衍生工具

普通型衍生工具也称第一代衍生工具，即指远期合约、期货合约、期权合约及互换合约等衍生工具。这些衍生工具的结构与定价方式已基本标准化和市场化。而且交易单位也仅仅限于单一的远期合约、期货合约、期权合约或互换合约等衍生工具。

2. 复合型衍生工具

复合型衍生工具也称复杂衍生工具，它将各种普通型衍生工具组合在一起，形成一种特殊的衍生工具。复合型衍生工具大多是银行专门为满足客户的特殊需要或出于自身造市获利、推销包装等目的，根据金融市场的走势，运用数学模型进行推算而设计的。由于复合型衍生工具的内部结构较为复杂，通常被视为一种"知识产权"而不向外界透露，因而其价格与风险都难以从外部加以判断与分析。

**（四）按照交易场所分类**

衍生金融工具交易可以在不同的场所进行交易。根据交易场所的不同，可分为场内交易衍生工具和场外交易衍生工具。

**1. 场内交易衍生工具**

场内交易衍生工具是指在交易所的场内交易市场上进行集中竞价交易的衍生工具。场内交易的衍生工具，标准化程度比较高。

**2. 场外交易衍生工具**

场外交易衍生工具是指在交易所场内交易市场以外的市场（柜台市场）上分散进行交易的衍生工具。场外交易的衍生工具，特色化程度通常较高。

通常情况下，交易所交易的衍生金融工具都是经过专门设计的，品种都较为有限，而且场内交易和场外交易的衍生工具品种和相应的交易制度安排也存在较大的差异（见表8-1）。

表8-1　　　　　　　　　　　　场内交易与场外交易比较

| 项目 | 场内交易衍生工具 | 场外交易衍生工具 |
| --- | --- | --- |
| 交易场所 | 交易所场内 | 交易所以外 |
| 交易品种 | 期货、期权 | 远期、互换 |
| 交易规则 | 交易所统一制定 | 规则交易双方自定 |
| 交易方法 | 公开竞价 | 双方议价 |
| 交易合同 | 事先制定标准的统一格式 | 没有标准的统一格式 |
| 保证金 | 有 | 通常无，以信用为保证 |

## 三、衍生工具交易的目的

衍生金融工具交易的主要目的是规避风险和价格发现，但在实践中这一功能可以发挥不同的作用，交易者也可能基于不同的目的持有和参与衍生金融工具交易。一般的交易目的有套期、套利和投机等几个方面，对应的交易分别为套期交易、套利交易和投机交易。

**（一）套期交易**

套期交易（hedge）是基于套期目的而进行的交易。根据 CAS No. 24，套期是指为了管理外汇风险、利率风险、价格风险、信用风险等特定风险引起的风险敞口，指定金融工具为套期工具，以使套期工具的公允价值或现金流量变动，预期抵销被套期项目全部或部分公允价值或现金流量变动的风险管理活动。按照 CAS No. 24，根据套期工具和被套期项目之间关系的不同，套期交易可以分为公允价值套期、现金流量套期和境外经营净投资套期三种类型。其中境外经营净投资套期涉及了公允价值套期及现金流量套期。

### （二）套利交易

套利交易（arbitrage）是基于同一市场不同衍生工具的价格差异，或同一衍生工具在不同市场的价格差异，以直接获取利益为目的而进行的交易。套利交易中通常是买入一种衍生工具的同时卖出另一种不同的衍生工具，或者在两个市场同时买进和卖出同一种衍生工具。通常情况下，套利交易是基于实现计算进行的，交易前要计算损益，因而风险较小。

### （三）投机交易

投机交易（speculation）是基于某种衍生金融工具的价格变化，以直接获取利益为目的进行的交易。即预测某种衍生金融工具价格的预期变化，通过买进卖出某种衍生工具，或"买空""卖空"某种衍生工具进而获取差价收益的交易。实际上，衍生工具的投机交易与一般商品交易中的投机活动没有太大的差别，当市场行情看涨时买入衍生工具，当市场行情看跌时卖出衍生工具。当时机成熟时再进行对冲平仓。通常情况下，投机交易是基于预期和假设进行的，要预计未来价格的变化，因而风险较高。

## 第二节 套期交易及其会计方法

### 一、套期交易及其类型

#### （一）套期交易的概念

前已述及，套期交易是指为了对外汇风险、利率风险、价格风险、信用风险等特定风险引起的风险敞口（risk exposure）进行控制，确定某种金融工具为套期工具，使套期工具公允价值或现金流量变动，抵销被套期项目全部或部分公允价值或现金流量变动风险的活动。

风险敞口也称风险暴露，是指没有加以管理和控制的风险。企业生产经营活动和投资活动中面临的风险内容比较多，每种风险敞口都可能影响企业经营的稳定性，加大企业经营业绩的波动，特别是可能给企业的收益带来影响。比如，外汇汇率变化可能使企业难以预计未来收回的外币债权可以兑换的本币金额，或使偿还的外币贷款需要支付的本币成本发生变动；利率波动可能使企业难以预计借出资金可能收到的利息以及借入资金需要支付的利息，而且市场利率的变动也可能导致企业持有的某些资产的公允价值发生变化；资产价格的变化可能更难以预计未来的收入或可能支付的成本；信用变化可能使企业难以预计债权的可收回性、收回的金额及时间。当然，对特定企业来说，汇率、利率、价格及信用既可能发生有利的变化，也可能发生不利的变化，但企业最为关注的是不利的变化。因为不利的变化将给企业收益带来负面影响，因而需要通过套期交易来控制可能的风险，以抵销或降低不利变化给企业收益带来的负面影响。

通常情况下，某种商品的期货价格与现货价格的走势基本一致，但随着合约到期日的临近，期货市场的价格与现货市场的价格将逐渐趋于一致。当期货的交割价格固定的情况下，现货市场价格的变化，将影响二者之间的差额，进而影响期货合约的价值。对于期货的卖方来说，现货市场价格上涨，将使期货合约的价值降低，对于买方，情况刚好相反。其他金融工具也有类似的特征。套期正是基于这样的原理设计的。

**（二）套期交易的类型**

根据 CAS No. 24，套期交易可按照套期关系，即套期工具与被套期项目之间的不同关系，分为公允价值套期、现金流量套期和境外经营净投资套期。

1. **公允价值套期**

公允价值套期是指对公允价值变动风险敞口进行的套期，而且风险源于已确认资产、负债、尚未确认的确定承诺，或这些项目组成部分的公允价值变动。其中尚未确认的确定承诺是指不符合会计确认的条件，但必须要履行的义务，如企业与其他企业签订的未来以确定价格购买某种商品的合同。如果商品的市价低于合同约定价，履行该合同将导致企业丧失潜在的收益，反之，企业将获得潜在的收益。

根据企业会计准则确认和计量的一般要求，源于资产、负债、尚未确认的确定承诺，或这些项目组成部分的公允价值变动，将会影响企业的损益或其他综合收益。但影响其他综合收益的情形，仅限于企业对指定为以公允价值计量且其变动计入其他综合收益的非交易性权益工具投资的公允价值变动风险敞口进行的套期。

2. **现金流量套期**

现金流量套期是指对现金流量变动风险敞口进行的套期，而且这些风险源于已确认资产、负债、极有可能发生的预期交易，或这些项目组成部分的现金流量变动。根据企业会计准则确认和计量的一般要求，源于资产、负债、极有可能发生的预期交易，或这些项目组成部分的现金流量变动，将影响企业的损益。

3. **境外投资净投资套期**

境外经营净投资套期是指对境外经营净投资外汇风险敞口进行的套期。境外经营净投资是指企业在境外经营净资产中的权益份额。该种套期主要考虑对境外投资可能因汇率变动而给企业带来的风险。境外经营净投资套期中的被套期风险是指境外经营的记账本位币与母公司的记账本位币之间的折算差额。

## 二、套期工具与被套期项目

套期交易实际就是为了适应风险管理策略需要，对套期工具和被套期项目进行匹配，以构成套期关系的过程。因此套期工具与被套期项目是套期交易中最重要的两个项目。

**（一）套期工具及其指定**

1. **套期工具及其特征**

套期工具是指企业为进行套期而指定的、其公允价值或现金流量变动预期可以抵销被套期项目公允价值或现金流量全部或部分变化的金融工具。套期工具既可以是衍生工具，也可以是非衍生工具，但并非所有衍生工具均可以作为套期工具，而且只有极少数非衍生工具可以作为套期工具。套期工具必须具备要求的特征，否则，不能被指定为套期工具。

（1）公允价值能够可靠地予以计量。无论是衍生金融工具还是非衍生金融工具，只有公允价值能够可靠地予以计量，否则不是合格的套期工具。在活跃市场上没有报价的权益工具投资，以及与该权益工具挂钩，并须通过交付该权益工具进行结算的衍生金融工具，由于其公允价值难以可靠地计量，不能作为套期工具。企业自身的权益工具既非企业的金融资产也非金融负债，因而也不能作为套期工具。企业自身权益工具既不是企业的金融资产也不是企业的金融负债，因而也不能作为套期工具。

（2）潜在损失低于被套期项目潜在利得。无论何种工具，只有潜在损失低于被套期项目的潜在利得，能够有效对冲被套期项目的风险，才符合套期工具的条件。如果金融工具的公允价值或现金流量变动难以抵销被套期项目公允价值或现金流量变化，就不能作为套期工具。如企业卖出的期权就不能被卖出方指定为套期工具，因为对期权卖出方来说，不管是看涨期权或看跌期权，其潜在收益仅仅限于期权费，但潜在的损失可能很大，容易出现得不偿失的情况。当然，企业买入的期权就可以被买入方指定为套期工具，因为对期权买入方来说，不管是看涨期权或看跌期权，其潜在损失仅仅限于期权费，但潜在收益可能很大，不会出现得不偿失的情况。

（3）符合套期会计方法的应用条件。套期会计方法是指在相同的会计期间将套期工具和被套期项目公允价值变动的抵销结果计入当期损益的方法。根据现行的套期会计方法，只有涉及报告主体之外的其他主体的金融工具才能作为套期工具进行会计处理。报告主体是相对的，企业、企业集团、企业集团成员，甚至提供分部会计信息的分部均可以是报告主体。但不管何种报告主体，只有涉及相应主体之外其他主体的金融工具，才符合套期会计方法的应用条件。如果报告主体是企业，只有涉及企业之外其他主体的金融工具，才能运用套期会计方法进行处理；如果报告主体是企业集团，也只有涉及集团外其他主体的金融工具，也才能运用套期会计方法进行处理。

通常情况下，只有衍生金融工具才符合套期工具的特征，但并非所有的衍生金融工具均符合套期工具的特征。另外，在对外汇风险进行套期等极少数情况下，也可以将非衍生金融资产或非衍生金融负债作为套期工具。

2. 套期工具的指定

企业在确立套期关系时，应当指定套期关系，根据具体情况将符合前述条件的金融工具整体或部分指定为套期工具，其中部分指定又有结构指定、组合指定、部分指定等具体情形。被指定的套期工具可以对特定的被套期项目进行套期，也可以对一组被套期项目进行套期。

（1）套期工具的整体指定。所谓整体指定就是将某项金融工具整体指定为套期工具。由于企业通常将单个金融工具作为一个整体，采用公允价值对其进行计量，所以一般情况下，一旦指定某种金融工具为套期工具，就要将其整体纳入指定的范围，对其整体进行会计确认和计量。但特殊情况除外，如外汇风险套期中的非衍生金融资产或非衍生金融负债只考虑与外汇风险有关的成分。

（2）套期工具的要素指定。所谓要素指定是指将某项金融工具的某一结构要素指定为套期工具。大多数金融工具的价值构成具有多元性，而且存在不同的结构要素。如果不同结构要素可以单独计量，而且与套期成本密切相关，为便于提高套期关系的有效性，可以将其进行分拆，指定相关部分为套期工具。

①期权价值结构分析。由于期权价格等于内在价值与时间价值之和，企业可以将其价值拆分为内在价值和时间价值，只将期权的内在价值变动指定为套期工具。期权的内在价值也称内涵价值，是指合约标的物的即期价格与行权价格之差所带来的收益。

看涨期权内在价值 = 标的物当前价格 – 标的物行权价

看跌期权内在价值 = 标的物行权价 – 标的物当前价格

通常情况下，只有实质期权才存在内在价值。所谓实质期权是指行权价格低于标的物当前价格的看涨期权，或行权价格高于标的物当前价格的看跌期权，反之，则称虚值期权。如果二者相等，则称平值期权。虚值期权和平值期权的内在价值均为零。

期权时间价值，也称外在价值，是指期权价格与内在价值之差额，即期权购买方为购买期权而支付的期权费超过期权内在价值的那部分价值。期权时间价值与期权计量日至到期日的时间长短有关，期权时间价值随着到期日的临近而逐渐减少，期权到期日的时间价值为零。期权时间价值反映了期权交易期间的时间风险和价格波动风险。

期权时间价值 = 期权价格 – 期权内在价值

当仅指定期权的内在价值变动为套期工具时，与期权时间价值相关的公允价值变动被排除在套期有效性评估之外，从而能够提高了套期的有效性，因为时间价值会因为时间的变化而降低，不能作为套期工具。

②远期合同要素结构分析。由于影响远期合同价值变化的因素较多，既有远期合约标的物的远期价格与现货之间的差额，即远期合同的即期要素，也有标的物的种类、数量，以及交割结算日期等因素，即远期合同的远期要素。根据现行企业会计准则，企业可以将远期合同的远期要素和即期要素分开，只将即期要素的价值变动指定为套期工具，以提高套期的有效性。

③金融工具的基差分析。基差是指某一特定商品在某一特定地点的现货价格与同种商品期货价格之差，通常用现货价格减去期货价格后的金额来表示。由于现货价格和期货价格都是波动的，在期货合同的有效期内，基差也是波动的。另外，现货市场可以随时进行交易，但期货不可能随时交割，因此，两个价格通常不会出现在同一时间。除非特别说明，期货价格通常是指距现货价格确定时间最近的月份的期货价格。影响基差的因素较多，从现货价格来看，主要是成本和供求关系，从期货价格来看，主要有金融工具距离交割时间的长短、持有成本的变动、货币政策的变化和市场参与者的预期等。基差可以是正数也可以是负数，这主要取决于现货价格是高于还是低于期货价格。现货价格高于期货价格，则基差为正数。

作为基差的一种，外汇期货基差是外汇在某一时间、地点的现汇价格和期汇价格之间的差额。对于金融工具，外汇基差对套期保值有重要影响，但同时也会给套期保值合约数量的选择带来困扰，企业可以将金融工具的外汇基差单独分拆，只将排除外汇基差后的金融工具指定为套期工具，进而提高套期的有效性。

（3）套期工具的组合指定。所谓组合指定，是指企业可以将两项或两项以上金融工具全部或其一定比例的组合指定为套期工具，包括组合内的金融工具形成风险头寸相互抵销的情形。

（4）套期工具的部分指定。所谓部分指定，是指企业可以将符合套期工具的金融工具的一定比例指定为套期工具，而不是该金融工具的全部。但不可以将套期工具剩余期限内某一时段的公允价值变动部分指定为套期工具。

（5）套期工具指定的特殊情形。企业通常将单项套期工具指定为对一种风险进行套期。但是，如果套期工具与被套期项目的不同风险敞口之间有具体对应关系，则一项套期工具可以被指定为对一种以上的风险进行套期。

### （二）被套期项目

1. 被套期项目及其特征

被套期项目是指公允价值或现金流量变动使企业面临风险，且被指定为被套期对象的、能够可靠计量的项目。包括已确认资产或负债、尚未确认的确定承诺、极可能发生的预期交易以及境外经营净投资。尚未确认的确定承诺是指尚未在资产负债表中确认的，在未来某特定日期或期间，以约定价格交换特定数量资源、具有法律约束力的协议；极可能发生的预期交易是指尚未承诺，但预期会发生的交易。是否属于极有可能发生，企业应当结合之前发生的频率、企业从事此项交易的能力及资源保证等因素进行综合评估；境外经营净投资是指企业在境外经营净资产中的权益份额，包括长期股权投资、企业无计划也无可能在可预见的未来会计期间结算的长期外币货币性应收项目和贷款。境外经营包括企业在境外的子公司、合营安排、联营企业或分支机构，也包括企业在境内但记账货币与企业不同的子公司、合营安排、联营企业或分支机构。

可以作为被套期项目的内容比较多，但根据套期实践和相关的会计处理要求，只有具备规定特征的项目，才能作为被套期项目。

（1）公允价值或现金流量变动会带来被套期风险。所谓被套期风险是指如果不通过套期工具进行套期，其公允价值或现金净流量变动就会给企业的收益带来不确定性，特别是带来损失。被套期风险主要表现为对企业本期或未来期间的损益或其他综合收益产生影响，特别是不利影响，包括外汇风险、利率风险、商品价格风险、股票价格风险等内容。

（2）风险能够具体识别和单独计量。被套期风险不能辨认和单独计量的项目都不宜作为被套期项目。通常情况下，被套期风险能具体辨认和单独计量具体表现为相关项目或项目组合产生的公允价值或现金流量变动能够单独予以计量，而且导致这种变化的原因能够具体识别，并且可以通过套期予以部分或全部抵销。当然，是否可以具体辨认和单独计量，应当依据相应的会计准则进行分析，如固定资产毁损风险等一般经营风险就不能作为被套期风险，与购买另一个境内企业的确定承诺相关的风险也不能作为被套期项目。

（3）公允价值或现金流量能够可靠予以计量。套期会计关注的是公允价值或现金流量及其变化，因此，作为被套期项目，其公允价值或现金流量应当能够可靠地予以计量。根据现行会计实践，不要求采用公允价值进行后续计量的项目一般都不宜作为被套期项目，如对境内联营企业、合营企业或子公司的长期股权投资，由于不确认公允价值变动，因而不宜作为被套期项目。

（4）符合套期会计应用的条件。与套期工具类似，只有与企业或企业集团之外的对手方之间交易形成的资产或负债、尚未确认的确定承诺或极可能发生的预期交易才能被指定为被套期项目，也只有与企业集团之外的对手方签订的合同才能被指定为套期工具。集团内主体之间的交易，可以运用套期会计，但在合并财务报表层面不得运用套期会计。

另外，投资性主体与其子公司之间的交易，可以运用套期会计。集团内部交易形成的货币性项目的汇兑收益或损失，不能在合并财务报表中全额抵销的，可将该货币性项目的外汇风险指定为被套期项目。集团内部极可能发生的按照外币计价的预期交易，在外汇风险影响合并损益的情况下，可以在合并财务报表层面将该外汇风险指定为被套期项目。

2. 被套期项目的指定

（1）被套期项目的单项指定。所谓单项指定就是将某项确认资产或负债、尚未确认的确定承诺、极可能发生的预期交易以及境外经营净投资等单个项目整体指定为被套期项目。由于会计实践中通常是以这些项目的整体为对象进行计量或附注说明的，所以一般情况下，一旦指定上述某个项目为被套期项目，就要将其整体纳入指定的范围，对其整体进行会计确认和计量。

（2）被套期项目的组合指定。所谓组合指定，是指将两个或两个以上已确认资产或负债、尚未确认的确定承诺、极可能发生的预期交易以及境外经营净投资同时指定为被套期项目。当企业基于风险管理的需要对一组项目进行组合管理时，组合中的每一个项目都具备被套期项目应当具备的特征，该项目即可指定为被套期项目。项目组合可能因风险相互抵销的项目而形成风险净敞口，也可能因不存在相互抵销的项目而形成风险总敞口，只有当企业出于风险管理目的以净额为基础进行套期时，风险净敞口才符合运用套期会计的条件。另外，当将形成风险净敞口的一组项目指定为被套期项目时，应当将构成该净敞口的所有项目的项目组合整体指定为被套期项目。

（3）被套期项目的部分指定。所谓部分指定，是指将已确认资产或负债、尚未确认的确定承诺、极可能发生的预期交易以及境外经营净投资单个项目一部分或者项目组合的一部分指定为被套期项目。被指定的部分通常称为项目组成部分，包括导致的公允价值或现金流量变动小于整体公允价值或现金流量变动的部分，通常只反映所属项目整体面临的某些风险，或一定程度的风险，而不是全部风险。如果企业仅为了对特定风险成分进行套期，而不是为了对被套期项目整体公允价值或现金流量变动进行套期，允许对风险成分进行指定，使企业能够更灵活地界定被套期风险。当然，基于同样的原理，企业还可以对指定的一项或多项现金流量等项目进行套期。

（4）被套期项目指定的特殊情形。企业可以将具备被套期项目特征的风险敞口与衍生工具组合形成的汇总风险敞口指定为被套期项目。

## 三、套期关系的评估

### （一）套期关系及有效性

1. 套期关系

所谓套期关系，是指套期工具和被套期项目之间的关系。只有当企业的风险管理策略将这两个要素有机地连接起来，才构成一项套期关系。通常情况下，套期关系应当仅仅由具备相应特征的套期工具和被套期项目所组成。

另外，套期关系的确立应当通过正式的程序。套期关系中的套期工具和被套期项目必须由企业正式指定，而且有关于套期关系、企业从事套期风险管理策略和风险管理目标的书面文件，这些文件至少载明了套期工具、被套期项目、被套期风险的性质以及套期有效性的评估方法、套期无效部分产生的原因分析以及套期比率确定的方法等内容。

2. 套期有效性

套期有效性是指套期工具的公允价值或现金流量变动能够抵销被套期风险引起的被套期项目公允价值或现金流量变动的程度。只有被套期项目和套期工具之间的关系符合规定的条件，相应的套期关系才符合套期有效性要求。

（1）被套期项目和套期工具之间存在经济关系。在面临相同被套期风险的情况下，套期工具的价值与被套期项目的价值发生方向相反的系统性变动。因为套期的目的就是要使套期工具公允价值或现金流量变动，抵销被套期项目全部或部分公允价值或现金流量变动风险。因此，套期工具的价值与被套期项目的价值发生方向相反变动是套期有效的重要条件。

（2）被套期项目和套期工具经济关系产生的价值变动中，信用风险的影响不占主导地位。因为套期工具和被套期项目所产生的利得和损失能够相互抵销是套期有效的重要基础，如果信用风险对套期工具和被套期项目价值的影响超过一定程度，可能会主导相关价值的变动，使两者之间相互抵销的程度变得不规律，甚至影响抵销的效果。因为信用风险对套期工具和被套期项目的价值生产的影响可能不同。

（3）套期关系的套期比率应当等于被套期项目实际数量与套期工具实际数量之比。套期比率（hedge ratio）也称套期保值比率，是指被套期项目风险敞口与套期工具价值的比率，是风险管理中的一个重要统计变量，反映了套期工具价值变动抵销被套期项目价值变动的程度。被套期项目和套期工具的性质不同，其数量的计量方式也不尽相同，但不管如何计量，套期关系的套期比率一般应当与从风险管理角度而设定的套期比率相同。

**（二）套期有效性评估**

所谓有效性评估，是指在套期开始日及以后期间对套期关系进行持续评价，以确定是否符合套期有效性要求，并对套期剩余期限内预期将影响套期关系的套期无效部分产生的原因进行分析的活动。企业至少应当在资产负债表日及相关情形发生的重大变化将影响套期有效性要求时对套期关系进行评估。

通常情况下，套期工具和被套期项目公允价值或现金流量变动难以完全抵销，因而会出现套期无效部分，即套期工具公允价值或现金流量变动与被套期项目公允价值或现金流量变动之间的差额。套期无效部分的形成源于多方面的因素，套期工具和被套期项目的计量货币、到期时间、内含利率或权益指数变量、交易对手的不同都可能产生套期的无效部分。另外，套期工具在套期开始时的公允价值不等于零也会出现套期的无效部分。

此外，在有效性评估中，还应当基于企业的风险管理策略，计算被套期项目的价值变动，确定被套期项目和套期工具之间是否存在经济关系。

### （三）套期关系再平衡

所谓套期关系再平衡，是指企业基于套期有效性评估的结果，对已经存在的套期关系中被套期项目或套期工具的数量进行调整，从而使套期比率重新满足套期有效性要求的活动。当套期比率的原因使得套期关系不再符合套期有效性要求，但基于该套期关系的风险管理目标没有改变的情况下，企业应当对套期关系再进行平衡。因此，企业在对套期关系进行再平衡时，首先应当就调整前的套期无效部分加以确认，并对套期剩余期限内预期将影响套期关系的套期无效部分产生原因进行重新分析，以反映原因的最新变化。

当套期工具和被套期项目之间关系发生的变动能通过调整套期比率得以弥补时，套期关系就可以通过再平衡得到延续，否则再平衡不能促使套期关系得到延续。当然，如果套期工具的公允价值或现金流量变动对被套期项目的公允价值或现金流量变动抵销程度的变化属于围绕套期比率的正常波动，只需对套期无效部分进行确认和计量，而无须做出再平衡。只有这种抵销程度的变化表明套期比率不再能够恰当反映套期工具与被套期项目之间的关系，才需要对套期关系进行再平衡。

### （四）套期关系终止

如果套期关系不再满足套期风险管理目标或再平衡之后不符合套期会计条件，企业必须终止套期关系。如果企业风险管理目标发生变化，导致套期关系不再满足风险管理目标，或套期工具已到期、被出售、合同终止或已行使，或被套期项目与套期工具之间不再存在经济关系，或被套期项目和套期工具经济关系产生的价值变动中，信用风险的影响开始占主导地位，或套期关系不再满足运用套期会计方法的其他条件，企业都应当终止套期关系

对于套期关系的终止，企业应当采用未来适用法，从不再满足套期会计条件或风险管理目标之日起终止运用套期会计。通常情况下，企业不得撤销指定并终止一项继续满足套期风险管理目标并在再平衡之后继续符合套期会计条件的套期关系。

# 第三节　套期交易的确认和计量

## 一、公允价值套期

所谓公允价值套期，是指将套期工具和被套期项目二者产生的损益同时计入当期损益，一盈一亏对冲，达到套期保值的目的套期。如果套期工具和被套期项目双方产生的利得或损失均可以确认和计量，而且按照归属的会计期间相同，即可采用公允价值套期。公允价值套期主要适用于对现有资产、负债，或现有资产、负债可辨认部分公允价值变动风险进行套期。此外，对尚未确认的确定承诺中可辨认部分的公允价值变动风险进行的套期也适用于公允价值套期。

**（一）公允价值套期的确认与计量**

1. **套期关系的初始计量**

套期关系一旦成立即需要进行相应的会计处理，并根据套期工具和被套期项目的具体情况进行相应的会计处理。

（1）被套期项目的初始计量。当被套期项目为已经确认的资产或负债时，应当确认相应的被套期项目。如果被套期项目是资产或其组成部分，应按其账面价值借记"被套期项目"科目，贷记相关资产科目。如果资产已经计提了坏账准备、跌价准备或减值准备的，相应的资产准备也需要一同结转；如果被套期项目是负债或其组成部分，应按其账面价值借记相关的负债科目，贷记"被套期项目"科目。

（2）套期工具的初始计量。当套期工具是已经确认的衍生工具、以公允价值计量且其变动计入当期损益的非衍生金融资产或金融时，应当根据其性质按照其账面价值，借记或贷记"套期工具"科目，贷记或借记"衍生工具"，"交易性金融资产"等科目。如果不需要支付成本就可以取得的套期工具，套期工具公允价值初始金额一般为零，没有相关的账务需要处理。

2. **套期关系的后续计量**

在套期关系的存续期间，应当根据被套期项目和套期工具公允价值的变动情况，于资产负债表日确认相应的套期损益。如果需要进行再平衡的，还要进行专门的处理。

（1）被套期项目的后续计量。资产负债表日，根据被套期项目因被套期风险敞口形成的利得，借记"被套期项目"科目，贷记"套期损益"科目，但若被套期项目为以公允价值计量且其变动计入其他综合收益的非交易性权益工具投资，应当贷记"其他综合收益——套期损益"科目。被套期项目因被套期风险敞口形成损失则应作相反的会计分录。

被套期项目科目期末借方余额反映企业被套期项目形成的资产，贷方余额反映企业被套期项目形成的负债。

（2）套期工具的后续计量。套期工具的后续计量与被套期项目的后续计量基本相同。资产负债表日按照套期工具产生的利得，借记"套期工具"科目，贷记"套期损益"科目。但若套期工具为以公允价值计量且其变动计入其他综合收益的非交易性权益工具投资，应当贷记"其他综合收益——套期损益"科目。套期工具产生损失作相反的会计分录。

套期工具科目期末借方余额反映套期工具形成资产的公允价值，贷方余额反映企业套期工具形成负债的公允价值。

3. **套期关系的终止确认**

当套期关系不符合继续存在的条件时，需要同时终止被套期项目和套期工具的确认，并结转套期所形成的资产或负债。

（1）被套期项目的终止确认。套期关系一旦终止确认，相关的资产或负债便不再作为被套期项目进行核算，应当按照被套期项目形成的资产或负债，借记或贷记有关科目，贷记或借记"被套期项目"科目。但具体应当结合被套期项目的具体内容进行处理。

（2）套期工具的终止确认。一旦终止确认，相关的金融资产或金融负债一般不再作为套期工具进行核算，应当将其转出，按照套期工具形成的资产或负债，借记或贷记有关科目，贷记或借记"套期工具"科目。

另外，如被套期项目为尚未确认的确定承诺，存续期间因被套期风险引起的公允价值累计变动应当确认为一项资产或负债，计入被套期项目，相关的利得或损失应当计入各相关期间的损益。当履行确定承诺而取得资产或承担负债时，应当调整该资产或负债的初始确认金额。

**（二）对已确认的资产或负债套期**

企业已确认的资产或负债可以通过套期交易减轻甚至抵销其价值的变动给企业盈利带来的不确定性影响。套期工具有较多的选择，这里以期货为套期工具进行分析，即在期货市场买进或卖出与现货市场交易品种、数量相同，但方向相反的合同。用一个市场的盈利来抵补另一个市场的亏损，从而达到规避风险的目的。多数情况下，对于已经确认的项目进行套期保值的反方向交易，理解起来有一定难度。一般认为，担心现货市场价格上涨或下跌，说明企业未来将在现货市场上买入或卖出相应的已确认项目。为了实现套期保值，未来需要有可以在期货市场上卖出或买入以现货市场相关已确认项目为标的物的期货，也就是说，现在就应当买入或卖出相应的期货。

对已确认资产进行套期，需要对公允价值变动风险进行控制的资产均可以作为被套期项目，通过套期减轻或消除公允价值变动风险。但不同的资产，可供选择的套期工具不尽相同。通常情况下，对于持有以备出售的存货，由于抵销公允价值下跌，可以预先卖出期货或签订远期协议。

【例8-1】甲公司2020年1月1日持有某商品1 000台，成本为180万元，公允价值总额为200万元，预计在未来2个月内销售。为避免该商品售价下跌，该企业决定于2020年1月1日卖出该商品期货。假定期货合同标的资产与该批商品的商品数量、品质和产地均相同；商品存货与商品期货合同存在经济关系，而且经济关系产生的价值变动中信用风险不占主导地位，套期比率也反映了套期的实际数量。2020年1月31日商品的公允价值为198万元，期货的公允价值为2元；2020年2月28日商品的公允价值为197元，期货公允价值为3元。假设不考虑交易手续费、交割费用、相关税费及结算制度的影响。相关会计处理如下：

1月1日，指定该商品期货为被套期项目，即：

借：被套期项目　　　　　　　　　　　　　　　　　　　　　　1 800 000
　　贷：库存商品　　　　　　　　　　　　　　　　　　　　　　　　1 800 000

由于不计相关税费，因此期货合约没有支付任何成本，公允价值为零，因而当日不需要进行会计处理。

1月31日，确认套期工具的公允价值变动，即：

借：套期工具　　　　　　　　　　　　　　　　　　　　　　　　20 000
　　贷：套期损益　　　　　　　　　　　　　　　　　　　　　　　　20 000

同时，确认被套期项目公允价值变动，即：

借：套期损益 20 000
　　贷：被套期项目 20 000

2月28日，确认套期工具的公允价值变动，即：

借：套期工具 10 000
　　贷：套期损益 10 000

同时，确认被套期项目公允价值变动，即：

借：套期损益 10 000
　　贷：被套期项目 10 000

确认商品销售收入1 970 000元，收入收到，存入银行。

借：银行存款 1 970 000
　　贷：营业收入 1 970 000

结转成本1 770 000元。

借：营业成本 1 770 000
　　贷：被套期项目 1 770 000

结算期货合同，收到款项30 000元，即：

借：银行存款 30 000
　　贷：套期工具 30 000

如果企业持有可能中途转让的固定利率债券，市场利率变化可能导致其公允价值产生波动，企业也可以签订利率互换协议，将固定利率债券换为浮动利率债券。市场利率上升，债券的公允价值会下跌，但可以从互换协议得到利息差额的补偿。反之，互换协议产生利息额支出，但债券投资公允价值也会上升。

【例8-2】甲公司2019年12月31日按面值购入面值1亿元，票面利率3.42%，按季付息，2020年12月31日到期的固定利率证券。该企业与交易对手签订名义金额1亿元的1年期利率互换合约，并将其指定为套期工具，对该1亿元固定利率证券进行套期，以抵销由于市场利率变动产生的公允价值变动风险。起息日为2020年1月1日，企业按季支付固定利率利息，同时按季收取浮动利率利息并按季重置浮动利率。假设不考虑证券的信用风险。其他相关资料如下：

（1）套期工具2020年每个季度末重置的浮动利率分别为5.1%、3.6%、3.2%及3.1%；公允价值变动分别为15万元、-65万元、23万元和29万元。

（2）被套期项目2020年3月31日和6月30日公允价值变动分别为-13万元和65万元。

（3）到2020年7月1日，企业的风险管理目标发生了变化，导致套期关系已经不再满足运用套期会计的条件。

甲公司的相关会计处理如下：

2019年12月31日购入债券时：

借：其他债权投资——成本 100 000 000
　　贷：银行存款 100 000 000

同时：

借：被套期项目　　　　　　　　　　　　　　　　100 000 000
　　贷：其他债权投资——成本　　　　　　　　　　　　　100 000 000

2020 年 3 月 31 日开始按季确认债券利息，即：

借：应收利息　　　　　　　　　　　　　　　　　　855 000
　　贷：利息收入　　　　　　　　　　　　　　　　　　　855 000

借：银行存款　　　　　　　　　　　　　　　　　　855 000
　　贷：应收利息　　　　　　　　　　　　　　　　　　　855 000

由于利率风险引起了公允价值的变化，因而实际利率也相应发生了变化，所以每期的实际利率及相关数据都要重新进行计算（见表8 - 2），计算方法就是测算使投资项目净现值为零的折现率，这个折现率就是实际利率。

表 8 - 2　　　　　　　　　　　　甲公司实际利率计算表　　　　　　　　　　单位：万元

| 时间 | 期初摊余成本 | 实际利率（%） | 实际利息 | 现金流入 | 本期摊销 | 调整前摊余成本 | 调整金额 | 调整后摊余成本 |
|---|---|---|---|---|---|---|---|---|
| 3 月 31 日 | 10 000 | 3.42 | 85.5 | 85.5 | 0 | 10 000 | - 13 | 9 987 |
| 6 月 30 日 | 9 987 | 3.59 | 89.6 | 85.5 | 4.1 | 9 991.1 | 65 | 10 056.1 |
| 9 月 30 日 | 10 056.1 | 2.29 | 57.8 | 85.5 | - 27.7 | 10 096.1 |  | 10 028.4 |
| 12 月 31 日 | 10 028.4 | 2.28 | 57.1 | 10 085.5 | - 28.4 |  |  |  |

由于套期工具利率高于被套期项目利率，根据互换协议甲公司应当从交易对手收取 10 000 × (5.1% - 3.42%)/4 = 42（万元）的利息差额，即：

借：银行存款　　　　　　　　　　　　　　　　　　420 000
　　贷：利息收入　　　　　　　　　　　　　　　　　　　420 000

确认利率互换（套期工具）公允价值变动金额，即：

借：套期工具　　　　　　　　　　　　　　　　　　150 000
　　贷：套期损益　　　　　　　　　　　　　　　　　　　150 000

确认被套期项目公允价值变动金额，即：

借：套期损益　　　　　　　　　　　　　　　　　　130 000
　　贷：被套期项目　　　　　　　　　　　　　　　　　　130 000

2020 年 6 月 30 日，确认债券投资利息收入，收到债券利息，即：

借：应收利息　　　　　　　　　　　　　　　　　　855 000
　　被套期项目　　　　　　　　　　　　　　　　　　41 000
　　贷：利息收入　　　　　　　　　　　　　　　　　　　896 000

借：银行存款　　　　　　　　　　　　　　　　　　855 000
　　贷：应收利息　　　　　　　　　　　　　　　　　　　855 000

由于套期工具利率高于被套期项目利率，根据互换协议甲公司应当向交易对手收取 10 000 × (3.6% - 3.42%)/4 = 4.5（万元）的利息差额，即：

借：银行存款 45 000

　　贷：利息收入 45 000

确认利率互换（套期工具）公允价值变动金额：

借：套期损益 650 000

　　贷：套期工具 650 000

确认被套期项目公允价值变动损益

借：被套期项目 650 000

　　贷：套期损益 650 000

2020年7月1日终止套期关系，即：

借：其他债权投资——本金 100 000 000

　　　　　　　　——利息调整 561 000

　　贷：被套期项目 100 561 000

借：套期工具 500 000

　　贷：衍生工具 500 000

之后将其他债权投资和衍生工具按照正常的业务进行会计核算即可，其中，衍生工具可以按照投资交易进行处理。

2020年9月30日，确认证券投资利息收入，收到债券利息，即：

借：应收利息 855 000

　　贷：利息收入 578 000

　　　　其他债权投资——利息调整 277 000

借：银行存款 855 000

　　贷：应收利息 855 000

由于套期工具利率低于被套期项目利率，根据互换协议甲公司应当向交易对手支付 $10\,000 \times (3.42\% - 3.2\%)/4 = 42$ （万元），即：

借：投资收益 55 000

　　贷：银行存款 55 000

确认利率互换公允价值变动金额，即：

借：衍生工具 230 000

　　贷：公允价值变动损益 230 000

2020年12月30日，确认债券投资利息收入，收到债券利息，即：

借：应收利息 855 000

　　贷：利息收入 571 000

　　　　其他债权投资——利息调整 284 000

借：银行存款 100 855 000

　　贷：应收利息 855 000

　　　　其他债权投资——成本 100 000 000

由于套期工具利率低于被套期项目利率，根据互换协议甲公司应当向交易对手支付 $10\,000 \times (3.42\% - 3.1\%)/4 = 42$ （万元）。

借：投资收益                80 000

  贷：银行存款                 80 000

确认利率互换的公允价值变动金额，即：

借：衍生工具                290 000

  贷：公允价值变动损益            290 000

### （三）对未确认的确定承诺套期

未确认的确定承诺实际上是未来必须履行的一项义务，因不符合会计确认的标准而未在财务报表中得到反映，属于表外负债。但这项义务的金额也会随着市场和环境的变化而变化，使得企业面临不确定性。企业可能存在较多的未确认的确定承诺，也有较多的套期工具可供选择。以远期外汇为例，在现汇市场上签订买进或卖出外汇的同时，在远期外汇市场卖出或买进与现汇币种相同、金额相同的远期合同，用一个市场的盈利来抵补另一个市场的亏损，从而达到规避风险的目的。

【例8-3】甲公司记账本位币是人民币，2020年6月3日与境外某公司签订了一项设备购买合同，7月31日需要支付设备价款和运费100万美元。为了控制汇率变化可能带来的风险，设备购买合同签订当日该企业签订了一项6月3日以6.875元人民币的汇率购买100万美元的远期外汇合同作为套期工具。关税、增值税在进口环节以人民币缴纳，不包括在被套期项目内，其他资料见表8-3。

表8-3          甲公司套期工具指标变动情况表

| 日期 | 7月31日到期的远期汇率 | 外汇远期合同公允价值变动 | 外汇远期合同公允价值 |
| --- | --- | --- | --- |
| 6月3日 | 6.875 | — | 0 |
| 6月30日 | 6.887 | 12 000 | 12 000 |
| 7月31日 | 6.915 | 28 000 | 40 000 |

甲公司的相关会计处理如下：

6月3日，由于设备购买合同为未确认的确定承诺，不进行会计处理，套期工具公允价值为零。不进行会计处理。

6月30日，确认被套期项目和套期工具的价值变化。首先，计算被套期项目的价值变化，即1 000 000×（6.875-6.887）=-12 000（元），即如果不进行套期，按照资产负债表日汇率计算将损失12 000元。

借：套期损益                12 000

  贷：被套期项目               12 000

其次计算套期工具的公允价值变动，即1 000 000×（6.887-6.875）=12 000（元），即与资产负债表日汇率相比，按约定远期汇率计算将获得12 000元的收益。

借：套期工具                12 000

  贷：套期损益               12 000

7月31日，与6月30日相同，确认被套期项目和套期工具的价值变化。首先，计算被套期项目的价值变化 $1\,000\,000 \times (6.887 - 6.915) = -28\,000$（元），即如果不进行套期，按照资产负债表日汇率计算将再损失 28 000 元。

借：套期损益           28 000

  贷：被套期项目         28 000

其次计算套期工具的公允价值变动 $1\,000\,000 \times (6.915 - 6.887) = 28\,000$（元），即与资产负债表日汇率相比，按约定远期汇率计算将再获得 28 000 元的收益。

借：套期工具           28 000

  贷：套期损益          28 000

最后，设备到货，假设直接投入使用。按当日 6.915 的汇率购买人民币，即买即付，另外按人民币金额的 10% 和 13% 计算缴纳关税和增值税。

借：固定资产          7 606 500

  应交税费——增值税      898 950

  贷：银行存款         8 505 450

同时：

  借：被套期项目         40 000

    贷：固定资产        40 000

按公允价值转让远期合约，即：

  借：银行存款          40 000

    贷：套期工具        40 000

## 二、现金流量套期

现金流量套期是指对现金流量变动风险敞口进行的套期。与公允价值套期不同，现金流量套期规避的是未来现金流量风险，即未来现金流量的不确定性给企业带来的影响。由于是现金流量套期而非价格风险，需要将套期工具产生的利得或损失进行递延，延期至被套期项目预期未来现金流量对损益产生影响的同一期间或多个期间。即将套期工具产生的利得或损失暂时计入其他综合收益，待被套期项目产生的现金流量影响损益时，才将其他综合收益转入损益，以实现对冲，进而达到套期保值的目的。按照一般会计核算要求，套期工具和被套期项目产生损益的时间不一致时，即可采用现金流量套期。

### （一）现金流量套期的确认与计量

1. 套期关系的初始计量

（1）被套期项目。现金流量套期中的未来现金流量变动主要源于与已确认的资产或负债以及很可能发生的预期交易有关的特定风险，如浮动利率债务的未来利息支付、预期商品买卖产生的现金收付。这些现金流量变动会在未来影响企业的损益。

现金流量套期主要适用于目前没有确定，但未来极可能发生的预期交易进行的套期，因而通常情况下不存在被套期项目的初始计量问题。

确定承诺的外汇风险套期应该作为哪一种套期存在争议。美国财务会计准则公告要求将其作为公允价值套期处理，而国际会计准则和我国 CAS No. 24 认为，将其作为公允价值套期或者现金流量套期处理均可，因为确定承诺的外汇风险对被套期项目的现金流量和公允价值都有影响。如果是对确定承诺的外汇风险进行套期，由于确定承诺初始没有价值，因此，通常情况下也不存在被套期项目的初始计量问题。

另外，对于已确认的资产或负债既可以采用现金流量套期，也可以采用公允价值套期，但与公允价值套期规避价格风险不同，现金流量套期主要针对与资产或负债相关的预期交易产生的现金流量进行套期，因而也不存在被套期项目的初始计量问题。

（2）套期工具。套期工具为已确认的衍生工具、以公允价值计量且其变动计入当期损益的非衍生金融资产或非衍生金融负债的，应当按照其账面价值，借记或贷记"套期工具"科目，贷记或借记"衍生工具"、"交易性金融资产"等科目。

2. 套期关系的后续计量

（1）被套期项目。根据前述现金流量套期的适用范围，只有被套期项目产生现金流量时才涉及后续计量问题，而且通常情况下不需要改变被套期项目。

（2）套期工具。套期工具产生利得的，借记"套期工具"，将套期有效部分的变动额作为现金流量套期储备金额，贷记"其他综合收益——套期储备"等科目，按照套期工具产生的利得与储备金额之间的差额，即无效套期部分的变动额，计入当期损益，贷记"套期损益"科目。套期工具产生的损失作相反会计分录。

所谓套期有效部分，是指在套期工具产生的损益变动中，可用于抵销被套期项目现金流量变动的金额。套期有效部分为自套期开始日计算的套期工具累计损益与被套期项目预计未来现金流量现值累计变动额中的较低者。套期工具产生的损益变动扣除计入其他综合收益套期储备项目后的余额即为套期无效部分。如果套期工具产生的损益变动小于被套期项目现金流量变动，则不存在套期无效部分。例如自套期开始以来被套期项目预计未来现金流量现值累计变动额为 85 万元，如果套期工具累计损益为 92 万元，则套期有效部分为 85 万元，套期无效部分为 7 万元；如果套期工具累计损益为 82 万元，则套期有效部分为 82 万元，不存在套期无效部分。

当期形成的套期储备在以后会计期间根据不同的情况进行会计处理。如果被套期项目是预期交易，且该交易随后被确认一项非金融资产或非金融负债（如购买原材料），或非金融资产或非金融负债的预期交易形成一项适用于公允价值套期会计的确定承诺时（如购买其他债权投资时），应将其转出，计入该资产或负债的初始确认金额。属于其他情形的，应在被套期的预期现金流量影响损益的相同期间，计入当期损益。

如果套期储备金额是一项损失，且该损失预计在未来会计期间不能弥补的，应当将预计不能弥补的部分转出，计入当期损益。

3. 套期关系的终止

现金流量套期终止运用套期会计时，累计现金流量套期储备金额，应当分情况进行处理。如果被套期的未来现金流量预期仍然会发生，累计套期储备应当予以保留，按照套期关系后续计量的规定进行会计处理；如果被套期的未来现金流量预期不再发生，累计套期储备应当转出，计入当期损益；如果被套期的未来现金流量可能仍然会发生，累计套期储备也应当予以保留，按照套期关系后续处理规定进行会计处理。

**（二）对预期交易的套期**

现金流量套期主要适用于预期交易的套期。当企业存在极有可能发生的预期交易，虽然交易尚未发生，仍然可以对未来可能发生的预期交易进行套期，避免未来交易产生损失。

【例8-4】甲公司2019年1月5日预期，将在2019年6月30日向外销售某商品1 000吨，商品销售价格按销售日的实际价格结算，预计不含税售价1 100元/吨。为规避与该项预期销售有关的现金流量变动风险，2019年1月5日，公司与某金融机构签订了一项商品期货合同，且将其指定为对该预期商品销售的套期工具。商品期货合同的标的物与公司所销售商品在数量、质次、产地上完全一致。商品期货合同的结算日和预期商品销售日均为2019年6月30日。其他资料如下：

2019年1月5日，商品期货合同的公允价值为零，商品的预期销售价格为1 000元/吨。

2019年3月31日，商品期货合同的公允价值上涨了6万元，预期销售价格下降了60元/吨。

2019年6月30日，商品期货合同的公允价值上涨了40 000元，预期销售价格下降了40元/吨。当日，甲公司将甲商品销售，同时将衍生工具结算。

假定不考虑相关税费，甲公司的账务处理如下：

（1）2019年1月5日，甲公司签订衍生工具合同时，因公允价值为零，不需要进行账务处理，但需要做备查记录。

（2）2019年3月31日，确认套期工具的公允价值变动6万元，与被套期项目现金流量变动6万元一致，即套期工具自套期开始的累计利得或损失与被套期项目自套期开始的预计未来现金流量现值的累计变动额一致，因此将套期工具公允价值变动全部作为现金流量套期储备计入其他综合收益，即：

借：套期工具——商品期货合同　　　　　　　　　　　　　　　60 000
　　贷：其他综合收益——套期储备　　　　　　　　　　　　　　　60 000

（3）2014年6月30日，确认套期工具的公允价值变动4万元，与被套期项目现金流量变动4万元一致，即套期工具自套期开始的累计利得或损失与被套期项目自套期开始的预计未来现金流量现值的累计变动额一致，因此也将套期工具公允价值变动全部作为现金流量套期储备计入其他综合收益，即：

借：套期工具——商品期货合同　　　　　　　　　　　　　　　40 000
　　贷：其他综合收益——套期储备　　　　　　　　　　　　　　　40 000

按照销售单价（1 100-60-40）确认商品销售收入100万元。假设销售该商品为公司的主营业务，该商品适用增值税率为13%，款项已经收到，则：

借：银行存款　　　　　　　　　　　　　　　　　　　　　1 130 000
　　贷：主营业务收入　　　　　　　　　　　　　　　　　　　1 000 000
　　　　应交税费——增值税（进项税额）　　　　　　　　　　　130 000

同时，结算期货合同，即：

借：银行存款　　　　　　　　　　　　　　　　　　　　　　100 000

  贷：套期工具——商品期货合同          100 000

将现金流量套期储备金额转出，调整增加主营业务收入，即：

  借：其他综合收益——套期储备        100 000

    贷：主营业务收入           100 000

### （三）对确定承诺的外汇风险套期

前已述及，由于确定承诺的外汇风险对被套期项目的现金流量和公允价值都有影响，因此，根据我国 CAS No. 24 的规定，既可以采用公允价值套期，也可以采用现金流量套期。

【例 8-5】接〖例 8-3〗假设甲公司对确定承诺的外汇风险，采用现金流量进行套期，其他条件相同。有关分析如下：

6 月 3 日，由于设备购买合同为未确认的确定承诺，不进行会计处理；套期工具公允价值为零。不进行会计处理。

6 月 30 日，确认套期工具利得，同时确认套期储备 $100 \times (6.887 - 6.875) = 1.2$（万元），即：

  借：套期工具              12 000

    贷：其他综合收益——套期储备      12 000

7 月 31 日，与 6 月 30 日相同，确认套期储备，即 $100 \times (6.915 - 6.887) = 2.8$（万元），即：

  借：套期工具              28 000

    贷：其他综合收益——套期储备      28 000

最后，设备到货，假设直接投入使用。按当日 6.915 的汇率支付人民币兑换美元用于支付设备价款，另外按人民币金额的 10% 和 13% 计算缴纳关税和增值税，即：

  借：固定资产             7 606 500

    应交税费——增值税         898 950

    贷：银行存款           8 505 450

同时，结转套期储备，冲减设备价款，即：

  借：其他综合收益——套期储备       40 000

    贷：固定资产            40 000

最后，按公允价值转让远期合约，即：

  借：银行存款             40 000

    贷：套期工具            40 000

## 三、境外经营净投资套期

境外经营净投资套期是指对境外经营净投资外汇风险敞口进行的套期。境外经营是指企业设立的，使用的记账本位币与设立主体使用的记账本位币不相同的境内外子公司、合营安排、联营企业或分支机构等组织机构，但通常为境外组织机构。境外经营净投资是指企业在境外经营净资产中享有的权益份额，根据我国 CAS No. 24 的规定，如果企业在可预见的未来会计期间既无计划也无可能结算的长期外币货币性应收项目，也应当视同实质构成境外经营净投资的组成部分。由于企业和境外经营的记账本位币不同，如果企业在境外经营净资产中享有的权益份额最终将被收回，为了控制汇率变动带来的风险可以进行套期。

**（一）境外经营净投资套期的确认与计量**

长期股权投资一般不能在公允价值套期中作为被套期项目，因为长期股权投资不能采用公允价值进行后续计量。但境外经营净投资的相关套期指定针对的是外汇风险，而不是境外经营净投资的公允价值变动风险，所以长期股权投资可以作为被套期项目。由于被套期项目产生损益的时间与套期项目产生损益的时间通常不能在同一会计期间匹配，因此境外经营净投资套期与现金流量套期在会计处理上具有相同之处，我国CAS No. 24 也要求按照类似于现金流量套期的规定处理。

1. 套期关系的初始计量

（1）被套期项目。理论上看，套期开始时应当按照本币账面价值与当日汇率的乘积将长期股权投资转为被套期项目，即借记"被套期项目——境外经营净投资"科目，贷记"长期股权投资"等科目。但由于长期股权投资项目在公司财务报表上并不会被调整，而且现金流量套期一般不涉及被套期项目，套期开始日也可以不用确认被套期项目，不需要将长期股权投资转为被套期项目。

（2）套期工具。套期工具来源不同，会计处理也不尽相同。通常情况下，如果用作套期工具的衍生工具是专门设计的，而且不存在初始成本，也不发生现金流出，其初始计量金额为零。如果套期工具为已确认的衍生工具、以公允价值计量且其变动计入当期损益的非衍生金融资产或非衍生金融负债的，应当按照其账面价值，借记或贷记"套期工具"科目，贷记或借记"衍生工具""交易性金融资产"等科目。

2. 套期关系的后续计量

（1）被套期项目。现金流量套期的后续计量一般不涉及被套期项目，但因被套期项目为外币计量的长期股权投资，因而需要对长期股权投资按照计量日的汇率进行重新计量，以确定其价值变动。如果长期股权投资因为汇率变动产生利得的，借记"被套期项目——境外经营净投资"科目，贷记"其他综合收益——外币报表折算差额"科目；如果长期股权投资产生损失的，则作相反的会计分录。

（2）套期工具。套期工具后续计量形成的利得或损失应当分别确定，其中，属于套期有效的部分，确认为所有者权益，计入其他综合收益，借记或贷记"套期工具"科目，同时贷记或借记"其他综合收益——套期储备"科目；属于无效套期的部分，确认为当期损益，借记或贷记"套期工具"，贷记或借记"套期损益"。如果套期储备金额是一项损失，且该损失预计在未来会计期间不能弥补的，应当将预计不能弥补的部分转出，计入当期损益。

套期有效部分是指在套期工具产生的损益变动中，可用于抵销被套期项目现金流量变动额的金额，即自套期开始日计算的套期工具累计损益与被套期项目预计未来现金流量现值累计变动额中的较低者，与现金流量套期计算相同。

3. 套期关系的终止确认

全部或部分处置境外经营时，计入其他综合收益的套期工具利得或损失应当相应转出，计入当期损益。由于境外经营净投资套期按规定应当按照类似于现金流量套期会计的要求处理，因而其套期关系终止的会计处理与现金流量套期的相关会计处理相同。

**（二）对境外长期股权投资的套期**

根据 CAS No. 24 的规定，境外经营净投资不仅包括投资境外的长期股权投资，还包括近期无计划也没有可能结算的长期外币货币性应收项目，但一般情况下，外币长期股权投资居多。

【例 8 - 6】甲公司记账本位币为人民币，2018 年 10 月 1 日，甲公司在其境外某子公司有一项 1 000 万美元的境外经营净投资额。为规避汇率变动给境外经营净投资带来的外汇风险（见表 8 - 4），甲公司与某境外金融机构签订了一项外汇远期合同作为套期工具，约定于 2019 年 4 月 1 日卖出 1 000 万美元。甲公司每季度对境外净投资余额进行检查，且依据检查结果调整对净投资价值的套期。

表 8 - 4　　　　　　　　　　甲公司套期工具指标变动情况表

| 日期 | 即期汇率 | 远期汇率 | 远期合同公允价值（万元） |
|---|---|---|---|
| 2018 年 10 月 1 日 | 7.06 | 7.02 | 0 |
| 2018 年 12 月 31 日 | 7.00 | 6.95 | 58 |
| 2019 年 3 月 31 日 | 6.92 | 6.92 | 65 |

甲公司的相关会计处理如下：

2018 年 10 月 1 日，当日签订远期合约，不需支付成本，远期合约的公允价值为零，不进行会计处理。也可以将长期股权投资 1 000 × 7.06 = 7 060（万元）转为被套期项目，即：

借：被套期项目——境外经营净投资　　　　　　　　　　　　70 600 000
　　贷：长期股权投资　　　　　　　　　　　　　　　　　　　　70 600 000

2018 年 12 月 31 日，确认汇率变动对被套期项目的影响，即 1 000 × 7 - 7 060 = -60（万元）：

借：其他综合收益——汇兑差额　　　　　　　　　　　　　　600 000
　　贷：被套期项目——境外经营净投资　　　　　　　　　　　　600 000

同时，确认远期合同公允价值变动 58 万元，即：

借：套期工具——远期外汇合同　　　　　　　　　　　　　　580 000
　　贷：其他综合收益——汇兑差额　　　　　　　　　　　　　　580 000

由于被套期项目累计公允价值变动大于套期工具累计产生的现金流量变动，所以不存在套期无效部分，不需要进行会计处理。

2019 年 3 月 31 日，确认汇率变动对被套期项目的影响，即 1 000 × (6.92 - 7.00) = -80（万元）：

借：其他综合收益——汇兑差额　　　　　　　　　　　　　　800 000
　　贷：被套期项目——境外经营净投资　　　　　　　　　　　　800 000

同时，确认远期合同公允价值变动 65 - 58 = 70（万元），即：

借：套期工具——远期外汇合同 700 000

贷：其他综合收益——汇兑差额 700 000

由于被套期项目累计公允价值变动大于套期工具累计产生的现金流量变动，所以不存在套期无效部分，不需要进行会计处理。

2019 年 4 月 1 日以净额结算外汇远期合同，即：

借：银行存款 650 000

贷：套期工具 650 000

同时将长期股权投资转回，即：

借：长期股权投资 70 480 000

贷：被套期项目 69 200 000

其他综合收益 1 280 000

到此保值结束，可继续进行保值，本期长期股权投资有 12 万元损失没有得到保值。套期保值期间，境外经营净投资中套期工具形成的利得在其他综合收益中列示，直至境外经营被处置。

# 第九章
# 衍生工具其他交易

## 第一节　远期交易及其会计处理

### 一、远期交易及其特点

#### （一）远期交易的概念

远期交易（forward transaction）是指买卖双方签订远期合同，规定在未来某一时期进行交易的一种交易方式。用于交易的资产称为标的资产或基础资产；约定的标的资产交割时间称为到期日；约定的交易价格称为交割价格；承诺在到期日以交割价格买入标的资产的一方为多头，而承诺在到期日以交割价格卖出资产的一方为空头。远期合约根据标的资产的不同，可以分为商品远期交易和金融远期交易。

金融远期交易是远期合约交易中最重要的构成内容。由于金融远期合约能够满足银行等专业机构的需要，在 20 世纪七八十年代国际金融市场价格出现大幅度波动后，金融远期交易得到了迅速的发展，显示出强大的生命力，在现代国际金融市场上发挥的重要作用至今仍是其他衍生金融产品无法替代的。

#### （二）远期交易的特点

根据远期市场交易的规则，结合远期市场交易的实践，不管是商品远期交易还是金融远期交易，都具有共同的特征。

（1）交易合约的非标准化。金融远期合约的内容是根据交易双方的需要而特别制定的，合约的交易对象、数量、价格、交割时间和其他交易条件都是由交易双方协商决定，没有统一的标准和限制。因此，金融远期合约的交易对象就是合约的标的物，但是达成交易的成本相对较高，由于不易找到合适的转让者，流通性也较差。

（2）交易场所的非固定化。金融远期交易没有统一的交易场所和清算机构，主要在银行之间或者银行与企业之间进行，个人和小公司参与交易的机会较少，相对于交易所交易，这种场外交易，也被称为柜台交易。

（3）交易保证金的灵活化。除了银行对小客户收取一点保证金外，绝大多数金融远期合约均无须缴纳保证金，合约到期的履行取决于交易双方的信用，因此信用风险较大。

（4）实物交割的普遍化。由于金融远期合约流通性较差，通常 90% 以上的合约要按照约定的时间进行实物交割，这与期货合约大多在交割日之前进行对冲截然不同，这也使远期合约的投机程度相对较低，交易的活跃程度有限。

此外，金融远期的交割价格具有非常重要的作用，它直接决定了金融远期在某个时点的价值。在签订金融远期合约并确定交割价格时，合约双方所认定的自身权利与义务相等，即交易双方确定的交割价格应当使得该合约的价值为零。交易双方无须任何成本就可以进入远期合约，成为多头方或空头方。从合约签订到合约到期的这段时间内，合约的价值是由标的资产市场价格决定。若标的资产的价格上涨，则远期合约多头方的价值由零变为正值，而空头方的价值由零变为负值；若标的资产的价格下降，则多头的价值由零变为负值，空头的价值由零变为正值。

## 二、金融远期交易的类型

按照标的物的不同，金融远期交易还可以进一步分为远期外汇合约交易、远期利率合约交易和远期股票合约交易等。其中交易最为活跃的是远期外汇交易和远期利率交易。

### （一）远期外汇合约交易

远期外汇合约交易是指双方约定在将来某一时间按约定的汇率买卖一定金额某种外汇的合约交易。远期外汇交易除了用于规避汇率变动可能给交易者带来的风险，也常被银行用于平衡远期外汇头寸。当银行出现远期外汇"超卖"或"超买"的情况，事实上就是承担了进出口商或其他远期外汇交易者转嫁来的风险。面对这种情况，银行也会根据"超卖"或"超买"形成的头寸，通过远期外汇交易抛售或买进远期外汇，平衡远期外汇头寸，规避汇率变动可能给银行带来的风险。

此外，远期外汇交易还可以用于投机或投资。如果预计现汇汇率将下跌，或预计的交割时的现汇汇率低于交割汇率时，企业可以签订卖出外汇的远期外汇合约，交割时从现汇市场买入外汇来履行交割义务，从而赚取价差。如果预计现汇汇率将上升，或预计交割时的现汇汇率高于交割汇率时，则将交割获得的外汇在现汇市场卖出，从而赚取差价。

【例9-1】甲公司预计未来现汇市场外汇汇率将上升，便与某银行签订远期售汇协议，约定在未来某一特定日期以1美元兑换7.10元人民币的汇率，向银行买入100万美元。如果未来现汇市场外汇汇率确实上升了，变为1美元兑换7.25元人民币的汇率，甲公司将履行协议，按较低汇率买入的100万美元按较高汇率卖出，进而赚取价差。当然外汇汇率也可能下跌，从而产生损失。

### （二）远期利率合约交易

远期利率合约交易是指买卖双方同意从未来某一商定的时期开始，在未来某一特定时期内按协议利率借贷一笔数额确定，以具体货币表示的名义本金的合约。

远期利率协议可以看作交易双方达成的在未来某个时间按照事先约定的固定利率进行借贷款的协议，但是交易双方并不进行贷款本金的实际交付，本金只是一种用于计算利息的名义本金，双方交付的只是利息差额，所交付的利息差额也是以贴现方式在约定期间开始日支付的。远期利率交易的主要目的在于规避利率变动可能给交易者带来的风险，也可以用于投资或投机。

如果企业预计未来市场利率将上升，企业与某银行签订了一份远期利率协议，向银行借入一定名义金额的款项，并确保起息日的协议贷款利率低于预计的市场利率，如果起息日的市场利率高于协议贷款利率，企业将从银行获得基于借款金额和利率差计算的补偿，反之企业则按相同的原理计算向银行提供补偿。

【例 9-2】甲公司预计未来 3 个月内市场利率将上升，该公司与银行签订了一份远期利率协议，按银行远期利率报价"3×9，7.6% ~7.8%"，贷款 1 000 万元。即协议期限为 3 个月，期满后开始计算利息，计息期限为 6 个月，远期存款利率为 7.6%，远期贷款利率为 7.8%。如果在 3 个月协议期内，贷款市场利率确实高于 7.8%，银行将向公司支付按市场利率与协议利率的差额计算的，本金为 1 000 万元的，期限为 6 个月，按市场利率折现的补偿。当然，贷款市场利率也可能发生相反的情况，从而给 A 公司带来损失。

### （三）远期股票合约交易

远期股票合约交易是指交易双方约定，在将来某一特定的日期按约定的价格买卖一定数量某只股票或一揽子股票的交易。这种交易与远期外汇交易相似，协议包括了交易的股票名称，交易的数量，交易的结算日期，在结算日的特定价格及双方违约责任。实践中交易规模不大，股票回购中经常使用这种方法，风险极高。

21 世纪初，一些美国公司由于对本公司股票价格的走势过于乐观，采用远期股票的形式制定公司的股票回购协议，承诺在特定日期以特定的价格回购公司股票，回购价格远远高于协议达成时的市场价格，希望以此向市场传递对本公司的信心，因而也就没有采取相应的保护措施。远期股票合约到期时股票价格下跌，公司损失巨大[①]。

## 三、金融远期交易的会计处理

### （一）远期外汇交易的会计处理

远期外汇交易是远期金融交易的重要内容。企业持有和进行远期外汇交易的主要目的包括投资获利和套期保值。除了将远期外汇作为套期工具以外，衍生工具一般都应该归类为交易性金融资产或金融负债，按照交易性金融资产或金融负债的核算规则进行会计处理。本部分主要介绍将远期外汇作为套期工具以外的交易的会计处理问题。

（1）签订合约时的处理。由于不存在费用支出，也没有发生实际交易，因此不存在会计处理的问题，但一般应当建立备查账簿进行相应的登记。

（2）交割日前的会计处理。按照资产负债表日远期汇率与协议汇率之间的变动额，计算合约公允价值的变动额，计入公允价值变动损益，同时计入衍生工具。所谓资产负债表日远期汇率，是指资产负债表日银行公布的与协议约定交割同日的远期汇率。资产负债表日可以是月度资产负债表日、季度资产负债表日或年度资产负债表日，根据企业会计核算的安排来确定。变动额通常需要折现。

（3）交割日的会计处理。交割日按协议约定的汇率进行外汇交割。如果卖出远期

---

① 2002 年 9 月 27 日《华尔街日报》报道，美国电子数据系统公司由于被迫回购其 544 万股股票，几个月之内便损失 1 亿美元，包括以每股 60 美元价格回购了当时交易价格仅为 17 美元的大量股票。

外汇，按实际收到的记账本位币金额借记"银行存款"（本币账户），按实际卖出的外币与中间汇率的乘积贷记"银行存款"（外币账户），按实际收到的记账本位币金额与基于交割日的银行买入汇率计算的金额之间的差额借记或贷记"投资收益"，按基于交割日的银行买入汇率计算的金额与基于交割日的银行中间汇率计算的金额，贷记"财务费用"，同时将衍生工具转为投资收益。

【例9-3】甲公司2018年9月1日与某银行签订远期售汇协议，约定在2019年1月1日以1美元兑换7.10元人民币的汇率，向银行卖出100万美元。企业每年年末进行一次账项调整。相关会计处理如下：

2018年9月1日：不进行会计处理，将合约情况在备查账簿进行登记。

2018年12月31日：需要查询银行当日公布的交割日在2020年1月1日的远期汇率。假定经查询该汇率为1美元兑换7.20元人民币。则甲公司获得了 $100 \times (7.20 - 7.10) = 10$（万元）的收益，假定年折现率为8%，则公允价值变动为 $100\,000 \div (1 + 8\%) = 92\,592.59$（元），会计分录为：

借：衍生工具——公允价值变动　　　　　　　　　　　　　92 592.59
　　贷：公允价值变动损益　　　　　　　　　　　　　　　　92 592.59

2019年1月1日：假定当日银行的买入汇率为1美元兑换6.99元人民币，卖出汇率为1美元兑换7.13元人民币，但甲公司实际收到人民币710万元，实际支付美元按记账汇率计算706万元；实际交割汇率与当日银行买入汇率的不同形成的差额为投资收益 $= 100 \times (7.10 - 6.99) = 11$（万元）；记账汇率与银行买入汇率的不同形成的差额为财务费用 $= 100 \times (7.06 - 6.99) = 7$（万元）。会计处理为：

借：银行存款　　　　　　　　　　　　　　　　　　　7 100 000
　　财务费用　　　　　　　　　　　　　　　　　　　　　70 000
　　贷：银行存款——美元（100万美元）　　　　　　　7 060 000
　　　　投资收益　　　　　　　　　　　　　　　　　　　110 000

同时：

借：投资收益　　　　　　　　　　　　　　　　　　　92 592.59
　　贷：衍生工具——公允价值变动　　　　　　　　　　92 592.59

如果买入远期外汇，按实际收到的外币与中间汇率的乘积借记"银行存款"（外币账户），按实际支付的记账本位币金额贷记"银行存款"（本币账户），按实际支付的记账本位币金额与基于交割日的银行卖出汇率计算的金额之间的差额借记或贷记"投资收益"，按基于交割日的银行卖出汇率计算的金额与基于交割日的银行中间汇率计算的金额，贷记"财务费用"。

**（二）远期利率交易的会计处理**

远期利率协议交易也是金融远期交易的重要品种。远期利率合约最初是作为利率管理的工具出现的。20世纪80年代，由于金融市场利率波动加剧，寻求规避利率波动风险的金融工具成为当务之急，1983年远期利率协议在英国伦敦诞生，给银行及其他机构提供了一种有效的利率风险管理工具。发展到今天，远期利率协议的功能也得到了拓展，除了进行利率管理，规避利率风险之外，也可以被作为一种投资的工具。

根据远期利率协议的特点，协议双方需要约定在名义本金的基础上，计算协议利率与参照利率差额对应的利息差额，并根据差额的性质由协议的一方支付给另一方。通常情况下，借款人称为买方，贷款人称为卖方。协议利率为双方在合同中约定的固定利率，参照利率是资产负债表日的市场利率，市场存款利率，通常是银行间拆放利率（Shibor）。通常情况下，应根据交易时点来确定是否进行会计处理。

（1）交易日（dealing date）。即达成交易，确定协议利率的日期。由于不存在费用支出，也没有发生实际交易，因此通常也不存在会计处理的问题，但一般应当建立备查账簿进行相应的登记。

（2）起算日。即协议开始生效的时间，一般在交易日后两个营业日，如6月29日达成品种"3×9"的协议表示，从7月1日开始算起，即起算日到结算日3个月，预期借入名义金额的期限为6个月。

（3）确定日（fixing date）。确定参照利率的日期，即以当天的利率作为参照利率。确定日通常情况下在结算日的前两个营业日。

（4）结算日（settlement date）。名义贷款的开始并进行利息计算的日期，也称起息日。结算日需要根据协议利率（$r_k$）、参照利率（$r_r$）、借贷金额即名义本金（$A$）、合约期即起算日至到期日的时间（$D$）及参考利率的计息时间（$B$）计算远期利率协议在合约期限内利息差（$I$）。据以计算利息差额的支付金额。

$$I = \frac{(r_r - r_k) \times A \times \dfrac{D}{B}}{1 + r_r \times \dfrac{D}{B}}$$

由于远期利率协议差额的支付是在协议期限的期初，即利息起算日，而不是协议的到期日。因此利息起算日所交付的差额要按参照利率贴现方式计算，在具体计算贴现金额时需要将年利率换算为贴现期利率。当$I > 0$时，即参照利率大于协议利率，由远期利率协议的卖方将利息差贴现值付给远期利率协议的买方；当$I < 0$时，即参照利率小于协议利率，则由远期利率协议的买方将利息差贴现值付给远期利率协议的卖方。收到款项时借记"银行存款"，同时确认为"交易性金融负债"，贷记衍生工具，反之则确认为"交易性金融资产"，作相反的会计分录。

如果利率上涨超过协议利率，资产负债表日需要计算自起算日以来节省的财务费用，反之则需要计算多支出的财务费用，将其确认为交易性金融资产或交易性金融负债的公允价值变动。

通常情况下，节省的财务费用或多支出的财务费用是合约期限内的利息差额扣除自资产负债表日至到期日财务费用的现值计算的。

（5）到期日（maturity date）。合约结束的日期。

【例9-4】A某公司2019年6月29日按报价"3×9，7.6%~7.8%"与某银行签订了100万元名义贷款。2019年7月1日为起算日；2019年9月29日为确定日，参照利率为8.0%；2019年10月1日为起算日；2020年4月1日为到期日。相关会计处理如下：

（1）2019年6月29日交易日：不需要进行会计处理，只需要确定协议利率和远期利率协议的品种。

（2）2019 年 7 月 1 日起算日：不需要进行会计处理。只需要确定开始计算利息的时间。

（3）2019 年 9 月 29 日确定日：只需要根据预先确定的方法确定结算日的参考利率，本例是 8.0%。

（4）2019 年 10 月 1 日结算日：进行相关的计算，并做相应的会计处理。

首先，计算合约期限内利息差额：

$I = [(8.5\% - 7.8\%) \times 1\ 000\ 000 \times (184/365)]/[1 + 8.5\% \times (184/365)] = 3\ 528.76/1.042\ 8 = 3\ 383.93$（元）

其次，进行会计处理，即由于利率上涨，A 公司收贷银行现金 3 383.93 元，会计分录为：

借：银行存款      3 383.93

    贷：衍生工具——公允价值变动      3 383.93

（5）2019 年 12 月 31 日资产负债表日需要计算合约的公允价值。一般认为，2020 年 4 月 1 日到期日支出金额是以公允价值计量的，将少支出部分的公允价值折现就是资产负债表日公允价值变动额。即：

公允价值变动损益 $= [(8.5\% - 7.8\%) \times 1\ 000\ 000 \times (90/365)]/[1 + 8.5\% \times (90/365)] = 1\ 726.03/1.021\ 0 = 1\ 690.53$（元）

相关会计处理如下：

借：衍生工具——公允价值变动      1 690.53

    贷：公允价值变动损益      1 690.53

（6）2020 年 4 月 1 日注销衍生工具，将"衍生工具——公允价值变动"转为"投资收益"。相关会计处理如下：

借：衍生工具——公允价值变动      1 693.4

    贷：投资收益      1 693.4

**（三）远期股票交易的会计处理**

远期股票交易历史不长，实践中规模也不大，因而理论和实务界探讨仍然有待深入。但根据其基本原理，相关会计处理与远期外汇会计处理的基本原理类似，不过与远期外汇相比，后续计量存在一定的难度或太多的选择。

（1）签订合约的会计处理。由于不存在费用支出，也没有发生实际交易，因此不存在会计处理的问题，但一般应当建立备查账簿进行相应的登记。

（2）交割日前的会计处理。于每个会计期末按照股票协议价与资产负债表日股票公允价值之间的差额，计算合约公允价值的变动额，确认为公允价值变动损益，同时计入衍生工具。当然，公允价值变动的确定存在一定的复杂性，因为交割日的市场价难以预先做出估计，也不宜将资产负债表日的市场交易价格作为公允价值，因为当日无交割的可能。在没有更加合理方法的情况下，也可以将资产负债表日的交易价格作为公允价值的计算基础。

（3）交割日的会计处理。交割日按协议约定的价格进行股票交割，收到的价款按照实际收到的金额进行计量，即交割价格与交易的股份数量之乘积，实际收到的金额与衍生工具之间的差额确认为投资收益。

# 第二节　期货交易及其会计处理

## 一、期货交易及其特点

### （一）期货交易的概念

期货交易（futures transaction），是指交易双方在交易所交易的，协议双方约定在将来某个日期按事先确定的条件买入或卖出一定标准数量标准化合约的行为。合约涉及的资产称为标的资产或基础资产，可以是某种商品，如矿石、金属、原油等，也可以是某种金融工具，如外汇、债券、股票等，还可以是某种指标，如股票指数、利率等。根据标的资产的不同，期货交易可以分为商品期货交易和金融期货交易。金融期货交易是买卖或转让金融期货合约的行为，源于商品期货交易，是期货交易的重要组成内容，包括外汇期货、利率期货、股指期货等十分广泛的内容。

金融期货与前述金融远期基本相同，都是在当前时刻约定未来的各交易要素。但交易机制存在较大的差异。与非标准化金融远期合约的场外交易相反，期货交易必须在交易所内进行交易，而且交易所同时还规定了强制的交易和交割制度。此外，由于金融期货是标准化合约，具有较强的流动性，绝大多数合约在到期前被平仓，到期交割的比例很小。并且还由于保证金制度的存在，金融期货具有较强的杠杆效应。所以相对于衍生金融工具早期形式的金融远期而言，金融期货具有更有效的制度、更活跃的市场和更大的投机性。

### （二）期货交易的特点

期货交易与前述的远期交易具有相同的原理，都需要在达成交易时就约定交割时间、交割地点、交割价格和交割方式等各种交易要素。但从本质上说，由于期货是标准化的远期合约，合约本身具有高度的流通性，而且通常都有较为详细的交易规则和交易机制，因此具有自身的特点。

1. 交易对象标准化

期货交易的对象通常是标准化的合约本身，而不是合约标的物。期货合约标的物的规模及其交割的时间、交割的地点、交割的价格和交割的方式都是标准化的，而且在合约上均有明确规定，无须双方再商定。合约本身的价格是期货合约的唯一变量，因而具有较强的流动性。

常见的标准期货合约条款包括了交易单位，即交易所对每个期货产品都规定了统一的数量和数量单位，统称交易单位或合约规模，但不同的交易所推出的不同期货品种，交易单位各不相同；到期时间，即交易所为推出的期货品种规定的标的物的实际交割时间；最小价格波动值即交易所规定的期货合约最小价格波动值，或称为摆动值，交易双方每次报价的价格变动必须是这个最小变动价位的整数倍；每日价格波动限制与交易中止标准；交割条款，即交易所规定的期货合约到期进行标的物交割的交割条款，如现金交割还是实物交割方式等。

2. 交易结算集中统一

期货交易需要在有组织的交易所内集中进行，有严格的交易程序和相应的交易规则。交易双方并不直接接触，通过交易所和清算机构来匹配买卖，集中交易，统一结算。第一，在期货经纪公司开户，按经纪公司的要求在银行存入保证金，并签署授权期货经纪公司买卖期货及缴付手续费的协议书；第二，发出授权经纪公司代为买卖期货合约的订单；第三，期货公司收到订单通知公司驻交易所代表，并将信息传至交易大厅的出市代表，由出市代表将客户交易指令输入计算机；第四，交易大厅出市代表将交易记录通知场外经纪人，并通知客户交易结果。

如企业不平仓，需要每天或每周定期按交易所结算价格进行结算，若账面亏损，企业需要补缴亏损额，反之，经纪公司将盈余额转给企业；若企业要平仓，也应当通过经纪公司来进行对冲交易，并将对冲后的盈亏情况通知给客户。

3. 按比例缴纳保证金

期货交易实践中制定了保证金制度与每日盯市制度。期货交易中，交易双方都必须按照买卖期货合约价值的一定比例缴纳资金，即客户保证金。客户保证金的收取比例由期货经纪公司自主确定，但不得低于交易所对会员即期货经纪公司收取的交易保证金，即会员保证金。会员保证金通常为交易合约价值的 5% ~ 10%。保证金属于客户所有，期货经纪公司通常只能代客户交存于期货交易所，用于期货交易的结算和履约保证。

我国期货交易所实行当日无负债结算制度，需要根据期货交易所公布的结算价格对交易双方的交易进行结算，计算浮动盈亏，并根据结算结果进行的资金清算和划转。浮动盈亏又称持仓盈亏，是期货投资者持仓合约随着合约价格波动所形成的潜在盈利或亏损，是反映期货交易风险的一个重要指标。如果每日结算后保证金低于期货交易所规定的保证金水平，客户应按规定补齐保证金缺口。

4. 实物交割比例低

期货交易的目的一般不是未来让渡标的资产的使用权和所有权，而是为避免风险或进行投机，因此绝大多数期货合约在到期前会选择有利时机平仓。

期货合约到期前平仓的方式一般以对冲为主，即在同一期货交易所，通过进行相反买卖操作，也就是买入或卖出相同交割月份的期货合约来清算之前卖出或买入的合约。对于合约到期前尚未对冲平仓的期货合约应当通过实物交割的形式进行平仓。交割时，先按照结算价格对冲平仓，再进行交割。在实务中，金融期货通过实物交割的方式进行平仓的情况罕见。当投资者违反相关规定时，如逾期不缴纳追加保证金等，则交易所有权对其持有的期货合约实施强制平仓。

## 二、金融期货交易的类型

按照合约标的物的不同，期货合约包括商品期货合约和金融期货合约及其他期货合约，金融期货合约是指以有价证券、利率、汇率等金融产品及其相关指数产品为标的物的期货合约。本部分主要介绍外汇期货、利率期货和股票指数期货的交易。

### （一）外汇期货交易

外汇期货交易是指交易双方在有组织的交易场所，按照交易规则，通过公开竞价系统进行竞价，买卖特定标的币种、标准化金额、已确定汇率、交割期固定外汇的标准合约的交易。也就是说，交易对象实际是合约本身，而非外汇。

我国目前尚没有推出外汇期货产品，境内也没有合法的外汇期货交易。根据国际期货市场交易的一般规则，外汇期货合约的标的是各种可自由兑换的货币，每份合约的标的物金额是固定的，但数量大小因币种而不同，如芝加哥交易所规定一份加拿大元期货合约为10万加元，一份英镑期货合约为6.25万英镑，而且不同交易所情况也不完全相同；外币与本币之间的兑换比率通常是期货合约预先确定的，不可变更。另外，交割期，即外币而非合约的实际交割时间也是合约明确规定的。目前，国际期货市场所有外汇期货合约的交割月份都是一样的，为每年的3月、6月、9月和12月。交割月的第三个星期三为该月的交割日。

买入一份外汇期货，就意味着承诺在交割日以约定的汇率，买入或卖出期货合约上约定数量的外汇。

### （二）利率期货交易

利率期货交易是指交易双方在有组织的交易场所，按照交易规则，通过公开竞价系统进行竞价，买卖某种期限固定、标准化数量、已确定利率、交割期固定的债券类证券标准化合约的交易。由于利率本身不是一种商品，因而利率期货合约的标的物通常是附有利率的各种有价证券，包括商业票据、定期存单以及国债等，其中债券期货，特别是国债期货是最为常见的利率期货。每份合约的标的物数量也是固定的，其数量因利率期货品种的不同而不尽相同，而且不同期货品种的其他相关标准也是不尽相同的，如中国金融期货交易所推出的期限为5年，年利率为3%的国债期货就规定了不同的参数标准（见表9-1）。

表9-1 利率期货标准——5年期国债期货合约

| 项目 | 标准 |
| --- | --- |
| 合约标的 | 面值为100万元人民币、票面利率为3%的名义中期国债 |
| 可交割国债 | 发行期限不高于7年、合约到期月份首日剩余期限为4~5.25年的记账式附息国债 |
| 报价方式 | 百元净价报价 |
| 最小变动价位 | 0.005元 |
| 合约月份 | 最近的三个季度（3月、6月、9月、12月中的最近三个月循环） |
| 交易时间 | 09：30~11：30，13：00~15：15 |
| 最后交易日交易时间 | 09：30~11：30 |
| 每日价格最大波动限制 | 上一交易日结算价的±1.2% |
| 最低交易保证金 | 合约价值的1% |

续表

| 项目 | 标准 |
|------|------|
| 最后交易日 | 合约到期月份的第二个星期五 |
| 最后交割日 | 最后交易的第三个交易日 |
| 交割方式 | 实物交割 |
| 交易代码 | TF |
| 上市交易所 | 中国金融期货交易所 |

根据合约标的的期限，利率期货有短期利率期货和长期利率期货之分，前者是指期货合约标的的期限不超过 1 年的各种利率期货。后者是指期货合约标的的期限在一年以上的各种利率期货。短期利率期货通常采用芝加哥国际货币市场指数（IMM）指数报价，即采用 100% 与国债收益率的差额进行报价，如果国债收益率为 6%，则该种期货的报价即为 94%，即 100 元的标的物期货，其价值为 94 元。

我国金融期货交易目前所推出的只有长期利率期货，通常采用百元净价的方式报价。百元是假定债券的面额为 100 元来进行报价，净价是指不含应计利息的价格，因而百元净价就是 100 元扣除应计利息的净额。

$$应计利息 = \frac{可交割国债票面利率 \times 100}{每年付息次数} \times \frac{第二交割日 - 上一付息日}{当前付息周期实际天数}$$

如面值为 100 万元的利率期货，报价为 95.235 万元，表示 100 元面值的价格为 95.235 元，应计利息就是 4.765 元。该合约的报价为 952 350 元。

### （三）股票指数期货交易

股票指数期货（share price index futures）是以股票价格指数为标的物的标准化期货合约，简称股指期货。股票价格指数是由当期股票价格平均值与基期股票价格平均值相比得到的，并不是一种实实在在的金融资产，无法进行实物交割，只能通过现金进行结算和交割。因此，股票指数期货交易就是交易双方在有组织的交易场所，按照交易规则达成交易，约定在未来的某个特定日期，按照事先确定的股价指数的大小，进行标的指数的买卖，到期通过现金结算差价来进行交割的交易。交易者一般都在最后交易日结束之前择机平仓，即通过一笔方向相反、数量相等的期货交易来冲抵原有的期货合约，以此了结期货交易，解除到期进行实物交割的义务。

股票指数期货为股票市场系统风险提供了有效的防范手段。因为随着交割时间的临近，股票现货价格与期货价格将逐渐趋于一致，而且股票指数期货的价格通常随股票价格同方向变动，当预计股票价格上涨，可购入股票指数期货，做多头，进而股指期货收益将冲抵股票现货交易的损失。反之，则进行相反的操作。

目前，世界主要股票指数都存在相应的股指期货交易，包括道－琼斯指数期货、标准普尔 500 种股票价格综合指数期货、金融时报指数期货、日经平均指数期货、恒生指数期货等。中国金融期货交易所已先后推出了沪深 300、中证 500、上证 50 等三种股指期货品种。虽然绝大多数股指期货均按指数点进行报价，但不同期货品种每个点的单价，即合约乘数是不尽相同的，如沪深 300 股指期货每个点 300 元、中证 500 股指期货每个点 200 元、上证 50 股指期货每个点 300 元。保证金及其他标准也因期货品种和交易所的不同而不完全相同，而且这些标准也不是一成不变的。通常情况下，除了报价和交割结算价格，每种股指期货都列出详细的标准（见表 9-2）。根据《中国金融期货交易所结算细则》，沪深 300 股指期货的交割结算价为最后交易日标的指数最后 2 小时的算术平均价。

表 9-2　　　　　　　　　股指期货标准——沪深 300 股指期货合约

| 项目 | 标准 |
|---|---|
| 合约标的 | 沪深 300 指数 |
| 合约乘数 | 每点 300 元 |
| 报价单位 | 指数点 |
| 最小变动价位 | 0.2 点 |
| 合约月份 | 当月、下月及随后两个季月 |
| 交易时间 | 上午：09：30～11：30，下午 13：00～15：00 |
| 每日价格最大波动限制 | 上一个交易日结算价的 ±1.2% |
| 最低交易保证金 | 合约价值的 8% |
| 最后交易日 | 合约到期月份的第三个星期五，遇国家法定节假日顺延 |
| 交割日期 | 同最后交易日 |
| 交割方式 | 现金交割 |
| 交易代码 | IF |
| 上市交易所 | 中国金融期货交易所 |

### 三、金融期货交易的会计处理

金融期货交易的目的有投机套利以获取收益和套期保值，目的不同，会计处理也不相同。就投机套利来看，可以比照交易性金融资产来进行会计处理。

#### （一）外汇期货交易的会计处理

目前我国尚没有推出外汇期货交易，境内也没有从事境外外汇期货交易的合法代理机构。但根据外币业务会计处理的有关规定，外汇期货交易的流程及相关的环节，结合期货交易的一般管理规则，需要结合不同的环节进行相应的会计处理。

首先，企业进行期货交易需要在期货经纪公司开立账户，存入款项。按实际存入的资金借记"其他货币资金"科目，贷记"银行存款"科目。

其次，购买外汇期货，支付款项。按照取得的外汇期货公允价值的一定比例即保证金，借记"衍生工具"科目，按实际发生的交易费用借记"投资收益"，按实际支出金额贷记"其他货币资金"。

再次，资产负债表日，外汇期货的公允价值高于其账面余额的差额，借记"衍生工具"科目，贷记"公允价值变动损益"科目；公允价值低于其账面余额的差额，作相反的会计分录。此外，还要计算浮动盈亏，并确定需要追加的保证金。浮动盈亏 = （当天结算价 − 开仓价格）× 持仓量 × 合约单位 − 手续费，如果需要增加保证金，根据增加的金额借记"其他货币资金"科目，贷记"银行存款"科目。

最后，外汇期货终止确认时，作为资产终止确认的，按收到价款借记"其他货币资金"科目，按衍生工具账面价值贷记"衍生工具"科目，差额借记或贷记"投资收益"科目；作为负债终止确认的，按照相应的金额借记"衍生工具"，贷记"其他货币资金"科目，差额借记或贷记"投资收益"科目。

【例9−5】甲公司已在经纪公司开立账户，根据交易需要存入保证金68万元。2019年9月1日买入2手外汇期货，每手数量为50万美元，交割日期为2020年3月，交割汇率为1美元兑换人民币6.80元，保证金为标的物价值的10%。假设交易当日买入汇率6.75，卖出汇率6.77；另支付手续费每手0.05万元。2019年12月31日外汇期货公允价值为67.8万元，当日中间汇率为1美元兑换人民币6.78元。2020年1月18日将期货卖出，期货公允价值67.9万元。以人民币进行期货交易和结算。

（1）开户存入保证金，按实际金额进行处理，即：

借：其他货币资金　　　　　　　　　　　　　　　　　　680 000
　　贷：银行存款　　　　　　　　　　　　　　　　　　　　680 000

（2）2019年9月1日买入外汇期货，支付期货合约成本，即保证金为68万元；以人民币支付0.1万元手续费，计入投资收益；由于以人民币兑换美元10万美元用于支付保证金，涉及货币兑换的差额0.4万元计入财务费用，即：

借：衍生工具　　　　　　　　　　　　　　　　　　　　680 000
　　投资收益　　　　　　　　　　　　　　　　　　　　　1 000
　　贷：其他货币资金　　　　　　　　　　　　　　　　　　677 000
　　　　财务费用　　　　　　　　　　　　　　　　　　　　4 000

（3）2019年12月31日资产负债表日，公允价值降低，确认公允价值变动损益2万元，即：

借：公允价值变动损益　　　　　　　　　　　　　　　　20 000
　　贷：衍生工具　　　　　　　　　　　　　　　　　　　　20 000

同时浮动盈亏（6.78 − 6.8）×2×50 − 0.1 = 2.1（万元），增加存入保证金，即：

借：其他货币资金　　　　　　　　　　　　　　　　　　21 000
　　贷：银行存款　　　　　　　　　　　　　　　　　　　　21 000

（4）企业在2020年1月18日将期货外汇按公允价值67.9万元卖出，即：

借：其他货币资金　　　　　　　　　　　　　　　　　　679 000
　　贷：衍生工具　　　　　　　　　　　　　　　　　　　　660 000
　　　　投资收益　　　　　　　　　　　　　　　　　　　　19 000

如果企业2020年3月期进行实物交割，当日买入汇率为6.81，卖出汇率为6.83，交割所需金额为680万元，尚余保证金2.4万元，尚需补交677.6万元，则：

借：其他货币资金　　　　　　　　　　　　　　　　　　680 000
　　贷：衍生工具　　　　　　　　　　　　　　　　　　　　660 000

|  投资收益 | 20 000 |

同时：

借：银行存款——美元户　　　　　　　　　　　　　　　　　6 830 000

　　贷：银行存款　　　　　　　　　　　　　　　　　　　　　　6 096 000

　　　　其他货币资金　　　　　　　　　　　　　　　　　　　　　704 000

　　　　财务费用　　　　　　　　　　　　　　　　　　　　　　　 30 000

### （二）利率期货交易的会计处理

我国金融市场目前交易金融期货品种有 2 年期、5 年期和 10 年期的三种国债期货，标的物合约价值及其他相关标准不尽相同，但会计处理过程基本相同。

首先，在期货经纪公司开立账户，存入保证金。按实际存入的资金借记"其他货币资金"科目，贷记"银行存款"科目。

其次，购入利率期货，按买入利率期货合约的成交价格，即按标的物价值计算的保证金，借记"衍生工具"科目，按实际发生的交易费用借记"投资收益"，按实际支出金额贷记"其他货币资金"科目。

再次，进行后续计量时，按合约的公允价值增加的金额，借记"衍生工具"科目，贷记"公允价值变动损益"科目，反之，则做相反的会计处理。此外，还要计算浮动盈亏，并确定需要追加的保证金。浮动盈亏＝（当天结算价 – 开仓价格）×持仓量×合约单位 – 手续费，如果需要增加保证金，根据增加的金额借记"其他货币资金"科目，贷记"银行存款"科目。

最后，平仓或交割时，应当根据终止确认的方式进行相应的会计处理。中途平仓，按照交割价格，借记"其他货币资金"科目，贷记"衍生工具"科目，差额借记或贷记"投资收益"项目。如果交割，还应当按照交割的要求进行会计处理，但现实中交割的情形十分少见。

【例 9 – 6】甲公司 2019 年 8 月 16 日在期货经纪公司开户，存入 5 万元保证金，同时购入面值 100 万元，期限为 5 年，名义年利率为 3% 的利率期货 5 份，期货报价为99.2 元，手续费为 80 元/份，保证金为合约价值的 1%。2019 年 12 月 31 日该利率期货的结算价为 99.3 元；2020 年 3 月 18 日平仓，结算价格为 99.5 元。相关的会计处理如下：

（1）2019 年 8 月 16 日存入保证金 5 万元。

借：其他货币资金　　　　　　　　　　　　　　　　　　　　　 50 000

　　贷：银行存款　　　　　　　　　　　　　　　　　　　　　　 50 000

同时，购入利率期货，支付保证金 $[5 \times 100 \times 99.2]/100 \times 1\% = 4.96$（万元），手续费 $5 \times 80 = 400$（元），即：

借：衍生工具　　　　　　　　　　　　　　　　　　　　　　　 49 600

　　投资收益　　　　　　　　　　　　　　　　　　　　　　　　　 400

　　贷：其他货币资金　　　　　　　　　　　　　　　　　　　　　 50 000

（2）2019 年 12 月 31 日，该利率期货的公允价值为 99.3 元，确认公允价值变动损益 $[5 \times 100 \times (99.3 – 99.2)]/100 = 0.5$（万元），即：

借：衍生工具              5 000

  贷：公允价值变动损益         5 000

同时，计算浮动盈亏＝[（99.3－99.2）×5×100]/100－0.04＝0.46（万元），返回保证金，即：

借：银行存款             4 600

  贷：其他货币资金           4 600

（3）2020 年 3 月 18 日卖出平仓，结算价格为 99.5 元，共计 49 750 元。

借：其他货币资金           49 750

  投资收益             4 850

  贷：衍生工具            54 600

### （三）股指期货交易的会计处理

股指期货交易合约的标的物是股票指数，虽然不同的股指期货标准不同，相关金额的计算不尽相同，但会计处理过程基本相同。

首先，在期货经纪公司开立账户，存入保证金。按实际存入的资金借记"其他货币资金"科目，贷记"银行存款"科目。

其次，购入股指期货，按买入股指期货合约的成交价格，即按相关标的物的指数点、每个点的合约乘数和交易保证金比例计算的保证金，借记"衍生工具"科目，按实际发生的交易费用借记"投资收益"，按实际支出金额贷记"其他货币资金"科目。

再次，进行后续计量时，于每个会计期末根据计量日股指点数、每个点的合约乘数计算合约的公允价值增加的金额，借记"衍生工具"科目，贷记"公允价值变动损益"科目，反之，则做相反的会计处理。同时还要计算浮动盈亏，并确定需要追加的保证金，根据增加的金额借记"其他货币资金"科目，贷记"银行存款"科目。

最后，平仓时，应当根据终止确认的方式进行相应的会计处理。按照交割价格，借记"其他货币资金"科目，贷记"衍生工具"科目，差额借记或贷记"投资收益"科目。

【例 9-7】甲公司 2019 年 6 月 1 日在期货经纪公司开户，存入保证金 744 500 元，同时购入沪深 300 股指期货合约 10 份。购入时指数为 3 100 点，合约乘数 300，保证金为合约金额的 8%，交易手续费为每份 50 元。6 月 30 日沪深 300 股指为 3 150 点，7 月 17 日卖出股指期货，以现金交割，当日沪深 300 股指为 3 156 点，结算价格 946 800 元。相关会计处理如下：

（1）存入期货交易保证金 744 500 元。

借：其他货币资金          744 500

  贷：银行存款           744 500

（2）购入股指期货，支付保证金 3 100×300×10×8%＝744 000（元），并支付手续费 500 元：

借：衍生工具             744 000

  投资收益             500

  贷：其他货币资金          744 500

（3）6月30日，期货合同的公允价值变动（3 150 − 3 100）× 300 × 10 = 150 000（元），同时确认公允价值变动损益15万元，即：

借：衍生工具　　　　　　　　　　　　　　　　　150 000
　　贷：公允价值变动损益　　　　　　　　　　　　　　　150 000

同时计算浮动盈亏 = （3 150 − 3 100）× 300 × 10 − 500 = 149 500（元），退回期货保证金：

借：银行存款　　　　　　　　　　　　　　　　　149 500
　　贷：其他货币资金　　　　　　　　　　　　　　　　149 500

（4）7月17日，卖出股指期货，盈利（3 156 − 3 150）× 300 × 10 = 18 000（元），记录损益：

借：衍生工具　　　　　　　　　　　　　　　　　18 000
　　贷：公允价值变动损益　　　　　　　　　　　　　　　18 000

同时，退回保证金，即：

借：银行存款　　　　　　　　　　　　　　　　　18 000
　　贷：其他货币资金　　　　　　　　　　　　　　　　18 000

如果浮动盈利适时退回保证金，需要反冲多退回的保证金167 500元，即：

借：银行存款　　　　　　　　　　　　　　　　　744 500
　　其他货币资金　　　　　　　　　　　　　　　167 500
　　贷：衍生工具　　　　　　　　　　　　　　　　　912 000

如果浮动盈利没有适时退回保证金，同时收回保证金744 500元及持仓盈余167 500元，即：

借：银行存款　　　　　　　　　　　　　　　　　912 000
　　贷：衍生工具　　　　　　　　　　　　　　　　　912 000

公司在该股指期货交易中实现投资收益167 500元，其中，合约本身的损益为168 000元，相关税费为500元。

实际上，浮动盈余并不一定要涉及保证金余额的变动。如果企业缴纳了金额足够多的保证金，并不需要在每次浮亏都要补充保证金，而且出现浮盈的情况下，并不需要退回保证金。

# 第三节　期权交易及其会计处理

## 一、期权交易及其特点

### （一）期权交易的概念

期权交易是一种选择权交易，期权购买方拥有在潜在有利的条件下买入或卖出期权合约标的物的权利，而期权的出售方承担在潜在不利条件下卖出或买入期权合约标的物的义务。当然，权力的获得需要预先支付代价，义务的承担也需要预先获得收益。

期权交易具有悠久的历史，但现代期权交易则是20世纪70年代金融市场发展的产物。随着金融市场的发展，期权交易的规模不断扩大，期权的种类也不断增多，合约的标的物更是日益复杂，从传统的实物期权，到现代的金融期权，金融期权甚至扩展到了利率期权、指数期权等较为广泛的领域。

**（二）期权的构成要素**

（1）标的资产（underlying assets）。每一期权合约对应一个标的资产，可以作为标的资产的品种很多，如各种类型大宗商品、股票、股价指数、期货合约、债券、外汇等。

（2）期权价格（premium）。也称权利金或期权费，是期权的买方为获取期权合约所赋予的权利而必须支付给卖方的费用。

（3）执行价格（exercise price）。又称履约价格、敲定价格（strike price）或协议价格，是期权的买方依据合约规定，买进或卖出相关商品或期货合约的价格。

（4）到期日（expired date）。是根据合约约定期权买方可以行使期权的最终有效期限。超过这一天，期权合约将宣布作废，同时未执行的期权视为自动放弃。

**（三）期权交易的特点**

（1）交易风险的非对称性。在期权交易中，买方为了取得履约选择权必须支付给卖方费用，即权利金，又称期权价格或期权费。它是买方获取权利所付出的代价，同时也是卖方可能要履行义务得到的补偿。权利金的价格受市场供求情况及其他经济情况的影响，但不论如何变动，买方可能遭受的最大损失为支付给卖方的权利金。由于买方所承担的风险是有限的，所以不必缴纳保证金便可从事期权交易，而卖方因随时有履约的义务，所承担的风险难以预料，因此，必须缴足保证金，以担保其履约能力。

（2）交易对象的特殊性。期权交易的对象是选择权，而不是具体的金融工具。虽然这种选择权的价值与特定的资产或其他金融工具相联系，但期权的价格是选择权的价格，而且期权合约涉及的买进和卖出的商品或金融工具的价格是敲定不变的。

（3）交易场所的灵活性。按交易场所的不同可以分为场内期权和场外期权，前者在交易所上市并进行交易，后者在交易所以外的场所进行交易；早期的期权交易是场外交易，现代期权交易大多是在交易所进行的，有规范的期权合约标准、交易程序和交易规则。但由于场外交易可以根据交易双方的要求对买卖资产的数量、行权价格和到期日等标准进行调整，因此适应交易双方特定需求的场外交易仍然具有一定的市场。

（4）公允价值计量的多样性。按行使权利日期的不同可以分为欧式期权和美式期权，前者在期权的到期日行权，后者在到期日之前均可行权。由于欧式期权的买方只能在约定的到期日行权，行权日与计量日往往不一致，计量日的结算价未必等于期权的公允价值。理论上看只能根据计量当日交易的与期权到期日相同的期权价格折现来确定期权在计量日的公允价值。美式期权则不同，由于美式期权的买方在约定的到期日的任何时候都可以行权，计量日的结算价就是期权计量日的公允价值。

## 二、金融期权交易的类型

期权的类型很多，按标的物类型的不同可以分为商品期权和金融期权，前者的标的物为实物，后者的标的物为金融商品；按标的物特征的不同可以分为现货期权和期货期权，前者的标的物为现货，后者的标的物为期货；按照期权的功能可以分为看涨期权和看跌期权，前者是买入标的物的权利，后者是卖出标的物的权利。不同期权有不尽相同的合约标准、交易程序和交易规则。就金融期权来说，常见的有外汇期权、利率期权、股票期权、指数期权、期货期权等。

### （一）外汇期权交易

外汇期权交易是以外汇为标的物的期权交易，即在合约买方支付权利金的前提下，赋予买方在规定期限内按合约双方约定的价格购买或出售一定数量外汇的权利，合约卖方在收取权利金后，有义务在买方要求履约时进行相应的出售或购买。外汇期权又分为外汇现货期权和外汇期货期权。以某种外国货币为标的物的是外汇现货期权，而以外汇期货为标的物的是外汇期货期权。

### （二）利率期权交易

利率期权交易是以一定金额的借贷款项为标的物的期权交易，购买方支付一定金额的期权费即可获得相应的选择权，当期权到期日预先约定的利率低于或高于市场利率时，按一定的期限向期权买方借入或贷出一定金额的货币；买入方收到一定金额的期权费，即需要承担相应的责任，当期权到期日预先约定的利率低于市场利率或高于市场利率时，按相应的期限无条件向卖方贷出或借入一定金额的货币。

利率期权种类较多，结构复杂，较为简单的有利率上限、利率下限和利率上下限等期权形式，我国 2020 年 3 月推出的利率期权即属于这几类期权。利率上限是双方就未来一定时间商定一个固定利率作为利率上限，如果市场利率超过该上限，则由卖方将产生的利息差额支付给买方；利率下限是商定一个下限，如果市场利率低于该下限，则由卖方将利息差额支付给买方；利率上下限则是在买入一个利率上限的同时，出售一个利率下限，即将上限和下限组合起来，通过出售利率下限，获取一定的期权费，从而降低利率上限的成本。

### （三）股票期权交易

股票期权交易是以一定数量的某种股票为标的物的期权交易。在合约买方支付权利金的前提下，股票期权赋予买方在一定期限内按合约双方约定的价格购买或者出售一定数量的某种股票的权利，合约卖方在收取权利金后，有义务在买方要求履约时进行股票的出售或购买。

### （四）股票指数期权交易

股票指数期权交易是以某种股票指数为标的物的期权交易，简称股指期权交易。与股指期货非常类似，股票指数期权合约的价格也是以指数来衡量的，即合约的价格等于股票指数的点数与一个固定的乘数相乘所得的金额。我国推出的沪深 300 指数期权，标的物是沪深 300 指数，合约乘数为 100。指数期权的买方在支付了期权费后，就有权在合约有效期内或到期时以协议指数与市场实际指数进行盈亏结算的权利；期权卖方需要交纳保证金，以承担股票指数变动带来的风险，保证期权买方行使期权。由于股指期货的标的物是股票指数，没有实际用于交割的股票，履约时需要按市场价格与协定价格之差进行结算。

### （五）期货期权

期货期权是以某种期货而非商品或金融资产本身为标的物的一种期权交易。相对于商品期权和外汇期权为现货交易商提供避险的工具，期货期权则为期货交易者提供了避险的工具。目前，国际期货市场上的大部分期货交易品种都引进了期权交易。对于期货交易者来说，买入某种期货，如果未来期货价格上涨则可以得到无限的收益，如果期货的价格下跌，则可能遭受无限的损失。如果认为期货行情将上涨，可以买入看涨期权，反之则买入看跌期权。无论何种情况，损失均只有权利金，而收益却没有上限。

实际上，除了上述外汇期权、利率期权、股票期权、指数期权、期货期权等期权产品外，在金融期权发展的过程中还有一些与基础金融工具结合而成的其他金融工具，如可转换债券、认股权证等。可转换债券是以企业债券为载体，允许持有人在规定时间内按规定价格转换为发债公司或其他公司股票的金融工具。认股权证则是企业发行的一种票证，它赋予持有者在未来某一时间或某一时间段内以事先约定的价格购买一定数量股票的权利。可转换债券、认股权证相当于一种看涨期权，企业可以利用其在筹集资金的同时降低筹资成本，具有较高的灵活性，因而也得到了广泛的应用。

### 三、金融期权交易的会计处理

金融期权既有在交易所内进行交易的场内期权，也有在交易所外进行交易的场外期权，交易的场所和交易的目的不同，会计处理也不相同。本部分主要介绍场内期权的一般目的期权交易。通常情况下，期权买方不用缴纳保证金，期权的卖方需要缴纳保证金。保证金的计算方法因交易品种和交易所的不同而不同，规定的差异较大，也较为复杂。

#### （一）期权的价值计量

根据期权的执行价格与基础资产价格之间的当期关系，可以把期权描述为"价内期权""面值期权""价外期权"三种。以看涨期权为例，假定某项期权的执行价格为30元，而该项期权基础资产的价格为35元，则该项期权就被称为价内期权；如果两者相等，均为30元，该项期权就被称为面值期权；如果基础资产的价格低于期权的执行价格，则该项期权就被称为价外期权。看跌期权则与此相反。期权价格等于内在价值与时间价值之和。内在价值是期权合约本身所具有的价值，即期权购买者如果立即执行该期权能够获得的收益。其大小取决于该期权的执行价格与标的物的市场价格之间的关系。

期权的时间价值也称外在价值，是指期权的购买者所实际支付的期权费超过该期权内在价值部分。期权的购买者之所以愿意支付这部分费用，是希望随着时间的推移和标的物市场价格的波动，期权合约的内在价值会增加，但时间价值会逐渐趋向于零。期权价格可用公式表述如下：

$$期权价格（P）= 内在价值（I）+ 时间价值（T）$$
$$= 最大值 [（基础资产价格 - 执行价格），0] + 时间价值（T）$$

#### （二）期权的会计处理

前一章已述及，只有当期权合同被指定为有效套期工具时，才有必要将期权的内在价值和时间价值分开核算。其他情况下，也就是利用期权作为投机工具获取风险收益时，期权合同在资产负债表上都是按照整体公允价值报告的，并且整体公允价值的变动均应计入当期损益。

对于场内期权，市场价格是期权公允价值计量的最好工具；而对于场外交易的期权，交易方的报价则是期权公允价值计量的较好选择；如果交易方的报价无法取得，则只能通过相关定价模型来确定期权的价值。而期权的内在价值一般都能够单独计量，所以期权的公允价值一般都能够表示为内在价值金额与时间价值金额之和。

1. 外汇期权交易的会计处理

外汇期权交易可以在交易所内进行，也可以在交易所外进行。但交易所内进行的外汇期权交易，外汇期权合约的币种、每份合约的面额、买卖外汇的交割价格和到期日都是标准化的。

在进行会计处理时，外汇期权买入价为衍生工具的初始计量金额，交易费用计入投资收益。后续计量中，计量日同一期权的交易价格即为期权的公允价值，公允价值与原账面价值之间的差额确认为公允价值变动损益，同时调整原期权的账面价值。此外，计量日的即期汇率与协议汇率之间的差额就是期权的内在价值，计量日同一期权的交易价格与内在价值之间的差额即为期权的时间价值。

【例9-8】甲公司已按规定在代理公司开户，并交纳了足够金额的保证金。2019年6月28日支付18.56万元人民币，购入2020年1月28日按1美元兑换6.68元人民币的汇率买入100万美元的看涨期权，另外支付交易费用0.1万元。2019年12月31日该期权的交易价格为19.68万元。

（1）2019年6月28日以19.62万元人民币购入外汇期权，同时支付手续费0.1万元，初始确认衍生工具和投资损失，即：

借：衍生工具        185 600
  投资收益        1 000
  贷：其他货币资金      186 600

（2）2019年12月31日进行后续计量，公允价值上升了1.12万元，确认公允价值变动损益1.12万元，即：

借：衍生工具        11 200
  贷：公允价值变动损益     11 200

（3）2020年1月28日合约到期，如果当日的即期汇率大于约定汇率，如1美元兑换6.90元人民币，则选择行权，买入美元，即：

借：银行存款——美元（100万）   6 900 000
  贷：衍生工具       196 800
    银行存款      6 680 000
    投资收益      23 200

假定当日外汇的即期汇率小于6.68，则放弃选择权，将期权费和期权持有期间公允价值变动金额转为投资收益：

借：投资收益        196 800
  贷：衍生工具       196 800

本例由于期权持有期间公允价值变动损益已经结转到 2019 年 12 月 "本年利润"
科目，因此，不再结转。

2. 利率期权交易的会计处理

利率期权种类较多，在利率期权的场内交易中，达成交易时期权买方需要支付期
权费，以取得相应的优先选择权，而期权的卖方需要缴纳保证金，以保证其履行所应
承担的责任。另外，当期权价格发生不利于卖方的价格变化时，期权卖方还需要增加
维持保证金或可变保证金，期权买方则应当确认相应的公允价值变动收益，反之，情
况则相反。尽管我国相关部门规定，非金融机构参与者应以风险对冲为目的进行利率
期权交易[①]，但利率期权交易的投机或套利作用也是客观存在的。

【例 9 - 9】甲公司预计市场利率将上升，于 2018 年 7 月 1 日支付 0.2% 的期权费买
入一份利率上限期权，合约期为 1 年，名义本金为 1 000 万元，上限利率为 6%，按季
度重置利率，按季度结算利息（见表 9 - 3），首次利率确定日为期权购买日。假定于
2019 年 2 月 26 日出售该期权，不计相关税费。

表 9 - 3　　　　　　　　　　　　利率期权价格表　　　　　　　　　　单位: %

| 时间 | 相同到期日的期权价格 | 期权的执行利率 | 市场利率 |
| --- | --- | --- | --- |
| 2018 年 7 月 1 日 | 0.20 | 6 | 6.08 |
| 2018 年 9 月 30 日 | 0.19 | 6 | 6.06 |
| 2018 年 12 月 31 日 | 0.22 | 6 | 6.10 |
| 2019 年 2 月 26 日 | 0.23 | 6 | …… |

相关会计处理如下：

（1）2018 年 7 月 1 日购入利率期权时，支付期权费金额 1 000 × 0.2% = 2（万元）：

借：衍生工具　　　　　　　　　　　　　　　　　　　　　　　20 000

　　贷：银行存款　　　　　　　　　　　　　　　　　　　　　　　20 000

（2）2018 年 9 月 30 日，确定持有衍生金融工具期间的公允价值变动。由于与该利
率期权到期日相同的利率期权的报价为 0.19%，则该期权的公允价值变动金额为 1 000 ×
(0.19% - 0.20%) = -0.1（万元）：

借：公允价值变动损益　　　　　　　　　　　　　　　　　　　　1 000

　　贷：衍生工具　　　　　　　　　　　　　　　　　　　　　　　1 000

另外，由于市场利率下降为 6.06%，为此甲公司需要承担本季度利息费用 1 000 ×
6.06%/4 = 15.15（万元），但甲公司并非承担实际债务，不需要支付。市场利率高于
执行利率，甲公司应当从期权卖方获得 1 000 × (6.06% - 6.00%)/4 = 0.15（万元）的
补偿，确认为投资收益，即：

借：银行存款　　　　　　　　　　　　　　　　　　　　　　　　1 500

---

[①]　见全国银行间同业拆借中心 2020 年 2 月发布的《银行间市场利率期权交易规则（试行）》。

  贷：投资收益                1 500

  （3）假设 2018 年 12 月 31 日，确定持有衍生金融工具期间的公允价值变动。由于与该利率期权到期日相同的利率期权的报价为 0.22%，则该期权的公允价值变动金额为 1 000 × (0.22% − 0.19%) = 0.3（万元）：

  借：衍生工具               3 000

    贷：公允价值变动损益          3 000

  另外，由于市场利率上升为 6.10%，为此甲公司需要承担本季度利息费用 1 000 × 6.10%/4 = 15.25（万元），但甲公司并非承担实际债务，不需要实际支付。市场利率高于执行利率，甲公司应当从买期权卖方获得 1 000 × (6.10% − 6.00%)/4 = 0.25（万元）的补偿，确认为投资收益，即：

  借：银行存款               2 500

    贷：投资收益             2 500

  （4）2019 年 2 月 26 日出售该期权，即：

  借：银行存款              23 000

    贷：衍生工具             21 000

      投资收益             2 000

### 3. 股票期权交易的会计处理

  作为一种常用的员工或高管激励的制度安排，股票期权可以是单位直接授予员工或高管，但持有者通常是个人。作为企业来说，股票期权具有投资的功能，同时也为投机提供了机会，对于买入的期权来说，还有套期保值的功能。一般情况下，股票期权的购买和持有期间的会计处理均较为简单，购入时按照期权价格借记"衍生工具"科目，按照交易费用借记"投资收益"科目，按照实际支付的价款贷记"银行存款"科目；持有期内，根据公允价值变动金额借记或贷记"衍生工具"科目，贷记或借记"公允价值变动损益"科目。但终止确认的会计处理相对复杂一些，应当区别现金净额结算还是普通股结算进行相应的会计处理。

  【例 9 - 10】甲公司 2018 年 12 月 1 日购入某公司发行的以 10 000 股自身普通股为标的的欧式看涨期权，每股期权公允价值 3 元，另支付手续费 500 元。2018 年 12 月 1 日每股市价 17 元，每份期权公允价值 3 元；12 月 31 日每股市价 21 元，每份期权公允价值 6 元。根据期权合约，甲公司有权在到期日以每股 20 元的价格购入某公司发行的普通股股票，双方以现金净额进行结算。2019 年 7 月 31 日为行权日，当日普通股每股市价 25 元，每份期权公允价值 5 元。

  甲公司应编制会计分录如下：

  （1）2018 年 12 月 1 日合同签订日，甲公司购买看涨期权，即：

  借：衍生工具              30 000

    投资收益              500

    贷：银行存款             30 500

  （2）2018 年 12 月 31 日，确认公允价值变动损益每股 3 元，10 000 股合计 3 万元，确认股票期权公允价值变动，即：

借：衍生工具           30 000

  贷：公允价值变动损益        30 000

（3）2019 年 7 月 31 日行权时，首先确认公允价值变动损益，每股公允价值减少 1 元，10 000 股合计 1 万元。

借：公允价值变动损益         10 000

  贷：衍生工具           10 000

以现金净额结算，只结算与衍生工具本身相关的款项，即初始成本 3 万元及公允价值变动 2 万元，共计 5 万元，将当年未结转的公允价值变动损益转为投资收益，即：

借：银行存款            50 000

  贷：衍生工具            50 000

同时结转 2019 年以来的公允价值变动损益，即：

借：投资收益            10 000

  贷：公允价值变动损益        10 000

假定以普通股结算，不仅需要结算与衍生工具本身相关的款项，还需要结算与购买股票价款相关的款项，同时还要确定买入股票的持有意图。假设本题购入的股票分类为以公允价值计量且其变动计入当期损益的金融资产，则有：

借：交易性金融资产         250 000

  投资收益            10 000

  贷：衍生工具            50 000

    银行存款          200 000

    公允价值变动损益       10 000

4. 股票指数期权交易的会计处理

股票指数期权卖方收取期权费，同时需要交纳保证金方可进行交易，且需要随着当日股票指数、期权结算价及其他相关指标的变化调整保证金金额，计算比较复杂，但在交易实践中，交易软件会自动显示相关交易数据。股指期权买方需要支付期权费方可能获得行使期权的权利，期权费根据期权报价确定，以沪深 300 股指期权为例，期权费等于股指期权报价乘以期权合约乘数，股指期权报价每日不同，期权合约乘数为 100 元。持仓期间，按公允价值进行后续计量，确认公允价值变动损益。到期如果行权的话，按照最后交易日结算价，即合约交割结算价与合约行权价格之间的差额进行现金结算。其中，交割结算价是交割日的股票指数，行权价是股票期权发行时确定的股票指数，最后交易日结算价乘以合约乘数就是结算现金金额。

【例 9 - 11】甲公司 2019 年 6 月 1 日购入 IO 2003 - C - 4000 期权，即 2020 年 3 月到期，行权价 4 000 点的沪深 300 股指看涨期权合约 10 手。购入时该指数期权报价为 120 点，合约乘数每点 100 元，交易费用为每手 15 元。2019 年 12 月 31 日该指数期权的收盘价为 123 点。2020 年 3 月 20 日进行现金交割，当日沪深 300 股指为 4 160 点，行权手续费为 5 元/手。相关会计处理如下：

（1）2019 年 6 月 1 日购入股指期权时，支付的期权费 $10 \times 120 \times 100 = 12$（万元），作为衍生工具初始计量金额，支付的手续费计入投资收益 $10 \times 15 = 150$（元），即：

借：衍生工具              120 000

  投资收益              150

  贷：银行存款            120 150

（2）2019 年 12 月 31 日，根据该指数期权的最新报价 $10 \times 123 \times 100 = 123\ 000$（元），确定该股指期权的公允价值变动 3 000 元，即：

借：衍生工具              3 000

  贷：公允价值变动损益         3 000

（3）2020 年 3 月 20 日进行现金交割，最后交割结算指数 $4\ 160 - 4\ 000 = 160$（点），合约乘数 100，行权价为 $10 \times 160 \times 100 = 160\ 000$（元），支付手续费为 50 元。

借：银行存款            159 950

  贷：衍生工具            123 000

    投资收益           36 950

**5. 期货期权交易的会计处理**

期货期权则是指以期货合约为标的物的期权，是期货合约的期权。相对于商品或货币期权交易可以为现货或外汇交易者提供规避风险的工具来说，期权期货交易则可以为期货交易者提供规避风险的工具，而且与商品或货币期权一样，也可以用于投资或投机交易。国际期货市场上大部分期货品种都有相应的期货期权品种。2018 年以来我国商品期货交易所陆续推出了豆粕、白糖、橡胶、铜和玉米等商品期货期权品种。不同期货期权有不尽相同的期权标准和交易规则。大连商品交易所的玉米期货期权，标的物为玉米期货合约，交易单位为每手 10 吨，报价单位为"元/吨"，最后交易日均在玉米期货合约到期前 1 个月的第五个交易日。

与其他期权交易一样，卖方收取期权费，同时需要交纳保证金方可进行交易，且需要随着当日期权结算价、标的期货的交易保证金及其他相关指标的变化调整保证金金额，而且交易目的不同，保证金也不尽相同；期货期权买方需要支付期权费方可能获得行使期权的权利，期权费根据期权报价确定。持仓期间，按公允价值进行计量，确认公允价值变动损益，公允价值可以直接采用交易所公布的最后交易日结算价。到期如果行权的话，按照最后交易日结算价，即标的合约的交割结算价与合约行权价格之间的差额进行结算。

【例 9 - 12】甲公司预计玉米期货价格将上涨，于 2019 年 10 月 16 日（1945）购入 C - 2007 - C - 1900 期权，即 2020 年 7 月到期，行权价 1 900 元/吨的玉米看涨期货期权 10 手，每手 10 吨。购入时该期权报价为 65 元/吨，交易费用为每手 4.5 元。由于该期货价格上涨，导致 2019 年 12 月 31 日（1937）该期货期权的收盘价上升为 75 元/吨。2020 年 6 月 5 日进行现金交割，期货结算价为 139 元/吨，同日该期权标的物玉米期货结算价为 2 039 元/吨，行权手续费为 4.8 元/手。相关会计处理如下：

（1）2019 年 10 月 16 日购入时，支付期权费 0.65 万元，手续费 45 元，即：

借：衍生工具——期货期权        6 500

  投资收益            45

  贷：银行存款           6 545

（2）2019 年 12 月 31 日该期权的公允价值变动为 $100 \times (75 - 65) = 1\,000$（元），确认公允价值变动损益 1 600 元，即：

借：衍生工具——期货期权             1 000

    贷：公允价值变动损益            1 000

（3）2020 年 6 月 5 日进行现金结算，结算价 $= (2\,039 - 1\,900) \times 10 \times 10 = 13\,900$（元），手续费 48 元，净收益 $13\,500 - 48 = 13\,852$（元）。

借：银行存款             13 852

    贷：衍生工具——期货期权            7 500

        投资收益            6 352

如果行权，进行期权的实际交割，则有：

借：衍生工具——期货             13 900

    贷：衍生工具——期货期权            7 500

        投资收益            6 352

        银行存款            48

期货到期日实际交割，有：

借：库存商品             203 900

    贷：衍生工具——期货            13 900

        银行存款            190 000

# 第四节　互换交易及其会计处理

## 一、金融互换的概念与特点

### （一）金融互换的概念

互换交易是指交易双方根据互换合同，按照事先约定的条件，在约定的期限内，交换未来现金流量的一种活动。虽然互换的种类比较多，但由于实践中互换交易的现金流通常来源于金融工具，因此一般也称金融互换交易，简称金融互换。金融互换源于 20 世纪 70 年代产生于英国的平行贷款（parallel loan）和背对背贷款（back-to-back loan），是为了解决平行贷款和背对背贷款可能给企业带来的风险和不利影响而推出的金融创新产品。

1981 年 8 月世界银行与 IBM 公司之间进行的货币互换交易通常被公认为是世界第一笔正式的金融互换交易。1982 年又出现了利率互换交易，此后，其他交换相继出现。我国 2006 年 2 月开始人民币利率互换试点，于 2008 年 2 月正式推出人民币利率互换业务，并于 2018 年 5 月将利率互换领域扩大到了主要外币领域。2007 年 8 月正式推出人民币互换业务。

当前全球互换交易每年签约金额巨大，因而互换交易被认为是 20 世纪 80 年代一种最重大的金融创新工具。

### （二）金融互换的特点

#### 1. 互换对象特殊

金融互换合约的标的是用于交换的两种不同的金融工具，交换的金融工具可以是不同的货币，也可以是计息方式不同的同种货币，而其他衍生金融工具的标的通常是某一种金融工具。

#### 2. 互换时间较长

绝大部分金融互换交易是多次完成的，期限较长，最长的可达数十年，而其他衍生金融工具的期限大多比较短。

#### 3. 互换条款灵活

互换合约的推出能够满足参与者的特殊需要，并进行具体的设计，呈现出量身定做的特性，这使得金融互换合约具有较强的灵活性，但同时也提高了金融互换的成本。虽然美元利率互换合约近年经过努力已有了标准形式，但总的来说互换合约通常是非标准化的。由于缺乏标准形式，难以通过交易所进行集中交易。

#### 4. 双赢效果突出

互换双方各自的比较优势是互换产生的根本原因。金融互换就是在条件既定的情况下，发挥各自的比较优势，相互替对方履行对自己有利但对对方不利的契约，或相互替对方实现自己能够实现，但对方不能实现的目标。与其他衍生金融工具交易仅单方获利不同，金融交换实现了双方利益最大化，是一种"双赢"交易。

#### 5. 交易风险较小

金融互换的目的主要在于降低筹资成本和规避利率汇率变动风险，也有用于投机，但风险较小，收益低。

## 二、金融互换的主要类型

金融互换包括了利率互换、货币互换、商品互换、股权互换、信用互换及期权互换等较多的品种。不同品种互换的基本原理相近，但各自的应用领域不尽相同。就全球交易规模来看，利率互换和货币互换是主要的交易品种。

### （一）利率互换

利率互换，是指双方之间进行的币种相同，本金金额相同，期限相同，但计息方法不同或利率水平不同的债权或债务利息的互换。最基本的互换形式是双方约定以一笔名义本金为基础，相互交换具有不同性质的利息收支。通常情况下是一方按固定利率贷款，但通过交换转变为按浮动利率计算利息；另一方按浮动利率取得贷款，但通过交换转变为按固定利率计算利息。

当双方均可取得固定利率贷款和浮动利率贷款的情况下，如果一方希望以固定利率计息，另一方希望以浮动利率计息，且一方贷款的固定利率和浮动利率均低于另一方贷款的固定利率和浮动利率，但优势程度不相同的情况下，即可安排进行利率互换，进而降低融资成本，甚至进行投资。

【例9-13】甲公司和B公司为非关联企业，均有机会取得固定利率贷款或浮动利率贷款，但选择机会不尽相同（见表9-4）。

**表9-4** 甲公司和B公司贷款利率

| 企业 | 固定利率 | 浮动利率 | 独立确定的利率 | 基于互换的利率 |
|------|----------|----------|----------------|----------------|
| 甲公司 | 8% | LIBOR + 0.30% | LIBOR + 0.30% | 8% |
| B公司 | 9.2% | LIBOR + 1.00% | 9.2% | LIBOR + 1.00% |

通过分析发现，如果不进行安排，双方合计利率为 LIBOR + 9.50%。考虑到甲公司固定利率优势为1.2%，B公司的浮动利率劣势为0.7%，甲公司可以选择固定利率贷款，B公司可以选择浮动利率贷款，然后进行交换，签订互换协议。通过互换，双方合计利率 LIBOR + 9%，可降低0.5%，双方共享，可以均分，也可以是其他分享比例。假设均分，甲公司实际贷款利率为 IBOR + 0.75%，B公司实际贷款利率为8.25%。

**（二）货币互换**

货币互换是指金额相等、期限相同，但币种不同的两笔资金之间的互换，通常是指债务资金及与之相关的利息之间的互换，与利率互换只涉及利息交换不同，货币互换大多同时涉及本金和利息的互换。互换双方按预先约定的汇率进行本金的互换，之后每年按照约定利率和本金为基础进行利息的互换。协议到期后，再按照原约定的利率将原来的本金换回。即货币互换会在协议期初、存续期间、到期日发生多次资金流动。

货币互换能够较好满足市场交易者改变债务的货币结构、进行资产负债管理、降低筹资成本等方面的需要。由于不用的市场交易者在不同的货币市场上具有各自筹资的比较优势，因而交易者可以通过在自己拥有比较优势的货币市场上发行债务工具，然后与其他货币市场上具有比较优势的另一方互换利息，使双方都可以降低筹资成本，并规避汇率风险。另外，通过货币互换还可以规避汇率变动带来的风险。

例如，英国A公司需要一笔英镑贷款，可以直接借入英镑，但利率较高，也可以借入美元，再换成英镑，利率较低，但存在汇率风险；美国B公司需要一笔美元贷款，可以直接借入美元，但利率较高，也可以借入英镑，再换成美元，利率较低，但同样存在汇率风险。为了避免汇率风险，A公司以较低的利率借入美元，B公司以较低的利率借入英镑，然后再进行互换。互换时即约定汇率，如开始时用即期汇率，换回时用远期汇率。但利息不存在汇率的问题，A公司向B公司以英镑付息，B公司向A公司以美元付息，双方收到利息后，付给各自的贷款银行。当然，货币互换还有其他较多不同的情形。

**（三）其他互换**

除了利率互换和货币互换以外，还有商品互换、股权互换、信用互换及期权互换等其他较多金融互换品种。但相比较而言，实践中应用少一些。

（1）商品互换。是指交易双方根据合约安排，在规定的期限范围内，基于一定数量的商品或相关标的物，一方用按固定价格计算的货款来交换另一方按浮动价格计算的货款。

（2）股权互换。是指交易双方根据合约安排，一方用股票指数产生的收益来与另一方固定利率、浮动利率或其他股票指数产生的收益进行交换。

（3）信用互换。是指交易双方根据交易合约，由互换协议的一方定期向另一方支付一定的金额费用，当标的债券出现偿付风险时，由另一方给予一定金额的补偿。

（4）期权互换。是指在公司股价下跌的情况下，为了确保股票期权预期目标的实现，进而避免员工的利益受到损失，而采取的一种调整行权价格的方式。

## 三、金融互换的会计处理

### （一）利率互换的会计处理

利率互换的期初或期末一般都没有实际本金的收付或发生成本，因此可以不进行初始确认。虽然对公司来说，实际承担的浮动利率可能低于也可能高于固定利率，因而利率互换可能隐含未来的经济利益，理应确认相应的衍生工具。但由于交易是基于公允价值进行的，而且交易双方没有任何付出，因而其价值只有在存续期内通过后续计量来体现。

在合约存续期间，协议双方通常只需根据利率差额进行净额结算，向对方支付因互换利率不同而产生的利息差额。另外，在互换协议存续期间，还需要在每个会计期末确认当期的公允价值变动损益。理论上说，公允价值应当以未来的利息差额折现合计来确定，并根据公允价值变动情况借记或贷记"衍生工具"，贷记或借记"公允价值变动损益"。但要考虑 Shibor 等远期报价及其与未来实际 Shibor 的差额、折现率、通货膨胀率等较多的因素，较为复杂，因而公允价值计量实践中，通常假设未来每期的利息差额均等于最近可确定的利息差额，折现率为计量日或与计量日接近的贷款利率，并据此计算货币互换合约的公允价值。

【例9-14】甲公司有一笔5 000万元的固定利率贷款，年利率8%，预期利率可能下跌，出于投资的考虑，于2018年7月6日与银行签订2年期的利率互换协议。银行浮动利率为 Shibor +1%，起息日2018年9月15日，每半年付息1次。2019年3月14日、9月14日以及2020年3月14日、9月14日浮动利率分别为8.1%、7.6%、7.7%、7.5%。到期日2020年9月14日。假设每半年计算并支付利息一次，不考虑持有期内的公允价值变动。则甲公司的会计处理如下：

（1）确认交易时不做账务处理。由于不涉及本金问题，因此不做会计处理。

（2）2018年12月31日按理应当计量合约当日的公允价值，但根据题意，不确认公允价值变动损益。2019年12月31日也是同样的道理。

（3）2019年3月14日，固定利率计算的半年的利息为 $5\,000 \times 8\% \times 1/2 = 200$（万元），浮动利率计算的利息为 $5\,000 \times 8.1\% \times 1/2 = 202.5$（万元），需要向对方支付2.5万元，确认为投资收益，即：

借：投资收益　　　　　　　　　　　　　　　　　　　25 000
　　贷：银行存款　　　　　　　　　　　　　　　　　　　　25 000

（4）2019年9月14日，固定利率计算的半年的利息为 $5\,000 \times 8\% \times 1/2 = 200$（万元），浮动利率计算的利息为 $5\,000 \times 7.6\% \times 1/2 = 190$（万元），需要向对方收取10万

元，确认为投资收益，即：

借：银行存款 100 000

贷：投资收益 100 000

（5）2020 年 3 月 14 日，固定利率计算的半年的利息为 5 000×8%×1/2＝200（万元），浮动利率计算的利息为 5 000×7.7%×1/2＝192.5（万元），需要向对方收取 7.5 万元，确认为投资收益，即：

借：银行存款 75 000

贷：投资收益 75 000

（6）2020 年 9 月 14 日，固定利率计算的半年的利息为 5 000×8%×1/2＝200（万元），浮动利率计算的利息为 5 000×7.5%×1/2＝187.5（万元），需要向对方收取 12.5 万元，确认为投资收益，即：

借：银行存款 125 000

贷：投资收益 125 000

如果考虑公允价值变动，还应当确认公允价值变动损益，并根据公允价值变动情况借记或贷记衍生工具，贷记或借记公允价值变动损益。2020 年 9 月 14 日合约到期，将衍生工具金额转为投资收益即可。但总体上看，仅仅是将收益进行了跨期分摊。

**（二）货币互换的会计处理**

货币互换一般都要同时涉及本金的交换汇率问题，有时还会涉及相应的利息收付问题。由于货币互换通常与非货币互换业务相联系，以进行一并处理，签订货币互换协议就意味着产生了相应的资产、负债或（递延）收益，因此期初就要进行初始确认。

初始确认时首先借入货币 A，借记"银行存款"（货币 A），贷记"长期借款"（货币 A）；其次按预定汇率与对方换入货币 B，借记"银行存款"（货币 B），贷记"银行存款"（货币 A）。

履约期间首先支付货币 B 贷款的利息，并按约定的汇率从对方收取或支付互换利息差额。如果不通过中介或对方银行的话，只需净额结算，单方支付因互换因利率不同而产生的利息差额。如果互换是在企业间通过中介进行的，则需要按总额结算，收支需要分开进行账务处理；其次在会计期末（报告期）需要确认公允价值变动损益。虽然互换协议不存在活跃市场，但与利率互换不同，货币互换未来现金流是确定的，未来利息差额的现值可以作为互换的公允价值，如果不存在其他更合适的选择，将企业贷款利率用作折现率。

合约到期，按协议汇率将货币换回，即将货币 B 换为货币 A，同时用货币 A 偿还借款的本金。

【例 9－15】甲公司为国内企业，2019 年 6 月 1 日该企业向银行贷款 1 000 万美元，期限 2 年，年利率 6.3%，半年付息 1 次，但日常收入为人民币，希望以人民币支付利息并偿还到期美元贷款；境外 B 公司有超过 6 850 万元的人民币债务，剩余年限 2 年，利率 6.2%，半年付息 1 次，但日常收入为美元。境内外公司双方于 2019 年 6 月 1 日协议进行 1 000 万美元的货币互换，约定汇率为当日即期汇率，1 美元兑换人民币 6.75 元，协议日就是起息日。甲公司的会计处理如下：

（1）2019 年 6 月 1 日从银行借入美元贷款，确认美元长期借款，即：

借：银行存款——美元　　　　　　　　　　　　　　　　　67 500 000

　　贷：长期借款——美元　　　　　　　　　　　　　　　　67 500 000

同时，签订货币互换协议，进行本金的交换，即：

借：银行存款——人民币　　　　　　　　　　　　　　　　67 500 000

　　贷：银行存款——美元　　　　　　　　　　　　　　　　67 500 000

（2）2019 年 12 月 31 日，应向境外公司支付美元利息 1 000 × 3.15% × 6.75 = 212.625（万元），但互换后的人民币利息 6 750 × 3.1% = 209.25（万元），实际收到差额 3.375 万元，即：

借：银行存款　　　　　　　　　　　　　　　　　　　　　　33 750

　　贷：投资收益　　　　　　　　　　　　　　　　　　　　33 750

同时，支付美元利息：

借：财务费用　　　　　　　　　　　　　　　　　　　　　2 126 250

　　贷：银行存款　　　　　　　　　　　　　　　　　　　2 126 250

另外，确认公允价值变动。由于未来期间还有三期利息差额收入，每期收到 3.375 万元，按照贷款利率 6.3% 折现即得到合约的公允价值，即：

合约公允价值 $= 3.375 \times [(1 + 6.3\%)^{-1} + (1 + 6.3\%)^{-2} + (1 + 6.3\%)^{-3}]$

　　　　　　 $= 3.375 \times (0.9407 + 0.8850 + 0.8325)$

　　　　　　 $= 8.971425$（万元）

借：公允价值变动损益　　　　　　　　　　　　　　　　　89 714.25

　　贷：衍生工具　　　　　　　　　　　　　　　　　　　89 714.25

（3）2020 年 6 月 30 日，应向境外公司支付美元利息 1 000 × 3.15% × 6.75 = 212.625（万元），但互换后的人民币利息 6 750 × 3.1% = 209.25（万元），实际收到差额 3.375 万元，即：

借：银行存款　　　　　　　　　　　　　　　　　　　　　　33 750

　　贷：投资收益　　　　　　　　　　　　　　　　　　　　33 750

同时支付美元利息：

借：财务费用　　　　　　　　　　　　　　　　　　　　　2 126 250

　　贷：银行存款　　　　　　　　　　　　　　　　　　　2 126 250

另外，确认公允价值变动。由于未来期间还有二期利息差额收入，每期收到 3.375 万元，按照贷款利率 6.3% 折现即得到合约的公允价值，即：

合约公允价值 $= 3.375 \times [(1 + 6.3\%)^{-1} + (1 + 6.3\%)^{-2}]$

　　　　　　 $= 3.375 \times (0.9407 + 0.8850)$

　　　　　　 $= 6.16174$（万元）

合约公允价值变动 $= 8.971425 - 6.161734 = 2.809661$（万元），即：

借：公允价值变动损益　　　　　　　　　　　　　　　　　28 096.61

　　贷：衍生工具　　　　　　　　　　　　　　　　　　　28 096.61

（4）2020 年 12 月 31 日，应向境外公司支付美元利息：1 000 × 3.15% × 6.75 =

212.625（万元），但互换后的人民币利息 6 750×3.1% =209.25（万元），实际收到差额 3.375 万元，即：

借：投资收益      33 750

    贷：银行存款      33 750

同时支付美元利息：

借：财务费用      2 126 250

    贷：银行存款      2 126 250

另外，确认公允价值变动。由于未来期间还有一期利息差额收入，可收到 3.375 万元，按照贷款利率 6.3% 折现即得到合约的公允价值，即：

合约公允价值 = 3.375×(1 +6.3%)$^{-1}$ =3.375 ×0.9407 =3.17486（万元）

公允价值变动 =6.16174 −3.17486 =2.98688（万元）

借：公允价值变动损益      29 868.8

    贷：衍生工具      29 868.8

（5）2021 年 6 月 30 日，应向境外公司支付美元利息：3.15% ×1 000 ×6.75 =212.625（万元），但互换后的人民币利息 6 750 ×3.1% =209.25（万元），实际收到差额 3.375 万元。

借：银行存款      33 750

    贷：投资收益      33 750

同时支付美元利息：

借：财务费用      212 625

    贷：银行存款      212 625

另外，结转公允价值变动：

借：衍生工具      31 748.84

    贷：公允价值变动损益      31 748.84

（6）2021 年 6 月 30 日换回货币，偿还本金：

借：银行存款——美元      67 500 000

    贷：长期借款——人民币      67 500 000

同时，通过境外公司偿还美元债务：

借：长期借款——美元      67 500 000

    贷：银行存款——美元      67 500 000

通过本例可以看出，境内公司实际少支出利息 13 500 元。不过考虑到汇率的变化和贷款利率的选择，情况比较复杂，为了简化问题的分析，本题假设利率及汇率均不变。通常情况下，之所以进行货币互换，一般要考虑双方可供选择的贷款方案，如境内外公司均可选择人民币或美元贷款，但双方可能信用状况不同，利率也不同。只有双方贷款利率合计最小的方案才是可行方案，也才有货币互换的基础，互换合约安排下的合计利率小于各自最优方案的合计利率的差额由双方共同享有，决定了相互之间的利息支付，这一点与利率互换相同。此外，如果美元汇率如境内公司预期的那样超过约定汇率，也会减少境内公司偿还美元本金和利息的支出。

# 第十章
# 外币报表折算

## 第一节　外币报表折算概述

### 一、外币报表及其折算

#### （一）外币及外币报表

从会计的角度来看，外币是记账本位币以外的货币。记账本位币是会计主体记账所使用的货币，通常是会计主体所处的主要经济环境中的货币。对于处于不同经济环境中的投资企业与其子公司、合营企业、联营企业和分支机构是否采用与母公司相同的记账本位币，需要根据经营的自主性、与企业的交易比重、是否影响企业的现金流量及是否可以随时汇回以及境外经营产生的现金流是否可以偿还其现有债务及可预期债务等因素来确定。

外币报表全称为外币财务报表，通常情况下是指采用与投资企业记账本位币不同的货币编制的被投资单位财务报表，会计实务中通常为境内企业在境外的子公司、合营企业、联营企业和分支机构采用与境内企业记账本位币不同的货币编制的财务报表。

#### （二）外币报表折算

外币报表折算就是境内投资企业，将境外的子公司、合营企业、联营企业和分支机构采用与境内企业记账本位币不同的货币编制的财务报表，折算为境内企业记账本位币列示的财务报表。外币报表折算是跨国公司在合并财务报表的编制中面临的一个特殊问题，即分布在不同国家的企业，其报表分别由不同的货币来表述。例如，一家总部位于中国的公司，使用人民币编制财务报表。它有两家控股子公司分别位于新加坡和泰国，各自使用新加坡元和泰铢编制财务报表。在中国母公司编制合并财务报表之前，母公司与两家子公司必须按相同的货币来表述报表，如果将以人民币表述的母公司报表数字与新加坡元、泰铢表述的子公司报表数字直接相加，得出的数据毫无意义。这就意味着其中的两种货币必须加以变换。

合并报表的主要使用者是母公司的股东与债权人，因此，跨国公司通常以母公司所使用的货币来表述合并财务报表。在上例中，新加坡与泰国子公司的财务报表就必须从新加坡元表述与泰铢表述变换为以人民币来表述。由于这一货币变换过程并不是实际意义上的兑换（conversion），所以会计上对此采用"折算"或者"换算"（translation）的术语。

需要注意的是，外币报表折算与外币兑换不同。外币兑换是把企业持有的一种货币兑换成另一种货币，发生了实际货币的等值交换，发生的兑换损益是已实现损益。而外币报表折算并没有涉及不同货币的实际兑换，只是将财务报表的表述从一种货币单位转化成另一种货币单位，发生的报表折算损益尚未实现，计入所有者权益。外币报表折算既不影响企业资产和负债的计量基础，也不影响收入和费用的确认时间，更不会影响项目的计量属性。

此外，在外币报表折算中，还需要对外币与功能货币进行区分，外币是指企业功能货币（我国采用的术语是"记账本位币"）以外的货币。如果一家中国子公司的功能货币是欧元，则人民币就是该公司的外币；如果该子公司的功能货币是人民币，则欧元就是该公司的外币。一般情况下，无论功能货币是哪一种，子公司在编制财务报表时都会使用当地货币。

## 二、外币报表折算货币

### （一）折算货币概述

#### 1. 功能货币及其确定

美国财务会计准则委员会在其第 52 号财务会计准则公告（SFAS 52）中，认为功能货币（functional currency）是企业主体从事经营活动的主要经济环境中的货币。通常情况下，功能货币就是企业主体收支现金时主要采用的货币，适用于任何主体，包括独立公司、拥有境外经营的公司（母公司或投资公司）和境外经营（子公司、联营企业或分支机构）。

一般情况下，功能性货币就是企业所在国的货币。但如果企业所在国的货币在企业经营活动中不能发挥其主导作用，则不能以该国货币作为该企业的功能货币。对企业在境外的子公司或分支机构而言，却存在一个如何选择功能货币的问题。是用母公司的功能货币作为自己的功能货币，还是根据自己所处的主要经济环境中使用的货币作为功能货币呢？美国财务会计准则委员会在《财务会计准则第 52 号——外币折算》里提供了确定境外经营功能货币的指南（见表 10 - 1）。

表 10 - 1                        确定境外经营功能货币时应考虑的因素

| 指标 | 当地货币（子公司所在地）可作为功能货币的因素 | 母公司货币可作为功能货币的因素 |
|---|---|---|
| 现金流 | 主要以外币反映，且不直接影响母公司的现金流量 | 直接影响母公司的现金流量，并可直接汇至母公司 |
| 销售价格 | 主要取决于当地竞争或当地政府管制；通常对汇率变动不敏感 | 对短期汇率变动和世界范围内的竞争敏感 |
| 销售市场 | 公司产品在当地市场货源；可能有大量出口 | 销售市场主要在为母公司所在国，或销售合约以母公司货币签订 |

| 指标 | 当地货币（子公司所在地）可作为功能货币的因素 | 母公司货币可作为功能货币的因素 |
|---|---|---|
| 费用 | 产品或劳务成本、材料和其他成本主要来自当地，或从其他国家进口 | 产品或劳务的人工、材料和其他成本主要来自母公司所在国 |
| 融资 | 主要获取当地货币，境外经营产生的收入满足现有及正常情况下预期的债务需要 | 主要来自母公司或其他以母公司货币反映的国家，若母公司不额外注资，境外经营的资金不足以维持融资需要 |
| 内部交易及协议 | 极少量的内部交易，境外经营与母公司之间无关联交易 | 与母公司有频繁的内部交易，或者境外经营是母公司对投资或融资的延伸 |

功能货币可以用来区分两种境外经营模式，一是自身独立经营的子公司，二是母公司的延伸或者与母公司一体的子公司。决定一个境外经营主体功能货币必须考虑的因素包括：现金流、销售价格、费用、融资以及集体内部交易。境外子公司通常在本国也有交易活动，也会从当地资源中获得融资。如果一个境外子公司在从事大多数交易时都使用当地货币，且该现金并不是有规律地汇回母公司，那么当地货币一般就是子公司的功能货币。例如，一家美国公司在中国香港经营的子公司或分支机构，尽管使用美元进行账务处理，但它也可能使用港元作为功能货币。但如果这家位于中国香港的子公司大多数现金交易采用美元，主要销售市场在美国，产品元件一般从美国获取，主要由美国的母公司负责香港子公司的融资，那这些因素意味着美元可以作为香港子公司的功能货币。当然，一些境外经营也可能使用当地货币以外的货币作为功能货币。例如，一家英国公司在委内瑞拉的附属公司其实质性商业活动可能全部发生在巴西。

主体的功能货币在客观上一般比较容易确定，但也有例外。如果一个主体的大量经营活动涉及两个或两个以上的币种，可能就无法明确地确定功能货币。更多情况下，可能是用于确定主体功能货币的几个因素交叉存在，使得主体的功能货币看起来并不明显。对此，美国财务会计准则委员会认为，功能货币的选择多少要依赖于管理层的主观判断。

2. 记账本位币及其确定

我国《企业会计准则第19号——外币折算》规定，记账本位币是指企业经营所处的主要经济环境中的货币。企业对记账本位币的选定需要考虑三个方面的因素，该货币主要影响商品和劳务的销售价格，该货币主要影响商品和劳务所需人工、材料和其他费用，融资活动获得的货币以及保存从经营活动中收取款项所使用的货币。而企业为其境外经营确定记账本位币时，除上述因素外，还应当考虑以下因素：第一是境外经营对其所从事的活动是否拥有很强的自主性；第二是境外经营活动中与企业的交易是否在境外经营活动中占有较大的比重；第三是境外经营活动产生的现金流量是否直接影响企业的现金流量，是否可以随时汇回；境外经营活动产生的现金流量是否足以偿还现有债务和可预期的债务。

在这里，境外经营指企业在境外的子公司、合营企业、联营企业、分支机构，在采用不同于企业功能性货币的境内子公司、合营企业、联营企业、分支机构，也视同境外经营。

我国企业会计准则规定，企业记账本位币一经选定，不能随意变更，除非企业经营所处的主要经营环境发生实质上的改变。可见，我国的记账本位币概念实际上等同于国外功能货币的概念。

### 3. 列报货币及其确定

列报货币（presentation currency）是国际会计准则理事会在其第21号国际会计准则（IAS 21）里提出的概念，指企业列报财务报表时所采用的货币，即报告货币。一些国家的会计准则中虽然没有明确提出这个概念，但在实际中也运用了类似的概念。例如，我国《企业会计准则第19号——外币折算》第四条提到："业务收支以人民币以外的货币为主的企业，可以按照本准则第五条规定选定其中一种货币作为记账本位币。但是，编报的财务报表应当折算为人民币。"这里就隐含了列报货币的含义，也就是说，即使企业确定的记账本位币并不是人民币，则"列报货币"也必须是人民币。

列报货币与功能货币是不同的概念。根据第21号国际会计准则，企业可以选择任意一种货币作为它的列报货币。国际会计准则理事会作出这样的规定主要是出于以下两方面的考虑：首先，随着经济的全球化发展，许多跨国公司可能存在多个具有不同功能货币的经营实体，如果要求它们仅以功能货币作为列报货币，可能会因为这些跨国公司难以择定唯一的功能货币而变得不可操作；其次，有些国家或地区的法律要求企业以本地货币作为列报货币，如果要求企业采用功能货币作为列报货币，而企业的功能货币又不是本地货币的话，可能导致企业不得不编制两套报表，一套按功能货币编制以遵循国际会计准则，一套按本地货币编制以遵循本国或本地区的法律。我国便属于第二种情形，我国的《会计法》规定，在中国境内注册的企业的列报货币必须是人民币。

### （二）功能货币的应用

外币报表折算必须选择一种货币作为功能货币，以便将其他货币都折算成功能货币。一般情况下，合并或汇总财务报表的主要使用者是母公司的股东和债权人，通常就以母公司使用的货币表述合并或汇总财务报表。但如果母公司使用的货币并不比各子公司、附属公司或分支机构所使用的货币更占支配地位，则以母公司的货币作为功能货币表述合并或汇总报表就不能发挥应有的作用。编制合并或汇总报表使用的功能货币应是合并或汇总报表主体从事经营活动的主要经济环境中的货币，可以是控股公司所在国的货币，也可以是境外经营所在国的货币。一般情况下，合并或汇总报表主体所选择的功能货币通常就是母公司或总公司所在国的货币。

基于功能货币的概念，境外经营的资产、负债与经营必须以功能货币计量，再按照报告主体的货币将境外经营的资产负债表及利润表分别与母公司的报表合并。这一会计程序就要求将境外经营的财务报表以母公司所选择的功能货币进行转换或折算。由于境外经营账面记录可能是功能货币，也可能是外币，因此，编制合并财务报表时需要根据境外经营对功能货币的择定进行重新计量和折算（或兼而有之）。

### 1. 折算

当境外经营以其功能货币记账时，其报表将折算为报告主体的货币。折算是指使用报告货币来表述以功能货币计量的财务报表。

若某一境外经营在东道国的活动相对自主，独立于母公司的经营活动，它选择的功能货币通常是当地货币（对母公司而言就是外币）。这一货币用以计量境外经营创造的现金流量，并确定其经营成果。在编制合并财务报表时，境外经营的财务报表必须折算成母公司的报告货币。因此，折算的结果必须能够反映境外经营的现实，保持境外经营外币财务报表原先表述的财务关系和结果不变。母公司关注的是对境外经营投资净额折算为其报告货币的金额，即母公司在境外经营所有者权益中所占份额折算为合并报表货币的金额。

SFAS No. 52 规定，除股东权益项目以外，财务报表所有资产和负债项目都应使用单一的现行汇率折算，即采用现行汇率法。由于境外经营的功能货币不是母公司货币，汇率变动并不会对其现金流量产生直接影响。汇率变动的影响数就在其他综合收益项目中以股东权益调整数列报，因折算产生的权益调整数将累积计入其他综合收益项目中，直到该境外经营被处置或清算，届时将作为出售利得或损失的调整数。

### 2. 重新计量

当境外经营不以功能货币记账时，其财务报表就必须按照功能货币重新计量。重新计量就是指通过折算把计量单位从外币转变为功能货币的程序，即通过折算来对境外经营以当地货币（外币）编制的财务报表进行重新计量。

若某一境外经营的活动只是母公司经营活动的延伸，就如母公司自己直接从事这些国外经营业务一样时，境外经营所选择的功能货币将是母公司的报告货币。这时，如果境外经营的活动按母公司的报告货币进行会计记录，将不存在外币报表的折算问题。但如果境外经营为了记录方便而选择东道国货币，那么境外经营在会计记录中使用的当地货币就不是功能货币。因此，在编制合并财务报表时应根据母公司的报告货币重新计量，同时使用历史汇率及现行汇率。

为实现这一目的，将采用时态法，货币性资产和负债以现行汇率重新计量，其他资产和负债以历史汇率重新计量。由于预期重新计量将会对企业的现金流量产生直接影响，产生的汇率调整数将计入当期损益。

## 第二节　外币报表折算方法

折算的目的在于将外币财务报表重新表述为共同的报告货币，不仅取决于境外经营的功能货币是什么，而且还取决于它是否就用功能货币进行会计记录。

表面上看，外币报表折算只是一个技术程序，一旦为所有的报表项目择定了折算汇率，就只剩下简单的计算。然而，近几十年来，国际会计界就如何确定各报表项目的折算汇率以及如何报告汇率变动的影响进行了旷日持久的争论，先后设计了流动与非流动项目法、货币性与非货币性项目法、时态法、现行汇率法等几种外币报表折算方法。功能货币的选定也只是国际上普遍认可的概念。本节将简单介绍各种方法，阐述有助于外币报表折算方法理解的概念依据。

## 一、流动与非流动项目法

### （一）折算原理

早期普遍采用的方法是流动与非流动项目法。早在 1939 年，美国注册会计师协会（AICPA）的会计程序委员会（CAP）就在发布的《第 4 号会计研究公报——境外经营活动与外汇》中推荐使用这种方法。这种方法将资产负债表的项目按照流动性分类，划分为流动性项目与非流动项目，将两类项目分别采用不同的汇率折算。对流动资产和流动负债按照现行汇率（即资产负债表日的即期汇率）折算，非流动性资产和负债项目按照资产取得日或负债承担日的历史汇率折算，所有者权益中的实收资本和资本公积按股份发行时日的历史汇率折算，盈余公积为上期余额与本期提取额按平均汇率折算后的金额之和，未分配利润根据资产负债表的平衡原理倒轧计算得出。

外币利润表里的项目，除销货成本、折旧费和无形资产摊销费外，均按报告期的平均汇率折算；销货成本根据公式"销货成本 = 期初存货 + 当期购货 - 期末存货"计算，其中期初存货和期末存货应分别根据上期末和本期末的现行汇率折算，当期购货按报告期的平均汇率折算；折旧费和无形资产摊销费按资产取得日的实际汇率折算。至于汇率变动的影响，上述美国第 4 号会计研究公报出于稳健性考虑，要求将折算净损失计入损益，折算净利得予以递延。

### （二）特征分析

随着这种方法在实务中的广泛应用，其缺陷日益显现出来。这种方法过于关注资产负债表的分类，而资产负债表的流动性分类并不能说明为什么所选择的折算汇率是合理的，这是对流动性与非流动性项目法的主要批评。最常见的例子是存货和长期负债的折算。

以存货为例，该方法按照期末现行汇率折算流动资产，表明现金、应收账款和存货都承受着相同的汇率变动风险。这对以历史成本计价的存货并不恰当。因为存货与固定资产相同，在按取得日的历史汇率折算后就与日后的汇率变动脱钩。只有按照固定金额表述的现金和应收账款才会在日后继续承受汇率变动的影响，所以要按期末现行汇率折算。又例如长期应收款、长期应付款与长期借款等项目，被划分成非流动资产和负债，用历史汇率折算。这些项目按外币表述的金额是固定的，在实际中与现金等项目类似，也承受着汇率变动的影响，应按期末现行汇率折算。但由于属于非流动项目，就按照历史汇率折算，这就不合理了。

并且，若存货按历史成本计价，用期末现行汇率折算，折算后的金额既不能代表存货的历史成本，也不能代表现行重置成本或销售价格，使得折算后的金额没有意义。对长期负债的折算也是如此。

美国注册会计师协会会计程序委员会在 1965 年的第 6 号意见书《会计研究公报的现状》中，认可对所有的外币应付款和应收款都可按照现行汇率折算，而不需要按流动性区分。这实际上也标志着美国不再使用该方法。现在只有新西兰、巴基斯坦、伊朗、南非、赞比亚、萨尔瓦多等少数国家仍在采用流动性与非流动性项目法作为外币报表折算方法。

此外，该种方法折算损益的处理也颇有争论。美国第 4 号会计研究公报要求将折算利得加以递延，反对者认为递延折算利得会掩盖汇率波动的真相。

## 二、货币性与非货币性项目法

### （一）折算原理

在会计界逐渐认同流动性与非流动性项目法的缺陷后，1957 年美国的 S. R. 赫普华斯教授提出了另一种外币报表折算方法——货币性与非货币性项目法，后来由美国会计原则委员会在第 6 号意见书（APB No. 6）中正式推荐采用。这种方法从汇率变动对资产和负债项目的不同影响入手，将资产和负债分为两类：货币性项目和非货币性项目。

货币性项目是以货币形态存在的金额固定的各类资产或负债，如现金、应收账款、应收票据、应付账款、应付票据、长期应付款等，一旦汇率发生波动，其外币金额的本国货币等值即发生变化，货币性项目的折算汇率是期末现行汇率。

除货币性资产或负债以外的其他资产或负债项目，如存货、固定资产等，都是非货币性项目。当汇率发生波动时，按当地货币表述的非货币性资产金额并不会随之变动。非货币性项目应当按历史汇率折算。

股东权益部分的实收资本按股份发行日的历史汇率折算，留存收益根据资产负债表的平衡计算。外币利润表的折算方法与流动性与非流动性项目法相似。汇率变动影响产生的折算损益报告方式与流动性与非流动性项目法相同，即折算损失立即计入当期损益，折算利得予以递延。

### （二）特征分析

与流动与非流动法相比，货币性与非货币性项目法更恰当地分析了汇率变动对资产和负债项目的影响。但这种方法也有其缺陷。虽然它根据资产与负债的特性提出了货币性与非货币性的分类概念，以此作为选择折算汇率的标准。但外币报表折算涉及的是会计计量问题而不是简单的分类问题，这种方法并没有触及外币报表折算问题的实质。反对者认为，外币报表折算的实质是会计计量，而不是对资产负债表的分类。美国财务会计准则委员会在《财务会计准则公告第 8 号——外币交易会计和外币财务报表折算》（SFAS No. 8）中这种方法提出的批评是，单独区分货币性与非货币性项目，不可能推导出折算的全面原则；不管该非货币性项目在外币报表里的计价基础（历史成本或现行市价），非货币性资产和负债都按历史汇率折算，这是不恰当的。

例如，存货如果是按历史成本计价，用历史汇率折算是合理的。但如果按现行成本计价，由于它属于非货币性项目，也必须按历史汇率折算，其结果是，折算后的存货金额既不能代表存货的历史成本本国货币等值，也不能代表重置存货的现行成本本国货币等值，该种方法显然不合理。

货币性与非货币性项目法也逐渐被会计实务界摒弃，由更完善的时态法取代。目前采用这种方法的国家主要有瑞典、菲律宾、韩国、尼加拉瓜、危地马拉、洪都拉斯、哥斯达黎加等，我国台湾地区也采用该种方法。

## 三、时态法

时态法被称为是从会计计量概念推导出来的外币报表折算的方法，由美国会计学家洛伦森（Lorensen）提出，后来，美国的财务会计准则委员会在《财务会计准则第8号——外币交易会计和外币财务报表折算》里正式规定采用这种方法。

### （一）折算原理

时态法强调折算程序仅在于将计量单位从外币转换为本国货币，不能改变会计原则。对于境外经营的计量属性和收入/费用的确认原则，只要是符合公认会计原则，就不应因折算程序而改变。

时态法要求现金、应收及应付项目按照资产负债表日的现行汇率折算，其他资产与负债根据其计量属性，按照其发生日的历史汇率或现行汇率折算。如果资产或负债的计量属性反映的是现行成本，就应选择资产负债表日的现行汇率（期末汇率）作为折算汇率；如果资产或负债的计量属性反映的是历史成本，就应当选择历史汇率作为折算汇率。例如，按可实现净值计量的存货应按可实现净值确定日的即期汇率折算，而按历史成本计量的存货就应当按历史汇率折算。所有者权益中的实收资本按照股份发行日的历史汇率折算，留存收益为轧算的平衡数字。

利润表中的收入和费用项目通常采用平均汇率折算。固定资产的折旧费和无形资产的摊销费则按资产取得日的即期汇率（历史汇率）折算。销货成本根据公式"销货成本＝期初存货＋当期购货－期末存货"计算，其中期初存货、期末存货和当期购货分别根据不同的适用汇率折算。对于外币报表折算过程中形成的损益，应该在汇率发生变化的当期进行反映，即计入当期损益。

### （二）特征分析

时态法与前面两种方法的理论依据不同，它不是以资产负债项目的流动性或者货币性作为选择折算汇率的依据，而是将会计计量属性作为选择依据。会计的核心问题是确认和计量，对会计计量属性的不同判断和选择，将会变更相应的会计模式。时态法的理论依据在于报表折算只是一种计量变更程序，是对既定价值的重新表述，报表折算只能改变计量单位，不能改变记录项目的属性，即实际价值。因而时态法能够适用于任何一种会计模式，并且保证这种会计模式在折算前后的一致性。

时态法是对货币性与非货币性项目法的完善。当所有会计项目都以历史成本计量时，货币性与非货币性项目法与时态法的折算程序完全相同。只有在对一些非货币项目以历史成本以外的计量属性计量时，这两种方法才会产生不同的会计结果。时态法因其概念上的优势具有广泛的适用性，美国财务会计准则委员会在1975年发布的第8号财务会计准则公告中将时态法指定为唯一合理的外币报表折算方法，而不允许采用其他方法。

除此之外，做出这一规定的另一个重要理由是，合并报表是将母子公司作为一个完整的经济实体，而不是个别企业的集成来编制的。因此，境外的附属公司、分支机构都被认为是母公司业务的延伸，这样，一切交易都自然应以母公司所在国的货币进行计量和报告。目前，国际上采用时态法的国家主要有加拿大、奥地利、牙买加、多米尼加、阿根廷、玻利维亚、智利、巴拿马、秘鲁等。

关于时态法，也存在争论，主要表现在两个方面。第一，时态法要求将汇率变动所引起的损益计入利润表，批评者认为，当汇率波动很大时，会引起境外经营公司的报告收益的巨幅波动，特别是季度报表的损益波动。但这种波动仅仅来自汇率而非经营因素，以子公司所在国货币编制的财务报表并不反映这一损益。第二，如果某一境外经营的经营活动相对自主，在东道国的经营形成一个整体，独立于母公司的经营活动，那么，时态法采用多种汇率折算外币报表，就会歪曲境外经营的经营成果，改变财务报表中的所有财务关系。

## 四、现行汇率法

### （一）折算原理

在美国第 8 号财务会计准则公告采用时态法时，英国等主要西欧国家流行的是现行汇率法。随着经济发展，境外经营成为独立的经营实体时，母子公司之间更多的只是投资关系，越来越重视汇率变动对投资净值（即子公司净资产）的影响。现行汇率法迎合了时态法反对者的观点。现行汇率法的前提假设是，具有境外投资的跨国公司所承担的是境外投资的整个净资产上的汇率风险，而不只是境外投资的货币性净额上的汇率风险。现行汇率法的前提假设将汇率风险敞口的范围从货币性项目净额扩大到了整个净资产，这种方法得到了更加广泛的认可。

现行汇率法要求所有的资产和负债项目都应按资产负债表日的即期汇率折算，利润表里的收入和费用项目理论上应按交易发生日的实际汇率折算，但收入和费用交易是大量且频繁发生的，为方便核算，也可按当期的平均汇率（适当加权平均）折算或期末汇率折算。实收资本等权益项目仍按股份发行日的历史汇率折算。折算调整额代表的是汇率变动对境外经营净资产的影响，因此，应将其报告在股东权益部分，直到境外经营的净额被处置时再转入损益。

### （二）特征分析

前面三种报表折算方法有一个共同特征，即因汇率变动对各项目的影响不同，折算都采用了多种汇率，所以，这三种方法都是多种汇率法。他们都把财务报表视为各项交易和会计事项的账面记录的总括反映。而现行汇率法是一种单一汇率法。它使折算后子公司的账面价值反映外币报表里的净资产的价值（不论以何种属性计量）的本国货币等值，且能够在折算后保留外币报表中原有的财务状况和比率关系。目前，世界上采用现行汇率法的国家主要有：中国、美国、英国、澳大利亚、法国、德国、印度、爱尔兰、丹麦、日本、荷兰、挪威、新加坡、瑞士、马来西亚、哥伦比亚、乌拉圭、津巴布韦等国家。我国《企业会计准则第 19 号——外币折算》中规定，我国的外币财务报表折算采用现行汇率法。

但现行汇率法假定所有的资产、负债项目都暴露在汇率风险下，这与子公司存货、固定资产等项目的价格在一定程度上不受汇率变动影响的经济现象不符。而且，根据现行汇率法折算的金额背离了外币报表的历史成本计量基础，由于外币报表折算的主要用途是为了编制合并财务报表，因此，这种背离现行会计模式的做法也不合理。此外，根据现行汇率法的规定，资产负债表项目和利润表项目的折算汇率并不一致，当财务比率同时涉及资产负债表项目和利润表项目时，财务比率就会改变，这与现行汇率法的某些概念依据产生了冲突。要想真正保持财务比率不变，除非资产负债表项目和利润表项目都按相同的汇率折算。

## 五、不同折算方法的比较与分析

### （一）折算方法的比较

在不同外币报表折算方法下，对特定资产负债表项目和利润表所选用的汇率是不完全相同的（见表 10 - 2）。

表 10 - 2                                           外币财务报表折算方法比较

| 项目 | 流动与非流动项目法 | 货币性与非货币性项目法 | 时态法 | 现行汇率法 |
|---|---|---|---|---|
| 资产负债表 | | | | |
| 现金 | 现行汇率 | 现行汇率 | 现行汇率 | 现行汇率 |
| 应收账款 | 现行汇率 | 现行汇率 | 现行汇率 | 现行汇率 |
| 存货 | | | | |
| 　按成本计 | 现行汇率 | 历史汇率 | 历史汇率 | 现行汇率 |
| 　按市价计 | 现行汇率 | 历史汇率 | 现行汇率 | 现行汇率 |
| 投资 | | | | |
| 　按成本计 | 历史汇率 | 历史汇率 | 历史汇率 | 现行汇率 |
| 　按市价计 | 历史汇率 | 历史汇率 | 现行汇率 | 现行汇率 |
| 固定资产 | 历史汇率 | 历史汇率 | 历史汇率 | 现行汇率 |
| 其他资产 | 历史汇率 | 历史汇率 | 历史汇率 | 现行汇率 |
| 应付账款 | 现行汇率 | 现行汇率 | 现行汇率 | 现行汇率 |
| 长期负债 | 历史汇率 | 现行汇率 | 现行汇率 | 现行汇率 |
| 实收资本（股本） | 历史汇率 | 历史汇率 | 历史汇率 | 历史汇率 |
| 留存收益 | ※ | ※ | ※ | ※ |
| 利润表 | | | | |
| 收入与费用 | 平均汇率 | 平均汇率 | 平均汇率 | 平均汇率 |
| 折旧与摊销 | 历史汇率 | 历史汇率 | 历史汇率 | 平均汇率 |

说明：※表示轧算的平衡数，在现行汇率法下，该数字为利润分配表折算的结果，在通过轧算平衡计算出的折算调整数。

### （二）折算损益的处理

由于报表中不同项目采用的折算汇率不同，产生了外币报表折算损益。其实，无论哪一种方法，都会产生折算损益。折算损益只是在编制合并财务报表过程中形成的未实现汇兑损益，主要取决于两个因素：一是汇率变动引起有关资产和负债项目相比的差额，二是汇率变动的方向，即外汇汇率是升值还是贬值。当汇率升值或贬值时，如果有关资产和负债项目金额相等，发生的损益就会相互抵销；如果资产项目金额大于负债项目金额，当外币升值时，就会产生折算收益，贬值就会产生折算损失。除此之外，不同的外币报表折算方法，对不同项目使用的折算汇率也不同，由此产生的折算损益金额也不同。目前，国际上主要有两种处理方法：当期确认法和递延法。

当期确认法认为汇率变动对损益的影响客观存在，因为汇率变动会引起资产和负债折算后价值的改变，而资产净额的变动必然会使企业收益受到影响。只有将折算损益计入当期损益，才能给报表使用者提供真实的信息。采用这种方法，折算损益就列示在利润表中。

而递延法认为折算损益只是外币报表重新表述而产生的调整数，不是已实现的损益。在境外子公司结束经营活动并把全部净资产分配给母公司之前，这种折算损益都不能实现。而在这之前，汇率变动可能发生反转，意味着这种折算损益可能永远都不会实现。由于它不会影响境外经营子公司所创造的当地货币现金流量，计入当期损益会导致会计信息使用者对企业盈利能力产生误解。因此，递延法将折算损益单独列示在资产负债表的权益项目中，作为累计递延处理。

在这四种方法中，流动与非流动项目法和货币性与非货币性项目法主张对折算汇兑损失当期确认，对折算汇兑收益予以递延；时态法主张采用当期确认法，现行汇率法主要采用递延法。

### （三）现实应用情况

经过了几十年的争论，最后被认为合理的折算方法只剩下时态法和现行汇率法。时态法与现行汇率法争论的焦点主要集中在境外经营主体活动所处的位置上。于是，人们开始转换思路，试图从境外经营经济实质的角度来思考外币报表的折算问题。如第一节所述，功能货币的择定与境外经营主体活动所处的位置有着直接关联。1981 年美国财务会计准则委员会发布《财务会计准则公告第 52 号——外币折算》以取代第 8 号财务会计准则，便巧妙地使用了功能货币的概念，以此来最终确定外币报表到底是按照现行汇率法折算还是按照时态法进行重新计量。随后，1983 年英国发布了第 20 号标准会计惯例《外币折算》。同年，国际会计准则委员会发布了《国际会计准则第 21 号——汇率变动影响的会计》，都从适用性角度出发，同时推荐时态法和现行汇率法。

当今世界，各国的经济环境和政治体制都具有自己的特征，各类产业资本结构大不相同，且在浮动汇率制下，汇率多变，因此，单一的折算方法已经不能适用于不同情况和不同目的。实际上，跨国公司往往也会根据自身的特定经营环境和管理要求，交叉采用上述四种方法，或者使用略微变异后的方法。尽管世界各国会计准则制定机构在外币折算方法的选择上，都尽量恪守概念依据。但在具体实施过程中，还是较多地会考虑如何尽量避免汇率波动产生剧烈的会计影响。因此，有时候也会允许采用一些变异方法对外币报表进行折算。例如，一些采用现行汇率法折算的企业，当固定资产所占比重较大时，为减轻现行汇率波动的影响，对固定资产项目会采用历史汇率折算；一些采用时态法重新计量的企业，对存货会采用历史汇率折算。

## 第三节　现行外币报表折算

外币报表折算方法应该能够反映境外经营的经济实质，因此，必须为企业确定一个能够反映其主要经营环境的功能货币，再根据其记账货币是否是功能货币来确定报表折算方法。现举例说明在不同情况下外币报表是折算还是重新计量。

【例10-1】一家美国公司在英国设立一家全资子公司，美国公司为母公司，其功能货币与列报货币（报告货币）都是美元。

情况1：子公司选择当地货币英镑为功能货币，并以英镑编制财务报表。

这种情况下，子公司的财务报表按其功能货币英镑编制，但其功能货币与母公司的列报货币美元不同，这时，子公司应该采用现行汇率法，才能反映境外经营不影响母公司现金流量的经济实质，且保留可用于评价境外经营的业绩的财务比率。

情况2：子公司选择母公司货币为功能货币，以英镑编制财务报表。

这种情况下，子公司的财务报表依旧按照当地货币英镑编制，但它所选择的功能货币却是美元。这时，子公司的财务报表应按功能货币（美元）重新计量。重新计量的目的在于使报表好像一开始就是以功能货币编制。要达到这一目的，就要对子公司报表中的某些项目采用历史汇率折算，而对另一些项目才采用现行汇率折算，并确认所有不以功能货币表述的货币性资产和负债的汇兑损益，即采用时态法。

情况3：子公司选择欧元为功能货币，以英镑编制财务报表。

子公司财务报表编制所使用的货币依旧是英镑，但所择定的功能货币却是第三种货币欧元。这种情况下，应先将子公司的财务报表按功能货币欧元重新计量，再将子公司按欧元表述的财务报表按现行汇率折算成美元。即对于子公司而言，先采用时态法将按非功能货币编制的财务报表折算为按子公司功能货币表述；再用现行汇率法将按功能货币编制的财务报表折算为母公司的列报货币。

### 一、功能货币折算到列报货币——现行汇率法

#### （一）资产负债表的折算

所有的资产和负债都以资产负债表的现行汇率（期末汇率）进行折算，权益账户中的实收资本、资本公积应按股票发行日的汇率（历史汇率）折算；盈余公积的折算额为以下两个金额的加总额：一是上期资产负债表的盈余公积期末余额折算额，二是本期提取额按平均汇率折算后的金额。

#### （二）利润表的折算

收益和费用项目应以交易发生日的汇率进行折算。为便于核算，也可以采用接近交易发生日即期汇率的近似汇率，如加权平均汇率。未分配利润的折算额应分步确定：第一，未分配利润的期初余额为上期资产负债表的未分配利润期末余额折算额；第二，结转到未分配利润的当期损益的折算用平均汇率；第三，减少未分配利润的股利按股利宣布日的即期汇率折算，提取盈余公积按平均汇率折算。

#### （三）折算差额的处理

折算差额应当计入权益，列示在资产负债表，称为外币报表折算差额，直到净投

资被处置时才转出。这是因为功能货币与列报货币之间的汇率变动几乎不会直接影响到报告企业当前和未来的现金流量。

【例 10-2】假设中国甲公司于 2×16 年 12 月 31 日收购了美国乙公司 100% 的股权。乙公司会计记录及资产负债表（见表 10-3）及利润表（见表 10-4）等财务报表均采用美元为计量单位。购买日的汇率为 1 美元 = 6.94 元人民币，假设乙公司的经营相对独立于母公司，其功能货币为当地货币美元，因此，甲公司应采用现行汇率法折算乙公司的外币报表。其他相关资料为：

| 表 10-3 | 乙公司比较资产负债表 | 单位：美元 |
|---|---|---|
| 项目 | 2×16 年 12 月 31 日 | 2×17 年 12 月 31 日 |
| 现金 | 125 000 | 170 000 |
| 应收账款（净额） | 275 000 | 250 000 |
| 存货 | 900 000 | 950 000 |
| 固定资产（净额） | 1 600 000 | 2 080 000 |
| 资产合计 | 2 900 000 | 3 450 000 |
| 应付账款 | 300 000 | 360 000 |
| 长期应付款 | 650 000 | 1 035 000 |
| 负债合计 | 950 000 | 1 395 000 |
| 股本 | 700 000 | 700 000 |
| 资本公积 | 800 000 | 800 000 |
| 盈余公积 | 300 000 | 360 750 |
| 未分配利润 | 150 000 | 194 250 |
| 股东权益合计 | 1 950 000 | 2 055 000 |
| 负债与股东权益合计 | 2 900 000 | 3 450 000 |

| 表 10-4 | 乙公司利润表 |
|---|---|
| | 2×16 年度 |
| 项目 | 金额 |
| 营业收入 | 3 000 000 |
| 减：营业成本 | 1 870 000 |
| 折旧费 | 320 000 |
| 其他销售及管理费用 | 230 000 |
| 存货跌价损失 | 40 000 |
| 税前利润 | 540 000 |
| 所得税费用 | 135 000 |
| 净利润 | 405 000 |

（1）乙公司在 2×16 年 12 月 31 日资产负债表上报告的固定资产原值为 2 000 000 美元，年折旧率为 10%，无残值。2×17 年 1 月 1 日，乙公司新购入固定资产 800 000 美元，这部分资产的年折旧率为 15%，无残值。

（2）在 2×17 年 12 月 31 日的存货中，一部分存货按成本 500 000 美元计价，剩余存货成本为 490 000 美元，但其按资产负债表日的可实现净值计价为 450 000 美元。

（3）2×17 年 12 月 31 日，乙公司提取净利润的 15% 作为盈余公积金。

（4）2×17 年 10 月 30 日，乙公司发放现金股利 300 000 美元。

（5）假设企业所得税率为 25%。

（6）当年美元的贬值幅度较大，相关汇率变化如下：

2×17 年 12 月 31 日汇率         1 美元 = 6.53 元人民币
2×16 年 12 月 31 日汇率         1 美元 = 6.94 元人民币
2×17 年 1 月 1 日汇率         1 美元 = 6.95 元人民币
2×17 年平均汇率         1 美元 = 6.74 元人民币
2×17 年期末存货购置时的汇率         1 美元 = 6.54 元人民币
2×17 年 10 月 30 日汇率         1 美元 = 6.65 元人民币

根据现行汇率法的一般原理，应当编制乙公司 2×17 年利润表试算平衡表折算工作底稿（见表 10-5）和资产负债表试算平衡表折算工作底稿（见表 10-6）。如前所述，当境外经营以当地货币为功能货币时，应采用现行汇率法折算。

表 10-5         **乙公司利润表**

2×17 年度

| 项目 | 当地货币（美元） | 折算汇率 | 本国货币（元） |
|---|---|---|---|
| 营业收入 | 3 000 000 | A 6.74 | 20 220 000 |
| 营业成本 | 1 870 000 | A 6.74 | 12 603 800 |
| 折旧费 | 320 000 | A 6.74 | 2 156 800 |
| 其他销售及管理费用 | 230 000 | A 6.74 | 1 550 200 |
| 存货跌价损失 | 40 000 | A 6.74 | 269 600 |
| 税前利润 | 540 000 | | 3 639 600 |
| 所得税费用 | 135 000 | A 6.74 | 909 900 |
| 净利润 | <u>405 000</u> | | <u>2 729 700</u> |
| 加：未分配利润，2×16 年 12 月 31 日 | 150 000 | H 6.94 | 1 041 000 |
| 可供分配利润 | 555 000 | | 3 770 700 |
| 减：提取盈余公积 | 60 750 | A 6.74 | 409 455 |
| 现金股利 | 300 000 | H 6.65 | 1 995 000 |
| 未分配利润，2×17 年 12 月 31 日 | <u>194 250</u> | | <u>1 366 245</u> |

说明："折算汇率"中 A 代表平均汇率、H 代表历史汇率。

**表 10 - 6**　　　　　　　　　　　　　　　**盈余公积计算表**

2×17 年度

| 项目 | 当地货币（美元） | 折算汇率 | 本国货币（元） |
|---|---|---|---|
| 盈余公积，2×16 年 12 月 31 日 | 300 000 | H 6.94 | 2 082 000 |
| 加：提取盈余公积 | 60 750 | A 6.74 | 409 455 |
| 盈余公积，2×17 年 12 月 31 日 | 360 750 | | 2 491 455 |

（1）本例假设乙公司的收入和费用均衡发生，因此，采用的平均汇率是年初汇率和年末汇率的简单平均值，否则，应采用加权平均汇率。但如果汇率波动幅度很大，就必须采用交易日的即期汇率来折算。

（2）折算调整数放在股东权益，因此，应先折算利润表及利润分配表，再将计算出的期末未分配利润折算数计入资产负债表。

（3）盈余公积的折算额为上期末盈余公积折算数加上本期盈余公积提取数按平均汇率折算后的金额。本例中盈余公积的期初余额应按收购日汇率折算，折算后的 2×17 年 12 月 31 日盈余公积 2 491 455.00 元将计入当期资产负债表。

（4）通过资产负债表的平衡原理可以倒轧计算出 2×17 年的外币报表折算差额（见表 10 - 7），即折算后的资产总额与折算后负债总额和所有者权益总额之间的差额。该差额是由于资产负债表不同项目采用不同折算汇率产生的。

**表 10 - 7**　　　　　　　　　　　　　　　**折算差额计算表**

2×17 年度　　　　　　　　　　　　　　　　　　　　　单位：美元

| 项目 | 金额 |
|---|---|
| 折算后资产总额 | 22 528 500 |
| 减：折算后负债总额 | 9 109 350 |
| 折算后实收资本 | 4 858 000 |
| 折算后资本公积 | 5 552 000 |
| 折算后盈余公积 | 2 491 455 |
| 未分配利润，2×17 年 12 月 31 日 | 1 366 245 |
| 外币报表折算差额 | (848 550) |

（5）计入所有者权益的外币报表折算差额在企业处置境外经营的当期才能转入损益。如果企业仅处置对境外经营的一部分投资，那就应当按比例将外币报表折算差额转入损益。例如，如果企业处置了其在境外经营投资的 70%，则 70% 的外币报表折算差额就应当被转入损益。

（6）根据以上折算资料即可以编制折算后的资产负债表（见表 10 - 8）。

**表 10 – 8**　　　　　　　　　　**乙公司资产负债表**

2 × 17 年 12 月 31 日

| 项目 | 当地货币（美元） | 折算汇率 | 本国货币（元） |
|---|---|---|---|
| 现金 | 170 000 | C 6.53 | 1 110 100 |
| 应收账款（净额） | 250 000 | C 6.53 | 1 632 500 |
| 存货，按成本 | 500 000 | C 6.53 | 3 265 000 |
| 按可实现净值 | 450 000 | C 6.53 | 2 938 500 |
| 固定资产，2 × 17 年以前 | 1 400 000 | C 6.53 | 9 142 000 |
| 2 × 17 年新增 | 680 000 | C 6.53 | 4 440 400 |
| 资产总额 | 3 450 000 | | 22 528 500 |
| 应付账款 | 360 000 | C 6.53 | 2 350 800 |
| 长期应付款 | 1 035 000 | C 6.53 | 6 758 550 |
| 负债合计 | 1 395 000 | | 9 109 350 |
| 实收资本 | 700 000 | H 6.94 | 4 858 000 |
| 资本公积 | 800 000 | H 6.94 | 5 552 000 |
| 盈余公积 | 360 750 | 见说明（3） | 2 491 455 |
| 未分配利润 | 194 250 | （见表 10 – 5） | 1 366 245 |
| 外币报表折算差额 | | | (848 550) |
| 股东权益合计 | 2 055 000 | | 13 419 150 |
| 负债与股东权益合计 | 3 450 000 | | 22 528 500 |

说明："折算汇率"中 C 代表资产负债表日汇率、H 代表历史汇率。

（7）最后，外币报表折算差额的金额可以进行验证（见表 10 – 9）。

**表 10 – 9**　　　　　　　　**乙公司外币报表折算差额验证**

2017 年度

| 项目 | 当地货币（美元） | 折算汇率 | 本国货币（元） |
|---|---|---|---|
| 净资产，2 × 16 年 12 月 31 日 | 1 950 000 | H 6.94 | 13 533 000 |
| 本期调整额： | | | 0 |
| 净利润 | 405 000 | A 6.74 | 2 729 700 |
| 现金股利 | (300 000) | H 6.65 | (1 995 000) |
| | | | 14 267 700 |
| 净资产，2 × 17 年 12 月 31 日 | 2 055 000 | C 6.53 | 13 419 150 |
| 外币报表折算差额 | | | (848 550) |

说明："折算汇率"中 H 代表历史汇率、A 代表平均汇率、C 代表资产负债表日汇率。

## 二、非功能货币折算到功能货币——时态法

### （一）资产负债表的折算

货币性资产和货币性负债应按资产负债表日的即期汇率折算。非货币性资产按资产取得日的历史汇率折算，如果该资产是按公允价值计价的，则使用评估日的即期汇率折算。

实收资本和资本公积的余额按历史汇率折算。盈余公积的折算额为以下两个金额的加总：一是上期资产负债表的盈余公积期末余额折算额；二是本期提取额按平均汇率折算后的金额。未分配利润的期初余额为上期资产负债表的未分配利润期末余额折算额。未分配利润的期末余额根据"资产＝负债＋所有者权益"的平衡原理倒轧计算。

### （二）利润表的折算

除了可以特别辨明购买日期的项目如销货成本和折旧费等，收入和费用项目应按加权平均汇率折算。折旧费按固定资产购置日的历史汇率折算，销货成本通过如下公式计算：销售成本＝期初存货＋当期购货－期末存货，计算公式里的各项目按各自适用汇率折算。

### （三）折算差额的处理

折算差额应确认为汇兑差额，计入当期损益，列示在利润表。

【例10－3】假设中国甲公司于2×16年12月31日收购了美国乙公司100%的股权，购买日的汇率为1美元＝6.94元人民币。其会计记录与财务报表采用美元为计量单位，但乙公司却是母公司甲在美国经营的延伸，其功能货币与甲公司的功能货币相同，都是人民币。因此，甲公司应采用时态法折算乙公司的外币报表。乙公司在收购日的资产负债表（见表10－3）和利润表（见表10－4）列示了相关数据。

根据时态法的折算程序，乙公司2×17年财务报表折算说明如下：

（1）在时态法下，折算损益报告在利润表里，因此，应首先折算乙公司的资产负债表。

（2）基于时态法的要求，折算汇率根据计量基础来选择。乙公司的现金、应收账款、应付账款、长期应付款应按资产负债表日的即期汇率折算。包括在乙公司收购日资产负债表里的非货币性资产和负债、实收资本、资本公积、盈余公积和未分配利润的历史汇率都是收购日汇率（见表10－10）。

表10－10 乙公司资产负债表

2×17年12月31日

| 项目 | 当地货币（美元） | 折算汇率 | 本国货币（元） |
|---|---|---|---|
| 现金 | 170 000 | C 6.53 | 1 110 100 |
| 应收账款（净额） | 250 000 | C 6.53 | 1 632 500 |
| 存货，按成本 | 500 000 | H 6.54 | 3 270 000 |

续表

| 项目 | 当地货币（美元） | 折算汇率 | 本国货币（元） |
|---|---|---|---|
| 按可实现净值 | 450 000 | C 6.53 | 2 938 500 |
| 固定资产，2×17 年以前 | 1 400 000 | H 6.94 | 9 716 000 |
| 2×17 年新增 | 680 000 | H 6.95 | 4 726 000 |
| 资产合计 | 3 450 000 | | 23 393 100 |
| 应付账款 | 360 000 | C 6.53 | 2 350 800 |
| 长期应付款 | 1 035 000 | C 6.53 | 6 758 550 |
| 负债合计 | 1 395 000 | | 9 109 350 |
| 实收资本 | 700 000 | H 6.94 | 4 858 000 |
| 资本公积 | 800 000 | H 6.94 | 5 552 000 |
| 盈余公积 | 360 750 | 见说明（3） | 2 491 455 |
| 未分配利润 | 194 250 | 见表 10 – 14 | 1 382 295 |
| 股东权益合计 | 2 055 000 | | 14 283 750 |
| 负债与股东权益合计 | 3 450 000 | | 23 393 100 |

说明："折算汇率"中 C 代表资产负债表日汇率、H 代表历史汇率。

（3）盈余公积的折算数为上期末盈余公积折算数加上本期盈余公积提取数按平均汇率折算后的金额。在本例中，盈余公积的期初余额应按收购日汇率折算（见表 10 – 11）。折算后的 2×17 年 12 月 31 日盈余公积 2 491 455.00 元将计入当期资产负债表。

**表 10 – 11**  **乙公司盈余公积计算**

2×17 年度

| 项目 | 当地货币（美元） | 折算汇率 | 本国货币（元） |
|---|---|---|---|
| 盈余公积，2×16 年 12 月 31 日 | 300 000 | H 6.94 | 2 082 000 |
| 加：提取盈余公积 | 60 750 | A 6.74 | 409 455 |
| 盈余公积，2×17 年 12 月 31 日 | 360 750 | | 2 491 455 |

说明："折算汇率"中 A 代表平均汇率、H 代表历史汇率；时态法与现行汇率法对盈余公积采用相同的折算方法，因而此表与表 10 – 6 相同。

（4）营业成本的折算，如表 10 – 12 所示。

**表 10 – 12**  **乙公司营业成本计算**

2×17 年度

| 项目 | 当地货币（美元） | 折算汇率 | 本国货币（元） |
|---|---|---|---|
| 存货成本，2×16 年 12 月 31 日 | 900 000 | H 6.94 | 6 246 000 |
| 加：本期购货（倒轧） | 1 960 000 | A 6.74 | 13 210 400 |

| 项目 | 当地货币（美元） | 折算汇率 | 本国货币（元） |
|---|---|---|---|
| 可供出售存货 | 2 860 000 | | 19 456 400 |
| 减：存货成本，2×17 年 12 月 31 日 | 990 000 | H 6.54 | 6 474 600 |
| 营业成本 | 1 870 000 | | 12 981 800 |

说明："折算汇率"中 A 代表平均汇率、H 代表历史汇率。

（5）折旧费的折算，如表 10－13 所示。

表 10－13　　　　　　　　乙公司折旧费折算

2×17 年度

| 项目 | 当地货币（美元） | 折算汇率 | 本国货币（元） |
|---|---|---|---|
| 2×17 年以前固定资产折旧费 | 200 000 | H 6.94 | 1 388 000 |
| 加：2×17 年新增固定资产折旧费 | 120 000 | H 6.95 | 834 000 |
| 折旧费总额 | 320 000 | | 2 222 000 |

说明："折算汇率"中 H 代表历史汇率。

（6）乙公司的利润表折算后，详见表 10－14。

表 10－14　　　　　　　　乙公司利润表

2×17 年度

| 项目 | 当地货币（美元） | 折算汇率 | 本国货币（元） |
|---|---|---|---|
| 营业收入 | 3 000 000 | A 6.74 | 20 220 000 |
| 营业成本 | 1 870 000 | 见说明（4） | 12 981 800 |
| 折旧费 | 320 000 | 见说明（5） | 2 222 000 |
| 其他销售及管理费用 | 230 000 | A 6.74 | 1 550 200 |
| 存货跌价损失 | 40 000 | C 6.53 | 261 200 |
| 税前折算损益前利润 | 540 000 | | 3 204 800 |
| 折算损益 | | | 450 850 |
| 所得税费用 | 135 000 | A 6.74 | 909 900 |
| 净利润 | 405 000 | | 2 745 750 |
| 加：未分配利润，2×16 年 12 月 31 日 | 150 000 | H 6.94 | 1 041 000 |
| 可供分配利润 | 555 000 | 按折算后金额计算 | 3 786 750 |
| 减：提取盈余公积 | 60 750 | A 6.74 | 409 455 |
| 现金股利 | 300 000 | H 6.65 | 1 995 000 |
| 未分配利润，2×17 年 12 月 31 日 | 194 250 | 见表 10－8 | 1 382 295 |

说明："折算汇率"中 C 代表资产负债表日汇率、H 代表历史汇率、A 代表平均汇率；2×17 年 12 月 31 日的未分配利润取自当年的资产负债表。

（7）折算乙公司的财务报表时，期末未分配利润、净利润、和折算净损益都是通过倒轧计算得出（见表 10 – 15）。

表 10 – 15　　　　　　　　　　　乙公司利润表

2 × 17 年度

| 项目 | 金额 |
| --- | --- |
| 折算后资产总额 | 23 393 100 |
| 减：折算后负债总额 | 9 109 350 |
| 折算后实收资本 | 4 858 000 |
| 折算后资本公积 | 5 552 000 |
| 折算后盈余公积 | 2 491 455 |
| 未分配利润，2 × 17 年 12 月 31 日 | 1 382 295 |
| 加：现金股利 | 1 995 000 |
| 提取盈余公积 | 409 455 |
| 减：未分配利润，2 × 16 年 12 月 31 日 | 1 041 000 |
| 净利润 | 2 745 750 |
| 加：所得税费用 | 909 900 |
| 税前收益 | 3 655 650 |
| 减：税前折算损益前利润 | 3 204 800 |
| 折算损益 | 450 850 |

### （四）现行汇率法与时态法下的报表差异

表 10 – 16 和表 10 – 17 列示了现行汇率法（折算程序）和时态法（重新计量程序）下财务报表的差异。

表 10 – 16　　　　　　　　　　　乙公司利润表

2 × 17 年

| 项目 | 当地货币 | 本国货币（现行汇率法） | 本国货币（时态法） |
| --- | --- | --- | --- |
| 营业收入 | 3 000 000 | 20 220 000 | 20 220 000 |
| 营业成本 | 1 870 000 | 12 603 800 | 12 981 800 |
| 折旧费 | 320 000 | 2 156 800 | 2 222 000 |
| 其他销售及管理费用 | 230 000 | 1 550 200 | 1 550 200 |
| 存货跌价损失 | 40 000 | 269 600 | 261 200 |
| 税前折算损益前利润 | | | 3 204 800 |
| 折算损益 | | | 450 850 |

| 项目 | 当地货币 | 本国货币<br>（现行汇率法） | 本国货币<br>（时态法） |
|---|---|---|---|
| 所得税费用 | 135 000 | 909 900 | 909 900 |
| 净利润 | 405 000 | 2 729 700 | 2 745 750 |
| 加：未分配利润，2×16 年 12 月 31 日 | 150 000 | 1 041 000 | 1 041 000 |
| 可供分配利润 | 555 000 | 3 770 700 | 3 786 750 |
| 减：提取盈余公积 | 60 750 | 409 455 | 409 455 |
| 现金股利 | 300 000 | 1 995 000 | 1 995 000 |
| 未分配利润，2×17 年 12 月 31 日 | 194 250 | 1 366 245 | 1 382 295 |

表 10 – 17 乙公司资产负债表

2×17 年

| 项目 | 当地货币 | 本国货币<br>（现行汇率法） | 本国货币<br>（时态法） |
|---|---|---|---|
| 现金 | 170 000 | 1 110 100 | 1 110 100 |
| 应收账款（净额） | 250 000 | 1 632 500 | 1 632 500 |
| 存货，按成本 | 500 000 | 3 265 000 | 3 270 000 |
| 按可实现净值 | 450 000 | 2 938 500 | 2 938 500 |
| 固定资产，2×17 年以前 | 1 400 000 | 9 142 000 | 9 716 000 |
| 2×17 年新增 | 680 000 | 4 440 400 | 4 726 000 |
| 资产合计 | 3 450 000 | 22 528 500 | 23 393 100 |
| 应付账款 | 360 000 | 2 350 800 | 2 350 800 |
| 长期应付款 | 1 035 000 | 6 758 550 | 6 758 550 |
| 负债合计 | 1 395 000 | 9 109 350 | 9 109 350 |
| 实收资本 | 700 000 | 4 858 000 | 4 858 000 |
| 资本公积 | 800 000 | 5 552 000 | 5 552 000 |
| 盈余公积 | 360 750 | 2 491 455 | 2 491 455 |
| 未分配利润 | 194 250 | 1 366 245 | 1 382 295 |
| 外币报表折算差额 | | (848 550) | |
| 股东权益合计 | 2 055 000 | 13 419 150 | 14 283 750 |
| 负债与股东权益合计 | 3 450 000 | 22 528 500 | 23 393 100 |

从表 10 – 15 和表 10 – 16 可以看出，时态法下的利润和净资产都比现行汇率法下的高。采用现行汇率法进行折算下，外币报表折算差额计入了所有者权益，使得净资产小于时态法的结果。而由于美元贬值幅度较大，出现了时态法下存货的折算（历史成本计量基础的存货按历史汇率折算）金额高于现行汇率法下的结果，导致时态法下出现的外币折算损益为正，使得时态法下的净利润高于现行汇率法的金额。

假设甲乙公司的相关业务发生在 2×17 年与 2×18 年度，值此期间美元大幅升值，2×18 年度 12 月 31 日汇率达到 1 美元 = 6.96 元人民币，2×18 年期末存货购置时的汇率为 1 美元 = 6.91 元人民币，2×18 年 1 月 1 日汇率为 1 美元 = 6.52 元人民币，2×18 年平均汇率为 1 美元 = 6.74 元人民币，2×18 年 10 月 30 日汇率 1 美元 = 6.90 元人民币，2×17 年 12 月 31 日汇率 1 美元 = 6.50 元人民币。根据现行汇率法（折算程序）和时态法（重新计量程序）下财务报表的差异分别见表 10 – 18 和表 10 – 19，具体折算过程见上文，不在此重复。

表 10 – 18                                              乙公司利润表

2×18 年

| 项目 | 当地货币 | 本国货币（现行汇率法） | 本国货币（时态法） |
|---|---|---|---|
| 营业收入 | 3 000 000 | 20 220 000 | 20 220 000 |
| 营业成本 | 1 870 000 | 12 603 800 | 12 219 500 |
| 折旧费 | 320 000 | 2 156 800 | 2 082 400 |
| 其他销售及管理费用 | 230 000 | 1 550 200 | 1 550 200 |
| 存货跌价损失 | 40 000 | 269 600 | 278 400 |
| 税前利润 | 540 000 | 3 639 600 | |
| 税前折算损益前利润 | | | 4 089 500 |
| 折算损益 | | | （723 000） |
| 所得税费用 | 135 000 | 909 900 | 909 900 |
| 净利润 | 405 000 | 2 729 700 | 2 456 600 |
| 加：未分配利润，2×16 年 12 月 31 日 | 150 000 | 975 000 | 1 041 000 |
| 可供分配利润 | 555 000 | 3 704 700 | 3 497 600 |
| 减：提取盈余公积 | 60 750 | 409 455 | 409 455 |
| 现金股利 | 300 000 | 2 070 000 | 1 995 000 |
| 未分配利润，2×17 年 12 月 31 日 | 194 250 | 1 225 245 | 1 093 145 |

表 10 – 19    乙公司资产负债表
2×18 年

| 项目 | 当地货币 | 本国货币（现行汇率法） | 本国货币（时态法） |
|---|---|---|---|
| 现金 | 170 000 | 1 183 200 | 1 183 200 |
| 应收账款（净额） | 250 000 | 1 740 000 | 1 740 000 |
| 存货，按成本 | 500 000 | 3 480 000 | 3 455 000 |
| 　　按可实现净值 | 450 000 | 3 132 000 | 3 132 000 |
| 固定资产，2×17 年以前 | 1 400 000 | 9 744 000 | 9 100 000 |
| 　　2×17 年新增 | 680 000 | 4 732 800 | 4 433 600 |
| 资产合计 | 3 450 000 | 24 012 000 | 23 043 800 |
| 应付账款 | 360 000 | 2 505 600 | 2 505 600 |
| 长期应付款 | 1 035 000 | 7 203 600 | 7 203 600 |
| 负债合计 | 1 395 000 | 9 709 200 | 9 709 200 |
| 实收资本 | 700 000 | 4 550 000 | 4 550 000 |
| 资本公积 | 800 000 | 5 200 000 | 5 200 000 |
| 盈余公积 | 360 750 | 2 359 455 | 2 491 455 |
| 未分配利润 | 194 250 | 1 225 245 | 1 093 145 |
| 外币报表折算差额 | | 968 100 | |
| 股东权益合计 | 2 055 000 | 14 302 800 | 13 334 600 |
| 负债与股东权益合计 | 3 450 000 | 24 012 000 | 23 043 800 |

## 三、外币报表折算的一些特殊问题

### （一）改变功能货币

一个企业选择哪种货币作为功能货币，并不是可供选择的会计政策。因此，企业一旦确定了功能货币，一般来说不应变更。但如果企业经营所处的主要经济环境发生了实质性的改变，导致原来的功能货币不能够再反映出企业的交易或事项的经济影响，那么就应当变更功能货币。

企业应当采用未来适用法反映变更功能货币的影响，即：

（1）采用变更日的即期汇率将所有的项目折算为新的功能货币；

（2）采用变更日的即期汇率折算非货币性项目后得到的金额，应视为非货币性项目新的历史成本；

（3）原本累积在所有者权益的外币报表折算差额应保留，直到企业处置境外经营的期间再转入当期损益。

### （二）恶性通货膨胀下的境外经营合并问题

前述的外币报表折算方法在境外经营所处的经济环境正常、没有发生恶性通货膨胀的情况下适用。如果企业处于恶性通货膨胀时，其外币报表折算就需要进行特殊的处理。所谓恶性通货膨胀经济，具有以下经济特征：

（1）三年累计通货膨胀率接近或超过100%；

（2）利率、工资和物价与物价指数挂钩；

（3）一般公众不是以当地货币，而是以相对稳定的外币为单位作为衡量货币金额的基础；

（4）一般公众倾向于以非货币性资产或相对稳定的外币来保存自己的财富持有的当地货币立即用于投资以保持购买力；

（5）即使信用期限很短，赊销、赊购交易仍按补偿信用期预计购买力损失的价格成交。

《企业会计准则第19号——外币折算》和《国际会计准则第21号——汇率变动的影响》的规定相同，遵循先重述后折算的原则。

对于本期财务报表，应先对资产负债表项目和利润表的项目运用一般物价指数进行重述，再按照资产负债表日的即期汇率对所有资产负债表和利润表的项目进行折算。即，先消除恶性通货膨胀给财务报表带来的影响，再折算外币报表。

当境外经营不再处于恶性通货膨胀经济中时，应当停止重述，按照停止之日的价格水平重述的财务报表进行折算。

### （三）处置境外经营

当企业处置境外经营时，原本累积在所有者权益中的外币财务报表折算差额应当转出，计入处置当期的损益。如果企业仅处置境外经营的一部分，则应按处置比例计算与处置部分对应的外币财务报表折算差额，转入处置当期的损益。

### （四）双重会计核算

尽管会计准则的国际趋同日趋缩小了国家间的会计准则差异，但财务报表的国家间差异短时间之内难以完全消除，不仅会计确认和计量差异会导致相同财务报表项目具有不同的经济内容，而且会计记录和报告也会使得国家间的财务报表项目难以做到一一对应。这种情况的存在给外币财务报表折算带来了困难，折算的结果依然难以供合并财务报表编制之用。

为了克服这一困难，有境外经营机构采用了双重会计核算的模式。首先，为了满足境外经营机构所在地纳税申报和会计监管的需要，设立了一套采用当地会计准则进行会计核算的机构，向当地财税机构和会计监管部门报送财务报告，这套机构被称为财务会计机构。另外设立了一套采用中国会计准则，且采用与境内投资方相同的会计政策和计量标准进行会计核算的机构，向境内投资机构及会计监管部门报送财务报告，这套机构被称为管理会计机构。

这种做法虽然能够较好解决外币财务报表折算及合并财务报表的编制问题，但是否会带来不必要的制度风险甚至法律风险，有待进一步研究。

# 参 考 文 献

［1］ Scott W. 财务会计理论 ［M］.7 版 . 陈汉文，等译 . 北京：中国人民大学出版社，2018.

［2］ 比姆斯 . 高级会计学 ［M］.2 版 . 储一昀，译 . 北京：中国人民大学出版社，2019.

［3］ 陈信元，董华 . 企业合并的会计方法选择：一项案例研究 ［J］. 会计研究，2000（2）：16 - 25.

［4］ 陈信元 . 高级财务会计 ［M］. 上海：上海财经大学出版社，2011.

［5］ 陈信元，钱锋胜，朱红军 . 高级财务会计 ［M］.2 版 . 上海：上海财经大学出版社，2011.

［6］ 程明娥 . 高级财务会计 ［M］. 北京：北京大学出版社，2008.

［7］ 戴德明，毛新述，姚淑瑜 . 合并报表与母公司报表的有用性：理论分析与经验检验 ［J］. 会计研究，2006（10）：10 - 17.

［8］ 杜兴强，杜颖洁，周泽将 . 商誉的内涵及其确认问题探讨 ［J］. 会计研究，2011（1）：11 - 16，95.

［9］ 杜兴强 . 高级财务会计 ［M］.2 版 . 厦门：厦门大学出版社，2007.

［10］ 葛家澍 . 当前财务会计的几个问题——衍生金融工具、自创商誉和不确定性 ［J］. 会计研究，1996（1）：3 - 8.

［11］ 葛家澍，林志军 . 现代西方会计理论 ［M］.3 版 . 厦门：厦门大学出版社，2011.

［12］ 耿建新，靳琦琦 . 企业合并准则的历史沿革与国际比较 ［J］. 财会月刊，2020（19）：65 - 72.

［13］ 耿建新，徐同 . 合并财务报表准则的历史沿革、国际比较与展望 ［J］. 财会月刊，2020（12）：48 - 59.

［14］ 何力军，戴德明，唐妤 . 合并财务报表与母公司财务报表双重信息披露研究综述 ［J］. 北京工商大学学报（社会科学版），2015，30（2）：74 - 84.

［15］ 何玉润，汪佩 . 个别报表基础还是合并报表基础——基于母公司利润分配基础的讨论 ［J］. 财务与会计，2015（6）：36 - 38.

［16］ 霍伊尔 . 高级会计学 ［M］. 王鑫，译 . 北京：北京大学出版社，2012.

［17］ 李玉环 . 国际财务报表准则导读 ［M］. 北京：经济科学出版社，2016.

[18] 李玉菊，张秋生，谢纪刚. 商誉会计的困惑、思考与展望——商誉会计专题学术研讨会观点综述 [J]. 会计研究，2010 (8)：87-90.

[19] 联建新，戴德明，周华. 高级会计学 [M].9 版. 北京：中国人民大学出版社，2021.

[20] 刘峰. 会计准则变迁 [M]. 北京：中国财政经济出版社，2001.

[21] 刘峰. 美国 FASB 第 46 号解释函"可变利益实体的合并"解读 [J]. 中国注册会计，2004 (7)：68-70

[22] 刘永泽，傅荣. 高级财务会计学 [M].6 版. 大连：东北财经大学出版社，2018.

[23] 陆正飞，张会丽. 会计准则变革与子公司盈余信息的决策有用性——来自中国资本市场的经验证据 [J]. 会计研究，2009 (5)：20-28.

[24] 陆正飞，张会丽. 新会计准则下利润信息的合理使用——合并报表净利润与母公司报表净利润之选择 [J]. 会计研究，2010 (4)：7-12.

[25] 陆正飞，张会丽. 新准则下合并-母公司报表的分工及其影响 [J]. 财会通讯（综合版），2010 (5)：16-17.

[26] 罗飞. 谈论商誉的性质及购买商誉的会计处理 [J]. 会计研究，1997 (1)：46-48.

[27] 罗勇. 会计准则理论研究 [M]. 上海：立信会计出版社，2007.

[28] 摩根大通.2020 年全球并购市场展望（2020 Global M&A Outlook）[R/OL]. https：//www. jpmorgan. com/content/dam/jpm/cib/complex/content/investment-banking/2020-global-ma-outlook/pdf-0. pdf，2020.

[29] 沈宏益. 高级财务会计 [M]. 厦门：厦门大学出版社，2013.

[30] 王鹏，陈武朝. 合并财务报表的价值相关性研究 [J]. 会计研究，2009 (5)：46-52.

[31] 王竹泉，王苽，高芳. 高级财务会计 [M]. 上海：立信会计出版社，2011.

[32] 谢德仁. 企业分红能力之理论研究 [J]. 会计研究，2013 (2)：22-32.

[33] 谢德仁，张梅. 母公司单独财务报表中对子公司投资的会计处理方法之辩：成本法还是权益法？[J]. 会计研究，2020 (2)：3-15.

[34] 徐丽军，孙莉. 高级财务会计 [M]. 大连：东北财大出版社，2014.

[35] 许家林. 商誉会计研究的八十年：扫描与思考 [J]. 会计研究，2006 (8)：18-23.

[36] 宣和. 关于分部报告的若干问题 [J]. 会计研究，2001，(12)：15-19.

[37] 张文贤. 高级财务会计理论与实务 [M]. 大连：东北财经大学出版社，2005.

[38] 中国注册会计师协会. 会计 [M]. 北京：中国财政经济出版社，2021

[39] 中华人民共和国财政部. 企业会计准则第 22 号——金融工具确认和计量 [S]. 北京：中国财政经济出版社，2018.

[40] 中华人民共和国财政部. 企业会计准则第 23 号——金融资产转移应用指南

［S］. 北京：中国财政经济出版社，2018.

［41］中华人民共和国财政部. 企业会计准则第 24 号——套期会计 ［S］. 北京：中国财政经济出版社，2018.

［42］中华人民共和国财政部. 企业会计准则第 33 号——合并财务报表 ［S］. 北京：中国财政经济出版社，2014.

［43］中华人民共和国财政部. 企业会计准则第 37 号——金融工具列报 ［S］. 北京：中国财政经济出版社，2014.

［44］中华人民共和国财政部. 企业会计准则（合订本）［S］. 北京：经济科学出版社，2020.

［45］周华. 财务会计准则委员会取代会计原则委员会 ［J］. 财会月刊，2019（12）：53 – 59.

［46］周华，戴德明，徐泓. 股权投资的会计处理规则研究——从"权益法"的理论缺陷谈起 ［J］. 财贸经济，2011（10）：47 – 54.

［47］Alfredson K，Leo K，Picker R，Radford J. Applying International Accounting Standards ［M］. John Wiley & Sons Australia，Ltd，2005.

［48］Dickerson W E，Jones J W. Observations on "The Equity Method" and Inter-Corporate Relationships ［J］. The Accounting Review，1933，8（3）：200 – 208.

［49］FASB. Original Pronouncements，1997/1998 edition ［S］. John Wiley & Sons，Inc.，1999.

［50］FASB. Statement of Financial Accounting Standards No. 52：Foreign Currency Translation ［S］. John Wiley & Sons，Inc.，1999.

［51］FASB. The IASC-U. S. Comparison Project：A Report in the Similarities and Differences between IASC Standards and U. S. GAAP ［S］. Norwalk，CT：FASB，1996.

［52］Gore P. The FASB Conceptual Framework Project ［M］. Manchester University Press，1992：1973 – 1985.

［53］IASB. Discussion Paper：Business Combinations-Disclosures，Goodwill and Impairment（comment period revised April 2020）［R/OL］. https：//cdn. ifrs. org/-/media/project/goodwill-and-impairment/goodwill-and-impairment-dp-march-2020. pdf，2020.

［54］IASB. IAS 9. Financial Instruments：Recognition and Measurement ［S］. 1998，2009.

［55］IASB. International Accounting Standards 21：The Effects of Changes in Foreign Exchange Rate ［S］. 2007.

［56］IASB. International Financial Reporting Standards ［S］. 2007.

［57］International Financial Reporting Standard No. 32，Financial Instruments：Recognition and Measurement. International Accounting Standard Board ［S］. 2003.

［58］International Financial Reporting Standard No. 39，Financial Instruments：Recognition and Measurement. International Accounting Standard Board ［S］. 2004.

［59］Kieso D E，Weygandt J J，Warfield T D. Intermediate Accounting：IFRS Edition

[M]. John Wiley & Sons, 2010.

[60] Kothari J, Barone E. Advanced Financial Accounting: An International Approach [M]. Financial Times/Prentice Hall, 2011.

[61] Lambert R. Contracting Theory and Accounting [J]. Journal of Accounting and Economics, 2001, 32: 3 – 87.

[62] Pahler A J, Mori J E. Advanced Accounting: Concepts and Practice [M]. San Diego: Harcourt Brace Jovanovich, 1988.

[63] Revsine L. The Rationale Underlying the Functional Currency Choice [J]. The Accounting Review, 1984, 59 (3): 505 – 514.

[64] Sangiuolo R, Seidman L F. Financial Instruments: A Comprehensive Guide to Accounting and Reporting [M]. CCH, 2008.

[65] Seidman L F. Financial Instrument: A Comprehensive Guide to Accounting and Reporting [M]. Aspen Publishers, Inc. , 2004.

[66] Statement of Financial Accounting Standards No. 133, Accounting for Derivative Instruments and Hedging Activities. Financial Accounting Standard Board [S]. 1988.